W0412659

hänssler

TONY EVANS

Zurück zur ersten Liebe

Gott an erster Stelle!
Mit Kraft in den Alltag

Dr. Anthony T. Evans (B.A. Carver Bible College; Th.M., Th.D. Dallas Theological Seminary) ist Pastor einer Gemeinde in Dallas, Texas. Er schrieb mehrere Bücher und lebt mit seiner Frau Lois und seinen vier Kindern in Dallas.

hänssler-Paperback
Bestell-Nr. 392.780
ISBN 3-7751-2780-1

© Copyright 1997 by Hänssler-Verlag, Neuhausen-Stuttgart
Umschlaggestaltung: Dialog-Werbeagentur, Waldbronn
Satz: AbSatz Ewert-Mohr, Klein Nordende
Printed in Germany

Inhalt

Dieses Buch widme ich in Dankbarkeit Lois,
meiner ersten Liebe auf Erden, deren Treue, Geduld,
Güte, Unterstützung und beständige Liebe
meinem Leben und meinem Dienst
einen festen Grund bieten.

»Du bist wunderbar schön, meine Freundin,
und kein Makel ist an dir.« (Hoheslied 4, 7)

Vorwort

Wenn der Herr Jesus Christus in Ihre oder meine Wohnung käme und sich zu uns setzen würde, was glauben Sie, würde er sagen?

Ich glaube, zuerst würde er fragen: »Liebst du mich?« Genau diese Frage richtete der auferstandene Christus dreimal an Simon Petrus, als sie zusammen am See frühstückten (Joh 21,15-17). Petrus hatte seinen Herrn bei der Kreuzigung verleugnet und musste deshalb wieder neu als Jünger eingesetzt werden.

Diese Wiedereinsetzung bewerkstelligte Jesus, indem er Simon auf die Kernfrage zurückbrachte: »Hast du mich lieb?« Der Heiland gab sich erst zufrieden, als er auf seine direkte Frage die richtige Antwort erhalten hatte. Erst dann nahm Jesus Petrus in seinen Dienst: »Weide meine Schafe.«

Die Lektion, die Petrus hier in dieser wunderbaren Bibelstelle lernte – und was der Heilige Geist auch uns beibringen will –, ist, dass Hingabe wichtiger als Pflichterfüllung ist. Das ist wichtig, denn wir stellen diese Ordnung oft auf den Kopf.

Wenn wir damals an Jesu Stelle am Ufer des Sees gewesen wären, hätten wir Petrus wahrscheinlich ganz andere Fragen gestellt. Die meisten von uns hätten gefragt, ob es ihm wirklich Leid tue, dass er Jesus verleugnet hatte und ob er seine Sünden bekannt und Vergebung erhalten habe.

Oder wir hätten Petrus zunächst gefragt, ob er immer noch im Ernst ein Jünger und Mitglied einer Mannschaft sein wolle. Die Hingabebewussteren unter uns hätten Petrus über sein persönliches Leben ausgefragt, ob er täglich eine bestimmte Zeit mit Gebet und dem Lesen der Heiligen Schrift verbringe.

Und die Dienstbewussten unter uns würden sich wahrscheinlich vergewissert haben, dass Petrus seine Geistesgaben kannte und dass er einen Dienst verrichtete, in dem diese Gaben zum Einsatz kommen.

Aber Jesus stellte Petrus keine Frage zu all diesen Dingen. War Jesus der geistliche Zustand und der künftige Dienst von Petrus egal? Natürlich nicht. Aber Jesus wusste, dass ohne eine tiefe Liebe zu ihm der Dienst des Petrus nur zu Pflichterfüllung ohne Hingabe, zu Aktion ohne Freude führen würde.

Das gilt übrigens auch für Sie und mich. Unsere Liebe zu Christus ist so grundlegend, dass Jesus selbst sie in Offenbarung 2, 4 unsere »erste Liebe« nennt. In seinem ersten Sendschreiben an die sieben Gemeinden sagt Jesus der Gemeinde in Ephesus, dass all ihre Reinheit der Lehre und ihre Werke und Mühe das nicht ausgleichen können, was sie verlassen haben: ihre »erste Liebe« zu ihm.

Dr. Tony Evans weist darauf hin, dass Jesus Christus diese Frage so ernst nimmt, dass nichts, was wir für ihn tun, wirklich von Bedeutung ist, solange wir nicht unsere Liebe zu ihm an erste Stelle setzen, da, wo sie hingehört. Deshalb finde ich dieses Buch *»Zurück zur ersten Liebe«* so wertvoll und möchte es Ihnen empfehlen.

Dr. Evans erweist uns allen einen guten Dienst, wenn er von der Bibel her deutlich macht, wie unbedingt notwendig es ist, dass die Liebe zu Christus unser innerstes Verlangen ist. Jeder ernsthafte Christ weiß, wie leicht man so sehr damit beschäftigt ist, etwas für Christus zu tun, dass man vergisst, die Liebesbeziehung zu ihm zu pflegen.

In seiner provozierenden Art hilft Dr. Evans uns, diesen Zwiespalt zu überwinden. Zunächst zeigt er uns, wie wir vom rechten Weg abweichen und unsere erste Liebe verlassen können. Dann legt er einige praktische, auf die Bibel gegründete Schritte dar, die uns helfen, wieder auf den rechten Weg zurückzukommen.

Das Buch ist anregend und herausfordernd, es geht den Kern der Sache an und spricht zu uns in einer verständlichen Sprache von Dingen, die wir praktisch anwenden können. *»Zurück zur ersten Liebe«* ist für die christliche Gemeinde und für den einzelnen Christen ein wertvolles und hilfreiches Buch, und ich bete, dass es Ihnen zum Segen wird.

Charles Stanley
Atlanta, Georgia

Einleitung

Für Profi-Basketballspieler ist der Rebound oder Abpraller eine regelrechte Kunst. Manche Spieler werden nur deshalb hoch geschätzt, weil sie Abpraller besonders gut abfangen können.

Warum ist das Abprallen eine solch wertvolle Kunst beim Basketball? Weil diese Jungs jede Menge Schüsse verfehlen! Der Ball fällt nicht in den Ring. Er prallt vom Korbrand oder vom Rückbrett ab. Gewinner sind die, die den Abpraller auffangen und dann noch einmal werfen können.

Das trifft auch auf das Leben von Christen zu. Wir alle schießen immer wieder daneben. Wir wissen, wo der Korb ist, und wir haben den Ball, aber irgendwie bringen wir beide nicht zusammen. Ich befasse mich hier nicht in erster Linie mit dem verfehlten Wurf, sondern mit dem Auffangen des Abprallers: Wie steht man wieder auf und steigt von neuem ins Spiel ein?

Lassen Sie es mich anders ausdrücken. Wenn etwas anderes an die Stelle Ihrer ersten Liebe zu Jesus Christus getreten ist, dann ist etwas danebengegangen. Aber das Spiel ist nicht aus. Sie können den Abpraller auffangen und diese erste Liebe zu Christus wiedergewinnen und schließlich als Gewinner aus dem Spiel des Lebens hervorgehen. Das möchte Christus von Ihnen.

Als Jesus nach dem höchsten Gebot gefragt wurde, antwortete er: »Du sollst den Herrn, deinen Gott, lieben von ganzem Herzen, von ganzer Seele und von ganzem Gemüt« (Mt 22, 37). Die Liebe zu Gott stand immer ganz oben auf seiner Dringlichkeitsliste. Gott will nicht nur, dass wir unsere Pflicht erfüllen, er will unsere Hingabe.

Falls darüber irgendwelche Zweifel bestanden, so räumte der auferstandene Herr sie mit seinen scharfen Worten an die Gemeinde von Ephesus aus:

»Ich kenne deine Werke und deine Mühsal und deine Geduld und weiß, dass du die Bösen nicht ertragen kannst; und du hast die geprüft, die sagen, sie seien Apostel, und sind's nicht, und hast sie als Lügner befunden, und hast Geduld und hast um meines Namens willen die Last getragen und bist nicht müde geworden. Aber ich habe gegen dich, dass du die erste Liebe verlässt. So denke nun daran, wovon du abgefallen bist, und tue Buße und tue die ersten Werke! Wenn aber nicht, werde ich über dich kommen und deinen Leuchter wegstoßen von seiner Stätte – wenn du nicht Buße tust« (Offb 2, 2-5).

Welch erstaunliche Bibelstelle! Als Jesus Christus die Gemeinde in Ephesus betrachtete, sah er viel Gutes. Er sah gute Werke, er sah harte Arbeit, und er sah anhaltende Arbeit. Diese Menschen waren nicht faul. Sie setzten sich eifrig für die Sache Gottes ein. Sie hatten sogar um Christi willen Verfolgung und Not ertragen. So weit, so gut.

Als Jesus Christus die Gemeinde von Ephesus betrachtete, entdeckte er auch Gesundheit der Lehre. Diese Gläubigen konnten falsche Apostel und falsche Lehrer erkennen, weil sie theologisch gut bewandert waren. Sie kannten die Schrift. Die Wahrheit war ihnen wichtig. Jeder Pastor muss solche Menschen gern haben.

Es gab eigentlich nur einen Bereich, in dem die Epheser nicht mustergültig waren. Etwas war falsch gelaufen: Die Pflichterfüllung, die das Ergebnis der Hingabe ist, nahm den *Platz* der Hingabe ein. Die Epheser hatten ihre »erste Liebe«, ihre Liebe zu Christus selbst, verlassen. Sie waren sehr tüchtig als Christen, aber ihre Tüchtigkeit war *kalt.* Irgendwann im Lauf der Zeit ist die Wärme und Begeisterung ihrer Liebe zu Gott kalt und leblos geworden.

Nun, sagen Sie, drei von vier Dingen – das ist doch kein schlechter Schnitt. Sie hatten gute Taten, dienten Gott unermüdlich, und sie hielten sich an die reine Lehre. Nur in puncto Liebe mussten sie sich etwas mehr anstrengen.

War es das, was Christus ihnen sagte? Nein! Er sagte: »Wenn eure Liebe zu mir nicht so ist, wie sie sein sollte, dann zählt alles andere, was ihr tut, nicht wirklich. Wenn ihr nicht zu der Liebe, die ihr am Anfang zu mir hattet, zurückkehrt, werde ich den Leuchter eurer Gemeinde von seinem Platz stoßen!«

Gott wollte nie, dass Pflichterfüllung an die Stelle unserer Hingabe tritt. Das macht das Thema unserer ersten Liebe so wichtig, dass es sich lohnt, dass wir uns hier und in den folgenden Kapiteln damit befassen. Ich werde dieses Thema unter zwei Punkten behandeln, die uns von der Stelle, an der wir uns jetzt befinden, dahin bringen sollen, wo wir sein möchten.

Da wir als gefallene, erlöste Menschen in einer gefallenen *un*erlösten Welt leben, sind leider in unserer Umgebung und sogar in unserem Herzen viele Dinge darauf bedacht, unseren Blick von Christus abzulenken, sodass wir unsere Beziehung der »ersten Liebe« zu ihm verlieren. Gewaltige Feinde stehen uns gegenüber: die Welt, zu der laut Johannes »des Fleisches Lust und der Augen Lust und hoffärtiges Leben« gehören (1. Joh 2, 16) und auch dieser brüllende Löwe, der Teufel (1. Petr 5, 8).

Im ersten Teil des Buches besprechen wir einige Dinge, die die Liebe zu Christus vom ersten Platz in unserem Leben verdrängen wollen, und wozu es führt, wenn dieser Zustand anhält. Darüber müssen wir uns im Klaren sein, weil Jesus die Gemeinde von Ephesus so sehr warnte. Wir müssen verstehen, was wir riskieren, wenn wir Gott nicht den Platz in unserem Leben einräumen, der ihm gebührt.

Der zweite Teil des Buches befasst sich mit der Freude, unsere erste Liebe zurückzugewinnen. Er beruht auf Offenbarung 2, 5, wo Jesus den Ephesern sagt, sie sollen sich besinnen, Buße tun und von neuem beginnen. Dieser Teil ist sehr praxisorientiert, aber ich werde Ihnen auch sonst ständig Anregungen geben, wie Sie das, was wir als wahr erkannt haben, in die Tat umsetzen können.

Also, fangen wir an.

In Dankbarkeit

Mein besonderer Dank gilt meinem Freund Philip Rawley für seine wertvolle Hilfe bei der Bearbeitung dieses Manuskripts sowie Greg Thornton, Cheryl Dunlop und allen Mitarbeitern von Moody Press für ihren unermüdlichen Einsatz für die zuverlässige Einhaltung der biblischen Lehre und auch für technische Qualität.

Erster Teil

Verlassen der ersten Liebe

1. Der Krebs der Fleischlichkeit

Wenn wir alle Volkslieder, Schlager und Rocksongs der letzten 25 Jahre, die davon handeln, dass jemand seine große Liebe verlässt, streichen, bliebe wahrscheinlich nur noch die Hälfte aller Lieder übrig. Ein Lied, das ganz bestimmt verschwinden müsste, ist der Hit von Paul Simon aus den Siebzigerjahren »50 Ways to Leave Your Lover« (Fünfzig Arten, seinen Geliebten zu verlassen).

Der Musik nach zu urteilen, die unsere weltliche Kultur am laufenden Band hervorbringt, müsste man folgern, dass wir uns in einer Liebeskrise befinden, und das schon seit geraumer Zeit. Die Welt ist in einer zweifachen Krise. Erstens scheint niemand zu wissen, wie man die Liebe lebendig erhält, wie man sicherstellt, dass die Flamme hell entzündet und das Feuer brennend bleibt. Zweitens scheint jeder seine große Liebe zu hintergehen.

Ich kann bezeugen, dass auch die christliche Gemeinde ihre Liebeskrise hat. Es fällt uns schwer, unserer ersten Liebe den Platz zu bewahren, der ihr zusteht. Der Titel des Buches weist darauf hin, dass wir Christen unsere erste Liebe verlassen können. Jesus selbst sagte das zu einer Gruppe von Christen in der Gemeinde von Ephesus (Offb 2, 4).

Wir stehen also vor einem Problem. Wie ich bereits in der Einleitung andeutete, sind wir sehr unvollkommene Menschen in einer unvollkommenen Welt, und deshalb bringen wir leicht unsere Prioritäten durcheinander. Das geschieht oft dann, wenn wir unsere Augen und Herzen von Christus abwenden und uns etwas anderem zuwenden. Man kann das auch Verlassen der ersten Liebe nennen, und dagegen hilft nur eines: zur ersten Liebe zurückkehren.

Wenn Sie sich jemals mit dem Auto verfahren haben, falsch abgebogen sind und die Straße verlassen haben, auf der Sie hätten weiterfahren sollen, dann wissen Sie, dass Sie umkehren müssen. Wenn Sie sind wie ich, *wollen* Sie auch auf den rechten Weg zurückkehren, sobald Sie merken, dass Sie irregegangen sind.

Aber bevor Sie dahin zurückkehren können, wo Sie sein sollten, müssen Sie erst herausfinden, wie Sie an die falsche Stelle gekommen sind und dann den Weg zurückgehen. Wenn es möglich ist, seine erste Liebe zu verlassen – und Jesus sagt, es ist möglich –, dann sollten wir uns mit den Einstellungen und dem Tun befassen, die uns auf die falsche Bahn bringen können. Das habe ich mir für die ersten Kapitel vorgenommen.

Der erste dieser Liebesräuber ist der geistliche Zustand, den das Neue Testament Fleischlichkeit nennt. Vieles, was in unserem persönlichen Leben, unserem Familienleben, unserem Leben in der christlichen Gemeinde oder der Gesellschaft nicht in Ordnung ist, muss unserer eigenen Fleischlichkeit zugeschrieben werden.

Gott hat zu viele Kinder, die sich nicht recht sicher sind, welcher Familie sie angehören wollen. Sie flirten mit Christus und der Welt gleichzeitig, und das Ergebnis sind unerhörte Gebete, seelische und körperliche Schwäche, Verlust des Friedens, Verlust der Freude, Verlust der Beständigkeit und alle möglichen Krankheiten.

Bitte verstehen Sie mich nicht falsch. Ich möchte damit nicht sagen, dass jeder Christ, der ein Problem hat, fleischlich ist, sondern, dass viel zu viele Christen viel zu viele Misserfolge haben, weil sie fleischlich sind und nur halbe Sache mit dem Evangelium machen.

Was bedeutet es, ein fleischlicher Christ zu sein? Fleischlichkeit ist ein geistlicher Zustand, in dem ein wieder geborener Christ wissentlich und beharrlich so lebt, wie es seinem Ich und nicht Christus gefällt und dienlich ist. Paulus erklärt den Begriff der Fleischlichkeit in 1. Korinther 3; darauf kommen wir später noch zu sprechen.

Ein echter Christ

Als Erstes möchte ich anmerken, dass ein fleischlicher Christ ein echter Christ ist. Wenn ich fleischlicher *Christ* sage, dann meine ich das auch so. Ich spreche nicht über Menschen, die nie zu Christus gekommen sind. Man kann seine erste Liebe zu Christus nicht verlassen, wenn man noch gar keine richtige Beziehung zu ihm hatte.

Wenn ich also über einen fleischlichen Christen spreche, denke ich an einen wieder geborenen Gläubigen.

Wissen Sie, dass es möglich ist, auf dem Weg zum Himmel und gleichzeitig auf Erden für Gott nur wenig brauchbar zu sein? Es ist möglich, den Herrn Jesus Christus als Erlöser anzunehmen und sich seiner Herrschaft doch nicht unterzuordnen. Das ist das Bild des fleischlichen Christen: jemand, der auf dem Weg zum Himmel ist, aber sein Glaubensleben auf Erden gefährdet.

Viele Menschen halten sich für fleischliche Christen, während sie überhaupt keine Christen sind. Manche glauben, dass sie vom Glauben abgekommen sind, während sie in Wirklichkeit noch gar nie zum Glauben gekommen waren. Wenn Sie noch nie den Herrn Jesus Christus als alleinigen Retter angenommen haben, dann müssen Sie wieder geboren werden (Joh 3, 1-7). Sie müssen ihre Sünden bereuen und errettet werden, ihr Leben für ewig Jesus Christus anvertrauen, der für unsere Sünden am Kreuz bezahlt hat. Fleischlichkeit ist nicht Ihr Problem, wenn Sie zu diesem Personenkreis zählen.

Manchmal sehen wir einen Menschen, der erklärt, wieder geboren zu sein, aber jetzt eine christliche Lüge lebt. Es ist leicht zu sagen, dass dieser Mensch nie Christ war. Das ist möglich. Aber es ist auch möglich, dass dieser Mensch ein echter Christ ist, der lau und zu einem Versager im Glauben wurde.

Der Grund liegt darin, dass Christen eine zweifache Beziehung zu Gott haben. So wie es möglich ist, rechtmäßig verheiratet zu sein, ohne sich der tiefen Gemeinschaft, die eine Ehe normalerweise bietet, zu erfreuen, so ist es auch möglich, wirklich mit Christus vermählt zu sein, ohne die Gemeinschaft zu haben, die normalerweise zu unserer Erlösung gehört.

Dass ein Mensch Christ und fleischlich sein kann, geht aus 1. Korinther 3 hervor. Paulus sagt in Vers 1: »Und ich, liebe Brüder, konnte nicht zu euch reden wie zu geistlichen Menschen, sondern wie zu fleischlichen, wie zu unmündigen Kindern in Christus.«

Bitte beachten Sie, dass Paulus diese Menschen als Brüder bezeichnet, das heißt als »Brüder in Christus«. Brüder gehören zur Familie Gottes. Und wenn Sie in Christus sind, sind Sie ein Christ.

Doch in diesem Kapitel tadelt Paulus seine Leser, da sie geistlich versagten, obwohl sie Brüder (Teil der Familie) und in Christus (echte Christen) waren.

Seinen Brief an diese Gemeinde, die zum Großteil aus fleischlichen Christen bestand, richtet Paulus »an die Gemeinde Gottes in Korinth, an die Geheiligten in Christus Jesus, die berufenen Heiligen« (1. Kor 1, 2). Die Korinther waren Menschen, die für Gottes Ziele auserwählt waren. Sie waren erlöste, geheiligte Brüder, Mitglieder der Familie. Und doch waren sie fleischlich und lebten, als ob sie Christus gar keine Liebe, geschweige denn ihre erste Liebe, entgegenbringen würden.

In der Bibel finden wir viele Beispiele von Menschen, die sich Gott hingaben und dann grenzenlose Versager wurden. Ich denke an Saul, den ersten König Israels. Er war der Gesalbte des Herrn, der auserwählte Führer Israels (1. Sam 10, 1). Und doch lehnte er sich gegen Gott auf, bediente sich dann der Zauberei und beging schließlich Selbstmord. Wegen seiner Auflehnung gegen Gott wurde Saul zum Selbstmörder.

Sauls Nachfolger David lebte im Zustand der Fleischlichkeit, als er nicht nur mit Batseba Ehebruch, sondern auch einen Mord beging und dann versuchte, diesen zu vertuschen, bis der Prophet Nathan ihm seine Taten vor Augen führte (2. Sam 11-12).

Davids Sohn Salomo war ein großer König. Die ersten zehn Kapitel des Buches 1. Könige berichten, wie gottgefällig er lebte. Als er die Möglichkeit hatte, um alles zu bitten, was sein Herz begehrte, betete Salomo: »Gib mir nicht Reichtum, sondern Weisheit« (1. Kön 3, 2-15). Und es gibt nur wenige Gebete in der Bibel, die so herrlich sind wie das Gebet Salomos bei der Einweihung des Tempels (1. Kön 8, 22-53). Er war wirklich ein gottesfürchtiger Mann.

Aber in 1. Könige 11, 1 steht: »Salomo liebte viele ausländische Frauen.« Welche Untertreibung für einen Mann, der schließlich 700 Ehefrauen und 300 Nebenfrauen für sich beanspruchte! »Diese Frauen neigten [Salomos] Herz fremden Göttern zu, sodass sein Herz nicht ungeteilt bei dem Herrn, seinem Gott, war« (1. Kön 11, 4). Wenn das keine Beschreibung für das Verlassen der ersten Liebe ist …

Kein Wunder, dass Salomos Thema im Buch der Prediger die Nichtigkeit des Lebens ist. Als er seine erste Liebe verlassen und ein Leben der Fleischlichkeit begonnen hatte, konnte Salomo nur noch über die Sinnlosigkeit des Lebens, das nicht in einer dynamischen Beziehung zu Gott steht, sprechen, weil er zu einem fleischlichen Heiligen geworden war.

Man könnte die Liste fortsetzen. Später, im ersten Korintherbrief, lesen wir von einem Mann, der mit seiner Stiefmutter in einer blutschänderischen Beziehung zusammenlebte. Obwohl Paulus ihn scharf verurteilte und ihn aus der Gemeinde ausschloss, ist es möglich, dass dieser Mann ein Gläubiger war, der eine strenge Strafe brauchte, damit er Buße tun und gerettet werden konnte (1. Kor 5, 1-5).

Was ich hiermit sagen will, ist, dass Sie heute nicht deshalb geistlich gefestigt sind, weil Sie sich vor zehn Jahren für ein Leben mit Jesus entschieden haben. Gott gab Ihnen ein neues Leben, aber das neue Leben, das Gott Ihnen gab, wird erst sinnvoll, wenn es im Alltag gelebt wird. Es ist möglich, dass man gestern ein geistlicher Sieger war und heute eine geistliche Katastrophe ist. Wenn wir es mit Gott nicht ganz genau nehmen und nicht unser Leben als Christ Tag für Tag in enger Beziehung mit ihm führen, ist es möglich, dass wir geistliche Versager werden.

Ein Christ, der nicht vorankommt

Zweitens ist ein fleischlicher Christ ein Christ, der nicht vorankommt. Lesen Sie 1. Korinther 3, 2-3a: »Milch habe ich euch zu trinken gegeben und nicht feste Speise; denn ihr konntet sie noch nicht vertragen. Auch jetzt könnt ihr's noch nicht, weil ihr noch fleischlich seid.«

Ein fleischlicher Christ ist einer, der schon eine Zeit lang erlöst ist, aber noch wenig oder gar kein geistliches Wachstum aufweist. Ich bin erschreckt über die große Zahl von Christen, die Woche um Woche, Monat um Monat und Jahr um Jahr in die Kirche kommen, aber keine Fortschritte machen, obwohl sie immer noch alles tun, was ein Christ tut.

Sie begehen immer noch die alten Sünden, genau so wie früher. Sie wollen immer noch nicht biblisch denken und so mit Gott in Verbindung stehen, wie er es will. Aber jeden Sonntagmorgen sitzen sie auf demselben Platz (darauf können Sie sich verlassen). Übrigens sollte es keiner wagen, sich an ihren Platz zu setzen. Sie tun alles, was ein Christ tut, aber kämpfen immer noch mit Dingen, die sie schon längst überwunden haben könnten.

ABC-Christen

Paulus sagt, das Kennzeichen fleischlicher Gläubiger ist, dass sie keine feste geistliche Speise vertragen. Mit anderen Worten, sie sind nicht fähig, tiefer in Gottes Wort einzudringen. Ich möchte sie ABC-Christen nennen.

Die meisten von uns wären beleidigt, wenn jemand ihnen ein Buch gäbe, das folgendermaßen beginnt: »A wie Apfel. Ein Apfel ist eine Frucht, die auf einem Baum wächst. A wie Apfel.« Wir wären eingeschnappt, wenn auf der nächsten Seite stünde: »B wie Ball. Der Junge spielt mit dem Ball. B wie Ball.« Dann: »C wie Chor.« Sie wissen, worauf ich hinauswill.

Sie würden sagen: »He, ich war schon im Kindergarten. Aus diesem Zeug bin ich herausgewachsen.« Sie lernten Ihr ABC, als Sie fünf oder sechs Jahre alt waren. Jetzt verstehen Sie Sätze und Nebensätze und Präpositionen und Adverbialsätze und andere grammatikalische Konstruktionen. Die Themen des Kindergartens haben Sie längst schon hinter sich gelassen. Sie haben inzwischen gelernt und sind gewachsen.

Aber wir alle kennen Menschen, die ihre Zeit nicht fürs Lernen genutzt haben. Sie haben die Schule vorzeitig verlassen. Sie bildeten sich nicht weiter, und obwohl sie heute erwachsen sind, kann man von ihnen nicht mehr verlangen als »A wie Apfel«.

Man verbessert seine Lesefertigkeit, indem man liest, nicht indem man wünscht, man könnte lesen, hofft, man könnte lesen oder gar dafür betet, dass man lesen kann. Wenn Sie lesen lernen wollen, müssen Sie Lesen üben. Und wenn Sie ein geistlicher Christ werden wollen, einer, dessen erste Liebe den Platz einnimmt, der ihr zusteht, müssen Sie Dinge tun, die für geistliches Wachstum nötig sind. Sie können nicht auf derselben Stelle stehen bleiben.

Stecken gebliebene Christen

Als ich vor kurzem in Lagos, Nigeria war, blieb das Taxi, in dem unsere Gruppe saß, plötzlich stehen. Wir kamen nicht mehr weiter. An meinem ersten Abend in Nigeria musste ich aussteigen und helfen, das Auto zu schieben.

Dann entdeckten wir, dass die Benzinuhr nicht ging und das Taxi keinen Treibstoff mehr hatte. Der Fahrer hatte versucht, uns ohne Tiger im Tank an unser Ziel zu bringen. Dann bekamen wir Benzin und schütteten es in den Tank, und so brachten wir schließlich das Auto in Gang, weil der Motor wieder Treibstoff hatte.

Mit anderen Worten, Luft alleine genügt nicht. In diesem Auto saßen zwei fromme Männer und zwei fromme Frauen, aber es fuhr nicht weiter, weil Treibstoff nötig war und nichts anderes helfen konnte.

Viele von uns sind bereit, Gott alles zu geben, nur nicht, was Gott verlangt. Wir wollen ihm ein bisschen von dem und ein bisschen von jenem anbieten, aber unsere geistlichen Motoren heulen nicht auf, weil wir Gott nicht geben, was er verlangt: die Hingabe unseres Lebens und den Einsatz unserer Zeit zur geistlichen Entwicklung.

Leider gab es noch eine Fortsetzung zu meinem nigerianischen Taxierlebnis. Gerade, als wir in eine Schnellstraße einbiegen wollten, blieb das Taxi wieder stehen. Ich stieg aus, und wir schoben das Auto bis zu einer Tankstelle, wo es endgültig stehen blieb. So stand ich an meinem ersten Abend in Nigeria auf der Straße und fuhr mit meinen Gastgebern per Anhalter.

Weil das Taxi stehen blieb, konnten wir nicht rechtzeitig zu unserem Bestimmungsort kommen. Wir wurden zurückgehalten.

Viele Christen sind fleischlich, weil sie stecken geblieben sind. Sie können nicht vorwärts kommen, egal, wie wild sie ihre Räder auch durchdrehen lassen, weil sie in einem immer gleichen

Trott festgefahren sind. Durch ihre eigene Entscheidung ist es ihnen nicht gelungen, den Übergang von Milch zu fester Nahrung zu schaffen.

Sie messen den Erfolg ihres geistlichen Lebens immer noch daran, wie gut sie unterhalten wurden und nicht an der Menge der Wahrheit, mit der sie konfrontiert wurden. Sie wollen sich wohl fühlen, auch wenn sie nichts lernen. Sie wollen, dass jemand ihnen das Wort mundgerecht serviert. Sie lernen nie, selbst zu Messer und Gabel zu greifen.

Einem Baby sieht man es nach, wenn es nicht alleine essen kann. Aber von einem Erwachsenen erwartet man, dass er sich selbst ernähren kann. Die Christen in Korinth konnten das nicht. Wie die Menschen in Hebräer 5, 11 sind sie stumpfsinnig und »harthörig« geworden.

Mit dem Wort *stumpfsinnig* wurde ein Maulesel bezeichnet. Fleischliche Christen sind stumpfsinnig und störrisch wie ein Esel, sie wollen die Wahrheit Gottes nicht lernen und in ihrem Leben verwirklichen, und deshalb ist ihre geistliche Entwicklung festgefahren. Dies führt uns zu einem dritten Merkmal von Fleischlichkeit.

Der weltlich gesinnte Christ

Der fleischliche Christ ist ein weltlich gesinnter Christ. Betrachten wir noch einmal 1. Korinther 3, 3, wo Paulus sagt: »Ihr seid noch fleischlich. Denn wenn Eifersucht und Zank unter euch sind, seid ihr da nicht fleischlich und lebt nach Menschenweise?«

Jetzt kommt Paulus zum eigentlichen Kern der Sache. Fleischliche Christen haben eine innere Bereitschaft zum Ungehorsam. Das bedeutet, dass sie bewusst in Sünde leben und dass sie vom alten Menschen, der sie früher waren, beherrscht werden und nicht vom neuen Menschen, der sie geworden sind.

Kein Christ muss fleischlich sein. Wir sprechen hier über eine Willensentscheidung, nicht um ein gelegentliches Abgleiten in Sünde. Jeder sündigt. Niemand ist perfekt. Ein Mensch, der in Sünde fällt, muss nicht unbedingt ein fleischlicher Christ sein.

Fleischliche Christen haben vielmehr eine innere, geistliche Bereitschaft, eine Denkweise, die darauf ausgerichtet ist, sich selbst zu befriedigen, anstatt Jesus zu gefallen. Paulus gebraucht hier den Begriff des Fleisches in dem Sinne, dass wir alle die Fähigkeit haben, uns selbst zu dienen und zu befriedigen. Was das Fleisch zum Fleisch macht ist, dass es uns befriedigt.

Denken Sie an die Sünden, die am verlockendsten für Sie sind. Was sie so anziehend macht, ist, dass sie Befriedigung verschaffen. Dann fühlt man sich wohl. Sie sprechen die Sinne an. Das ist mit Fleisch gemeint.

Aber als Gott uns erlöste, machte er uns frei zum Dienst für Jesus. Solange wir weltlich anstatt geistlich gesinnt sind, können wir uns nie über unsere Fleischlichkeit erheben. Um das ganz zu verstehen, müssen wir die vier Menschentypen betrachten, die Paulus in diesem Abschnitt erwähnt, damit wir sehen, wie der fleischliche Christ in diese Gleichung passt.

Der natürliche Mensch

Der erste Menschentyp ist in 1. Korinther 2, 14 beschrieben: »Der natürliche Mensch aber vernimmt nichts vom Geist Gottes; es ist ihm eine Torheit, und er kann es nicht erkennen; denn es muss geistlich beurteilt werden.«

Einmal sprach ich mit einem Bruder, und er sagte: »Ja, ich bin ein natürlicher Mensch.«

Er fasste das vielleicht als Kompliment auf, aber nach der Bibel ist es nichts, worauf man stolz sein könnte. Ein natürlicher Mensch ist nur ein anderer Ausdruck für einen Nichtchristen, einen Ungläubigen. Ein Christ muss übernatürlich sein. Ein Nichtchrist handelt, wie es seiner Natur entspricht. Die innere Einstellung des Nichtchristen besagt, dass es in Ordnung ist, zu tun, was alle tun, weil das nur natürlich ist.

Achten Sie auf die beiden Grundmerkmale natürlicher Männer und Frauen. Erstens stehen sie geistlichen Dingen ablehnend gegenüber. Ungläubige lassen geistliche Dinge nur bis zu einem gewissen Punkt gelten. Sie wollen nicht, dass Gottes Wahrheit über ihr Leben herrscht.

Ein zweites Grundmerkmal natürlicher Männer und Frauen ist, dass sie geistliche Dinge für eine Torheit halten. Sie können die Wahrheit Gottes nicht begreifen. Das heißt, sie sind unfähig, mit geistlichen Dingen umzugehen. Unerlöste Menschen stehen den Dingen Gottes ablehnend gegenüber, weil sie nicht wissen, was sie damit anfangen sollen. Sie wissen nicht, wie sie geistliche Dinge verstehen sollen, können sich keinen Reim darauf machen.

Deshalb sind Themen wie geistlicher Tod und geistliche Wahrheit natürlichen Menschen ganz und gar nicht wichtig. Sie wollen über alles, nur nicht über geistliche Dinge sprechen. Der natürliche Mensch kann Naturwissenschaft und Mathematik und andere Wissenszweige verstehen, aber geistliche Tatsachen kann er weder verstehen noch schätzen.

Es ist wie in der Geschichte von dem Mann, der im Haus eines Freundes einen großartigen Fernsehfilm anschaut. Der Freund hat aber nur einen kleinen Fernseher, so sagt sich dieser Mann: *Diesen Film möchte ich auf meinem neuen Fernseher mit dem Riesenbildschirm anschauen.*

Also fährt er schnellstens nach Hause und schaltet seinen nagelneuen Fernseher mit dem Riesenbildschirm ein. Aber er kann den Film, den er sehen will, nicht finden. Er schaltet von einem Kanal zum anderen. Das Bild ist scharf. Die Tonqualität ist ausgezeichnet. Aber der Film kommt nicht.

Sie können sich bestimmt schon denken, woran es lag. Dieser Mann wusste nicht, dass sein Freund Kabelfernsehen und deshalb Zugriff auf mehr Programme als er hatte. Der zweite Mann hatte ein größeres und besseres Fernsehgerät, aber er konnte nicht dieselben Programme wie sein Freund empfangen, weil er eben keinen Kabelanschluss hatte.

Der Ungläubige kann keinen Anschluss an das göttliche Bezugssystem finden, egal wie teuer seine Ausrüstung ist oder wie viel Macht oder Ansehen er hat. Er hat keinen Zugang zu Gott. Viele Nichtchristen haben allerhand von den Dingen dieser Welt vorzuweisen, aber sie bekommen das geistliche Bild nicht, weil sie die Verbindung nicht haben.

Der geistliche Mensch

Den zweiten Menschentyp beschreibt Paulus in den Versen 15-16 des zweiten Kapitels des ersten Korintherbriefes: »Der geistliche Mensch aber beurteilt alles und wird doch selber von niemandem beurteilt. Denn wer hat des Herrn Sinn erkannt, oder wer will ihn unterweisen? Wir aber haben Christi Sinn.«

Achten Sie darauf, dass hier von Sinn die Rede ist. Der geistliche Mensch ist der reife Christ, der gelernt hat, so zu denken wie Christus. Der Sinn ist hier der Schlüssel, weil er der Kanal ist, durch den die Daten hereinkommen, die das Tun bestimmen.

Alles, was Sie in Ihrem Leben tun, wird von Ihrem Gehirn aus gesteuert. Ohne das Gehirn funktioniert nichts. Es ist der Kanal, der Ihre Motorik, Ihre Sprache und alle anderen Funktionen steuert. Wenn das Gehirn stirbt, kann nichts anderes mehr funktionieren.

Was das Gehirn für den Körper ist, ist der Sinn für die Seele. Deshalb sagt Paulus, dass ein geistlicher Mensch gelernt hat, Gottes Gedanken zu denken. Er ist so weit, dass er konsequent, wenn auch nicht perfekt, das Leben von der Sichtweise Gottes her beurteilt, bewertet oder prüft.

Nun möchte ich Ihnen eine Frage stellen. Wenn Sie Entscheidungen treffen, planen oder allgemein die Gestaltung Ihres Lebens bestimmen, fragen Sie dann regelmäßig: Was denkt Gott darüber? Wenn nicht, sind Sie noch kein geistlicher Mensch. Ein geistlicher Mensch denkt wie Christus.

Ein Kennzeichen eines geistlichen Menschen ist die geistliche Wahrnehmung. Geistliche Menschen können jetzige Entscheidungen mit künftigen Folgen in Zusammenhang bringen, weil sie reif sind. Unreife Menschen können diesen Zusammenhang nicht erkennen. Sie leben nur für den Augenblick.

Meine Kinder, insbesondere die kleineren, reden nicht vom Sparen. Sie bringen es nicht einmal zur Sprache. Aber sie reden viel vom Ausgeben. Sobald ich ihnen etwas Geld gebe, ist es weg. Aufgrund ihrer Reifestufe können sie nicht langfristig planen, sondern nur kurzfristig denken.

Die Reife jedoch sagt, ich muss nicht nur an den jetzigen Augenblick, sondern an die Zukunft denken. Der geistliche Mensch nimmt die Dinge vom göttlichen Standpunkt und nicht nur von den jeweiligen Umständen her wahr. Er kann unterscheiden und hat göttliche Erkenntnis.

Unmündige Kinder in Christus

Der dritte Menschentyp wird von Paulus im dritten Kapitel des ersten Korintherbriefes beschrieben: »Und ich, liebe Brüder, konnte nicht zu euch reden wie zu geistlichen Menschen, sondern wie zu fleischlichen, wie zu unmündigen Kindern in Christus. Milch habe ich euch zu trinken gegeben und nicht feste Speise; denn ihr konntet sie noch nicht vertragen« (Verse 1-2 a).

Wir sprechen hier über Christen, die noch in den Kinderschuhen stecken, Menschen, die noch ganz am Anfang des Glaubens stehen. Sie sind einfach noch nicht lange genug Christen, um geistlich zu sein.

Das klingt vielleicht verwirrend, da einige neue Christen vom Tag ihrer Bekehrung an rasch geistlich aufsteigen. Sie scheinen geistlicher als einige alte Hasen zu sein. Wenn ich sage, dass ein ganz junger Christ nicht geistlich sein kann, so meine ich, dass er nicht reif sein kann. Ein Christ, der noch in den Kinderschuhen steckt, kann natürlich vom Heiligen Geist geleitet werden. Aber er kann nicht reif sein, da Reife Zeit erfordert.

Beachten Sie, dass Paulus diese Menschen wegen ihrer Unreife nicht tadelt. Man verurteilt Babys nicht dafür, dass sie Babys sind. Man kann von ihnen nicht mehr erwarten. Wenn Paulus also über »unmündige Kinder in Christus« spricht, so spricht er über Christen, die im Kindergarten sind, weil sie noch nicht die Zeit hatten, auf die Uni zu gehen. Sie hatten noch nicht die Zeit zu wachsen, weil sie einfach noch so jung sind.

Als ich in Nigeria war, brauchte ich Hilfe, weil ich die Sprache der Menschen nicht verstand und nicht wusste, was vor sich ging. So musste ich meinen Gastgeber oft fragen: »Was hat er gesagt?«

Für mich war die Umgebung neu. Man konnte von mir nicht erwarten, dass ich die nigerianische Sprache sprach oder verstand. Mit mir war alles in Ordnung. So ist es auch mit unmündigen Christen. Für sie ist die Umgebung neu, also kennen sie die Verhaltensregeln und die Sprache nicht. Wenn Sie ganz am Anfang Ihres Christenlebens stehen, verzweifeln Sie nicht, wenn Sie nicht reif sind. Stellen Sie einfach das, was Sie haben, unter die Leitung des Heiligen Geistes, und er wird mehr daraus machen.

Der fleischliche Mensch

Jetzt sind wir wieder da angelangt, wo wir aufgehört haben. Wir haben den Kreis geschlossen, denn der vierte Menschentyp ist der fleischliche Christ, der am Anfang von Vers 3 beschrieben wurde: »Ihr seid noch fleischlich.«

Wichtig ist hier das Wort *noch*. Zeit für geistliches Wachstum war vorhanden. Aber fleischliche Christen leben immer noch nach ihren alten Verhaltensmustern. Sie glitten wieder in ihre alten Handlungsweisen zurück. Sie sind nicht mehr wirklich anders.

Bei Ihrer Entscheidung für Christus haben Sie wahrscheinlich einige große Änderungen vorgenommen. Aber nach dem anfänglichen Schwung passiert es leicht, dass man auf der Stelle stecken bleibt und dann allmählich Rückschritte macht. Wenn Sie nicht aufpassen, tun Sie bald einige der Dinge wieder, die Sie aufgaben, als Sie Christ wurden.

Wenn das geschieht, richten Sie eine christliche Fassade auf, sodass die Leute denken, dass Sie jemand sind. Wenn sie aber mit Ihnen leben würden, könnten sie erkennen, dass Sie ein ganz anderer sind. Sie ziehen heilige Kleider an, Sie benutzen heiliges Parfüm, Sie haben ein heiliges Lächeln. Aber das alles kann Ihren geistlichen Stillstand nicht verbergen.

Paulus hatte die Korinther seit etwa fünf Jahren gekannt. Jetzt schrieb er ihnen: »Ihr seid jetzt fünf Jahre alt und könnt noch nicht gehen. Ihr bekommt immer noch Babynahrung. Ihr seid fünf Jahre alt und macht keinen Fortschritt. Ihr macht zwar die geistlichen Übungen mit, aber ihr kommt nicht recht voran.«

Einer der Pfarrer der Kirche in Dallas, deren Pastor ich bin, ist Dr. Sonny Acho aus Nigeria. Während eines Gesprächs springt er oft zwischen Englisch und seiner Muttersprache hin und her. Ich weiß dann nicht, was er zu mir sagt. Ich mache mir Sorgen. Er könnte eine Revolution anfachen, und ich würde es nicht einmal merken!

Dr. Acho spricht genug Englisch mit mir, sodass ich weiß, dass er es sprechen kann, aber andererseits spricht er genug Nigerianisch mit mir, um mir zu sagen, dass er mich nicht in alles, was er weiß, einweihen wird. Wenn er das tut, sage ich oft: »Du musst in meiner Gegenwart Englisch sprechen.«

So ist es auch mit einem fleischlichen Christen. Er spricht die Sprache der Christen, aber dann verfällt er wieder in einen anderen Dialekt. Mit den Lippen sagt er: »Gelobt sei Gott! Halleluja! Amen!«, aber mit seinem Leben spricht er einen anderen Dialekt.

Von den vier Menschentypen, die Paulus in 1. Korinther 2-3 beschreibt, verhält sich nur der fleischliche Christ nicht so, wie er sollte. Man kann von einem natürlichen Menschen nicht erwarten, dass er anders als natürlich handelt. Man kann einem Baby nicht die Schuld dafür geben, dass es nicht reif ist, und man kann einen geistlichen Christen nicht tadeln, wenn er wächst wie er sollte. Aber der fleischliche Mensch ist enttäuschend, weil er Zeit hatte zu wachsen und doch in seinem Wachstum gebremst ist.

Der Christ, der aufbegehrt

Damit kommen wir zu unserem letzten Punkt: Der fleischliche Christ ist ein Christ, der aufbegehrt. Paulus sagt in 1. Korinther 3, 3b-4: »Denn wenn Eifersucht und Zank unter euch sind, seid ihr dann nicht fleischlich und lebt nach Menschenweise? Denn wenn der eine sagt: Ich gehöre zu Paulus, der andere aber: Ich zu Apollos –, ist das nicht nach Menschenweise?«

Haben Sie jemals gesagt: »Ich bin nur ein Mensch«? Das ist keine christliche Rede. Das ist Rede »nach Menschenweise«. Haben Sie jemals gesagt: »Alle tun es«? Wiederum Rede »nach Menschenweise«.

Paulus sagt den Korinthern: »Ihr handelt genau wie alle anderen, wie die Ungläubigen um euch herum. Ihr handelt nicht wie die neuen Männer und die neuen Frauen, zu denen ihre geschaffen wurdet. Ihr tut Dinge, die Nichtchristen tun.

Weigerung, sich unterzuordnen

Was taten diese fleischlichen Christen? In diesem Kapitel spricht Paulus von ihrer Eifersucht und dem Streit um menschliche Führer. Sie ergriffen Partei, spielten einen Führer gegen den anderen aus. Und in Kapitel 5 entdecken wir, dass sie nicht nur einen schändlichen Fall von Inzest tolerierten, sondern auch noch in perverser Weise stolz darauf waren.

In Galater 5 spricht Paulus von sittenlosem Leben, Unreinheit, Neid, Streitsucht und Götzendienst. All das nennt er »Werke des Fleisches«. Wenn Christen diese Verhaltensmuster an den Tag legen, sagt er, dann liegt der Grund darin, dass sie aufbegehren. Sie weigern sich, sich unterzuordnen.

Wir alle haben schon Kinder gesehen, die als Teenager aufbegehren. Es liegt nicht daran, dass Ihr heranwachsender Sohn nicht versteht, wenn Sie sagen: »Räume dein Zimmer auf.« Es liegt daran, dass er jetzt denkt, er sei erwachsen. Er denkt, er bezahle die Rechnungen. Also sagt er: »Ich räume mein Zimmer nicht auf!«

In diesem Fall stehen Sie vor dem Problem des Aufbegehrens. Also sagen Sie ihm nochmals, er solle sein Zimmer aufräumen, und er tut es immer noch nicht. Das ist Aufbegehren. Ihr Sohn handelt nicht so, wie Sie ihn erzogen haben, also müssen Sie sich mit diesem Aufbegehren auseinander setzen.

Genauso ist es im Fall von Christen, die schon einige Zeit mit Jesus leben, aber deren Verhaltensmuster immer noch fleischlich sind. Es ist nicht so, dass sie nicht anders könnten. Darüber sollten wir uns im Klaren sein. Sie wollen nicht anders, weil das fleischliche Leben eine Willensentscheidung ist.

Jetzt verstehe ich, dass Menschen Probleme haben, an denen gearbeitet werden muss. Ich kenne Menschen, die in alle möglichen Probleme und Bindungen verstrickt sind. Ich aber sage, dass diese sündigen Verhaltensweisen durch die Willensentscheidungen des Menschen heraufbeschworen oder weitergeführt werden. Ein Christ ist nie eine hilflose Marionette in Satans Hand.

Im Dreck spielen

Wenn man ein kleines Kind im Dreck spielen sieht, denkt man nicht weiter darüber nach, weil kleine Kinder einfach im Dreck spielen. Sie versuchen, Dreck zu essen. Sie beschmieren sich mit Dreck. Dreck ist ein Spielzeug für sie.

Wenn man einen 21-jährigen Mann mit Dreck spielen sieht, wie er sich damit beschmiert und wie er ihn in den Mund steckt, dann steht man vor einem ernsthaften Problem. Aber der einzige Unterschied zwischen dem Kind und dem Mann ist die Zeit. Mit 21 Jahren sollte ein Mensch wissen, dass Dreck kein Spielzeug ist.

Nun, es gibt zu viele Christen, die schon so lange mit Jesus leben und immer noch geistlich mit Dreck spielen und Spaß daran finden. Wir könnten das verstehen, wenn sie als Christ noch in den Kinderschuhen steckten und noch nicht wüssten, dass man nicht mit Dreck spielt.

Christen können nicht Woche um Woche, Monat um Monat die Wahrheit Gottes hören und Schmutz nicht als solchen erkennen. Gott versucht nicht einfach, uns aus dem Dreckhaufen zu ziehen. Er will uns etwas zeigen, das so viel besser ist, dass wir nie mehr im Dreck spielen wollen.

Der Dreck, den die Welt bietet, kann nur einem Christen angenehm vorkommen, der seine erste Liebe verlassen hat und zu ihr zurückkehren muss. Ich fordere Sie jetzt auf, Ihr Leben zu prüfen und zu entscheiden, ob Sie natürlich, also nicht erlöst sind, ob Sie geistlich sind und die Dinge von Gottes Standpunkt her sehen, ob Sie noch ein ganz junger Christ in den Kinderschuhen sind oder ob sie fleischlich sind, also nicht wie der neue Mensch leben, der Sie in Christus sind.

Wenn Sie entdecken, dass Fleischlichkeit am besten auf Sie zutrifft, bitte ich Sie dringend, heute zu Ihrer ersten Liebe, zu Jesus Christus, zurückzukehren.

Zurück zur ersten Liebe

Obwohl vor allem der zweite Teil des Buches sehr praxisorientiert ist, möchte ich Ihnen, da diese Angelegenheit so wichtig ist, nach jedem Zwischenabschnitt Anregungen geben, die Ihnen helfen, wie Sie Ihre erste Liebe zurückgewinnen und Christus im Mittelpunkt Ihres Herzens behalten können. Hier einige Anregungen zum Anfang:

1. Wenn Sie dieses Kapitel gelesen haben und erkennen, dass Sie ein Mensch sind, den Paulus als »natürlich« bezeichnet, dass Sie also noch nicht die Erlösung erfahren haben, dann können Sie sich in diesem Augenblick mit dieser Ewigkeitsfrage auseinander setzen. Gestehen Sie einfach Ihre Sündhaftigkeit vor Gott ein (siehe Röm 3, 9-10, 23). Glauben Sie, dass Jesus Christus, Gottes Sohn, am Kreuz starb, um für Ihre Sünden zu bezahlen und dass er von den Toten auferstand, um Sie zu retten (Röm 5, 8; 10, 13). In Johannes 1, 12 wird versprochen: »Wie viele ihn aber aufnahmen, denen gab er Macht, Gottes Kinder zu werden, denen, die an seinen Namen glauben.«

2. Vielleicht räumen Sie ein, dass Sie, um zu unserem Bild zurückzukommen, irgendwo vom rechten Weg abgewichen sind und ihre erste Liebe zurückgelassen haben. Jetzt ist es wichtig zu erkennen, was geschah und umzukehren. Sprechen Sie mit Gott darüber. Bitten Sie ihn um Vergebung, beten Sie, dass er Sie auf den Weg geistlichen Wachstums zurückbringt. Er wartet ungeduldig darauf, genau wie der Vater, der auf der Straße Ausschau hielt und auf die Rückkehr seines Sohnes wartete (siehe Lk 15).

3. Da der Weg zur Fleischlichkeit durch eine Reihe von Entscheidungen gekennzeichnet ist, müssen Sie vielleicht damit beginnen, bessere Entscheidungen zu treffen. Denken Sie daran, dass es ein Kennzeichen geistlich reifer Menschen ist, die langfristigen Folgen ihrer Entscheidungen und nicht nur das unmittelbar Bevorstehende zu sehen und danach zu handeln. Stehen Sie vor einer Entscheidung, über die Sie im Lichte dessen, was wir eben besprachen, mehr beten und nachdenken müssen? Wenn möglich, schieben Sie sie hinaus, bis Sie sagen können, dass Sie Gottes Willen erkannt haben. Sprechen

Sie mit Ihrem Pastor oder einem reifen Christen, wenn Ihnen das hilft, den richtigen Blick für die Dinge zu bekommen.

4. Das Leben eines Christen ist übernatürlich. Wenn andere uns also anschauen, müssten sie etwas sehen, das nicht nur natürlich erklärt werden kann: unsere Liebe, unseren Friede, unsere Freude, unsere Freigebigkeit usw. Stellen Sie sich folgende Frage: Gibt es etwas in meinem Leben, das nur dadurch erklärt werden kann, dass die Kraft des Heiligen Geistes in mir wirkt?

2. Ersticken des Wortes

Wir sprechen hier über »Herzensgewohnheiten«, Haltungen und Taten, die dazu führen können, dass wir unsere erste Liebe zu Jesus Christus verlassen. In diesem Kapitel möchte ich über einen Liebesräuber sprechen, der sehr beachtlich ist, aber nicht gleich ins Auge fällt: eine unangemessene Reaktion auf das Wort Gottes. Wenn meine Liebe zu jemandem nicht so ist, wie sie sein sollte, interessiere ich mich auch nicht so, wie ich sollte, für das, was er oder sie sagt.

Um das zu verdeutlichen, möchte ich die Worte, die Jesus selbst gesagt hat in Lukas 8, gebrauchen, wo er eine Geschichte erzählt, die Lukas Gleichnis nennt – eine Geschichte, in der Unbekanntes anhand von Bekanntem erklärt wird.

Jesus benutzte oft Dinge, die Menschen verstanden, um das zu verdeutlichen, was seine Zuhörer normalerweise nicht verstehen konnten. In diesem Fall benutzte er etwas Natürliches, um Geistliches zu veranschaulichen, und in Vers 4 sagt Lukas, dass eine große Menschenmenge gekommen war, um Jesus zuzuhören.

Die Leute hörten Jesus sehr gerne zu. Sie mochten es, wie er aus normalen, alltäglichen Dingen große geistliche Wahrheiten ableitete. Und das tat er auch bei dieser Gelegenheit.

Das Gleichnis vom Sämann

Jesus erzählte eine Geschichte von einem Bauern, einem Sämann, der sein Korn aussäte (Vers 5a). Dieser Bauer hatte nicht die ganze heutige Agrartechnik zu seiner Verfügung, mit deren Hilfe der Boden bearbeitet, die Sämlinge gezogen und die geraden Reihen angelegt werden, die wir sehen, wenn wir an den Feldern eines modernen Bauernhofes vorbeifahren.

Zu Jesu Tagen wurde der Same mit der Hand ausgestreut. Ein Bauer füllte den Samen in einen Sack, den er um den Hals eines Esels hängte. Er führte dann den Esel auf einem Weg, der an seinem Bauernhof oder dem Grundstück, auf das er den Samen streuen wollte, entlang verlief. Er griff in den Sack, holte eine Hand voll Samen heraus und streute sie auf das Land.

Der Same fiel hierhin und dahin und überallhin. Der Gedanke war, so viel Samen auf das Land zu streuen, dass der Bauer sicher war, die erwünschte Produktivität zu erhalten. Dieses Bild hatte Jesus im Sinn, als er sagte, dass ein Sämann ausging, seinen Samen zu säen und dass der Same auf vier verschiedene Bodenarten fiel.

Die Bodenarten

Etwas von dem Samen fiel auf den Wegrand und »wurde zertreten, und die Vögel fraßen's auf« (V. 5b). Dieser Same erzielte gar nichts. Er glitt durch die Finger des Bauern und fiel auf den Boden. Er trat darauf, und der Same klebte an seinen Sohlen. Als er weiterging, fiel er vom Schuh. Die Vögel sahen es, kamen herbei, pickten ihn auf und fraßen ihn.

Einige Samenkörner fielen auf felsigen Boden (V. 6). Das war eine dünne Schicht Erde, unter der Felsen, Steine und Kies lagen. Dieser Same ging auf, verdorrte aber, weil er nicht genug Feuchtigkeit hatte. Die Wurzeln konnten nicht tief genug eindringen, um die Feuchtigkeit aus der Tiefe zu saugen, die sie zum Wachsen brauchten. Dieser Boden konnte kein Wachstum aufrechterhalten.

Jesus fuhr weiter: »Und einiges fiel mitten unter die Dornen; und die Dornen gingen mit auf und ersticktenʼs« (V. 7). Zweifellos wuchsen die Dornen schneller und wurden stärker als die Pflanzen, und die Dornen waren so zahlreich, dass die Pflanzen erstickten.

Schließlich sagte Jesus in der ersten Hälfte von Vers 8: »Und einiges fiel auf gutes Land; und es ging auf und trug hundertfach Frucht.« Dieser Boden befriedigte alle Bedürfnisse der Pflanze. Er war nährstoffreich und führte zum erwünschten Ergebnis.

Das war das Ende des Gleichnisses, und so kam Jesus zur Pointe: »Als er das sagte, rief er: Wer Ohren hat zu hören, der höre!« (V. 8b).

Jesus weiß, dass wir zwei Ohren haben. Aber er weiß auch, dass man zwei Ohren haben kann und doch *nicht* hört. Deshalb sagt er: »Passt auf!« Wenn ein Lehrer das zu einer Klasse sagt, weiß man, was er damit meint. Er will damit sagen: »Was ich eben sagte, müsst ihr verstanden haben, denn es kommt in der Prüfung dran.«

Die Frage

Was sollte man in einem solchen Fall tun, wenn man nicht verstanden hat, was der Lehrer sagte? Richtig. Man sollte den Finger heben und ihn darum bitten, es zu erklären. Das taten die Jünger Jesu in Vers 9: »Es fragten ihn aber seine Jünger, was dies Gleichnis bedeute.«

Mit anderen Worten sagten sie: »Jesus, wir wissen überhaupt nicht, wovon du sprichst. Ein Sämann ging aus, zu säen. Das verstehen wir. Aber was willst du uns damit sagen?«

Das ist wegen der erstaunlichen Bemerkung sehr wichtig, die Jesus machte, bevor er die Bedeutung des Gleichnisses erklärte: »Euch ist's gegeben, die Geheimnisse des Reiches Gottes zu verstehen, den andern aber in Gleichnissen, damit sie es nicht sehen, auch wenn sie es sehen, und nicht verstehen, auch wenn sie es hören« (V. 10).

Dann erklärte Jesus die Bedeutung des Gleichnisses. Warum? Weil seine Jünger ihn darum baten!

Die Menge kam nur zum Vergnügen. Sie mochten Jesu Geschichten. Ihnen gefiel es, wie er Sätze aneinander reihte. Ihnen gefiel es, dass er so redete, dass einfache Menschen ihn verstehen konnten. Sie mochten es, wie er würdevoll über die Vorzüge der göttlichen Wahrheit sprach.

Mit anderen Worten, die Menge hörte Jesus gerne zu. Aber sie kamen nie so weit, ihm die wesentliche Frage zu stellen: »Jesus, was willst du uns damit sagen?« Sie gaben sich mit Tatsachen zufrieden und versuchten nicht, zu verstehen.

Hier erkennen wir einen wichtigen Grundsatz: Unsere Fähigkeit, die göttliche Wahrheit zu erkennen, hängt davon ab, wie viel wir wissen wollen. Wenn wir uns mit einer Geschichte hier und einer

Geschichte da, einem guten Gefühl hier und einem guten Gefühl da zufrieden geben, werden wir nicht völlig verstehen, was Gott für uns in seinem Wort bereithält.

Wenn Sie sich damit zufrieden geben, am Sonntag in der Kirche zu erscheinen, wenn Ihnen das Wichtigste am Gottesdienst ist, gesehen zu werden, dann werden Sie leer nach Hause gehen. Sie versäumen dann vieles, was Gott für Sie tun möchte, ja, all das Gute, das er Ihnen geben will. Sie werden ein blasser und schwächlicher Christ.

Genau das geschah in Lukas 8. Die Menschen hörten Jesus gerne predigen, aber im Großen und Ganzen liebten sie *ihn* nicht, wenigstens nicht mit der Liebe, über die wir in diesem Buch sprechen. Da Jesus nicht ihre erste Liebe war, galt ihr Hauptinteresse nicht seinem Wort. Nur einem Prediger zuzuhören – sogar wenn es sich um Jesus handelt – ist nie genug. Wir müssen weitermachen und fragen: »Jesus, was willst du uns damit sagen?« Tun wir das.

Keine Reaktion

Als Antwort auf die Frage der Jünger begann Jesus, sein Gleichnis zu erklären: »Das Gleichnis aber bedeutet dies: Der Same ist das Wort Gottes. Die aber auf dem Weg, das sind die, die es hören; danach kommt der Teufel und nimmt das Wort aus ihrem Herzen, damit sie nicht glauben und selig werden« (Lk 8, 11-12).

Jesus sagt, die erste Reaktion auf das Wort Gottes wird durch den Samen veranschaulicht, der auf den Weg fällt. Dieser Same konnte nie im Herzen des Menschen Wurzel fassen. Er liegt einfach auf dem Weg. Der Teufel, durch den Vogel dargestellt, der den Samen aufpickt, kommt und schnappt das Wort weg, sodass Menschen in dieser Lage keine Christen werden. Sie können ihre erste Liebe zu Christus nicht verlassen, weil sie ihn noch nie geliebt haben.

Die oberflächliche Reaktion

Als Nächstes kommt der »felsige Boden« (V. 13), die dünne, oberflächliche Schicht Erde, unter der Felsen und Steine lagen. Diese Menschen werden so beschrieben: »Wenn sie es hören, nehmen sie das Wort mit Freuden an.« Wenn die Bibel diese Worte benutzt, spricht sie immer von Errettung (1. Thess 1, 6 und Apg 17, 11 sind zwei gute Beispiele dafür).

Ab Vers 13 spricht Jesus also nicht mehr von Nichtchristen. Er spricht jetzt über die verschiedenen Reaktionsweisen der Christen auf das Wort. Diese Menschen nehmen das Wort mit Freuden auf, das bedeutet, dass sie gerettet werden. »Doch sie haben keine Wurzel; eine Zeit lang glauben sie, und zu der Zeit der Anfechtung fallen sie ab.«

Hier handelt es sich um Christen, die wirklich errettet wurden, aber die in ihrem Glauben nicht wachsen. Sie bleiben geistlich schwach – sie bleiben in den Kinderschuhen des Glaubens stecken. Da sie nicht tief in Gottes Wort verwurzelt sind, laufen sie davon, wenn Schwierigkeiten und Anfechtungen auftauchen. Sie wollen ihren Entschluss, mit Gott zu leben, rückgängig machen.

Geben Sie nicht dem Samen die Schuld

Eines ist sicher. Das hat nichts mit dem Samen zu tun. Gottes Wort ist vollkommen und genügt den Anforderungen. Die Bibel sagt von sich selbst: »Das Wort Gottes ist lebendig und kräftig und schärfer als jedes zweischneidige Schwert, und dringt durch, bis es scheidet Seele und Geist, auch Mark und Bein, und ist ein Richter der Gedanken und Sinne des Herzens« (Hebr 4, 12).

Der Same ist also nicht minderwertig. Das Wort Gottes ist in der Lage, in Ihrem Leben eine Ernte von geistlicher Lebenskraft, Sieg, Kraft und Ausdauer hervorzubringen. Alles, was Sie brauchen, um so zu werden, wie Gott Sie haben will, wurde Ihnen bereits gegeben, als Sie das Wort empfingen. Deshalb drängt uns Jakobus 1, 21, das Wort anzunehmen, »das in euch gepflanzt ist und Kraft hat, eure Seelen selig zu machen«.

Jesus sagt, dass man alles hat, um so zu werden, wie Gott einen haben will, wenn man den Samen seines Wortes aufnimmt. Aber das erste Beispiel seines Gleichnisses macht deutlich, dass einige Christen es nicht zulassen, dass der Same Wurzeln schlägt. Das Wort dringt nicht tief in die Erde ihres Herzens ein.

Ihre Reaktion auf Anfechtungen

Wie können Sie wissen, ob Ihr Leben in dieser Lage ist, ob Ihre Reaktion auf Gottes Wort nicht so ist, wie sie sein sollte? Ein Anzeichen dafür ist, dass Sie davonlaufen wollen, wenn Schwierigkeiten auftauchen. Wenn ein Unglück Sie trifft, geben Sie klein bei. Gott zeigt Ihnen, ob Sie geistlich stark sind, indem er Not in Ihr Leben bringt.

Achten Sie darauf, dass ich nicht sagte, dass Gott Not in Ihr Leben schickt, damit *er* merkt, wie geistlich Sie sind. Er weiß schon, was Sie tun werden. Die Prüfung findet um Ihretwillen statt, damit Sie wissen, ob Ihr »Amen« jeden Sonntag so aufrichtig ist, wie Sie selbst es denken, wenn Sie es sagen.

Es ist so ähnlich wie mit Anfechtungen in der Ehe. Ihre Verbindlichkeit Ihrem Ehepartner gegenüber kann nicht in den Flitterwochen getestet werden. Da ist noch nicht genug Zeit vergangen, ist noch nicht genügend Unangenehmes eingetreten. Ihre Verbindlichkeit Ihrem Ehepartner gegenüber sieht man, wenn alles falsch läuft, wenn Sie den Eindruck haben, mit einer ganz anderen Person verheiratet zu sein als derjenigen, zu der sie einmal »Ja« sagten.

Das ist dann der Fall, wenn der Mann herausfindet, dass seine Frau nicht immer so aussieht, wie er dachte, dass sie aussehen würde, als er sie heiratete. Und sie entdeckt, dass er seine geliebten Fußballübertragungen im Fernsehen nur vorübergehend aufgab. Die Tiefe einer Verbindlichkeit wird entschieden, wenn Menschen Lebensprüfungen durchmachen.

Jesus sagt, dass Menschen ohne tiefe Wurzeln vom Glauben abfallen, wenn es kritisch wird (Lk 8, 13). Anstatt sich tiefer mit Gottes Wort zu beschäftigen, um herauszufinden, wie man mit der Anfechtung umgeht und das Problem überwindet, wollen sie davonrennen. Sie wollen aussteigen. Sie wollen nicht, dass andere merken, dass sie zu Christus gehören. Ihre Liebe zu ihm ist ernstlich vertrocknet.

Deshalb sagte Paulus seinem Möchtegern-Reisebegleiter Johannes Markus: »Du kannst nicht mehr mit mir gehen, weil du abgefallen bist. Ich setze hier mein Leben aufs Spiel, und du spielst mit meinem Leben. Du kannst nicht mit mir kommen« (Apg 15, 37-40).

Paulus sagte damit, dass die Wurzeln von Markus nicht tief genug waren. Sie waren in der falschen Art Boden. Sein Herz war dem Herrn nicht völlig hingegeben. Glücklicherweise bekam Markus von Barnabas eine zweite Chance geboten und wurde schließlich ein guter Jünger.

Sie müssen tief eindringen

Die Erlösung ist kostenlos. Jüngerschaft ist teuer. Man kann, dank des Kreuzes, umsonst in den Himmel kommen. Aber es kostet viel, den Himmel auf Erden herunterzuholen. Gott gab Ihnen bereits unentgeltlich ewiges Leben. Aber das ewige Leben wird in der Menschheitsgeschichte nur wirksam, wenn Sie den Preis liebender Hingabe bezahlen.

Sie müssen sich Jesus hingeben, und das bedeutet, dass Sie Wurzeln brauchen, die tief hinunterreichen. Ihre Wurzeln wachsen aber nur dann tief hinunter, wenn Sie auf das Wort Gottes richtig reagieren, tiefer in das Wort einsteigen und die Anwendung des Wortes in Ihrem Leben ernst nehmen.

Der Unterschied zwischen einem siegreichen Christen und einem besiegten Christen liegt darin, dass der eine die Wurzeln des Wortes tief in den Boden seines Lebens eindringen ließ, während der andere oben auf der Ackerkrume lebt und die Wurzeln nicht tief einsenkt. Der Unterschied liegt nicht darin, dass Gott einige seiner Kinder bevorzugt. Er möchte jedem Christen dieselbe Stufe des Sieges geben.

Tiefe Wurzeln bekommt man nur durch die Kenntnis und Anwendung des Wortes Gottes. Sie können ganz leicht feststellen, ob

Sie dabei sind, tiefe Wurzeln zu bekommen. Beschäftigen Sie sich nur in den ein oder zwei Stunden, in denen Sie sich am Sonntag in der Kirche zeigen, mit der Bibel?

Nun, dann kommen Sie nicht sehr weit. Stellen Sie sich einen Menschen vor, der nur sonntags eine Mahlzeit, und sei es eine noch so reichhaltige, zu sich nimmt und die ganze Woche über nichts isst. Ab Dienstag bekommt er bereits Schwierigkeiten. Eine Mahlzeit pro Woche genügt nicht.

So ist es auch mit unserer geistlichen Nahrung. Wenn wir nicht begierig sind, das Wort zu lernen und anzuwenden, wenn wir nicht sehnlichst wünschen zu entdecken, was das Wort zu Situationen sagt, vor denen wir stehen, werden wir unterernährt und ausgemergelt und unfähig zu bestehen, wenn Anfechtungen kommen.

Und sie *werden* kommen, das ist ganz sicher. Jesus sagte das in Vers 13. Er sprach über sie als Tatsache. Es ist nicht so, dass geistliche Christen keine Anfechtungen erleiden, sondern nur fleischliche Christen. Wenn Sie Christ sind, werden Sie in Anfechtungen fallen. Die Frage ist, ob die Anfechtungen Sie unterkriegen. Ihre Reaktion auf das Wort entscheidet, ob Sie siegreich oder besiegt werden.

Kein Christ muss ein besiegtes Leben führen. Ja, Sie werden Probleme bekommen. Sie werden Augenblicke des Versagens erleben. Aber wenn Ihnen tagein, tagaus die Welt, das Fleisch und der Teufel zusetzen, haben Sie vielleicht ein Problem mit den Wurzeln. Das Problem ist, dass Sie felsigen Boden haben, sodass sich die Wurzeln nicht tief eingraben können.

Ein festes Fundament

Dauerhaftes Wachstum ist nur möglich, wenn das Wort Gottes angewandt wird. Aber man kann nicht anwenden, was man nicht kennt. Deshalb sagt Jesus: »Wer Ohren hat zu hören, der höre.« Der Same seines Wortes wird ausgestreut, aber nicht jeder nimmt ihn gleich auf. Einige Menschen achten nicht darauf und zertreten ihn. Andere nehmen ein bisschen und wachsen ein bisschen. Aber sobald Schwierigkeiten auftauchen, brechen sie zusammen, weil sie nicht tief genug eingedrungen sind.

Übrigens müssen Sie tief ins Wort eingedrungen sein, *bevor* die Schwierigkeiten kommen. Es ist zu spät, wenn die Schwierigkeiten bereits da sind. Das ist wesentlich. Wenn Sie in der Lage sein wollen, mit den Schwierigkeiten des Lebens umzugehen, müssen Sie zuerst in die Tiefe wachsen. Das nennt man ein festes Fundament legen. In Lukas 8 befasst sich Jesus mit dem festen Fundament des Lebens. Wenn Sie ein neu bekehrter Christ sind, ist es deshalb das Wichtigste, die Grundlagen des geistlichen Lebens zu verstehen. Sie müssen die Grundlagen verstehen, damit Sie ein festes Fundament legen und wachsen können.

Fundamente sind nicht schön. Wann waren Sie das letzte Mal auf der Suche nach Fundamenten? Man geht auf Wohnungssuche, nicht auf die Suche nach Fundamenten. Man will das Haus sehen: die Fenster, die Raumaufteilung, die Größe und Form der Zimmer.

Aber all das ist unsicher, wenn das Fundament auf Sand gebaut ist. Das Fundament muss fest sein. Dann können Sie darauf bauen, was Sie wollen. Christen, die »felsigem Boden« ähneln, brauchen tiefe Wurzeln, ein festes Fundament.

Entscheidung für die Welt und gegen das Wort

In Lukas 8,14 erklärte Jesus den Jüngern die dritte Bodenart aus seinem Gleichnis: »Was aber unter die Dornen fiel, sind die, die es hören und gehen hin und ersticken unter den Sorgen, dem Reichtum und den Freuden des Lebens und bringen keine Frucht.«

Diese Menschen haben winzig kleine Äpfel, winzig kleine Orangen, winzig kleine Birnen. Ihre Früchte wachsen nicht zur normalen Größe heran. Diese Menschen schaffen kaum den Anfang. Sie sind Christen in Kinderschuhen. Ihre Reaktion auf das Wort ist immer noch ungenügend.

Wir wissen, dass sie etwas Wachstum erlebt haben, weil sie ein bisschen Frucht vorweisen können. Das Problem ist, dass ihre Frucht nicht reift. Ich weiß noch, als ich sechzehn war, wollte ich, dass mein Vater mir einige der Freiheiten von Erwachsenen einräumt. Ich erinnerte ihn daran: »Siehst du, Papa, du weißt, dass ich fast ein Mann bin. Also kannst du mir erlauben, das Erwachsenenleben schon jetzt ein bisschen zu üben.«

Mein Vater antwortete dann: »Wenn du wie ein Mann handelst, kannst du beginnen, einige Erwachsenendinge zu tun.« Er meinte damit, dass ich zwischen der Kindheit und dem Erwachsenenalter bin und mich entscheiden müsse, auf welcher Seite des Zauns ich stehe.

Genau das ist das Problem der Menschen, die Jesus in Vers 14 beschreibt. Sie bringen etwas Frucht hervor, aber sie reift nicht. Sie wächst und entfaltet sich nicht so, wie sie sollte. Der Grund für dieses verkümmerte Wachstum liegt darin, sagt Jesus, dass diese Gläubigen ersticken.

Sich selbst ersticken

Er will damit sagen, dass einige Christen ihre Prioritäten durcheinander bringen. Deshalb ist ihr geistliches Leben in Dinge verstrickt, mit denen sie nichts zu tun haben sollten.

Betrachten wir, was laut Jesus einen Christen ersticken kann: »Sorgen, Reichtum und die Freuden des Lebens«. Wussten Sie, dass Sie geistlichen Selbstmord begehen, wenn Sie von dieser Welt – ihrem Geld, ihrem Vergnügen, ihren Sorgen – Ihr Leben bestimmen lassen? Jesus sagt: »Das erstickt dich!«

Wenn Sie schon einmal am Ersticken waren, wissen Sie, dass das nicht lustig ist. Man bekommt keine Luft mehr. Und wenn man lange genug keine Luft mehr bekommt, stirbt man, weil die Zufuhr des lebensnotwendigen Sauerstoffs unterbrochen ist.

Das ist ernst. Wenn Ihnen die Sorgen dieses Lebens wichtiger sind als die Sorge für das Reich Gottes, wenn die Liebe zu dieser Welt den Platz ihrer ersten Liebe einnimmt, dann, so sagt die Bibel, würgen Sie sich selbst die Zufuhr ihres geistlichen Sauerstoffs ab.

Viele Christen drücken sich ihre geistliche Luftröhre selbst zu. Ihr Leben ist mit falschen Prioritäten zum Bersten gefüllt, sodass der

Zustrom von Gottes Segen, Gottes Kraft, Gottes Erlösung und Gottes Gaben unterbrochen wird. Viele Christen sind geistlich am Ersticken. Sie sagen: »Ich kann nicht atmen. Mir geht es erbärmlich. Ich bin bedrückt. Ich habe keine Freude!« Warum? Weil sie sich selbst ersticken. Jedes Mal, wenn Gott versucht, frische geistliche Luft zuzuführen, wird der Zufluss abgewürgt, weil der Gläubige zu tief in dieser Welt steckt, zu intensiv mit Geld verdienen und Vergnügen befasst ist. Als Ergebnis wird der Zustrom von Gottes Segen unterbunden.

Bitte verstehen Sie mich recht. Es ist nicht falsch, Pläne für die Ausbildung der Kinder oder berufliches Aufsteigen zu schmieden. Das sind berechtigte Sorgen. Es ist nicht falsch, wenn man erfolgreich sein will. Jesus wendet sich nicht pauschal gegen alles Vergnügen im Leben.

Das Problem entsteht, wenn Sie von den Sorgen des Lebens erstickt werden. Das ist dann der Fall, wenn die Sorgen einen solch großen Raum in Ihrem Leben einnehmen, dass sie Sie an der Kehle packen und Ihren geistlichen Atem abschnüren.

Die Sorgen dieses Lebens

Wichtig ist hier die Wortverbindung »dieses Lebens«, weil wir *in* diesem Leben leben sollen. Gott will nicht, dass wir *von* diesem Leben sind. Die Bibel sagt, dass wir *in* der Welt, aber nicht *von* der Welt sein sollen.

Das ist ein wesentlicher Unterschied. Im Durchschnitt lebt man etwa siebzig Jahre lang in dieser Welt. Während dieser siebzig Jahre hat man am Alltag und der Routine dieser Welt teil.

Aber wir sind in diesen siebzig Jahren nicht *von* dieser Welt. Das heißt, die Welt darf nicht unseren Terminkalender und unsere Ziele bestimmen. Die Dinge dieser Welt sind nicht die bewegende Kraft in unserem Leben.

Viele Christen bemühen sich so sehr, es den Leuten von nebenan gleichzutun, dass sie keine Zeit dafür haben, wie Christus zu sein. Wir bemühen uns so sehr, die Erwartungen all der anderen zu erfüllen, dass wir es nie fertig bringen, so zu werden, wie Gott uns haben möchte.

Wenn wir nicht aufpassen, verbringen wir unser ganzes Leben damit, allen anderen zu gefallen. Dann wird Christus in seinem Reich einmal zu uns sagen: »Wie in aller Welt konntest du mir das antun? Ich liebte dich, ich gab mein Leben für dich hin und sorgte in jeder Hinsicht für dich, aber du hattest nie Zeit für mich, weil du allen anderen gefallen wolltest.« Das heißt von dieser Welt sein.

Dies ist ein wesentlicher Punkt, wenn wir über unsere Liebe zu Christus sprechen. Wir hören immer, dass man Liebe so buchstabiert: Z-e-i-t. Das stimmt. Ein Mann kann einer Frau nicht sagen, dass er sie liebt, wenn er keine Zeit mit ihr verbringt, um herauszufinden, was sie denkt, was ihr gefällt, wie er ihre Wünsche erfüllen und ihre Bedürfnisse befriedigen kann.

Kein Wunder, dass die Bibel es Ehebruch nennt, wenn ein Gläubiger in diese Welt vernarrt ist. Jesus Christus muss die erste Liebe unseres Herzens sein. Das Christenleben ist eine Liebesaffäre mit ihm.

In Matthäus 6, 33 sagt Jesus: »Trachtet zuerst nach dem Reich Gottes und nach seiner Gerechtigkeit, so wird euch das alles zufallen.« Wir wollen es gerne umkehren. Wir wollen sagen: »Trachtet zuerst nach all diesen Dingen, und wenn ihr dann noch Zeit übrig habt, dann wartet das Reich Gottes auf euch.«

Aber so geht es nicht. Jedes Mal, wenn Sie die Probleme dieses Lebens über das Reich Gottes stellen, jedes Mal, wenn die Herrschaft dieser Welt (das griechische Wort für Reich bedeutet Herrschaft oder Autorität) den Vorrang vor Gottes Reich hat, dann ersticken Sie Ihr geistliches Leben.

Wie merken Sie, ob Sie am Ersticken sind? Sie sagen: »Ich mache mir Sorgen um mein wirtschaftliches Wohlergehen. Ich möchte meiner Familie eine anständige Wohnung und meinen Kindern eine gute Ausbildung bieten. Woher weiß ich, ob ich zu weit gehe?«

Ich möchte Ihnen ein paar Richtlinien aus der Bibel aufzeigen. In 1. Timotheus 6, 6 sagt Paulus: »Die Frömmigkeit aber ist ein großer Gewinn für den, der sich genügen lässt.«

Praktizierte Frömmigkeit

In diesem Vers finden wir zwei wichtige Prüfungsmaßstäbe. Der erste ist die Frage, ob Sie an Gottes Wort Abstriche vornehmen müssen, um eines Ihrer Ziele zu verwirklichen. Wenn Sie der Bibel gegenüber ungehorsam sein müssen, um Ihre Wünsche zu befriedigen, wenn Sie zweifelhafte ethische Grundsätze praktizieren und Ihre moralischen Werte aufgeben, um die Dinge zu bekommen, die Sie wollen, wenn Sie etwas tun, das Gott und sein Wort in Verruf bringt, dann sind Sie nicht gottesfürchtig.

Und wenn Sie nicht gottesfürchtig sind, dann dienen Sie nicht Gottes Reich. Und wenn Sie Gottes Reich nicht dienen, dann ist Gott gegen Sie, und Sie ersticken. Der erste Prüfungsmaßstab ist also dieser: Schließen Sie geistliche Kompromisse, um Ihre Ziele zu verwirklichen?

Erlebte Zufriedenheit

Der zweite Prüfungsmaßstab des Paulus ist: Sind Sie damit zufrieden, wo Sie sind, obwohl Sie nicht da sein wollen, wo Sie sind? Vielleicht wollen Sie erfolgreicher sein. Vielleicht haben Sie hochfliegende Ziele. Das ist gut. Aber gottesfürchtige Zufriedenheit bedeutet, dass Ihre Freude als Kind Gottes, Ihr innerer Friede und Ihr inneres Glück von all den äußeren Umständen nicht berührt werden. Es bedeutet, dass Sie innerlich ruhig sind, während Sie darauf warten, dass Gott äußerliche Veränderungen vornimmt.

Manche unter uns sind enttäuscht, verärgert und gereizt, weil die Dinge nicht so sind, wie wir sie gerne hätten. Aber das ist die Reaktion eines Christen, der vergessen hat, dass er einen himmlischen Vater hat, der weiß, was er braucht, und der versprochen hat, für unsere Bedürfnisse zu sorgen. Ein Christ, der keine Verbindung zu Gottes Wort hat, hat vergessen, dass nichts sich zwischen ihn und Gottes Willen stellen kann.

Ein wirklich zufriedener Mensch kann einen Mercedes fahren. Da höre ich jemanden sagen: »Wenn ich einen Mercedes hätte, wäre ich auch zufrieden!« Der springende Punkt ist, dass dieser Mensch nicht klagt, wenn er seinen Mercedes aufgeben muss und nur einen Volkswagen fahren kann, da er in beiden Fällen einen fahrbaren Untersatz hat.

Ein zufriedener Mensch kann ein großes Haus haben. Aber wenn er seine Arbeitsstelle verliert und wieder in eine kleine Wohnung zurückgehen muss, kann er sich damit abfinden, weil er und seine Familie immer noch ein Dach über dem Kopf haben.

Ein Mensch mit gottesfürchtiger Zufriedenheit kann Gott für ein Steak genauso wie für ein heißes Würstchen danken, weil er etwas zu essen hat und sieht, dass Gott für seine Bedürfnisse sorgt.

Ich könnte noch mehr Beispiele anführen, aber Sie merken, worauf ich hinauswill. Wenn Sie verstanden haben, dass Sie durch die Güte Gottes Essen, Kleidung und Unterkunft haben, können Sie zufrieden sein, weil Sie wissen, dass Gott Ihre Bedürfnisse erfüllt. Er ist und bleibt treu.

Der geistliche Christ hat diese Einstellung, weil er unter Gott steht. Er will vorankommen, lässt sich aber von diesem Wunsch sein Leben nicht zerstören. Sie können die Aussage von Paulus nicht überhören. Wenn Sie nicht zufrieden sind, sind Sie nicht geistlich. Paulus sagt, dass Gott uns zufrieden machen kann, auch wenn die äußeren Umstände nicht gerade Anlass zur Zufriedenheit geben.

Drei Dinge, die uns ersticken

Eine grundlegende Frage lautet deshalb: Lässt Ihr Wunsch, vorwärts zu kommen, Ihren Wunsch zu wachsen hinter sich? Kehren wir zu unserem Text in Lukas 8 zurück. In Vers 14 nannte Jesus drei Dinge, die uns ersticken.

Sorgen

Da sind zunächst die Sorgen. Wussten Sie, dass Sorgen Sünde sind? Kein Christ sollte jemals sagen: »Nun, jeder macht sich Sorgen.«

Diese Aussage gehört nicht zur Sache, weil »jeder Mensch« kein geistlicher Christ ist, was das Ziel ist, auf das wir ausgerichtet sein sollten. In Philipper 4, 6 sagt Paulus: »Sorgt euch um nichts.« Er sagt damit: Reibt euch nicht auf. Lasst nicht zu, dass eure Gedanken so sehr um etwas kreisen, dass ihr nichts mehr tun könnt.

Sie sagen: »Aber ich kann nicht beeinflussen, worum meine Gedanken kreisen.« Aber sicher können Sie das, denn in Philipper 4, 6 fährt Paulus so fort: »…, sondern in allen Dingen lasst eure Bitten in Gebet und Flehen mit Danksagung vor Gott kundwerden!« Und Vers 7 fügt die Verheißung an: »Und der Friede Gottes, der höher ist als alle Vernunft, bewahre eure Herzen und Sinne in Christus Jesus.«

Das Wort *bewahren* bedeutet, einen Wachposten aufstellen, der über Ihre Gedanken wacht, sodass der Wachposten Sorgen oder andere Dinge, die auftauchen, beiseite räumt. Wenn Sie beten, anstatt sich Sorgen zu machen, wird Gott eine Wache um Ihre Gedanken aufstellen.

Damit will ich sagen, dass Sie jedes Mal, wenn Sie beginnen, sich Sorgen zu machen, beten sollen, weil man beides nicht gleichzeitig tun kann. Man kann entweder beten oder sich Sorgen machen, aber man kann nicht beten *und* sich Sorgen machen. Gott möchte, dass Sie Sorgen mit Gebet bekämpfen.

Ich spreche hier nicht über berechtigte Sorgen. Ich spreche darüber, dass man an einen Punkt angelangt ist, an dem man nichts mehr tun kann, weil man von den Sorgen wie gelähmt ist. Jesus sagt, dass dadurch Ihr Wachstum erstickt wird. Schnüren Ihnen Sorgen die Kehle zu?

Reichtum

Als Zweites nennt Jesus in Lukas 8, 14 Reichtum. Wenn Ihre Liebe zum Geld – nicht die Tatsache, dass Sie Geld *haben* – größer als Ihre Liebe zu Gott ist, dann ersticken Sie an Ihrer Brieftasche.

Wie merken Sie, ob Sie Geld mehr lieben als Gott? Dann, wenn Sie zwischen Gott und Geld entscheiden müssen, und das Geld gewinnt. Dann wissen Sie, wie sehr Sie Geld lieben. Jesus sagte, dass man das, was man am meisten liebt, an dem erkennt, in das man investiert (Mt 6, 19-21).

Wie sehen Ihre geistlichen Investitionen aus? Was geben Sie für das Reich Gottes, verglichen mit den Spielereien, die Sie für sich selbst kaufen? Auf wie viel Geld sind Sie bereit zu verzichten, weil es Ihre geistlichen Werte gefährdet? Das ist die Frage.

Wann sollten wir finanziellen Gewinn ablehnen? Wenn er das Reich Gottes in Verruf bringen würde. An den Wertentscheidungen, die wir Tag für Tag, Woche für Woche treffen, können wir ablesen, was wirklich unsere erste Liebe ist.

Manche Menschen sind bereit, einmal im Jahr etwas Großes für Gott zu tun. Ich denke an die Leute, die am Ostersonntag in die Kirche gehen. In unserer Kirche in Dallas müssen wir drei Ostergottesdienste abhalten. All die Namenschristen kommen an diesem Tag und sind stolz darauf, dass sie es geschafft haben. Sie haben sich Gott gezeigt. Aber für den Rest des Jahres ersticken viele von ihnen an den Sorgen des Lebens.

Freuden

Schließlich sagte Jesus in Lukas 8, 14, dass auch Freuden uns an der richtigen Reaktion auf sein Wort hindern können. Ich brauche Ihnen nicht zu sagen, dass unsere Kultur vergnügungssüchtig ist. Wir haben das Fernsehen zu unserem Vergnügen und Videorekorder, um die Programme aufzuzeichnen, die wir nicht direkt anschauen können. Wir wollen kein Vergnügen versäumen.

Und wenn uns das langweilt, können wir ins Kino gehen und den neuesten Film anschauen, bevor wir ihn später im Fernsehen sehen oder ihn mit unserem Videorekorder aufzeichnen oder ihn im Videoverleih um die Ecke ausleihen. Dies ist eine Art Wahnsinn, unter der unsere Gesellschaft leidet. Wir häufen Vergnügen auf Vergnügen auf Vergnügen.

Immer, wenn jemand so zu sprechen beginnt, wirft jemand ein, dass es berechtigtes Vergnügen gibt, berechtigte Freude über Kunst oder Unterhaltung oder Sonstiges. Dagegen habe ich nichts einzuwenden, und das ist hier auch gar nicht wichtig.

Aber wenn Sie so viel fernsehen, dass Sie keine Zeit haben, Ihre Bibel zu öffnen oder auf die Knie zu gehen und zu beten, wenn Sie so viel Spaß mit Ihren Freunden haben, dass Sie über nichts Geistliches sprechen können, wenn Sie über alles sprechen und Witze machen können, aber nie Christus zur Sprache bringen, wenn die Bibel und alles, was mit Christus zusammenhängt, Sie in Ihren Gesellschaftskreisen in Verlegenheit bringen würde, dann ist mit Ihrem Spaß etwas nicht in Ordnung.

Inmitten all der Dinge, die auf uns einstürmen, wird es eine echte Herausforderung werden, unsere erste Liebe zu Christus zu erhalten; aber mit der Kraft, die er uns gibt, ist es möglich.

Der gute Boden

Sind Sie nicht froh, dass Jesus noch eine andere Gruppe von Menschen, eine andere Bodenart hatte, von der er uns erzählte? Betrachten Sie Lukas 8, 15: »Das aber auf dem guten Land sind die, die das Wort hören und behalten in einem feinen, guten Herzen und bringen Frucht in Geduld.«

Das sind die Christen, die reichliche, reife, dauerhafte Frucht bringen. Das Erste, was man bei einer Frucht bemerkt, ist, dass sie immer der Art des Baumes entspricht, auf dem sie wächst. Orangen wachsen nicht auf Apfelbäumen. Die Art der Frucht hat immer mit dem Baum zu tun.

Wenn Sie auf Gottes Wort richtig reagieren und Ihre Liebe zu Christus den Platz einnimmt, der ihr zusteht, werden Sie immer mehr wie Christus handeln, sprechen, sehen und denken. Das ist unvermeidlich, weil Christus der Weinstock ist, mit dem Sie verbunden sind (Joh 15, 1-5). Durch Sie hindurch kann man sein Wesen erkennen.

Zweitens ist über eine Frucht zu sagen, dass sie immer zum Nutzen eines anderen da ist. Ein Baum isst nie seine eigene Frucht. Man hat noch nie einen Apfelbaum gesehen, der Äpfel isst. Die Äpfel sind nicht für den Baum da.

Ein Anzeichen dafür, dass Sie geistlich wachsen, ist, dass andere von Ihrem Leben etwas abbeißen wollen. Sie beginnen zu sagen: »Ich möchte so wie du sein. Wie kannst du mir helfen, so ein Christ zu werden, wie du bist?« In Matthäus 8 sagte Jesus, dass die Frucht solcher Christen dreißig-, sechzig- und sogar hundertfach sein wird. Das bedeutet, dass andere immerzu aus Ihrem Leben Nutzen ziehen.

Dies ist das Ergebnis einer angemessenen Reaktion auf Gottes Wort, wenn sein Wort im Leben eines Menschen sein vollkommenes Werk tun kann. Gläubige, die vom rechten Weg abgekommen sind und ihre erste Liebe zu Christus verlassen haben, bringen nur verkrüppelte, unreife Frucht hervor. Es ist entscheidend, dass Sie und ich entscheiden, dass wir so nicht sein wollen.

Nun sagen Sie: »Ich bin ein schlechter Boden. Wie werde ich zu gutem Boden?« Sie können einfach beginnen, indem Sie das anwenden, was Sie von Gottes Wort gelernt haben. Gerade die Anwendung des Wortes bringt reife, dauerhafte Frucht im Christenleben hervor. Der Abschnitt am Ende dieses Kapitels, der sich mit praktischen Anwendungen befasst, gibt Ihnen einige hilfreiche Anregungen.

Eines Tages sprachen ein Engel und ein Mensch miteinander. Der Engel fragte den Menschen: »Was kann ich für dich tun?« Der Mann sagte: »Zeige mir, wie der Aktienmarkt in einem Jahr aussieht, damit ich weiß, wie ich am besten investiere und ein Vermögen verdiene.«

Der Engel schnalzte mit den Fingern und hatte das *Wall Street Journal* mit dem Datum heute in einem Jahr in der Hand. Der Mann notierte, welche Aktien hoch und welche niedrig sein würden. Er war außer sich vor Freude.

Aber mitten in seiner Freude verfinsterte sich plötzlich sein Blick und Tränen liefen über seine Wangen. Er hatte umgeblättert und einen Artikel über bekannte Geschäftsleute gelesen, die im vergangenen Jahr gestorben waren. Sein Bild war unter den Toten.

Dieses Leben kann nicht mehr bieten. Wir haben gerade von Jesus gelernt, wie man heute im Licht der Ewigkeit lebt. Wie werden Sie auf sein Wort reagieren?

Zurück zur ersten Liebe

Jesu Gleichnis vom Samen – oder, besser gesagt, von den vier Bodenarten – veranschaulicht ganz deutlich, dass es auf unsere Reaktion auf Gottes Wort ankommt. Ich hoffe, die praktischen Schritte, die ich hier aufzeige, helfen Ihnen, Ihren Eifer auf diesem Gebiet zu steigern und das Feuer Ihrer Liebe zu Christus neu anzufachen:

1. Eine der leichtesten und am meisten übersehenen Wachstumsübungen im Leben eines Christen ist einfach *Bibellesen*. Zu oft versäumen wir es, unsere Bibel hervorzuholen und jeden Tag in ihr zu lesen. Damit Sie daran denken, die Bibel zu lesen, können Sie sie da aufbewahren, wo Sie auch Ihren anderen Lesestoff hinlegen: auf dem Couchtisch, neben dem Lehnstuhl, in der Küche oder sonstwo. Wenn Sie sich einmal daran gewöhnt haben, die Bibel zu lesen, können Sie es nicht mehr lassen!

2. Lesen Sie die Bibel als Gottes Liebesbrief an Sie, weil sie nämlich genau das ist. Bevor Sie anfangen zu lesen, bitten Sie den Herrn, Ihr Herz zu öffnen und Ihnen zu helfen, mit Ihrem Innersten auf das zu reagieren, was Sie lesen werden.

3. Wenn Sie ehrlich eingestehen müssen, dass die Sorgen, der Reichtum und die Freuden des täglichen Lebens Ihr Sehnen nach Gottes Wort und Ihren Gehorsam ersticken, versuchen Sie eine Woche lang folgendes Experiment. Verbringen Sie nur halb so viel Zeit mit Bibellesen wie mit Zeitunglesen, Fernsehen, Kontoauszügen oder anderem Lesestoff. Diese Übung hat einen zweifachen Nutzen: Wahrscheinlich verbringen Sie viel mehr Zeit mit Gottes Wort als sonst in einer normalen Woche. Und Sie erkennen, wie viel Zeit Sie in die Sorgen dieses Lebens investieren und wo Sie Änderungen vornehmen müssen.

Wenn es Ihr aufrichtiger Wunsch ist, der gute Boden zu werden, den Jesus beschrieb, so sagen Sie es ihm im Gebet. Schreiben Sie auf das Deckblatt Ihrer Bibel das Datum, an dem Sie sich verpflichteten, den Boden Ihres Herzens zu lockern, die Dornen auszureißen und etwas gegen die erstickenden Sorgen dieser Welt zu tun. Schlagen Sie dieses Blatt oft auf, wenn Sie versuchen, diese Verpflichtung zu leben.

3. Rückschritte

Ich glaube, nichts bringt uns schneller von unserer ersten Liebe zu Christus weg als Rückschritte in unserem Christenleben, weil Christus uns vorwärts bringen will. Wenn unser Leben von ständigem geistlichen Rückschritt geprägt ist, entfernen wir uns mehr und mehr von der engen Gemeinschaft mit Jesus Christus. Wir fallen von ihm ab.

Wenn Sie einen Christen sehen, der ein ausschweifendes Leben voller fleischlicher Sünden führt, wenn ein Christ keinen Sinn mehr im Leben sieht, wenn ein Christ am Glauben Schiffbruch erleidet (wie Hymenäus und Alexander, siehe 1. Tim 1, 19-20), dann wissen Sie, dass das nicht von einem Tag auf den andern geschah. Hier kann man eine Gesetzmäßigkeit entdecken.

Haben Sie schon einmal ein Warnzeichen missachtet und sind einfach weitergefahren? Sie sind in Eile und wollen dem Zeichen keinen Glauben schenken. Tief drinnen wissen Sie, dass sie auf dem falschen Weg sind, aber irgendwie halten Sie nicht, kehren nicht um. Genau darüber sprechen wir, über Christen, die Zeichen missachten und weitermachen. Wenn sie nicht auf den rechten Weg zurückkommen, werden sie auf Schwierigkeiten stoßen.

Ich möchte über fünf Warnzeichen auf dem Weg zu geistlichem Rückschritt sprechen. Jedes ist etwas ernster als das Vorhergehende, und so muss es auch sein. Sie wissen genauso gut wie ich, dass Warnzeichen nichts nützen, wenn man sie nicht liest oder nicht befolgt. Man landet sonst im Graben oder im Abgrund. Wir werden für diesen Teil unserer Untersuchungen den Hebräerbrief als biblische Quelle und Richtschnur benutzen. Die Gläubigen, an die dieser Brief gerichtet war, befanden sich selbst »auf der schiefen Bahn« und brauchten Warnungen. Wir können viel von ihnen lernen, wenn wir diesen Brief nur aufmerksam lesen.

Das Zeichen der Nichtachtung

Das erste Warnzeichen, das ich auf dem Weg in geistlichen Rückschritt erkenne, finden wir in Hebräer 2, 2-3a: »Denn wenn das Wort fest war, das durch die Engel gesagt ist und jede Übertretung und jeder Ungehorsam den rechten Lohn empfing, wie wollen wir entrinnen, wenn wir ein so großes Heil nicht achten?«

Christen, die geistlich Rückschritte machen, achten nicht auf geistliche Dinge. Der Hebräerbrief ist an eine Gruppe von Judenchristen gerichtet, die im Glauben Rückschritte anstatt Fortschritte machten, und der Schreiber stellt diese grundlegende Frage: »Wie wollen wir entrinnen, wenn wir ein so großes Heil nicht achten?«

Passiver Ungehorsam

Nicht beachten bedeutet, dass zu wenig Interesse vorliegt. Man macht nicht alles falsch. Aber man macht wenig richtig. Wir sprechen hier über passiven Ungehorsam. Es ist nicht so, dass Sie vorsätzlich etwas falsch machen, sondern eher so, dass Sie nicht das tun, was Sie auf dem Weg voranbringt.

Wenn Sie Schüler sind, müssen Sie nicht den Lehrer verfluchen oder den Unterricht stören, um durchzufallen. Alles, was Sie tun müssen, ist, nichts lernen. Das ist passives Durchfallen. Wenn Sie Ihre Schulaufgaben nicht machen, fallen Sie durch.

Wenn eine Ehe geschieden wird, bedeutet es nicht immer, dass einer der Partner Ehebruch begangen hat. Es kann bedeuten, dass der Mann zu viel Zeit vor dem Fernseher verbrachte. Man sagt sich keine Nettigkeiten und macht sich keine Komplimente mehr. Man hält dem anderen die Türe nicht mehr auf. Oder die Frau gibt auf und kümmert sich nicht mehr um die Ehe und das Heim. Solche passive, harmlose Nichtachtung öffnet die Tür zur Zerrüttung der Ehe.

Manche Menschen sind in schlechter gesundheitlicher Verfassung, nicht, weil sie Dinge taten, die für ihren Körper schädlich waren, sondern weil sie ganz einfach nicht auf ihre Gesundheit achteten.

Dinge als selbstverständlich betrachten

Manche Christen beginnen, geistlich Rückschritte zu machen, aber nicht, weil sie schwere Sünden begangen haben. Satan hat gerade genug getan, um sie vom Wort Gottes abzuhalten. Er hat gerade genug getan, um sie vom Beten abzuhalten. Er hat eigentlich nichts anderes getan, als dafür gesorgt, dass sie die Dinge Gottes vernachlässigen.

Warum beginnt es so? Ich denke, die Antwort liegt in der Wendung »so großes Heil« in Hebräer 2, 3. Wenn man nicht weiß, was man hat, betrachtet man es als selbstverständlich. Niemand möchte als selbstverständlich betrachtet werden, denn wenn das geschieht, ist es nicht mehr weit bis zur Nichtbeachtung.

Eine Frau sagte mir einmal über ihren Mann: »Er weiß nicht, was er an mir hat, und wenn er es nicht bald herausfindet, werde ich nicht mehr lange bei ihm sein.«

Sie sagte: »Er betrachtet mich als selbstverständlich. Er ist daran gewöhnt, ein warmes Essen, saubere Kleidung und gebügelte Hemden zu bekommen. Jetzt erwartet er es einfach.«

Ein Mann könnte sagen: »Meine Frau hat sich daran gewöhnt, einen fleißigen Arbeiter und einen Mann zu haben, der feinfühlig ist und auf sie eingeht. Ich fühle mich als selbstverständlich betrachtet.«

Gott sagt: »Dein Heil ist nicht nur Heil. Es ist ein ›so großes‹ Heil.« Es ist ein Heil, das Gott seinen Sohn kostete und uns ewiges Leben brachte. Es ist ein Heil, durch das wir die Kraft des Heiligen Geistes und die Macht des Wortes Gottes empfingen.

Unser Heil verschaffte uns eine Heimat im Himmel und ewigen Lohn. Es ist ein Heil, das unsere tiefsten Bedürfnisse befriedigt. Es ist ein Heil, das das schmerzende Herz beruhigt und das zerbrochene Leben aufrichtet. Das ist unser Heil. Wie können wir ein so großes Heil missachten?

Die Antwort: Wir können das nicht, jedenfalls nicht, wenn wir geistlich gesund sein und wachsen wollen. Ich möchte Ihnen etwas sagen. Niemand anderes in der Stadt bietet Ihnen ein Heil wie dieses. Niemand anderes bietet ein solch wunderbares Heil. Unser Heil ist unvergleichlich. Wie in aller Welt können wir es missachten?

Das erste Zeichen, das Ihnen zeigt, dass Sie auf dem falschen Weg sind, und das Sie auffordert, anzuhalten und umzukehren, ist das Warnzeichen der Nichtachtung. Mit der Frage in Vers 3 deutet der Briefschreiber an, dass wir nicht entrinnen werden, wenn wir unser Heil nicht achten. Dafür muss man bezahlen: die Züchtigung Gottes (Hebr 12). Wenn Ihr Christenleben und Ihre Liebe zu Christus von Nichtachtung geprägt ist, dann müssen Sie umkehren.

Das Zeichen geistlicher Empfindungslosigkeit

Die Warnungen, die wir im Hebräerbrief untersuchen, sind so stark, dass man sich fragen könnte, ob diese Leute überhaupt Christen waren. Ich glaube, darüber gibt es keinen Zweifel. In Kapitel 3, 1 werden sie mit »heilige Brüder« angesprochen. Im ganzen Brief gibt es viele ähnliche Hinweise. Der Hebräerbrief ist an Christen geschrieben, die auf den falschen Weg geraten sind.

Das müssen wir verstehen, denn wir werden sehen, dass die verschiedenen Warnzeichen – und die Gefahren ihrer Nichtbeachtung – immer stärker werden. All das hätte für die Hebräer, und für uns, nicht dieselbe Bedeutung, wenn es an Ungläubige geschrieben wäre. Aber das ist ein ganz anderes Thema.

Kommen wir jetzt nach dieser Vorrede zum Warnzeichen geistlicher Empfindungslosigkeit: »Seht zu, liebe Brüder, dass keiner unter euch ein böses, ungläubiges Herz habe, das abfällt von dem lebendigen Gott; sondern ermahnt euch selbst alle Tage, solange es ›heute‹ heißt, dass nicht jemand unter euch verstockt werde durch den Betrug der Sünde.

Verstockte Herzen

Ich bin sicher, dass wir alle schon Menschen mit verstocktem Herzen gesehen haben. Heute ist die ganze Welt voll von Menschen mit verstockten Herzen. Wenn ich höre, wie die Menschen miteinander sprechen und wie oft sie sagen: »Das ist mir egal«, so sind das Ausdrücke eines Herzens, das nicht mehr feinfühlig, sondern abgestumpft ist.

Wie bekommt man ein verstocktes Herz? Nach dem Schreiber des Hebräerbriefes werden wir durch das, was er »den Betrug der Sünde« nennt, hinters Licht geführt. Aber das ist keine Entschuldigung, denn in Vers 12 warnt er uns davor, ein ungläubiges Herz in uns entstehen zu lassen.

Ein ungläubiges Herz ist ein böses Herz, weil ein ungläubiges Herz an Gott zweifelt. Wenn wir an Gott zweifeln, wird dem Bösen die Tür geöffnet. Anstatt uns an Gott zu wenden, beginnen wir, vor ihm davonzulaufen.

Der Zusammenhang dieser Warnung ist interessant, weil der Schreiber in Vers 8 sagt: »So verstockt eure Herzen nicht, wie es geschah bei der Verbitterung am Tage der Versuchung in der Wüste.« Er sagt: »Wenn ihr verstehen wollt, was ich meine, dann betrachtet Israel in der Wüste.« Während der Jahre der Wüstenwanderung erzürnten die Israeliten Gott mehrfach durch ihren Unglauben.

Kennen Sie Menschen, die Sie ständig provozieren, die absichtlich Dinge tun, von denen sie wissen, dass Sie sich darüber ärgern? Genau das tat Israel mit Gott in der Wüste. Sie provozierten ihn übel.

Er verwandelt einen trockenen Felsen in eine Quelle, und sie fragen sich, woher sie das nächste Mal einen Schluck Wasser bekommen. Er ernährt sie mit »Cornflakes« vom Himmel, und sie machen sich Sorgen darum, wie sie zu ihrer nächsten Mahlzeit kommen.

Und die größte Provokation geschah, als es Zeit war, in das von Gott verheißene Land zu gehen. Sie schauten sich um und sagten: »Wir können nicht hineingehen.« Sie erzürnten Gott, und dabei wurden ihre Herzen verstockt.

Das betrügerische Wesen der Sünde

Die Herzen der Israeliten wurden verstockt, weil sie von der Sünde überlistet wurden. Die Sünde ist raffiniert, denn sie möchte uns dazu bringen, nicht mehr an Gott, sondern an Satan zu glauben. Viele von uns sitzen in der Klemme, weil wir aufhörten, an Gott zu glauben (ein böses, ungläubiges Herz), und begannen, an die Sünde zu glauben.

Ich kenne junge Menschen, die heute im Gefängnis sitzen, weil sie aufhörten, ihren Eltern zu glauben, und stattdessen ihren Freunden glaubten. Und als sie anfingen, ihren Freunden zu glauben, folgten sie ihnen direkt ins Gefängnis. Hätten sie jedoch auf ihre Eltern gehört, ginge es ihnen jetzt gut.

Gott sagt uns: »Wenn ihr nur auf mich und nicht auf die Sünde hören würdet, dann wäre euer Herz nicht verstockt und ihr würdet nicht zu einem Leben verführt, das nirgendwo hinführt.«

Wie kann man wissen, ob man durch den Betrug der Sünde hinters Licht geführt wurde und geistlich empfindungslos wird? Die Antwort ist einfach: Wenn einen die Sünde immer weniger stört. Mit anderen Worten, wenn Sie heute Nacht schlafen können, obwohl es Dinge in Ihrem Leben gibt, die Sie vor einem Jahr krank gemacht hätten, dann ist das ein Zeichen eines verstockten Herzens.

Wenn Ihnen das Böse nicht mehr wehtut, Sie nicht aus der Fassung bringt oder aufwühlt, wenn Sie sich daran gewöhnen, wenn Sie den Schmerz nicht mehr fühlen, dann ist etwas nicht in Ordnung.

Sie sagen vielleicht: »Nun, so schlimm ist es nicht.« Aber die Sünde geht wie ein Specht vor. Die einzelnen Schnabelhiebe scheinen nicht so schlimm zu sein. Aber zum Schluss haben Sie ein Loch in Ihrem Baum. Gott möchte, dass wir den Betrug der Sünde erkennen, weil die Sünde raffiniert ist.

Sehen Sie, die Sünde sagt Ihnen nicht, was sie mit Ihnen vorhat. Die Sünde zeigt Ihnen nicht, wohin sie Sie führen möchte. Die Sünde bietet immer kurzfristige Befriedigung, jedoch mit dem Ziel langfristiger Zerstörung. Aber man sieht das Ziel nicht. Man sieht nur das augenblickliche Vergnügen.

Die Sünde macht Ihnen am Anfang immer Freude, aber das Ende ist böses Erwachen. Gott möchte, dass Sie die Sünde gleich am Anfang abwehren, dann können Sie sich hinterher freuen.

Gott möchte nicht, dass Sie durch den Betrug der Sünde hinters Licht geführt werden. Er möchte nicht, dass Sie dazu verführt werden, den falschen Weg einzuschlagen. Viel zu viele Christen werden hinters Licht geführt. Sie beginnen, indem sie gewisse Dinge denken, dann sprechen sie über gewisse Dinge. Bald sehen sie Dinge an, die sie nicht ansehen sollten und gehen an Orte, an denen sie nicht sein sollten, bis eines Tages ihr Foto auf der Titelseite der Zeitung ist.

Ich spreche hier *nicht* über das Geschick eines Menschen in der Ewigkeit. Wenn Sie Christus als Ihren Erlöser angenommen haben, ist diese Frage für immer geregelt. Die Frage hier ist die Wirkung und das Zeugnis eines Christen in diesem Leben, dem einzigen Ort, wo der Teufel uns angreifen kann.

Ihre Eltern oder Großeltern sagten Ihnen wahrscheinlich, als Sie heranwuchsen: »Deine Sünde kommt sicher auf dich zurück.« Die Sünde ist wie ein Bumerang. Man kann sie nicht loswerden, sie kommt zurück. Aber je geistlicher Sie sind, umso empfindlicher reagieren Sie auf Sünde. Wenn Sie sündigen, tut es Ihnen weh. Sünde verursacht einen Schmerz in Ihrem Herzen.

Die Luft in einem Zimmer sieht sauber aus, bis die Sonne durch die Fenster scheint und man die Staubpartikel herumschweben sieht. Wenn das Licht Christi nicht in Ihr Leben scheint, denken Sie, dass Sie in einem sauberen Raum leben. Sie sehen den Schmutz, der Sie umgibt, nicht. Aber wenn das Licht Christi in Sie scheint, reagieren Sie empfindlich auf den Schmutz der Sünde.

Das Zeichen der Verweigerung

Ein Christ, der seine erste Liebe zu Christus verlassen hat und geistlich Rückschritte macht, kann den Dingen Gottes nicht nur gleichgültig oder empfindungslos gegenüberstehen. Er kann auch die geistliche Nahrung, die er zum Wachsen braucht, verweigern. Das ist das dritte Warnzeichen, das wir im Hebräerbrief entdecken und das uns auffordert umzukehren.

Wieder wissen wir, dass der Schreiber zu Christen spricht, weil in Hebräer 5, 12 ein Vergleich zwischen geistlichen Kleinkindern und geistlich reifen Menschen gezogen wird. Dieser Satz kann nicht an Ungläubige gerichtet sein.

Wir müssen mit Vers 11 beginnen, um den Zusammenhang dessen zu verstehen, was der Schreiber den Hebräern sagt: »Darüber [über Melchisedek] hätten wir noch viel zu sagen; aber es ist schwer, weil ihr so harthörig geworden seid. Und ihr, die ihr längst Lehrer sein solltet, habt es wieder nötig, dass man euch die Anfangsgründe der göttlichen Worte lehre und dass man euch Milch gebe und nicht feste Speise« (Hebr 5, 11-12).

Der Schreiber erwähnt eine wunderbare, geheimnisvolle Person namens Melchisedek, der schon vor Aaron Priester und dazu ein christusähnlicher Priester war. Der Schreiber hat noch viel mehr über Melchisedek zu sagen, der »weder Anfang der Tage noch Ende des Lebens« hatte (Hebr 7, 3), aber die Hebräer waren noch nicht so weit.

Mit anderen Worten, er will seine Leser tief in Gottes Geheimnisse einführen. Er will ihnen erklären, wie groß ihr »so großes« Heil ist.

Harthörig

Aber dann erkennt er, dass er an die Generation der Sesamstraße schreibt. Sie verstehen nicht, wovon er spricht. Warum? Weil sie nicht gewachsen sind. Weil sie sich *weigerten* zu wachsen. Eigentlich verweigern sie ihr Heil.

Diese Hebräerchristen sagten: »Ich brauche das nicht zu wissen. Ich brauche das nicht zu verstehen. Ich muss mich damit nicht beschäftigen.« Bewusst lehnten sie sich gegen Gott auf.

Und so geht es weiter. Man beginnt, Gottes Wort nicht zu beachten, dann wird man empfindungslos, und schließlich gelangt man an den Punkt, an dem man nicht wissen will, was man wissen sollte, auch wenn man es wissen kann. Diese Gesetzmäßigkeit stellt den ganz natürlichen Verlauf – besser gesagt den Rückschritt – ihres geistlichen Lebens dar.

In Hebräer 5, 11 sagt der Schreiber des Briefes, dass das, was er sagen muss, schwer zu erklären ist, aber nicht, weil er als Lehrer es nicht klarmachen kann. Der Grund liegt darin, dass seine Zuhörer harthörig geworden sind. Beachten Sie, dass er nicht sagt: »ihr seid harthörig«, sondern »ihr seid harthörig geworden«.

Mit anderen Worten: Die Hebräer haben geistliche Rückschritte gemacht. Sie machten einmal Fortschritte, aber jetzt müssen sie in die erste oder zweite Klasse zurückversetzt werden. Der Schreiber sagt, dass sie wie Maulesel geworden waren; in Kapitel 1 lernten wir bereits, dass das die Bedeutung hinter dem griechischen Wort für *harthörig* ist. Es hat mit langsamer Wahrnehmung zu tun, im Fall der Hebräer aufgrund ihrer moralischen Laxheit.

Maulesel sind nicht gerade die größten Denker. Sie gehören nicht zu den intelligentesten Tieren. Sie gehören zu den unteren Rängen der Pferdefamilie. Sie sind zum Lastentragen geeignet, und manche Leute reiten auf ihnen. Aber kaum einer würde sich wohl für einen Maulesel entscheiden, wenn er zum Spaß reiten möchte.

Die Bibel sagt, dass Christen eine Gesinnung wie Maulesel bekommen können. Sie können so weit Rückschritte machen, dass sie für das Reich Gottes nur wenig Wert haben – nicht, weil Gott sie so machte, sondern weil sie so geworden sind.

Wie wird ein Christ harthörig? Nach Vers 12 ist es seine Entscheidung. Im Fall der Hebräer sagt der Schreiber: »Weil ihr geistlich so unreif geworden seid, kann ich euch nicht gutes Fleisch zu essen geben (d. h. von Melchisedek sprechen). Ich muss zurückgehen und euch wie Babys Milch füttern.«

Wenn Erwachsene nur Milch vertragen, muss irgendwo ein Geschwür sein. Ich kann Ihnen sagen, wenn Sie bei jeder Predigt am liebsten schreien würden, dann sind Sie ein kranker Christ. Falls Sie jedes Mal, wenn Sie Gottes Wort hören, es nur gut finden, wenn Sie sich dabei wohl fühlen, dann haben Sie ein Problem.

Einige Predigten wollen Sie zum Weinen bringen. Einige Predigten wollen auf Schuld aufmerksam machen oder Scham hervorrufen, wenn etwas nicht in Ordnung ist. So etwas geschieht, wenn Sie tiefer in das Wort Gottes eindringen, also »feste Speise und Fleisch« zu sich nehmen. Viele Christen begnügen sich mit Milch, weil sie nie etwas anderes gekostet haben.

Ein einfacher Test

Jetzt fragen Sie: »Wie kann ich wissen, ob ich ein Milch- oder ein Fleisch-Christ bin? Wie merke ich, ob ich Fortschritte oder Rückschritte mache?« Ein einfacher Test ist, sich die Frage zu stellen, ob Ihr Verständnis des christlichen Glaubens immer noch mit »Jesus liebt mich ganz gewiss«, beginnt und endet. Mit anderen Worten: Essen und verdauen Sie die stärkeren Sachen von Gottes Wort, oder ist Milch alles, was Sie vertragen?

In Vers 12 sagt der Schreiber seinen Lesern, dass sie, wenn sie diesen Brief bekommen, längst schon andere Menschen in den tiefen Wahrheiten der Schrift unterweisen müssten, anstatt noch jemanden zu brauchen, der ihnen das geistliche Abc beibringt. Er kann das aus mindestens zwei Gründen sagen.

Der erste Grund ist Zeit. Es liegt auf der Hand, dass die Hebräer schon lange genug Christen waren, um etwas Reife zu erlangen. Geistlich waren sie alt genug, um feste Speise zu sich zu nehmen.

Aber Zeit alleine genügt nicht. Einen zweiten Grund finden wir in Vers 14: »Feste Speise aber ist für die Vollkommenen, die durch den Gebrauch geübte Sinne haben und Gutes und Böses unterscheiden können.« Das Wort *geübt* hat hier die wörtliche Bedeutung »trainiert«. Das heißt, dass man regelmäßig zum Training in die Turnhalle gehen muss. Auch Wachstum und Fortschritt in geistlichen Dingen kosten Schweiß.

Man muss es sich einige Mühe kosten lassen, um an geistlicher Erkenntnis und Einsicht zu wachsen. Das erfordert konsequentes, diszipliniertes Üben wie in jeder anderen Fertigkeit auch, die man beherrschen möchte. Mit anderen Worten, diese Menschen hätten reif genug sein müssen, um andere in geistlicher Wahrheit zu unterweisen, weil sie ihre Zeit hätten nutzen sollen, Gottes Wort in sich aufzunehmen und zu verarbeiten.

Also kommen wir zu dem Test zurück. Wenn Sie Ihre Bibel aufschlagen und einem anderen die Wahrheit Gottes erklären können, dann sind Sie ein Fleisch-Christ. Wenn Sie in Ihrer Bibel den Römerbrief aufschlagen und einen anderen Menschen damit zu Jesus Christus führen können, dann sind Sie ein Fleisch-Christ.

Aber wenn Sie als Ehemann keine einzige Frage Ihrer Frau zur Bibel beantworten können, wenn Sie als Vater oder Mutter keine Antwort auf die Fragen Ihrer Kinder wissen, wenn alles, was Sie sagen können, ist: »Frage deinen Sonntagschullehrer«, oder »Wie soll ich das wissen? Ich habe doch nicht Theologie studiert«, dann sind Sie ein Milch-Christ.

Das ist der Test. Wenn Sie niemandem helfen können, das Wort Gottes zu verstehen, dann sind Sie ein »Babynahrungs-Christ«. Sie können nur so lange überleben, wie Sie Milch bekommen.

Was man nicht anwendet, verliert man

Das ist der Kernpunkt. Christen, die sich bewusst weigern, tiefer in das Wort Gottes einzusteigen, wenden das Wort nicht an, weil sie das Wort nicht kennen. Was man nicht anwendet, verliert man.

Wenn Sie das Wort Gottes hören, aber nie anwenden, werden Sie schließlich vergessen, was Sie daraus gelernt haben. Sie werden eine Bibelstelle hören und sie wird Ihnen unbekannt vorkommen. Sie fragen sich, ob sie jemals schon etwas davon gehört haben, weil Sie es verloren haben.

Umgekehrt, was Sie anwenden, werden Sie nicht verlieren. Von Milch zu Fleisch übergehen bedeutet also, dass Sie lernen, was Sie lernen müssen, und dann anwenden, was Sie gelernt haben, damit Sie es nicht vergessen.

Problematisch bei den Hebräern war, dass sie sich anders entschieden. Ich saß einmal im Flugzeug neben einem Mann, der mir erzählte: »Mann, diese Frauen machen mich an. Ich kann mich einfach nicht beherrschen. Ich bin verheiratet und alles, aber ich bin nicht sicher, dass Gott will, dass ein Mann nur eine Frau hat. Das ist einfach unnatürlich. Ich kann nicht anders.«

Ohne Zweifel saß er auf dem falschen Platz, weil er jetzt zu hören bekam, dass das seine Entscheidung ist, für die er Rechenschaft ablegen muss. Man kann seine Entscheidungen ändern. Aber Ihre Entscheidungen ändern sich nicht von alleine; Sie müssen schon beschließen, sie zu ändern. Niemand kann für Sie entscheiden. Sie müssen selbst entscheiden, in Ihrem geistlichen Leben Fortschritte und nicht Rückschritte zu machen.

Das Zeichen des Zurückziehens

Die Erklärung dieses Warnzeichens auf dem Weg zu geistlichem Rückschritt und dem Verlust unserer ersten Liebe finden wir in Hebräer 10, 23-25: »Lasst uns festhalten an dem Bekenntnis der Hoffnung und nicht wanken; denn er ist treu, der sie verheißen hat; und lasst uns aufeinander Acht haben und uns anreizen zur Liebe und zu guten Werken und nicht verlassen unsre Versammlungen, wie einige zu tun pflegen, sondern einander ermahnen, und das umso mehr, als ihr seht, dass sich der Tag naht.«

Diese ernste Warnung richtet sich an Christen – Ungläubige müssen nicht festhalten. Man sagt Ungläubigen nicht, weiter zu den Versammlungen der Gemeinde zu kommen, denn sie haben keinen Grund dazu.

Die Kirche ist nicht so wichtig

Das hört man oft, und es ist eine ernste Warnung. Wenn Sie glauben, dass die Kirche nicht so wichtig ist, dann ist dies ein Warnzeichen, das Ihnen sagt, dass Sie auf dem falschen Weg sind. Sie glauben nicht, dass es für Sie nötig ist, ins Haus des Herrn zu gehen. Sie beschließen, Mitglied der Matratzen-Methodisten oder der Bett-Baptisten zu werden.

Solche Leute sagen: »Ich muss nicht in die Kirche gehen, um Christ zu sein.« Eigentlich stimmt das, aber Sie *müssen* in die Kirche gehen, um ein guter Christ zu sein. Da könnte jemand einwerfen: »Natürlich sagen Sie das, weil Sie Pastor sind.«

Das meine ich nicht. Die Bibel sagt, dass wir die dynamische Gemeinschaft, die dynamische Anregung und die dynamische Ermutigung der Gemeinde Gottes brauchen, um solch ein Christ zu werden, wie Gott uns haben möchte. Aber wir brauchen das alles nicht nur für uns selbst, wir sollen es auch anderen geben.

Andere Menschen leben auch in dieser Familie, und mein Platz in der Gemeinde ist nicht nur davon bestimmt, ob ich hungrig bin oder etwas brauche. Er hängt davon ab, ob mein Nächster hungrig ist oder etwas braucht.

Menschen, die nicht am Leben der Kirche teilhaben, denken nur an sich. Sie denken nicht an Gott oder andere Menschen. Wenn sie die Kirche als Gottes Haus betrachteten, würden sie daran denken, dass Gott unsere Anbetung möchte – Grund genug, um in die Kirche zu gehen, egal, ob wir von diesem bestimmten Gottesdienst »etwas haben« oder nicht. Wenn sie an den Rest der Familie dächten, würden sie kommen und nicht nur ihre Überbleibsel, sondern ihr Bestes bringen, weil hier andere Leute sind, um die man sich kümmern soll.

Unsere Aufgabe als Glieder am Leib Christi ist es, einander »anzureizen zur Liebe und zu guten Werken« (V. 24). Es ist nicht nur Ihre Aufgabe, gesegnet zu werden. Ihre Aufgabe ist es, ein Segen zu sein.

Zu viele unserer Kirchen werden von Menschen heimgesucht, die nur in die Kirche gehen, um etwas zu bekommen. »Wo gibt es heute etwas für mich?« Aber sie geben sehr wenig von dem, was Gott im Leben anderer durch sie bewirken möchte.

Christen, die Rückschritte machen, haben also keine Zeit, mit der Familie Gottes zusammenzukommen. Das ist ihnen kein Bedürfnis. Es macht ihnen nichts aus, die Kirche zu versäumen, weil das nicht so wichtig ist.

Der Segen des Leibes

Aber ich nehme an, Sie wissen, wie es ist, wenn man mutlos, mit dem Gedanken, dass alles bergab geht, durch die Kirchentüre tritt, und wenn dann Gott zu einem spricht und einem neue innere Kraft gibt, wenn der Chor ein Lied singt, das sagt: »Er findet immer einen Weg.« Oder die Predigt ist genau das, was Sie in diesem Augenblick brauchen. Oder ein Bruder lächelt Ihnen zu und zaubert damit ein Lächeln auf Ihr Gesicht.

Kein Wunder, dass Gottes Wort sagt: »Verlasst nicht eure Versammlungen.« Wenn Sie damit beginnen, ist niemand da, dem Sie Rechenschaft ablegen müssen. Die Versammlungen des Neuen Testaments waren nicht nur einfache Zusammenkünfte. Die Menschen spornten sich dabei gegenseitig zu Liebe und guten Werken an. Es handelt sich um eine lebendige Beziehung. Ein Feuer, in dem nur ein einziges Holzscheit liegt, geht bald aus.

Gott hat Sie erlöst, damit Sie Teil seines Leibes werden. Genau wie der Finger nicht ohne die Hand, die Hand nicht ohne das Handgelenk, das Handgelenk nicht ohne den Arm, der Arm nicht ohne die Schulter und die Schulter nicht ohne den Körper funktionieren kann, so können auch Sie nicht alleine zu dem werden, was Gott aus Ihnen machen möchte.

Viele Christen, die auf dem falschen Weg gehen, sind alleine unterwegs. Wenn Sie einen Bruder oder ein Schwester kennen, die ohne stichhaltigen Grund nicht mehr zur Kirche kommen, dann wissen Sie, dass etwas nicht in Ordnung ist. Sie müssen etwas zu ihnen sagen, ihnen nachgehen und sie anspornen, die Versammlungen zu besuchen.

Das Zeichen der Ablehnung

Ein Christ, der lange genug auf dem falschen Weg bleibt und von genügend Warnzeichen keine Notiz nimmt, wird abtrünnig. Das bedeutet, dass er vom Glauben abfällt, Christus verleugnet und schließlich wie ein regelrechter Sünder aussieht.

Kann ein Christ so weit zurückfallen? Kann ein Gläubiger so weit kommen? Ganz bestimmt. Jetzt wird Gott richten. Jetzt wird Gott eingreifen. Er geht nicht darüber hinweg. Der Preis für Glaubensabfall ist erschütternd: alle möglichen Leiden und Probleme und ein vorzeitiger Tod, wenn der Mensch weit genug auf dieser Straße bergab geht.

Zu spät

Wenn das Problem eines Gläubigen Nichtachtung ist, dann kann er Hilfe bekommen. Wenn er empfindungslos ist, kann ich ihm helfen. Ein Gläubiger, der sich bewusst weigert zu wachsen, kann sein Herz ändern und die Milch beiseite schieben. Sogar wenn ein Bruder oder eine Schwester sich aus der Gemeinschaft der Kirche zurückzieht, ist es für Hilfe nicht zu spät.

Aber wenn ein Mensch bei Ablehnung, dem Glaubensabfall, angelangt ist, ist es zu spät. Achten Sie wieder darauf, dass ich nicht über den Verlust des Heils spreche, sondern von dem riesigen Verlust geistlicher Wirksamkeit in diesem Leben, möglicherweise von einem vorzeitigen Tod und einem erschütternden Verlust der Belohnung im Himmel.

Das ist sehr ernst. Betrachten Sie Hebräer 10, 26: »Denn wenn wir mutwillig sündigen, nachdem wir die Erkenntnis der Wahrheit empfangen haben, haben wir hinfort kein andres Opfer mehr für die Sünden.«

Das ist keine nette Stelle. Wenn ein Christ fortgesetzt sündigt, obwohl er immer wieder gewarnt wurde, dann kann sogar das Blut Jesu diesen Christen nicht vor der schweren Strafe Gottes bewahren. Manche Leute halten das für problematisch. Sie sagen: »Er kann nicht so hart über Christen sprechen.«

Aber sogar in diesem warnenden Abschnitt erinnert er seine Leser daran, dass sie die Schmach Christi getragen haben (V. 33). Sie hatten Mitgefühl mit anderen Gläubigen, die ins Gefängnis kamen. Sie hatten ihr Hab und Gut im Dienst für Christus verloren und sorgten sich nicht darum, weil sie wussten, dass sie im Himmel für allen Verlust auf Erden eine große Belohnung bekommen würden (V. 34). Erinnert Sie das an Ungläubige, die Sie kennen?

Wenn das nicht genügt, in Vers 29 nennt er sie »Geheiligte«, also Menschen, die vom Heiligen Geist ausgesondert wurden. Und in Vers 39 beschreibt er sie als Menschen, die durch ihren Glauben gerettet werden. Er schreibt zweifellos an Christen.

»Das war's!«

Nun möchte ich Ihnen zeigen, wie schlecht es Christen ergehen kann, die das Warnzeichen der Ablehnung nicht beachten. Betrachten wir Vers 26. Das ist eine nüchterne Warnung, die in Vers 27 noch ernüchternder wird, wo vor einem »schrecklichen Warten auf das Gericht und das gierige Feuer, das die Widersacher verzehren wird« gewarnt wird.

Wenn wir wider besseres Wissen auf dem falschen Weg weitergehen, sagt Gott: »Das war's!« Nun weiß ich nicht, wann Gott das im Leben des einzelnen Gläubigen sagt. Zu dieser Information habe ich keinen Zugang. Aber ich weiß, wenn es zu schlimm wird, dann sagt er: »Das war's!«

Dann muss Gott sein Kind so behandeln, wie er Ungläubige behandeln würde. Das Feuer, das die Widersacher verbrennen wird, verbrennt auch den sündigen Gläubigen.

Heranwachsende Kinder können Eltern zu solch drastischen Schritten in der Familie drängen. Sie können so schlimm werden, dass man sie behandeln muss, als kenne man sie nicht. Man muss sie vor die Tür setzen, weil ihr Verhalten die Familie zerstört.

Gott tut das Gleiche. Wenn man so weit ist, kann man nur noch das Urteil erwarten: »Eine wie viel härtere Strafe, meint ihr, wird der verdienen, der den Sohn Gottes mit Füßen tritt und das Blut des Bundes für unrein hält, durch das er doch geheiligt wurde, und den Geist der Gnade schmäht?« (V. 29)

Wenn Sie sagen: »Ich tue, was ich will. Ich bin so, wie ich will. Ich handle so, wie ich will. Was Gott sagt, ist mir egal. Was die Kirche sagt, ist mir egal. Was Sie sagen, ist mir egal.«, dann sind die Verse 30-31 Ihre Grabinschrift: »Denn wir kennen den, der gesagt hat: ›Die Rache ist mein, ich will vergelten.‹, und wiederum: ›Der Herr wird sein Volk richten.‹ Schrecklich ist's, in die Hände des lebendigen Gottes zu fallen.«

Wenn meine Frau Lois wirklich ärgerlich mit unseren Kindern wird, dann sagt sie: »Wartet, bis euer Vater nach Hause kommt.« Es ist schon schlimm genug, wenn Mama sich mit dir auseinander setzt, aber wehe, wenn Papa die Strafe übernimmt. Das ist in etwa der

Gedanke, den diese Verse ausdrücken. Das Leben eines Christen ist kein Spiel. Aber zu viele Christen spielen mit Gott.

Auf die Zeichen achten

Lassen Sie mich jetzt einige Erklärungen geben. Viele von uns machen Krisen durch, weil Gott ärgerlich ist. Mit unserer Freude, unserem Frieden, unserer Kraft, unseren Finanzen, unserer Ehe und unserer inneren Ausgeglichenheit sieht es immer schlimmer aus, weil wir auf dem falschen Weg sind.

Wir sollten auf die Warnzeichen achten und bei der nächsten Ausfahrt abbiegen, über die Brücke fahren und auf den rechten Weg einbiegen, damit Gott uns das zurückgeben kann, was er uns nahm, bevor er es für immer wegnimmt.

Das ist ernst. Was würden Sie von einem Arzt sagen, der einen Tumor bei Ihnen festgestellt hat und der Ihnen sagt, Sie sollen zwei Aspirin nehmen und sich hinlegen? Sie würden denken, er würde Sie auf den Arm nehmen.

Was würden Sie zu einem Feuerwehrmann sagen, der vor Ihrem brennenden Haus steht und sagt: »Nun, es brennt von alleine bald genug aus?« Sie würden sagen: »Sie nehmen mich wohl auf den Arm. Das hier ist ernst!«

Was würden Sie zu einem Polizisten sagen, der sieht, wie eine Gruppe von Jungen einen älteren Mann verprügelt und bemerkt: »Nun, Jungen sind halt Junge«? Sie würden darauf bestehen, dass der Beamte etwas für das ältere Opfer tut.

Gott nimmt uns nicht auf den Arm, er ist voller Gnade. Solange Sie hier sind, gibt es noch Hoffnung auf Veränderung. »Solange es ›heute‹ heißt« (Hebr 3, 13), können Sie umkehren.

Sind Sie schon einmal bei Gegenwind Fahrrad gefahren? Es ist schwierig voranzukommen, weil der Wind gegen Sie arbeitet. Aber wenn Sie Ihr Fahrrad umdrehen, wird Ihnen derselbe Wind, der Sie hinderte, jetzt helfen. Er schiebt Sie.

Viele von uns kämpfen, weil wir in die falsche Richtung gehen und der »Wind« des Geistes Gottes uns entgegenbläst. Aber wenn wir die Richtung ändern, wird uns derselbe Wind helfen.

Zurück zur ersten Liebe

Da diese fünf Warnzeichen so wichtig sind und da wir etwas tun müssen, bevor wir am letzten vorbeifahren und in den Abgrund fallen, möchte ich Ihnen zeigen, wie Sie mit jedem dieser fünf Bereiche umgehen können:

1. Nichts hilft beim Problem der *Nichtbeachtung* besser als ein bisschen Dankbarkeit. Vielleicht ist es schon lange her, dass Sie nicht mehr konsequent für das »so große« Heil und all das damit zusammenhängende Gute dankten. Damit Sie daran erinnert werden, dankbar zu sein, können Sie das Wort »DANKE« auf eine Postkarte schreiben und sie auf den Kühlschrank, Ihren Schreibtisch oder wo immer Sie sie jeden Tag sehen, stellen.

2. *Geistlicher Empfindungslosigkeit* kann durch Reue und Bußfertigkeit am besten abgeholfen werden. Lesen Sie Psalm 51, Davids großes Bußgebet und Bitte um Reinigung, und beten Sie diesen Psalm selbst.

3. Wenn *Verweigerung* Ihr Problem ist, beschließen Sie heute, dass Sie die »Milchflasche« beiseite stellen und beginnen, ein Festmahl mit auserlesenem biblischen Fleisch wie der Lehre über Melchisedek in Hebräer 7 zu halten. Ihr Pastor oder Ihr christlicher Buchladen kann eine Zahl guter Bücher zum biblischen Grundstudium empfehlen, die Ihnen helfen, in das aufregende, lebenslange Abenteuer, Gottes Wort zu kosten und in sich aufzunehmen, einzusteigen.

4. Das *Zurückziehen* von der Gemeinschaft mit Gottes Gemeinde ist ernst. Wenn Sie nicht Mitglied einer an Christus orientierten Kirche sind, deren Lehre biblisch begründet ist, dann versuchen Sie, bald eine zu finden. Bitten Sie, wenn nötig, Bekannte um Hilfe. Gehen Sie ein- oder zweimal als Besucher in den Gottesdienst. Aber halten Sie das nicht für Schaufensterbummeln, was man ja nur tut, wenn man Lust hat. Sagen Sie Gott, dass es Ihnen ernst damit ist, seine Warnzeichen zu beachten. Dann führt er Sie in die Gemeinschaft, die er für Sie ausgewählt hat.

5. Wenn Sie schließlich wirklich glauben, dass Sie schon so weit auf dem falschen Weg gegangen sind, dass *Ablehnung* Sie am besten

beschreibt, dann bitte ich Sie dringend, noch heute Gott in demütiger Reue aufzusuchen. Vielleicht haben Sie auch das Bedürfnis, Ihren Pastor oder einen anderen Christen Ihres Vertrauens um Hilfe zu bitten. Tun Sie, was nötig ist!

4. Fleischliches Leben

Wenn Sie und ich unsere Liebe zu Christus an erster Stelle, da, wo sie hingehört, halten wollen, dann weiß ich eines: Wir müssen lernen, nach der Leitung und Führung des Heiligen Geistes zu leben, anstatt uns von unserem Fleisch führen und leiten zu lassen.

Dafür gibt es einen guten Grund. Eigentlich mehrere gute Gründe. Paulus nennt uns einen, wenn er sagt: »Denn ich weiß, dass in mir, das heißt in meinem Fleisch, nichts Gutes wohnt« (Röm 7, 18). Kein Wunder, dass er fortfährt: »Die aber fleischlich sind, können Gott nicht gefallen« (Röm 8, 8).

Ein anderer Grund steht in dem Text, mit dem wir uns in diesem Kapitel hauptsächlich beschäftigen: »Lebt im Geist, so werdet ihr die Begierden des Fleisches nicht vollbringen« (Gal 5, 16). Gottes Wille für Sie und für mich ist, dass wir über den Wünschen und Begierden unseres fleischlichen Wesens leben. Wir können nicht Christus und gleichzeitig das Fleisch und alles, was es verkörpert, lieben.

Die Begierden des Fleisches

Es gibt einige Dinge, die man verstehen muss, wenn man vom Fleisch spricht. Erstens, wenn die Bibel den Begriff *Fleisch* in Bezug auf unsere Lebensweise gebraucht, so meint sie damit den unerlösten Teil eines Menschen, der sich selbst zu Gefallen lebt, also Ihren alten Lebensstil, bevor Sie das Heil erlangten, den Lebensstil, der von Ihrer Familie und Ihrer Umgebung, den Umständen, gesellschaftlichen Einflüssen und Sonstigem geprägt war. Das ist das Fleisch.

Das Zweite, das man vom Fleisch wissen muss, ist dies: Wenn Ihr Fleisch Böses tun will, können Sie nichts dafür. Nein, ich habe mich nicht versprochen. Ich sagte, wenn in Ihrem Fleisch der Wunsch nach Sittenlosigkeit besteht, dann können Sie nichts dafür.

Sehen Sie, das Fleisch hat keine Ahnung davon, dass es böse Begierden hat. Die Bibel sagt, dass in Ihrem und meinem Fleisch nichts Gutes wohnt. Unser Fleisch, unser altes Wesen, ist durch die Sünde verdorben. So haben wir es von Adam geerbt. Deshalb, wie wir noch sehen werden, verurteilt uns Gott nicht dafür, dass wir Begierden des Fleisches haben.

Hier kommen viele Menschen durcheinander. Sie sagen: »Ich kann nichts dafür, dass ich das begehre.« Das stimmt vollkommen. Ihr Fleisch ist daran gewohnt, in einer bestimmten Weise zu denken und zu handeln und bestimmte Begierden zu haben. Als Sie Jesus Christus als Erlöser annahmen, tötete er nicht die Begierden Ihres Fleisches.

Jetzt werfen Sie ein: »Nun, worin liegt dann der Unterschied zwischen denen, die Jesus haben, und denen, die ihn nicht haben?« Die Antwort steht in Galater 5, 16, wie oben zitiert. Jesus befähigt Sie, den Begierden des Fleisches nicht nachzugeben. Jesus gibt Ihnen die Kraft zu beschließen, der Begierde, für die Sie nichts können, zu widerstehen.

Gerettet sein bedeutet nicht, dass Sie keine bösen Begierden haben. Gerettet sein bedeutet, dass Sie die bösen Begierden, die Sie haben, nicht in die Tat umsetzen müssen.

Umgang mit dem Fleisch

Wenn die Rede auf das Fleisch kommt, meinen manche: »Wenn man gerettet ist, sollte man solche Begierden nicht haben.« Aber jeder, der sagt, er habe sie nicht, lügt. Ich habe Begierden. Sie haben welche. Meine sind vielleicht anders als Ihre. Ihre sind vielleicht anders als meine. Aber es nützt nichts, sie abzuleugnen, weil wir wissen, dass das Fleisch schwach ist.

Wir lasen eben, dass Paulus sagte, dass in seinem Fleisch nichts Geistliches wohnt. Das Fleisch selbst begehrt immer das Böse.

Sie antworten: »Aber verurteilt Gott nicht die Begierde als Sünde?« Nein. Betrachten Sie Jakobus 1, 14: »Ein jeder, der versucht wird, wird von seinen eigenen Begierden gereizt und gelockt.« Wenn uns eine verlockende Versuchung begegnet, so fordert unsere fleischliche Begierde uns auf, sie zu ergreifen. Etwas in uns zieht uns zur Versuchung hin. Aber denken Sie daran, versucht zu werden, ist keine Sünde. Hier wird noch keine Verurteilung erwähnt.

Machen wir weiter mit Vers 15: »Danach, wenn die Begierde empfangen hat, gebiert sie die Sünde.« Beachten Sie, dass Jakobus die Tatsache der Begierde nicht Sünde nennt. Sünde nennt er die Empfängnis der Begierde. Empfängnis bedeutet, dass man nach der Begierde gehandelt hat. Sie gaben der Begierde Leben. Ein altes Sprichwort sagt, dass Sie nicht verhindern können, dass die Vögel über Ihren Kopf fliegen, aber Sie können die Vögel daran hindern, in Ihren Haaren ein Nest zu bauen.

Das ist hiermit gemeint. Was Gott bekümmert, ist, dass Sie die Vögel ein Nest bauen lassen. Das heißt, Sie beginnen zu sündigen, wenn Sie beschließen, nach Ihrer Begierde zu handeln, die allerdings ohne Ihr Zutun gekommen ist. Mit Ihrem *Beschluss* entscheidet es sich, ob Sie fleischlich zu leben beginnen oder nicht.

Der Beginn der Sünde

Das Fleisch hat also Begierden, aber Sünde beginnt erst, wenn Sie danach handeln. Ein Mann kann eine schöne Frau vorbeigehen sehen oder ein verführerisches Bild sehen, und sein Fleisch reagiert sofort mit falschen Gedanken über diese Frau. In diesem Moment lockt ihn seine Begierde tatsächlich in die falsche Richtung, aber Gott will wissen: »Was tust du jetzt?«

Wenn dieser Mann sagt: »Ich werde schauen. Ich werde damit in Gedanken spielen. Ich lasse meine Begierde dahin gehen, wo die Versuchung mich hinführt«, dann beginnt er zu sündigen, weil er jetzt den Beschluss gefasst hat, nach seinen Begierden zu handeln und daran Spaß zu haben. Der Moment des Beschlusses ist der Beginn der Sünde.

Ich habe also eine gute und eine schlechte Nachricht. Sie können nichts dafür, dass Sie Begierden haben. Aber Sie können etwas dafür, wenn Sie den Begierden gefügig werden. Das ist der Unterschied, der christliches Leben möglich macht. Ihre Vergangenheit beeinflusst vielleicht noch Ihre Gegenwart, aber sie braucht Ihre Gegenwart nicht zu beherrschen.

Der Krieg

Natürlich versucht das Fleisch, Herr über Sie zu werden. Betrachten Sie, wie Paulus den Krieg zwischen dem Fleisch und dem Geist in Galater 5, 17 beschreibt: »Denn das Fleisch begehrt auf gegen den Geist und der Geist gegen das Fleisch; die sind gegeneinander, sodass ihr nicht tut, was ihr wollt.«

In Ihrem Innern findet ein Krieg statt. Das ist übrigens eine Möglichkeit, mit der Sie herausfinden können, ob Sie wirklich errettet sind: nämlich wenn in Ihrem Innern ein solcher Krieg tobt.

Wenn Sie weiter in Sünde leben können, ohne in Ihrer Seele einen Konflikt zu spüren, könnte es sein, dass Sie nicht wirklich errettet sind. Wenn Sie nie darum kämpfen müssen, gerecht zu sein, liegt es wahrscheinlich daran, dass der Heilige Geist nicht in Ihnen wohnt und gegen Ihr Fleisch kämpft. Ein nicht bekehrter Mensch kann ständig sündigen und doch inneren Frieden haben. Er kann sündigen und dabei gelassen bleiben.

Für einen Christen ist das unmöglich. Wie der Prophet Jona muss man gegen Gott kämpfen, um sich außerhalb seines Willens wohl fühlen zu können. Und auch dann noch greift Gott irgendwann ein und beendet Ihr falsches Sicherheitsgefühl. Bei Jona tat er das in dramatischer Weise. Der Prophet wusste, dass er sich gar nicht mehr wohl fühlte, als er auf dem kalten Wasser aufschlug!

Paulus sagt also, dass ein Krieg zwischen Ihrem Fleisch und dem Heiligen Geist, der in Ihnen wohnt, stattfindet. Sie begehen vielleicht immer noch dieselbe Sünde wie vor Ihrer Bekehrung. Aber Sie können dieselbe Sünde nicht mehr in derselben Weise begehen, weil jetzt, da Sie bekehrt sind, der ganze Himmel aktiv wird, wenn Sie sündigen, weil ein Krieg stattfindet.

Die Folgen dieses Krieges sind im letzten Teil von Vers 17 beschrieben: »… sodass ihr nicht tut, was ihr wollt.« Mit anderen

Worten, Sie wollen etwas tun, aber letztendlich tun Sie das Gegenteil. Ihr Fleisch sagt vielleicht: »Gehe dieser Sünde nach!« Aber Sie tun es nicht wegen des Einflusses des Heiligen Geistes.

Oder der Geist sagt: »Gehe dieser Gerechtigkeit nach!« Aber wegen des Einflusses des Fleisches tun Sie nicht, was der Geist Ihnen sagt. Der Heilige Geist kann das aufhalten, was das Fleisch tun will, und das Fleisch kann das, was der Geist tun will, umstoßen. Infolgedessen sind Sie und ich oft Menschen, die im Widerspruch mit sich selbst liegen. Deshalb sagen wir: »Das hätte ich nicht tun sollen.« Wir wussten, dass wir es nicht hätten tun sollen. Aber wir taten es trotzdem, und jetzt fühlen wir uns verdammenswert, weil wir es taten. Der Grund liegt darin, dass wir den Heiligen Geist übergehen mussten, um diese Sünde zu begehen.

Wenn Sie nie einen Sprung oder einen Satz machen müssen, um Ihren Begierden nachzugeben, dann bedeutet das, dass der Heilige Geist nicht da ist. Sie müssen recht viel über ihn hüpfen und springen, wenn Sie sündigen wollen. Wenn Sie Christ, also im Krieg mit Ihrem Fleisch sind, müssen Sie viel stillschweigend dulden, um diese Sünde begehen zu können. Sie müssen viele Denkmanöver abhalten und viel zu ihrer Rechtfertigung vorbringen.

Wenn Sie also Christ sind, befinden Sie sich in einem Konflikt, in einem Krieg. Schauen wir, was geschieht, wenn Sie dem Fleisch nachgeben, und wie man das vermeiden kann, weil ein fleischlicher Lebensstil dazu führt, dass Gott keinen Gefallen an Ihnen hat und Ihre »erste Liebe« zu Christus erkaltet.

Die Ergebnisse des fleischlichen Lebens

In den Versen 19-21 von Galater 5 zeigt Paulus drei Sündenkategorien auf, die das Ergebnis fleischlichen Lebens sind: geschlechtliche Sünden, Aberglaube und Sünden im zwischenmenschlichen Bereich. Diese Liste ist nicht vollständig, denn in Vers 21 fügt er hinzu: »und dergleichen«. Es kann also niemand sagen: »Was ich tue, steht nicht auf dieser Liste. Also ist es in Ordnung.«

Beachten Sie, dass Vers 19 beginnt: »Offenkundig sind aber die Werke des Fleisches, als da sind: …« Man kann keine Werke tun, ohne einen Entschluss zu fassen. Aus diesem Grund ist seelsorgerliche Beratung Zeitverschwendung, solange der Betroffene nicht bereit ist, einen Entschluss zu fassen. Es ist keine Zeitverschwendung, einen Menschen so weit zu führen, bis er vor dem Entschluss steht, aber bis er so weit ist, wird nichts geschehen.

Ich kann ein Ehepaar zwanzig Jahre lang seelsorgerlich beraten, aber solange der Mann und die Frau nicht bereit sind, einen Entschluss zu fassen, bleiben sie in Gleichgültigkeit stecken und können nicht zu dem Sieg durchbrechen, den Gott bereits für sein Volk gewonnen hat.

Geschlechtliche Sünden

Diese Sündenkategorie ist augenscheinlich und vorherrschend, wenn wir über fleischliche Lebensführung sprechen. Paulus sagt, solche Sünden sind offenkundig. Man muss zu ihrer Begründung nicht viel erklären. Sie liegen auf der Hand.

Paulus beginnt mit »Unzucht«, das aus dem Griechischen abgeleitete Fremdwort dafür ist »Immoralität«, von dem wiederum das Wort *Pornographie* hergeleitet wird. Dieser Begriff ist weit und umfasst alle Arten unzüchtigen oder unsittlichen Verhaltens: Ehebruch oder unerlaubter Geschlechtsverkehr Verheirateter, Hurerei oder unerlaubter Geschlechtsverkehr Nichtverheirateter, Inzest oder Blutschande, Homosexualität, Unreinheit, Schmutz im Herzen und den Gedanken sowie Sinnlichkeit, eine offene, schamlose Zurschaustellung.

Zur letztgenannten Sünde, der Sinnlichkeit, muss ich etwas weiter ausholen. Die Bibel verurteilt nicht ein einiges Mal Eleganz. Sie verurteilt Schamlosigkeit. Es ist nichts Unrechtes, wenn Sie Ihre Schönheit betonen. Aber es ist sicherlich unrecht, wenn Sie von dieser Schönheit in schamloser Weise beherrscht werden.

Manche versuchen, diskret zu sündigen. Sie verbergen sich und schleichen herum, denn sie wollen nicht, dass es jemand erfährt.

Aber Sinnlichkeit besagt, dass es Ihnen egal ist, wer es weiß und wie viel man sieht. Ich sage das alles, weil Sinnlichkeit ein Merkmal unserer Kultur geworden ist und weil sie falsch ist.

Was Sie über geschlechtliche Sünden wissen müssen, ist, dass Gottes Einstellung dieselbe bleibt, egal, welche Form die Sünde annimmt. Bei Sünden erstellen wir eine Rangordnung, je nachdem, für wie widerlich wir sie halten. Wenn jemand die schändlichste Form geschlechtlicher Sünde begeht, sagen wir: »Wie konnte dieser Mensch so tief sinken, dass er so etwas Widerliches und Schmutziges tut?«

Wenn Gott einen Mann mit der Frau eines anderen sieht, sagt er: »Wie konnte er so tief sinken, dass er so etwas Widerliches und Schmutziges tut?« Wenn Gott Männer und Frauen sieht, die mit einem Partner nach dem anderen schlafen, sagt er: »Wie konnten sie so tief sinken?« Für Gott gehören sie alle zu derselben Kategorie.

Ich sagte bereits, dass unsere ganze Kultur darauf ausgerichtet ist, uns eine sexuelle Reaktion auf die Reize, die wir sehen, zu entlocken. Diese Bilder, Worte und Andeutungen sprechen unsere Augen und unser Fleisch an. Eine ganze Industrie von Männerclubs ist auf der Fähigkeit von Frauen aufgebaut, Männer zu fesseln und sie dazu zu bringen, ihre normalen sexuellen Wünsche in unrechtmäßiger Weise auszudrücken.

Ein Mann sagte mir einmal: »Dr. Evans, ich habe eine Schwäche für Frauen.«

Ich antwortete: »Gut, Sie haben eine Schwäche für Frauen. Was tun Sie diesbezüglich? Was tun Sie, damit diese Schwäche Sie nicht zur Sünde verleitet?«

Sehen Sie, eine Schwäche haben bedeutet nicht, dass Sie nicht Herr dieser Schwäche sein können. Sie können nicht immer die Herrschaft über die Versuchungen haben, die auf Sie einstürmen. Aber Sie können voll und ganz darüber bestimmen, ob Sie ihnen nachgeben oder nicht. Deshalb gab Gott Ihnen den Heiligen Geist.

Sünden des Aberglaubens

Diese Sünden haben mit Religion zu tun. In Galater 5, 20 erwähnt Paulus Götzendienst und Zauberei. Götzendienst ist die Anbetung einer Sache oder Person außer Gott, also wenn etwas anderes über Gott gestellt wird.

Die Bibel stellt unsere Prioritäten klar.

Zuerst sollen wir Gott anbeten. Das ist unsere erste Priorität. Deshalb ist Sonntag, der erste Tag der Woche, der Tag des Herrn. Deshalb sollte der Gang zu Gottes Haus eine Priorität in Ihrem Leben sein. Die Anbetung Gottes hat immer Vorrang.

Zweitens sollen wir die Menschen lieben.

Drittens sollen wir Dinge benutzen.

Das ist die Rangfolge: Anbetung Gottes, Liebe zu Menschen und Dinge benutzen. Aber wir bringen alles durcheinander. Wir benutzen Menschen, lieben und verehren Dinge und vergessen Gott.

Wie kann man wissen, ob man Gott wirklich anbetet? In Matthäus 4, 10 lesen wir, dass man weiß, dass man Gott anbetet, wenn man ihm dient. »Du sollst anbeten den Herrn, deinen Gott, und ihm allein dienen«, sagte Jesus.

Wem man dient, zeigt, wen man anbetet. Ist Ihr Leben vom Dienst für Gott geprägt, oder dienen Sie Ihrem Selbst? Wenn Sie Ihrem Selbst dienen, können Sie Gott nicht dienen, weil Gott die wichtigste Stelle in Ihrem Leben einnehmen muss.

Alles kann zu einem Abgott werden. Man muss nicht zu einem Urwaldstamm gehen, um einen Abgott zu finden. Einige unserer Abgötter stehen in der Garage. Einige von uns beten ihre Häuser an. Und eine ganze Menge von uns beten Geld an. Einige beten sogar ihre Garderobe an. Sie stehen jeden Morgen auf und halten einen Anbetungsgottesdienst vor dem Spiegel. Jedes Mal, wenn sie ausgehen, ist es, als würden sie sagen: »Welt, schau mich an! Ich bin's!«

Hier handelt es sich nicht darum, einen fahrbaren Untersatz, ein Dach über dem Kopf und anständige Kleidung zu haben. Es handelt sich um Dienst am Selbst. Doch wir wurden nicht errettet, um unserem Selbst zu dienen. Das ist Götzendienst. Götzendienst geschieht, wenn etwas wichtiger wird als Gott. Wenn ein Mann zum

Beispiel seine Familie vernachlässigt und sich nur seiner Arbeit widmet, dann ist die Arbeit sein Abgott.

Als Nächstes erwähnt Paulus Zauberei. Das griechische Wort dafür – *pharmakeia* – ist interessant, denn darin erkennen wir die Wurzel des Wortes *Pharmazie*. Wenn Paulus von Zauberei oder Hexerei spricht, schließt er auch den Gebrauch von Arzneimitteln und Drogen ein, weil der Gebrauch von Arzneimitteln und Drogen damals ein wichtiger Teil der Hexerei war und auch heute noch ist.

Das Schrecklichste an unerlaubten Drogen ist nicht, dass sie dem Körper Schaden zufügen, sondern dass durch sie Satan direkten Zutritt in Ihr Leben bekommt. Jemand, der von Drogen abhängig ist, ist nicht nur an eine verbotene Substanz gebunden.

Ein Drogenabhängiger ist an den Teufel gebunden, weil der Gebrauch von Drogen mit Zauberei und Hexerei in Verbindung steht. Mit anderen Worten: Wer Drogen nimmt, öffnet sich in einzigartiger Weise der Herrschaft der Hölle. Drogen sind das Gefährt, das der Satan benutzt, um in Ihr Leben einzudringen und Sie auf die verschiedensten Arten und Weisen zu verführen.

Deshalb hat der Satan immer eine neue Droge auf Lager. Jedes Mal, wenn die Leute sich an eine Droge gewöhnt haben, taucht plötzlich eine neue auf, die billiger ist und von der man besser high wird. Crack ist recht billig zu haben, und es wirkt sehr schnell. Aber höchstwahrscheinlich ist man schon nach dem ersten Versuch abhängig. Ein ehemaliger Star der amerikanischen Fußballnationalmannschaft sagte einmal, er sei abhängig geworden, nachdem er ein einziges Mal Crack ausprobiert hatte, und dass dadurch sein Leben zerstört wurde, bis er zu Christus kam.

In der Drogenszene gibt es immer etwas Neues. Warum? Weil Satan seine Dämonen ständig dazu anhält, einen neuen Stoff zu brauen. Und er hat Sünder genug, die dafür sorgen, dass jeder, der ihn will, ihn auch bekommt.

Übrigens, bevor wir die Zauberei verlassen, möchte ich noch anfügen, dass das Lesen und Befolgen des Horoskops so verrucht ist, wie die Anbetung des Teufels. Anstatt Menschen zu fragen: »Welches Tierkreiszeichen sind Sie?«, sollten wir sie lieber fragen: »Wessen

Kind sind Sie?« Die Bibel verdammt die, die das Geschöpf anstelle des Schöpfers verehren.

Sünden im zwischenmenschlichen Bereich

Inzwischen haben Sie wahrscheinlich den Eindruck, dass wir uns völlig von der wahren Liebe zu Christus entfernt haben. Zweifellos ist die Liste recht unschön. Aber ich möchte, dass wir alle verstehen, wie wir werden können, wenn wir unsere erste Liebe verlassen und dem Fleisch nachgeben.

Unsere Liste aus Galater 5 ist noch nicht zu Ende, da Paulus in den Versen 20-21 eine lange Liste von Sünden aufzählt, die mit unserer Beziehung zu anderen Menschen zu tun haben.

»Feindschaft« bedeutet Hass oder Feindseligkeit anderen Menschen gegenüber. Sie wenden ein: »Aber Sie wissen nicht, was sie mir antaten. Sie wissen nicht, wie sie mich behandelten, und meine Mama sagte mir immer, ich solle mir nichts gefallen lassen, sonst treiben sie es noch schlimmer. Man kann einfach nicht hinnehmen, dass Leute einem das antun.«

Jetzt können Sie die fleischliche Begierde haben, diese Menschen zu hassen. Aber denken Sie daran, dass Paulus darüber spricht, was man beschließt zu tun. Deshalb sagt Jesus: »Liebt eure Feinde« (Mt 5, 44).

Ihre Gefühle sagen vielleicht: »Hasse sie.« Aber das hat nichts mit Ihren Entscheidungen zu tun. Erlauben Sie mir ein extremes Beispiel. Ein Mann schaut seine Frau an und empfindet Hass. Also geht er zu einem Berater und sagt: »Ich kann dieses Gefühl nicht loswerden. Jedes Mal, wenn ich diese Frau anschaue, wird mein Hass größer.

So versucht der Psychiater oder Psychologe, dem Mann zu helfen, dieses Gefühl zu überwinden? Nein, man konzentriert sich auf die Entscheidungen, die er trifft, was er beschließt zu tun. Denn jetzt kann er spüren, was er fühlt, und doch beschließen, das Richtige zu tun.

Ich bestreite nicht das tatsächliche Vorhandensein eines Gefühls. Ich sage nur, dass es nicht unsere Entscheidungen beherrschen muss. Und wenn wir beginnen, richtig zu entscheiden, werden wir auch beginnen, richtig zu fühlen.

Aber wenn dieser Mann sagt: »Ich hasse sie, und bevor ich sie nicht gern haben kann, liebe ich sie nicht«, dann treffen wir ihn im Gericht anlässlich seiner Scheidung, weil er es nicht schafft.

Der nächste Punkt auf der Liste ist »Hader« (Gal 5, 20), eine natürliche Folge von Feindschaft oder Hass. Danach erwähnt Paulus »Eifersucht«, die Haltung, die ausdrückt: »Ich werde nicht dulden, dass du hast, was ich will. Da ich es nicht haben kann, sollst du es auch nicht haben.«

Das ist das »Krebs-im-Fass-Syndrom«. Krebse ziehen einander herunter, indem sie versuchen, aufeinander zu klettern, um aus dem Fass herauszukommen. Das Ergebnis ist, dass keiner herauskommt und sie alle gekocht werden. Die Eifersucht sagt: »Wenn ich nicht nach oben kommen kann, dann will ich nicht alleine unten bleiben.« Dies ist eine hässliche Sünde, die Menschen davon abhält, alle ihre Entfaltungsmöglichkeiten auszuschöpfen, weil die anderen alles tun, um sie nach unten zu ziehen.

Die nächste Sünde im zwischenmenschlichen Bereich ist »Zorn«. Hier ist ein beliebter Ausspruch: »Er machte mich verrückt! Ich konnte mich nicht mehr beherrschen, also schlug ich zu!« Oh, wirklich? Wollen Sie damit sagen, dass eine andere Person Ihren kleinen Finger, Ringfinger, Mittelfinger, Zeigefinger und Daumen zwingen kann, sich zur Faust zu ballen? Eine andere Person bewirkt, dass sich Ihr Arm im Ellbogengelenk abknickt und Ihre Schulter sich hebt und dass Ihre Faust mit Lichtgeschwindigkeit vorschnellt? *Bumm!*

Das können nur Sie selbst tun. Wenn Sie Christ sind, haben Sie die Gewalt darüber. Paulus sagt, dass das ein Werk des Fleisches ist, weil eine der Früchte des Heiligen Geistes Selbstbeherrschung ist (siehe V. 23). Der Heilige Geist schenkt Ihnen die Fähigkeit, sich zu beherrschen und zu sagen: »Ich werde nicht tun, wozu ich Lust verspüre.«

»Zank« oder Streit wird in Vers 20 erwähnt. »Nun, sie fing mit mir Händel an, also musste ich reagieren.« Ich gehe von dem Grundsatz aus, dass der Ärger eines anderen mich nicht zu so etwas verleiten darf. Er darf doch nicht die Ursache dafür sein, dass ich meine Selbstbeherrschung verliere. Wenn jemand streiten will, dann soll er es doch. Er soll mir alles sagen, was er auf Lager hat. Er soll alles sagen, was er sagen will. Ich höre zu, und wenn ich denke, dass er so weit ist, frage ich: »Bist du fertig, oder kommt noch mehr?«

»Nein, ich bin nicht fertig.«

»Dann mach weiter. Bis du fertig bist.«

»Du hast das und das getan und das und das gesagt ...«

»Du hast Recht. Bist du fertig?«

»Nein, da ist noch etwas ...«

»Gut. Bist du fertig?«

»Ja, das war's.«

»Prima. Können wir jetzt darüber sprechen?«

»Ja.«

Als Nächstes zählt Paulus »Zwietracht [und] Spaltungen« auf. Diese Punkte hängen mit Gruppenkonflikten zusammen. Menschen finden sich in Gruppen zusammen und ergreifen Partei, anstatt sich an die Wahrheit und das Recht zu halten. So sagen sie: »Ich bin für ihn.«

Würde jeder sagen: »Ich bin für die Wahrheit«, dann würde keiner für eine bestimmte Rasse, Klasse oder Kultur Partei ergreifen. Wenn wir alle nach dem Heiligen Geist und nicht nach dem Fleisch lebten, würden wir alle auf des Herrn Seite sein wollen.

Die letzten Sünden auf dieser Liste sind »Neid, Saufen und Fressen« (V. 21). Neid ist »Eiter in den Gebeinen« (Spr 14, 30). Diese Wendung vermittelt den Eindruck, dass wir dahinsiechen, wenn wir etwas anschauen, das ein anderer hat, und es so brennend haben wollen, dass wir davon krank werden.

Wenn Saufen und Fressen zusammen gebraucht werden, bedeutet dies gewöhnlich eine öffentliche, freche, lärmende Handlungsweise: eben Rowdytum. Leute, die betrunken sind, sind natürlich nicht mehr Herr über das, was sie tun. Gemeint ist damit einfach, ohne Rücksicht auf andere lärmend und laut zu sein.

Fleischliches Leben und das Reich Gottes

Wir merkten bereits an, dass diese Liste zwar lang, aber nicht vollständig ist. Aber genügend Sünden des Fleisches sind aufgeführt, um diesen harten Schluss zu rechtfertigen: »Davon habe ich euch vorausgesagt und sage noch einmal voraus: die solches tun, werden das Reich Gottes nicht erben« (V. 21b).

Das gab Anlass zu vielen Missverständnissen. Sagt Paulus, dass diejenigen, die solche Dinge tun, nicht gerettet sind? Nein, wir sahen bereits, dass Christen es sich angewöhnen können, falsch zu handeln. Wir haben unzählige biblische Beispiele von Christen, die in sehr schlechte Gewohnheiten verfielen.

Ein wesentlicher Unterschied

Der Grund, weshalb ich glaube, dass Paulus über Christen spricht, die solche Dinge tun, ist das Wort *erben*. Dieses Wort wird nicht für Ungläubige verwendet. Ungläubige, die diese Dinge tun, kommen nicht in das Reich Gottes. Christen, die solche Dinge tun, *kommen* in das Reich Gottes, aber sie erben das Reich nicht.

Das ist ein sehr wichtiger Unterschied. Es ist ein Unterschied, ob man in das Reich kommt oder das Reich erbt. Als die Israeliten in der Nacht des Passafestes gerettet wurden und Ägypten verließen, machten sie sich ins verheißene Land Kanaan auf. Im Alten Testament wird dieses Land ihr Erbe genannt, der Ort, den Gott für sie bestimmt hatte, ein Land, in das sie einziehen, in dem sie sich freuen und von dem sie Nutzen ziehen sollten – ein Land, darinnen Milch und Honig fließen. Es sollte ein herrliches Leben werden.

Aber da sie hartnäckig sündigten und ungehorsam waren, was die Bibel Fleischlichkeit nennt, verloren die Israeliten ihr Erbe. Sie verwirkten ein langes und fruchtbares Leben. Sie konnten sich nie an Kanaan und der Erfüllung von Gottes Verheißung erfreuen. Sie mussten in der Wüste herumwandern.

Die Frage des Verdienstes

Es gibt einen Beweis über alle Beweise dafür, dass sich das Erbe auf Gläubige bezieht, die übergangen werden, und nicht auf Ungläubige, die nicht hineinkommen. Immer, wenn die Bibel von Erbe spricht, gründet sich dieses auf Verdienst. Das Heil gründet sich nie auf Verdienst, sondern immer auf Gnade. Man wird nicht deshalb gerettet, weil man es verdient.

Welchen Beweis haben wir dafür, dass Erbe mit Verdienst zusammenhängt? Wir sahen diese Verbindung bereits in Galater 5, 21, wo gesagt wird, dass die, die fleischlich leben, ihr Erbe im Reich Gottes verwirken. Die Verbindung kommt in Kolosser 3, 23-24 noch deutlicher zum Ausdruck: »Alles, was ihr tut, das tut von Herzen als dem Herrn und nicht den Menschen, denn ihr wisst, dass ihr von dem Herrn als Lohn das Erbe empfangen werdet. Ihr dient dem Herrn Christus!«

Paulus kann hier nur zu Christen sprechen, weil Nichtchristen nicht dem Herrn dienen. Und auch wenn sie das täten, würden sie sich dadurch nie einen Platz im Himmel verdienen.

Unser Erbe

Unser Erbe als Gläubige ist also die Belohnung, die Gott uns dafür gibt, dass wir Christus dienen. Christen, die unbeirrt weiter fleischlich leben, erleiden deshalb zwei Verluste: einen in diesem Leben und den anderen im künftigen Leben (in Kapitel 8 und 9 wird dieses Thema ausführlich erörtert). Der zeitliche Verlust liegt darin, dass sie kein erfülltes, fruchtbares Leben führen.

Das kann sich auf viele verschiedene Arten auswirken. Vielleicht führt dies zu einer Familientragödie oder einem vorzeitigen Tod oder dazu, dass Bedürfnisse nicht erfüllt werden, weil Gott straft. Und obwohl Christen in diesem Zustand ins Reich Gottes kommen, genießen sie nicht das Erbe des Reiches Gottes. Sie werden nicht die Befugnisse erhalten, die Gott ihnen in seinem kommenden Reich geben möchte.

Ich gehe hier in Dallas sehr gerne auf die Messe des Staates Texas, weil ich von Achterbahnen begeistert bin. Und dort gibt es mehr zu essen, als ich mir jemals einverleiben könnte. Normalerweise komme ich kostenlos in die Messe, weil eines der Mitglieder meiner Kirche mir Eintrittskarten gibt. Mein Eintritt ist ein Geschenk, das jemand anderes bezahlt hat. Nennen wir die Messe doch einfach Himmel.

Wenn ich einmal auf dem Messegelände bin, gibt es sehr viel zu tun: Karusselle, Zirkus, Spiele, eine unglaubliche Menge von Ausstellungen. Den ganzen Tag lang könnte ich nur von einem zum anderen gehen. All das steht mir zur Verfügung, einfach, weil der Eintritt auf das Messegelände mir dafür Zutritt verschafft. Ich kam kostenlos hinein, weil ein anderer meine Eintrittskarte bezahlte. Man verweigerte mir nicht den Zugang zur Messe, und niemand wird mich zum Verlassen auffordern. Ich kann den ganzen Tag herumgehen und mich an den fesselnden Anblicken, Klängen und Gerüchen der Messe erfreuen.

Aber wenn man wirklich alles voll und ganz genießen möchte, was die Messe bietet, dann braucht man mehr als eine Eintrittskarte, weil bei der Messe des Staates Texas die Fahrten mit dem Karussell und das Essen nicht kostenlos sind. Dafür muss man Berechtigungsscheine kaufen. Um also die Messe wirklich genießen zu können, muss ich die Messe »erben«. Das heißt, jemand müsste zu mir sagen: »Tony, all das ist für dich. Hier sind alle Berechtigungsscheine, die du jemals brauchst. Genieße alles, was du siehst, ohne zusätzliche Kosten. Du bist ein treuer Diener, und das ist dein Lohn.«

Alle echten Christen werden in das Reich Gottes kommen. Sie werden sozusagen »auf der Messe« sein. Und es ist viel besser, auf der Messe zu sein, als sie ganz zu verpassen. Das kann man überhaupt nicht vergleichen. Aber es ist schrecklich, auf der Messe zu sein und mit nichts fahren zu können. Es ist schrecklich, Zugang zu haben, aber nicht voll teilnehmen zu können.

Betrachten wir es noch einmal anders. Unser ältester Sohn, Tony junior, ist, wie man das erwartet, namentlich in dem Testament erwähnt, das Lois und ich gemacht haben. Er ist unser Sohn, und daran kann niemand etwas ändern.

Er kann jedoch enterbt werden, obwohl er nicht »ent-sohnt« werden kann. Unser Testament sagt in der Tat deutlich, dass dasjenige unserer Kinder, das ein gottloses Leben führt und dies nicht bereut, seinen Anteil an seinem Erbe verliert und dass sein Erbteil an die anderen Kinder übergeht.

Tony jr. ist aufgrund seiner Geburt mein Sohn. Aber mein *Erbe* wird er durch Verdienst. Nur wenn er ein konsequent christliches Leben führt, kann er mein »Reich« erben. Das Erbe, das sein Vater für ihn bereithält, sollte ihm Anlass geben, ein rechtes Leben zu führen. Wissen Sie, was Sie und mir Anlass geben sollte, ein rechtes Leben zu führen? Das Erbe, das unser Vater für uns bereithält!

Zurück zur ersten Liebe

Leben nach dem Gefallen des Fleisches ist für alle Christen ohne Zweifel ein Verlustgeschäft. Es zerstört unsere Freude und lähmt unsere Liebe zu Jesus Christus, worum es ja in diesem Buch geht. Jesus sagte: »Liebt ihr mich, so werdet ihr meine Gebote halten« (Joh 14, 15). Hier sind einige Möglichkeiten, wie Sie Ihre Liebe zu Christus zeigen können:

1. Da wir in einer sexuell schamlosen und ungesetzlichen Gesellschaft leben, müssen wir ständig auf der Hut sein. Vielleicht wird es Zeit, dass Sie wieder all das, was in Ihr Heim kommt, regelmäßig kontrollieren, um sicherzustellen, dass sich keine sexuelle Versuchung über das Fernsehen oder durch Ihre Wohnungstür einschleicht.

2. Die Kategorie der Sünden des Aberglaubens erinnert uns daran, dass in unserer Kultur viele Menschen, insbesondere junge Menschen, von bösen Geistern und Satansanbetung und allem, was dazugehört, gebunden sind. Wenn Sie ein Kind, einen Verwandten oder Bekannten haben, der von solchen Dingen gefangen ist, oder wenn Sie Ihre Familie bewahren wollen, dann empfehle ich Ihnen, ein gutes Buch zu diesem Thema zu lesen, das angefüllt ist mit biblischen Erkenntnissen und praktischen Maßnahmen, mit denen Sie sich und Ihre Familie schützen können.

3. Sünden im zwischenmenschlichen Bereich umfassen einen weiten Bereich von Problemen, in die wir geraten können, meistens wegen des falschen Gebrauchs unserer Zunge. Wenn eines der Dinge, die wir in dieser Kategorie besprachen, für Sie ein Problem darstellt, dann bringen Sie es jetzt vor den Herrn und bitten ihn, es wegzunehmen. Und wenn er Sie daran erinnert, dass Sie jemanden um Vergebung bitten sollen, so tun Sie es so bald wie möglich.

Wir wissen, dass unser Fleisch schwach ist, und wir alle haben unsere ganz persönliche Schwachstelle. Wenn Sie nicht wissen, wo Sie anfällig sind, dann bitten Sie Gott, Ihnen Ihre besondere Schwachstelle zu zeigen, dann nehmen Sie die Bibel und suchen nach Versen, die Sie stärken. Lernen Sie sie auswendig, damit sie Ihnen zur

Verfügung stehen, wenn Sie sie brauchen. Eine Bibelkonkordanz kann Ihnen helfen, diese Verse zu finden.

5. Fleisch gegen Geist

Dieses Kapitel ist eine Art Spiegelbild von Kapitel 4, wo wir die Probleme fleischlichen Lebens untersuchten und sahen, dass es einer der Diebe ist, die uns unsere erste Liebe zu Christus stehlen.

In diesem Kapitel möchte ich einen Schritt weitergehen und den Einfluss des Heiligen Geistes dem Einfluss des Fleisches im Leben eines Christen gegenüberstellen. Man kann dieses Kapitel auch Teil zwei unserer Untersuchung der – ach so wichtigen – Frage des Umgangs mit dem Fleisch nennen.

Dies ist so bedeutend, und ein so großer Teil des Neuen Testaments ist dem Kampf des Geistes gegen das Fleisch in allen seinen Formen gewidmet, dass wir ein ganzes Buch über dieses Thema schreiben könnten. Wir wollen uns hier aber auf zwei Kapitel beschränken. Wieder wird der Apostel Paulus unser Lehrer sein.

Zwei gegensätzliche Gesetze

In uns bestehen zwei Gesetze oder Verhaltensregeln, die uns gleichzeitig unter ihre Gewalt bringen wollen. Betrachten wir, was Paulus zu Beginn von Römer 8 sagt: »So gibt es nun keine Verdammnis für die, die in Christus Jesus sind. Denn das Gesetz des Geistes, der lebendig macht in Christus Jesus, hat dich frei gemacht von dem Gesetz der Sünde und des Todes. Denn was dem Gesetz unmöglich war, weil es durch das Fleisch geschwächt war, das tat Gott: Er sandte seinen Sohn in der Gestalt des sündigen Fleisches und um der Sünde willen und verdammte die Sünde im Fleisch« (V. 1-3).

In Vers 2 fasst Paulus die beiden Gesetze zusammen, die in uns wirken. Das eine ist das »Gesetz des Geistes, der lebendig macht«, der beherrschende Einfluss des Heiligen Geistes. Aber noch ein anderes Gesetz wirkt in uns, das »Gesetz der Sünde und des Todes«. Dieses andere Gesetz ist darauf aus, uns geistliche Niederlage und Untergang zu bringen.

Ein aus dem wirklichen Leben gegriffenes Beispiel

Beide Gesetze wirken – oder besser gesagt, bekämpfen sich – in jedem Christen. Um zu verstehen, wie wichtig dies ist, müssen wir verstehen, wie dieser Kampf sich auf Paulus auswirkte. Paulus war kein Durchschnittschrist, er war der Führer der Christenheit im ersten Jahrhundert, der Apostel der Heiden. Er spielte eine führende Rolle in der Übermittlung von Gottes Wahrheit an uns.

Wir haben das persönliche Zeugnis von Paulus über den Kampf zwischen Fleisch und Geist, unter dem er als gottesfürchtiger Christ litt. Wenn Sie also mit der Sünde kämpfen müssen, brauchen Sie sich nicht schlecht vorzukommen. Sie befinden sich in guter Gesellschaft, weil Paulus, einer der größten Christen, die jemals lebten, auch mit der Sünde zu kämpfen hatte.

Ich sagte in Kapitel 4, dass der Wunsch zu sündigen nicht das Problem ist. Unser Fleisch hatte schon immer den Wunsch zu sündigen und wird ihn auch immer haben. Das gehört dazu. Paulus verspürte diesen Wunsch. Wir wissen das aufgrund eines persönlichen Zeugnisses, das er in Römer 7 gibt: »Denn wir wissen, dass das *Gesetz* geistlich ist; ich aber bin fleischlich, unter die Sünde verkauft. Denn ich weiß nicht, was ich tue. Denn ich tue nicht, was ich will; sondern was ich hasse, das tue ich« (V. 14-15).

Paulus sagt: »Ich habe dieses Problem, ich habe es sogar jetzt, in dem Augenblick, in dem ich euch Gläubigen in Rom schreibe. Ich merke den Kampf zwischen Fleisch und Geist in meinem Leben, und manchmal tue ich sogar Dinge, die ich eigentlich gar nicht tun will.«

Sie wissen, wie das ist, nicht wahr? Man weiß, dass man etwas nicht tun sollte, man will es nicht tun, aber man tut es trotzdem. Danach sagt man: »Ich wollte, ich hätte es nicht getan.«

Das ist der Beweis dafür, dass zwei Gesetze in uns wirken. Paulus verstand die Art des Kampfes, und er wusste auch, wo der Ursprung des Problems lag. Deshalb fährt er in Kapitel 7 fort: »Denn ich weiß, dass in mir, das heißt in meinem Fleisch, nichts Gutes wohnt. Wollen habe ich wohl, aber das Gute vollbringen kann ich nicht. Denn das Gute, das ich will, das tue ich nicht; sondern das Böse, das ich nicht will, das tue ich. Wenn ich aber tue, was ich nicht will, so tue nicht ich es, sondern die Sünde, die in mir wohnt« (V. 18-20).

Erkennen Sie die Bedeutung dessen, was Paulus sagt? Er sagt, Sie können sich nicht darauf verlassen, dass Ihr Fleisch Ihnen hilft, die Probleme Ihres Fleisches zu lösen, weil nichts in Ihrem Fleisch zur Rettung taugt. Ihr unerlöstes Fleisch kann die Probleme Ihres Lebens nicht lösen, weil eben dieses Fleisch die Ursache der Probleme ist. Man kann von dem Verursacher der Probleme nicht erwarten, der Problemlöser zu sein.

Das ist das Problem mit einem Großteil der heutigen so genannten christlichen Beratung. Es handelt sich dabei oft um den Versuch, die Probleme des Fleisches durch das Fleisch zu lösen, und das funktioniert einfach nicht.

Paulus sagt: »Ich habe den richtigen Wunsch, aber allzu oft tue ich das Falsche.« Er sagt, dass sogar in dem Augenblick, in dem er schreibt, ein Fremder in seinem Leben Wohnung genommen hat. Paulus nennt es »die Sünde, die in mir wohnt« (V. 20). Oft wird das auch das »Sündenprinzip« genannt.

Das Sündenprinzip

Es ist das Prinzip, das alle Christen in sich haben und das sich gegen das Wort und den Willen Gottes auflehnt. Deshalb existiert ein Teil in Ihnen, der wirklich das tun will, was Gott hasst. Die Sünde wohnt noch in Ihnen. Sie »treibt sich in Ihnen herum«, und Sie können sie nicht loswerden, da sie sich in Ihrem Fleisch festgesetzt hat.

Nun verstehen Sie, warum Gott diese alten, zum Schlechten neigenden Leiber wegschaffen und uns neue geben möchte, die seinem eigenen ähnlich sind. Gott will nicht unser Fleisch ausbessern. Ihr alter Leib taugt eigentlich nur für eines: Futter für die Würmer. Die Bibel sagt, dass Gott unseren Leib umwandeln wird, weil unser jetziger von der Sünde verunreinigt ist.

Nachher werden wir wieder auf Römer 8 zurückkommen. Aber es ist unabdingbar, diesen Abschnitt in Kapitel 7 zu verstehen, sonst können wir nicht begreifen und schätzen, was Gott für uns getan hat. Also führen wir Römer 7 zu Ende: »Denn ich habe Lust an Gottes Gesetz nach dem inwendigen Menschen. Ich sehe aber ein anderes Gesetz in meinen Gliedern, das widerstreitet dem Gesetz in meinem Gemüt und hält mich gefangen im Gesetz der Sünde, das in meinen Gliedern ist. Ich elender Mensch! Wer wird mich erlösen von diesem todverfallenen Leibe? Dank sei Gott durch Jesus Christus, unsern Herrn! So diene ich nun mit dem Gemüt dem Gesetz Gottes, aber mit dem Fleisch dem Gesetz der Sünde« (V. 22-25).

Was können wir aus diesen Versen schließen? Zuerst, dass Paulus ganz bestimmt ein erretteter Mensch ist. »Ein Teil von mir will am Sonntag jauchzen, aber ein anderer Teil von mir will am Montag unabhängig sein«, sagt er. »In meinem Herzen weiß ich, dass ich Gott gefallen will. Aber in meinem Leib will ich mir selbst zu Gefallen leben. Ich will meine Leidenschaften befriedigen.«

In manchen Übersetzungen steht in Vers 23, dass die beiden Gesetze miteinander Krieg führen. Damit sagt Paulus: »Ich, der Apostel Paulus, lebe nicht nur in einem Kriegsgebiet, ich *bin* das Kriegsgebiet! Wenn ich nicht auf mich aufpasse, geht das Problem einfach weiter, weil das Problem Sünde in mir ist.«

Deshalb können Sie vor Ihren Problemen nicht einfach davonlaufen. Wohin Sie auch laufen, Ihr Fleisch wird immer dabei sein. Und Sie können niemandem die Schuld für Ihre Sünde geben, weil es Ihre Sünde ist. Kein Wunder, dass Paulus ausruft: »Ich elender Mensch!« Wenn wir uns ehrlich unseren Kampf mit der Sünde eingestehen, wird das auch oft unser Aufschrei sein.

Aber, Gott sei gelobt, es gibt noch einen anderen Vers. Auf seine Frage: »Wo finde ich die Freiheit zu einem sieghaften geistlichen Leben?«, gibt Paulus sich selbst und uns in Vers 25 die Antwort.

Hier haben wir es also: Zwei Gesetze wirken in Ihnen, zwei gegensätzliche Lebensregeln, die versuchen, den ausschlaggebenden Einfluss in Ihnen zu gewinnen. Je nachdem, ob das Fleisch oder der Geist die vorherrschende Kraft in Ihrem Leben ist, werden Sie entweder ein geistlicher oder ein fleischlicher Christ sein.

Ein höheres Gesetz

Aber die gute Nachricht ist, dass diese Gesetze bei weitem nicht gleich stark sind. Das Gesetz des Geistes ist ein höheres Gesetz, denn Paulus sagt, »es hat dich frei gemacht von dem Gesetz der Sünde und des Todes« (Röm 8, 2). Der Teil in uns, der sich gegen Gott auflehnen und dem Selbst zu Gefallen leben möchte, wurde besiegt. Immer, wenn dieses höhere Gesetz in unserem Leben zur Wirkung kommt, sehen wir, dass es das Gesetz der Sünde und des Todes aufhebt.

Es ist wie mit dem Gesetz der Schwerkraft. Es ist ein allgemein gültiges Gesetz – bis Sie in ein Flugzeug steigen. Dann geschieht etwas, weil eines Tages Orville und Wilbur Wright einige aerodynamische Untersuchungen anstellten und ein höheres Gesetz entdeckten. Sie fanden heraus, dass mithilfe einer gewissen Menge Brennstoff in Verbindung mit einer gewissen Geschwindigkeit und einem gewissen Luftstrom das Gesetz der Schwerkraft überwunden werden kann.

Die Brüder Wright machten das Gesetz der Schwerkraft nicht ungültig. Sie brachten es nicht zu Fall. Sie machten es nur durch die Wirkung eines höheren Gesetzes, Aerodynamik genannt, unwirksam. Wenn dieses höhere Gesetz einmal nicht mehr funktioniert, wenn ein Flugzeugmotor ausfällt, dann stürzt das Flugzeug zu Boden, weil das erste Gesetz, das Gesetz der Schwerkraft, noch gültig ist.

Das Gesetz der Sünde und des Todes ist immer noch da. Es wirkt. Aber wenn man den Brennstoff des Heiligen Geistes mit der Geschwindigkeit des Gehorsams und dem Luftstrom der Heiligkeit verbindet, wird man auf eine höhere Ebene geistlichen Lebens gehoben. Deshalb sollten Sie immer höher steigen, nicht nach den Umständen leben, sondern sich über sie aufschwingen, da die aerodynamische Kraft des Heiligen Geistes in Ihnen wirkt und das Gesetz der Sünde und des Todes überwindet.

Haben Sie schon einmal einen Gehweg gesehen, der völlig aufgerissen war, weil einmal eine kleine Eichel in einen Spalt gefallen ist? Eine Eichel kann natürlich keinen Gehweg in Bewegung setzen. Aber wenn die Eichel zu dem wird, wozu sie geschaffen wurde, hat man nicht mehr lange eine Eichel. Dann steht man bald vor einer Eiche.

Und wenn die Eiche wächst, setzt sie Beton in Bewegung, weil das Gesetz der Eiche das Gesetz des Betons überwindet. Als Sie Jesus Christus annahmen, erhielten Sie die Eichel des Heiligen Geistes, die zur Eiche Ihres Lebens werden will, um den Beton Ihrer Probleme beiseite zu räumen. Warum? Weil, wie in Vers 3 erklärt wird, das, was dem GESETZ unmöglich war, Gott tat, indem er seinen Sohn sandte.

Das, was dem GESETZ unmöglich war, ist, Sie und mich fähig zu machen, es zu halten. Nun, das GESETZ, und hier handelt es sich um das GESETZ Moses, ist gut. Paulus gebraucht in Römer 7-8 das Wort *Gesetz* eigentlich in zwei verschiedenen Bedeutungen, und man kann sie beide leicht verwechseln. Das Gesetz der Sünde und des Todes ist das Sündenprinzip in uns, wie wir bereits sahen.

Aber das GESETZ Moses kam direkt von Gott und ist heilig, gerecht und gut. In manchen Bibelübersetzungen wird das Wort *Gesetz* für das Sündenprinzip gebraucht und das in Großbuchstaben geschriebene Wort *GESETZ* für das mosaische GESETZ. Das ist eine gute Unterscheidung, an die ich mich auch halte.

Das GESETZ ist also gut. »Du sollst nicht ehebrechen« ist eine gute Regel. Das Problem liegt in meiner Fähigkeit, es einzuhalten. Aus diesem Grunde kann die Macht des positiven Denkens nicht funktionieren, weil Sie sich selbst auffordern, das Gesetz zu halten, wo doch das GESETZ gar keine Kraft bietet, die Ihnen hilft, es zu halten.

Aber Gott tat, was Sie nicht tun können. Er gab Ihnen sozusagen einen inneren Motor, der Sie fähig macht, nach göttlichen Maßstäben zu leben. In Römer 6, 6 lesen wir: »Wir wissen ja, dass unser alter Mensch mit ihm gekreuzigt ist, damit der Leib der Sünde vernichtet werde, sodass wir hinfort der Sünde nicht dienen.«

Wenn Sie und ich der Sünde dienen, dann ist das unsere Entscheidung. Aber man muss nicht Jahr um Jahr denselben Sünden dienen, weil man in Christus ein ganz neuer Mensch geworden ist.

Zwei gegensätzliche Lebensweisen

Der Verlauf oder die Richtung Ihres Lebens als Christ hängt davon ab, ob Sie unter der Herrschaft des Fleisches oder unter der Herrschaft des Heiligen Geistes leben. Betrachten wir Römer 8, 4-7: »Damit die Gerechtigkeit, vom GESETZ gefordert, in uns erfüllt würde, die wir nun nicht nach dem Fleisch leben, sondern nach dem Geist. Denn die da fleischlich sind, die sind fleischlich gesinnt; die aber geistlich sind, die sind geistlich gesinnt. Aber fleischlich gesinnt sein ist der Tod, und geistlich gesinnt sein ist Leben und Friede. Denn fleischlich gesinnt sein ist Feindschaft gegen Gott, weil das Fleisch dem GESETZ Gottes nicht untertan ist; denn es vermag's auch nicht.«

Paulus sagt: »Wenn du nach dem Fleisch lebst, dann bekommst du fleischliche Dinge.« Diese Dinge können uns nur beherrschen, wenn wir ihnen nachgeben, wenn wir zulassen, dass sie den Platz einnehmen, der Jesus Christus und den Dingen Gottes vorbehalten sein sollte.

Nach dem Fleisch leben

Wenn Sie Ihre erste Liebe zu Christus verlassen und beginnen, nach dem Fleisch zu leben, dann werden Sie ziemlich bald »nach Menschenweise« (1. Kor 3, 3) leben. Das heißt, Sie sehen wie die Masse aus, weil Sie der Masse folgen und tun, was alle anderen auch tun. Wenn Sie mit der Welt leben, bestimmt die Welt die Gangart.

Das bedeutet nicht, dass Gott manche Christen bevollmächtigt und andere nicht bevollmächtigt. Jeder Christ hat denselben Jesus und denselben Heiligen Geist. Einige haben vielleicht eine schlimmere Vergangenheit als andere, aber derselbe Gott möchte auf ihrer aller Leben einwirken.

Aber wissen Sie was? Sie können einen anderen Menschen nicht zum Gehen zwingen. Jeder Mensch muss für sich selbst gehen. Sie können ihm den richtigen Weg zeigen. Sie können sagen: »Ich helfe dir.« Aber Sie können nicht für ihn gehen.

Gott wird Ihnen Ihre Entscheidungen nicht abnehmen. Und Gott wird Sie nicht an der Entscheidung hindern, die Sie treffen, genauso wenig wie er Adam und Eva davon abhielt, von der Frucht zu essen. Was veranlasst Ihre Entscheidungen? Ihre Gedanken und Ihr Wille. Deshalb sagt Paulus »Entscheidet euch« (siehe Vers 5). Sie leben so, wie Sie leben, weil Sie so denken, wie Sie denken. Wenn Sie Ihre Füße auf den rechten Weg lenken wollen, dann müssen Sie erst einmal Ihre Gedanken in die rechte Richtung lenken.

Ich möchte Ihnen ein Beispiel aus der Bibel geben, das zeigt, wie dieses Prinzip funktioniert. In 2. Samuel 11 lesen wir, wie König David von seinem Dach aus Batseba beim Baden sah. Sie war keine gewöhnliche Frau. Wir sprechen hier über ein »Spitzenweib«, eine sehr schöne Frau. David schaute und schaute, und bald bewegten sein Herz und seine Gedanken sich in die Richtung, in die der Wunsch seines Fleisches ihn trieb. Bald hatte er seinen Plan ausgearbeitet.

Das Ergebnis von Davids Ehebruch mit Batseba war eine persönliche und sogar nationale Tragödie, ein Verhängnis, das in den folgenden Kapiteln des zweiten Samuelbuches beschrieben wird. Aber der springende Punkt ist, dass David den ganzen Schlamassel hätte vermeiden können, bevor er überhaupt begann, wenn er sich abgewandt und nicht beschlossen hätte, zu schauen und zu schauen, und schließlich Batseba holen ließ.

Die Gnade Gottes ist wunderbar, und David wurde nach seiner Beichte und Reue vor dem Herrn diese Sünde weggenommen. Aber das änderte nichts an der Tatsache, dass er das Falsche gedacht und danach gehandelt hatte und dadurch verletzt wurde.

Ein Kampf der Gedanken

Der Kampf des Christenlebens ist ein Kampf der Gedanken. Wer ist Herr über Ihre Gedanken und die Gedanken Ihrer Kinder? Wer Herr über die Gedanken ist, ist auch Herr über die Füße. Wenn Sie also in die falsche Richtung laufen, denken Sie falsch. Satan bearbeitet Ihre Gedanken, bis Ihre Füße in seine Richtung umschwenken.

Das ist das Problem mit Gläubigen, die sich ständig Schund einverleiben, anstatt das Wort Gottes in sich aufzunehmen. Wenn Sie ständig von gottloser Musik, gottlosen Freunden und gottlosen Vergnügungen überflutet werden, dann kommen Ihnen Dinge, die Sie immer für schrecklich gehalten haben, plötzlich gar nicht mehr so schlimm vor.

Deshalb sagt Paulus in 2. Korinther 10, 3-5, dass wir nicht auf fleischliche Weise gegen das Fleisch kämpfen. Stattdessen zerstören wir Festungen und die Gedankengebäude und die falschen Denkstrukturen dieser Weltordnung, weil sich alles in den Gedanken abspielt.

Das führt zu sehr interessanten Ergebnissen: »Aber fleischlich gesinnt sein ist der Tod, und geistlich gesinnt sein ist Leben und Friede« (Röm 8, 6). Das muss nicht bedeuten, dass der Christ, der fleischlich lebt, tot umfällt. Tod bedeutet hier das Gegenteil von Leben und Frieden – eine geistliche Verarmung, die beginnt, wenn man dem Heiligen Geist nicht gehorcht.

In dieser Lage können Sie leben, und es geht Ihnen äußerlich vielleicht gut, aber geistlich sind Sie ausgemergelt. Ihr geistliches Leben schwindet dahin, und das führt zu den verschiedensten inneren Angstzuständen und Depressionen, weil Ihre Gedanken gelernt haben, sich auf das Fleisch zu konzentrieren, und im Fleisch ist weder Friede noch Freude noch ein Ziel zu finden.

An diesem Punkt beginnen Christen, die gleichen Dinge zu tun wie Nichtchristen, um Frieden zu finden, weil sie ihn nicht vom Heiligen Geist bekommen. Sie erleben Leere, Friedlosigkeit und Angst, weil sie vom Leben des Heiligen Geistes abgeschnitten sind.

Nach dem Geist leben

Wenn Sie sich andererseits auf die Dinge des Heiligen Geistes konzentrieren, haben Sie Leben und Frieden. Sie haben Freude, ein Ziel, erkennen einen Sinn und sind befriedigt. Wenn der Heilige Geist die Herrschaft hat, sagen Sie: »Herr, es ist in deiner Hand. Die Dinge sind vielleicht nicht so, wie ich sie gerne hätte, aber du willst es so, und deshalb gebe ich mich damit zufrieden.«

Sie sind innerlich entspannt und friedlich. Nicht äußere Umstände bestimmen Ihr Leben. All das ist nicht wirklich von Bedeutung, weil Sie inneren Frieden haben.

Zwei gegensätzliche Identitäten

Woher beziehen Sie Ihre Identität? Paulus schlägt in Römer 8, 8-9 zwei mögliche Identitäten vor: »Die aber fleischlich sind, können Gott nicht gefallen. Ihr aber seid nicht fleischlich, sondern geistlich, wenn denn Gottes Geist in euch wohnt. Wer aber Christi Geist nicht hat, der ist nicht sein.«

Im Originaltext steht in Römer 8, 4-7 für das deutsche Wort *fleischlich* der Ausdruck *»die* nach *dem Fleische leben«*, ab Vers 8 aber *»die* im *Fleische leben«*. Zunächst spricht Paulus also darüber, wie man *lebt*. Dann aber spricht er darüber, wie man *ist*.

Jeder Mensch auf Erden befindet sich entweder im Bereich des Fleisches – das heißt, er ist nicht gerettet – oder im Bereich des Geistes – das heißt, er ist gerettet. Vergessen Sie nicht, dass Paulus sich hier an Christen wendet, die *im* Geist sind, aber *nach* dem Fleisch leben.

»Zunächst einmal«, sagt er, »stellen wir klar, wer ihr seid.« Viele von uns handeln nicht so, wie sie handeln sollten, weil sie nicht daran denken, wer sie sind (siehe Kapitel 11). Wenn man vergisst, wer man ist, dann vergisst man, wie man handeln sollte. Ein guter Grund, jeden Sonntag in die Kirche zu gehen, ist, dass man daran erinnert wird, wer man ist.

Als wir jung verheiratet waren, wohnten meine Frau Lois und ich in Harlem. Da ich ein kirchliches Amt innehatte, lag unsere Wohnung genau über der Kirche. Einen Tag nach unserem Einzug rief jemand an und sagte: »Kann ich bitte mit Frau Evans sprechen?«

Lois sagte: »Moment bitte.« Dann wollte sie nach Frau Evans suchen, bis ihr aufging, dass sie selbst Frau Evans war. Sie ging zum Telefon zurück und sagte mit einer anderen Stimme: »Hallo, hier spricht Frau Evans.«

Sehen Sie, sie hatte ihre Identität vergessen. Zahlreiche wichtige Änderungen hatten dieses Jahr in ihrem Leben stattgefunden, unter anderem die Änderung ihres Namens. Ihr Name war Lois I. Cannings. Aber jetzt hieß sie Lois Evans. Sie hatte eine neue Identität.

Wissen Sie, wer Sie als Christ sind? Sie sind ein Kind Gottes. Sie sind ein Heiliger. Sie sind geheiligt. Sie sind in Sicherheit. Sie gehören zur Schar der Heiligen. Königliches Blut fließt in Ihren Adern. Das sind Sie!

Lassen Sie sich nicht von Satan einflüstern: »Du bist ein Lügner. Du bist ein Ehebrecher. Du bist ein unehrlicher Mensch.« Das sind Sie nicht. Lassen Sie sich nicht von Ihren Freunden einreden, wer Sie sind. Die meisten von uns haben zu viele Freunde, die versuchen, uns zu sagen, wer wir sind, indem sie uns sagen, wer *sie* sind, und dann sagen sie uns, wenn wir nicht ihre Identität als die unsrige annehmen, dann können wir nicht mehr ihr Freund sein.

Bruder oder Schwester in Christus, als Jesus starb, starben Sie. Als Jesus auferstand, sind auch Sie auferstanden. Wenn Jesus wiederkommt, werden Sie auferstehen und mit ihm gehen, weil Sie das sind, was Sie sind. Deshalb müssen Sie und ich verstehen, wer wir in Christus sind. Wir haben jetzt eine neue Identität. Deshalb sagt Paulus in Vers 11: »Wenn nun der Geist dessen, der Jesus von den Toten auferweckt hat, in euch wohnt, so wird er, der Christus von den Toten auferweckt hat, auch eure sterblichen Leiber lebendig machen durch seinen Geist, der in euch wohnt.«

Dieselbe Kraft, die Jesus aus dem Grab holte, ist die Kraft, die Sie aus dieser Sünde herausholt: aus dem Bett der Person, in das Sie nicht gehören, aus dieser hässlichen Ausdrucksweise, die Sie im Munde führen, aus diesem Zorn, den Sie nicht beherrschen können, aus dieser Eifersucht, die Sie überwältigt, aus diesem Widerspruch, in dem Sie leben.

Wenn diese Kraft in Ihnen wirkt, müssen Sie nicht ein totes Leben führen. Der Heilige Geist kann die Auferstehungskraft Christi in Ihnen freisetzen.

Zwei gegensätzliche Schuldigkeiten

Die Gegensätze werden in Römer 8 fortgeführt, und der Apostel zeigt uns, dass wir als Christen die Pflicht und Schuldigkeit haben, ein Leben des Gehorsams und nicht des Ungehorsams zu führen: »So sind wir nun, liebe Brüder, nicht dem Fleisch schuldig, dass wir nach dem Fleisch leben. Denn wenn ihr nach dem Fleisch lebt, so werdet ihr sterben müssen; wenn ihr aber durch den Geist die Taten des Fleisches tötet, so werdet ihr leben« (V. 12-13).

Wussten Sie, dass Sie als Christ Ihrem Fleisch nichts schuldig sind? Ihr Fleisch hat rein gar nichts für Sie getan.

Ist schon einmal jemand zu Ihnen gekommen und hat gesagt: »Du schuldest mir dies, und du schuldest mir das?«

Die Leute tun das, wenn ihre Freunde erfolgreich geworden sind. Wissen Sie, kaum verdienen Sie ein bisschen Geld, dann schulden Sie ihnen auf einmal etwas. Natürlich halfen sie Ihnen nicht, als Sie noch in der Ausbildung waren. In schweren Zeiten taten sie nichts für Sie. Aber jetzt, wo Sie erfolgreich sind, schulden Sie ihnen etwas.

Das Fleisch versucht, Ihnen das einzureden. Das Fleisch sagt: »Du musst mich befriedigen. Du musst dafür sorgen, dass ich mich gerade jetzt wohl fühle. Das musst du. Du schuldest es mir.«

Aber Paulus nimmt einen anderen Standpunkt ein. »Du bist dem Fleisch zu nichts verpflichtet«, sagt er. »Aber du bist dem Heiligen Geist verpflichtet. Und wenn du dich dem Heiligen Geist verpflichtest, dann führt das dazu, dass du die Taten des Fleisches abtötest. Du beginnst, deinen Ärger und deine Sittenlosigkeit zu töten.«

Das Fleisch aushungern

Ich kann mir vorstellen, dass jetzt jemand einwirft: »Aber mein Fleisch ist so stark. Es will wirklich dringend, was es will.« Aber das trifft nur zu, weil Sie es so gut ernähren. Kennen Sie die einzige Möglichkeit, die Herrschaft über das Fleisch zu bekommen? Lassen Sie es verhungern!

Sie müssen sagen: »Heute kannst du nichts bekommen, Fleisch! Ich weiß, du willst unanständige Ausdrücke, aber du bekommst sie heute nicht. Ich weiß, du willst Sittenlosigkeit, aber du bekommst sie heute nicht. Und du bekommst auch keine Pornographie, keinen Alkohol, keine Drogen und keinen Stolz. Ich bin in Christus tot, also verhungere Fleisch, verhungere!«

Dafür brauchen Sie vielleicht etwas Hilfe. Sie brauchen vielleicht Menschen in Ihrem Umfeld, die Sie daran hindern, wenn Sie versuchen, Ihr Fleisch zu ernähren und sagen: »Weißt du, das solltest du nicht tun.« Auf jeden Fall aber müssen Sie das Fleisch aushungern.

Die Ironie liegt darin, dass das Fleisch nie genug bekommt. Warum glauben Sie, dass Menschen, die an Süchte und Perversionen gebunden sind, immer tiefer sinken und nach immer und immer mehr Befriedigung suchen müssen? Weil das Fleisch nie zufrieden ist. Es verschlingt alles, solange Sie es füttern. Es frisst allen Schund, mit dem Sie es füttern. Und wenn Ihr Fleisch lange genug gefressen hat, verschlingt es zu guter Letzt Sie!

Aber wenn Sie Ihr fleischliches Leben lange genug hungern lassen, verkümmert es und stirbt. Dann hören Sie auf, Dinge zu tun, von denen Sie glaubten, Sie könnten nie damit aufhören. Dann werden Sie mit Gewohnheiten brechen, von denen Sie annahmen, dass Sie nie davon loskommen könnten.

Warum? Weil Sie sie nicht mehr ernähren. Der Grund, weshalb das Problem für viele Menschen immer schlimmer wird, liegt darin, dass sie täglich bei jeder Gelegenheit das Fleisch füttern. Und so wird ihre Sünde immer größer und mächtiger.

Das Leben des Fleisches ist der Tod des Christen. Aber der Tod des Fleisches ist das Leben des Christen. Wenn Sie das Fleisch töten, leben Sie. Wenn Sie das Fleisch nähren, sterben Sie. Sie werden »geistlich blutarm«, weil Sie jetzt Gott feindlich gegenüberstehen. Sie sind ein Feind Gottes.

Wenn Sie Ihr Fleisch nähren, beten Sie nicht, weil Sie das für Zeitverschwendung halten. Gott beantwortet Ihr Gebet nicht, also können Sie das Fleisch noch mehr nähren. Aber wenn Sie durch den Geist leben, hören Sie von Gott. Sie erhalten Frieden, auch mitten im Sturm, und Sie sehen, wie Gott wirkt. Sie empfangen Kraft, die Sie vorher nicht hatten, und Sieg, den Sie nicht für möglich gehalten haben, weil Sie den Heiligen Geist nähren.

In der Rechtsprechung der Vereinigten Staaten gibt es einen Grundsatz, der besagt, dass ein Täter wegen derselben Straftat nicht zweimal verurteilt werden darf. Jesus wurde bereits für Ihre Verbrechen verurteilt, also schulden Sie dem Fleisch nichts. Jesus hat bereits das Urteil über es gesprochen. Erlauben Sie es dem Fleisch nicht, Sie noch einmal zu verurteilen, wo es doch bereits für schuldig befunden wurde! Sie sind dazu nicht verpflichtet.

Zwei gegensätzliche Stufen der Kindschaft

In der Welt, in der Paulus lebte, war Adoption etwas Bedeutendes. Er benutzt sie, um im Römerbrief etwas Wichtiges klarzumachen: »Denn welche der Geist Gottes treibt, die sind Gottes Kinder. Denn ihr habt nicht einen knechtischen Geist empfangen, dass ihr euch abermals fürchten müsstet; sondern ihr habt einen kindlichen Geist empfangen, durch den wir rufen: Abba, lieber Vater!« (Röm 8, 14-15).

In den Tagen des Paulus wurde Adoption für den Zugang zu großen Vorteilen und Vorrechten gehalten. Das heißt, dass adoptierte Kinder dieselben Rechte und Privilegien wie erwachsene Kinder im Haushalt hatten, auch wenn sie noch nicht erwachsen waren. So sah die Adoption im ersten Jahrhundert aus.

In diesen beiden Versen spricht Paulus von uns als adoptierten Söhnen und Töchtern. Aber er beginnt damit, die Kindschaft mit der Führung des Heiligen Geistes zu verknüpfen. Wir wissen, dass nicht alle Christen zu allen Zeiten vom Heiligen Geist geführt oder getrieben werden, denn wenn wir nach dem Fleisch leben, werden wir nicht vom Heiligen Geist getrieben.

Es klingt so, als würde Paulus sagen, man sei kein Kind Gottes, wenn man nicht vom Geist getrieben wird. Wir sollten deshalb genauer untersuchen, was er mit Vers 14 meint. Beginnen wir mit der Frage: »Wozu treibt einen der Geist Gottes, wenn er einen treibt?« Nun, im Zusammenhang mit dieser Stelle treibt er Menschen dazu, die Taten des Fleisches abzutöten. Er treibt Menschen dazu, das Fleisch zu töten.

So viel steht also fest. Wenn der Heilige Geist Sie treibt, das Fleisch zu töten, da Sie in Abhängigkeit von ihm und im Gehorsam zu ihm leben, dann sind Sie ein Kind Gottes.

»Moment mal«, werfen Sie ein. »Ich dachte, ich sei bereits ein Kind Gottes, weil ich gerettet bin.«

Stimmt. Aber man kann ein Kind sein, ohne die Vorrechte eines Kindes zu genießen. Paulus spricht nicht über Ihre Stellung. Er spricht über Ihre Gepflogenheiten. Er befasst sich hier mit den Vorrechten Ihrer Stellung.

Die Bibel spricht darüber an mehreren Stellen. Jesus sagte, dass die Friedfertigen und die Menschen, die ihre Feinde lieben, Gottes Kinder sind (siehe Mt 5, 9 und 44-45).

Es liegt auf der Hand, dass Jesus hier nicht zwei Bedingungen für die Rettung angibt. Man kann sich den Himmel nicht mit Friedenstiften oder mit Feindesliebe verdienen. Er spricht vielmehr davon, so zu handeln, wie man ist, indem man den Vater nachahmt, der einen adoptiert hat. Offenbarung 21, 7 spricht von Überwindern als Kindern Gottes.

Die Bibel sagt, wenn man nach dem Geist lebt, verdient man sich das Vorrecht, »Abba! Vater!« rufen zu dürfen. Wenn man nach dem Geist lebt, hört Gott zu. Er sagt: »Ich kann es gar nicht erwarten, mit dir, mein Kind, sprechen zu können!«

Aber wenn man nach dem Fleisch lebt, sagt Gott: »Du lebst wie Kinder, die ich nicht kenne, wie die Kinder am anderen Ende der Straße.«

Abba bedeutet »Papa«. Der Begriff drückt große Vertrautheit aus. Wenn Sie vom Heiligen Geist getrieben werden, die Taten des

Fleisches abzutöten, dann können Sie sagen: »Mein Papa!« Wenn Sie zulassen, dass der Heilige Geist Sie zum Ort der Heiligkeit treibt, dann können Sie als Kind mit allen Rechten, das weiß, dass es Gehör findet, zu Ihrem Vater kommen.

Zwei gegensätzliche Stufen des Erbrechts

Unser letzter Punkt besagt, dass auf Christen gegensätzliche Stufen des Erbrechts zutreffen, je nach ihrer Bereitschaft, mit Christus zu leiden: »Der Geist selbst gibt Zeugnis unserm Geist, dass wir Gottes Kinder sind. Sind wir aber Kinder, so sind wir auch Erben, nämlich Gottes Erben und Miterben Christi, wenn wir denn mit ihm leiden, damit wir auch mit zur Herrlichkeit erhoben werden« (Röm 8, 16-17).

Alle Christen gehören zur Familie Gottes. In diesem Sinne sind wir also alle Erben. Aber nicht alle Christen sind »Miterben Christi«. Bitte achten Sie auf die Bedingung, die an das Miterbesein geknüpft ist: mit Christus leiden. Viele Christen wollen vor den Kosten des Christseins davonlaufen. Wenn Sie vor den Kosten davonlaufen, sind sie kein Miterbe.

Damit kommen wir auf anderem Wege zu dem Punkt, den ich bereits in Kapitel 4 über unser Erbe im Reich Gottes erklärte. Ich werde mich hier nicht wiederholen, aber beachten Sie, dass Paulus die Betonung auf Verdienst legt. Deshalb wissen wir, dass er nicht über die Errettung spricht.

Wenn er das täte, dann müsste man gemäß Vers 17 mit Christus leiden, um errettet zu werden. Das würde bedeuten, dass die Rettung nur unter bestimmten Bedingungen zu haben ist, wie wir oben in Zusammenhang mit Friedenstiften oder Feindesliebe sahen. Die Errettung erhalten wir aus Gnade durch den Glauben. Also können wir das hier außer Acht lassen.

Paulus sagt hier vielmehr, dass man durch Leiden Miterbe wird, sodass man mit Christus verherrlicht oder geehrt wird. 2. Timotheus 2, 11-13 hilft uns hier weiter: »Das ist gewisslich wahr: Sterben wir mit, so werden wir mit leben; dulden wir, so werden wir mit herrschen; verleugnen wir, so wird er uns auch verleugnen; sind wir untreu, so bleibt er doch treu; denn er kann sich selbst nicht verleugnen.«

Wenn Sie mit Christus sterben, werden Sie mit ihm leben. Wenn Sie als Christ verbindlich leben (»dulden«), werden Sie mit Christus herrschen. Viele werden zwar im Himmel leben, aber dort nicht herrschen. Sie erlangen die Gegenwart Christi, aber nicht den Ruhm.

Der Schlüssel dazu liegt in der zweiten Hälfte von Vers 12. Wenn wir als Christ in unserem Leben Christus verleugnen, wird er uns in diesem Leben Wohltaten vorenthalten. Und er wird uns das Vorrecht versagen, mit ihm in Ewigkeit zu herrschen.

Manche denken, dieser Vers bedeute, dass Gott uns den Eingang in den Himmel verweigert. Das ist angesichts dessen, was Paulus in Vers 13 sagt, unmöglich. Wenn wir wirklich errettet sind, können wir unser Heil nicht verlieren, weil Gott treu ist und sein Wort hält, auch wenn wir unseres brechen.

Aber er ist auch kein Dummkopf. Wenn Sie wirklich errettet sind, ihn aber in Ihrem Leben verleugnen, wird er Sie in Ihrem Gebetsleben zurückweisen. Er wird Ihnen Wohltaten versagen. Er wird Ihre Wünsche nicht erfüllen, und wenn Sie im Himmel sind, wird er Ihnen die Stellung, die er für Sie vorgesehen hatte, vorenthalten. Aber er bleibt treu und hält sein Versprechen. Das bedeutet, dass uns nichts von der Liebe Gottes, die in Christus Jesus liegt, trennen kann.

Das sind die Gegensätze, die zwischen fleischlichem Leben und geistgeleitetem Leben bestehen, sechs gute Gründe, dafür zu sorgen, dass die Flamme unserer ersten Liebe zu Christus hell brennt. Jetzt wissen Sie, dass es nur noch um eine Frage geht: Wofür entscheiden Sie sich?

Zurück zur ersten Liebe

Unsere Entscheidungen bezüglich Fleisch und Heiliger Geist prägen unser Leben als Christ. Hier möchte ich Ihnen einige Anregungen geben, die Ihnen helfen, zwischen den Gegensätzen Fleisch und Geist richtig zu entscheiden:

1. Zunächst eine gute Frage, die Sie sich stellen können: »Nähre ich den Heiligen Geist in meinem Leben?« Eine Möglichkeit, wie Sie das erkennen, ist, darauf zu achten, was geschieht, wenn Sie die Bibel lesen, beten oder in ein Gespräch über geistliche Dinge verwickelt werden. Kommen diese Dinge Ihnen fremd vor? Fühlen Sie sich in Gottes Wort, in seiner Gegenwart und unter seinem Volk wohl oder nicht? Stellen Sie sich diesen Fragen ehrlich, dann erhalten Sie weitgehend Ihre Antwort – und können vielleicht beginnen, manches anders zu machen.

2. Es ist wichtig, dass Sie jemanden haben, der Ihnen sagen darf: »Das solltest du nicht tun«, wenn sie versuchen, Ihr Fleisch zu nähren. Wenn Sie nicht mindestens eine Person haben – Ehepartner, Freund, Mitarbeiter, Mitglied Ihrer Kirchengemeinde –, der Sie auf geistlichem Gebiet Rechenschaft ablegen müssen, dann bitten Sie Gott, Ihnen eine solche Person zu zeigen. Gott hat nicht vorgesehen, dass ein Christ alleine seinen Weg geht. Er weiß, dass wir einander brauchen.

3. Damit Sie an Ihre neue Identität denken und danach handeln, sollten Sie Galater 5, 24 auswendig lernen. Schreiben Sie den Vers auf und tragen Sie ihn immer bei sich, damit Sie ihn in den kurzen Leerlaufzeiten, die wir alle jeden Tag haben, aus der Tasche ziehen und auswendig lernen können.

Wenn Sie in Ihrer persönlichen Stillen Zeit Gott loben und preisen wollen, dann lesen Sie noch einmal dieses Kapitel durch und achten dabei auf all die positiven, vom Heiligen Geist bestimmten Seiten dieser sechs Gegensätze. Sie sehen dann, wie Gott Sie geistlich reich gemacht hat, und finden Grund genug, ihn zu loben.

6. Der Versuch zurückzugehen

Manchmal haben Christen Lust, das Handtuch zu werfen, kehrtzumachen und dahin zurückzukehren, wo sie hergekommen sind.

Ich denke, wir sind uns alle darüber einig, dass das nicht wünschenswert ist. Aber ist es für einen Christen überhaupt möglich, das zu tun? Wenn ja, dann sind wir aufgeschmissen. Das würde bedeuten, dass ein Christ verloren gehen kann.

Aber wenn es nicht möglich ist, zurückzukehren und verloren zu gehen, dann sollten wir den Finger auf einen weiteren Liebesräuber legen, der ein Kind Gottes dazu bringen kann, dass es seine erste Liebe verlässt.

Um diese Frage zu klären und einige Antworten zu bekommen, müssen wir uns Hebräer 6 zuwenden. Die Empfänger dieses Briefes erwogen, sich von Christus, ihrer ersten Liebe, abzuwenden und zum Judentum zurückzukehren, weil die Christusnachfolge ihnen viel zu hart vorkam. Ich denke, sie wussten nicht, dass Liebe manchmal hart sein muss.

Diese Christen hatten den Funken ihrer ersten Liebe verloren, sie waren verängstigt und aus der Fassung gebracht. Sie ähnelten einer Fußballmannschaft, die plötzlich alle Spielmöglichkeiten vergessen hat, die der Trainer im Umkleideraum dargestellt hatte. Der Schreiber des Hebräerbriefes tut deshalb, was jeder gute Trainer tun würde, wenn er sieht, dass seine Mannschaft nicht weiterweiß. Er legt eine Spielpause ein.

Eine Spielpause gibt dem Trainer die Gelegenheit, mit seiner Mannschaft zu sprechen und sie zu motivieren, wieder auf das Spielfeld zu gehen und zu tun, was von ihnen erwartet wird. Deshalb sagt der Briefschreiber in Hebräer 6: »Spielpause! Was macht ihr Jungs eigentlich? Ihr befolgt nicht die Anweisungen von Gottes Wort.«

Kapitel 5 beendete er mit den Worten, dass die Hebräer als Christen noch wie Säuglinge sind, obwohl sie im Glauben eigentlich schon viel weiter sein müssten. Sie kämpften immer noch mit Dingen, die sie schon längst überwunden haben müssten. Sie brauchten immer noch Milch anstatt fester Speise (Hebr 5, 13).

Der Gegensatz hier liegt also zwischen geistiger Reife und Unreife (Hebr 5, 14). Wenn wir das verstanden haben, können wir Kapitel 6 in das richtige Bezugssystem einordnen, und dann wird auch eine interessante Bibelstelle klarer.

Träge Christen

Beim Lesen von Kapitel 6 erkennen wir, dass der Schreiber aus Kapitel 5 Folgerungen zieht: »Darum wollen wir jetzt lassen, was am Anfang über Christus zu lehren ist, und uns zum Vollkommenen wenden; wir wollen nicht abermals den Grund legen mit der Umkehr von den toten Werken, mit dem Glauben an Gott, mit der Lehre vom Taufen, vom Händeauflegen, von der Auferstehung der Toten und vom ewigen Gericht« (Hebr 6, 1-2).

Er sagt: »Das sind die grundlegenden Dinge, die zu Beginn eures Christenlebens zu behandeln gewesen wären. Aber jetzt müsst ihr euch bemühen, Fortschritte machen, euch weiterentwickeln, vorwärtsgehen. Hört auf, träge zu sein.«

Bemühen und zulassen

Viele von uns erfahren Gottes Gegenwart, Kraft und Gunst nicht, weil sie träge sind. Auf geistlichem Gebiet bedeutet Trägheit mehr als nur Stillstand. Es bedeutet, dass man tatsächlich an Boden verliert und Rückschritte macht.

Da Vers 1 von Dingen spricht, die »am Anfang zu lehren« sind, möchte ich Ihnen ein Beispiel aus der Schule geben. Sagen wir, Sie sind in der fünften Klasse träge und machen überhaupt keine Fortschritte mehr. Die bloße Tatsache, dass Sie da bleiben, wo Sie sind, bedeutet, dass Sie an Boden verlieren, weil der Abstand zwischen

Ihnen und dem Rest der Klasse immer größer wird. Sie können nicht mehr mithalten.

Das geistliche Leben kann man nicht speichern. Sie können nicht Wasser treten, weil Sie dazu die Energie gebrauchen müssten, die Sie einsetzen sollten, um vorwärts zu kommen. Schließlich ermüden Sie und gehen unter. Wenn Christen versuchen, sich an dem festzuhalten, was sie haben, kommen sie nirgendwohin. Die Bibel hat einen besseren Vorschlag: Wir müssen uns bemühen und auf unserer geistlichen Pilgerfahrt vorwärts gehen.

Achten Sie auf die dynamische Spannung in Vers 3, wenn der Schreiber sagt: »Das wollen wir tun, wenn Gott es zulässt.« Das ist der eigentliche Schlüssel zu der Stelle, weil darin angedeutet wird, dass Gott es vielleicht *nicht* immer zulässt, dass wir vorwärts gehen. Warum sagt er das?

Zwei Dinge müssen immer zusammenwirken, wenn wir in unserem geistlichen Leben vorwärts kommen wollen. Wir müssen uns bemühen, vorwärts drängen, und Gott muss es zulassen. Bei geistlichem Wachstum müssen Gottes Zutun und des Menschen Zutun zusammentreffen. Wir müssen uns bemühen, und Gott muss es zulassen.

Wenn Gott es nicht zulässt, nützt all Ihr Bemühen nichts. Und wenn Sie sich nicht bemühen, lässt Gott nichts zu. Ich möchte eine weitere Bibelstelle zitieren, die diese beiden Dinge verbindet, und Ihnen dann zeigen, was der Schreiber mit diesen Aussagen meint, die in dynamischer Spannung stehen: »Schaffet, dass ihr selig werdet, mit Furcht und Zittern. Denn Gott ist's, der in euch wirkt beides, das Wollen und das Vollbringen, nach seinem Wohlgefallen« (Phil 2, 12-13).

Hier gebe ich in eigenen Worten wieder, was Paulus und der Schreiber des Hebräerbriefes sagen: »Gott wird nicht Ihre Bibel aus dem Regal schweben lassen und sie für Sie aufschlagen; er wird nicht dem Heiligen Geist befehlen, einen Bleistift zu nehmen und die Verse, die Sie heute lesen sollen, zu unterstreichen.

Sie müssen Ihre Bibel schon selber holen. Sie müssen Ihre Augen aufmachen. Sie müssen Ihr Hirn anstrengen. Aber wenn Sie Ihre Bibel öffnen und sich Mühe geben, wird Gott es zulassen, dass Sie lernen, wachsen und verstehen.

Gott wird Sie nicht aus dem Bett heben und Ihre Beine in Höhe der Knie biegen und Sie zwingen hinzuknien. Er wird Ihre Hände nicht für Sie falten, Ihren Kopf nicht neigen, Ihre Lider nicht gewaltsam schließen und Ihren Mund nicht öffnen, damit Sie beten können.

Sie müssen sich selbst zum Aufstehen aufraffen, Ihre Knie auf den Boden zwingen und Ihren Mund aufmachen, um mit Gott zu sprechen. Aber wenn Sie das tun, lässt Gott es zu, dass sie vom Himmel hören.«

Mit anderen Worten, wenn Sie sich nicht bemühen, lässt Gott seinerseits nichts zu. Beides muss zusammenwirken, damit geistliches Wachstum entsteht.

Der Preis der Verbindlichkeit

Aber die Hebräer waren sozusagen im geistlichen Kindergarten stecken geblieben. Wie ich bereits zu Beginn des Kapitels anmerkte, fanden sie es schwer, verbindlich als Christen zu leben. Es war für sie schwierig, die Flamme ihrer ersten Liebe hell brennen zu lassen.

Je verbindlicher Sie mit Christus leben, umso mehr Schwierigkeiten werden auftauchen. Viele Menschen lügen diesbezüglich. Sie sagen: »Komm zu Jesus, und du wirst keine Probleme mehr haben.«

Das ist eine Lüge. Wenn Sie zu Jesus kommen und in Jesus wachsen, werden mehr Krisen über Sie hereinbrechen als Sie sich jemals vorstellen konnten. Warum? Weil Sie ein Feind der Hölle wurden, und die Hölle will Sie stilllegen. Dinge werden auftauchen, von denen Sie nie träumten, als Sie sich für Christus entschieden. Und zeitweilig geraten Sie in die Versuchung zu sagen: »Ich will das nicht. Ich will zurückgehen!«

Manche sagen vielleicht: »Nun, es sieht nicht so aus, als würde Jesus uns sehr lieben. Er lässt Schweres geschehen.«

Sicherlich tut er das. So wirkt Liebe. Es ist wie mit der Ehe. Je mehr Sie sich bemühen, ein rechter Ehemann oder eine rechte Ehefrau zu werden, umso bereiter müssen Sie sein, Ihre Ecken abschleifen zu lassen. Das tut weh, aber die daraus folgende tiefere Liebe, Vertrautheit und Erfüllung in der Ehe sind es wert. Sonst wird

Ihr Eheleben träge, es gerät ins Stocken, und Sie beginnen, Rückschritte zu machen.

Stellen Sie sich einen Studenten vor, der sagt: »Ich wusste nicht, dass ich all das lernen muss. Ich möchte wieder ins Gymnasium zurück!« Natürlich muss man auf der Uni mehr arbeiten.

Man lernt das Abc nicht, um es hersagen zu können. Der Zweck liegt darin, Buchstaben und Wörter und Sätze zusammenzufügen, damit man lesen kann. Sie bemühen sich, immer mehr zu lernen, weil größere Herausforderungen auf Sie warten.

Christen, die abfallen

Ab Hebräer 6, 4 begegnen uns drei Verse, die zu viel Verwirrung und Schwierigkeiten geführt haben. Im Lichte dessen, was wir eben über unser Bemühen sagten, erklärt der Schreiber in den Versen 4-6, warum Gläubige sich bemühen müssen, in ihrem Glauben voranzukommen. Also bemühen wir uns und gehen weiter: »Denn es ist unmöglich, die, die einmal erleuchtet worden sind und geschmeckt haben die himmlische Gabe und Anteil bekommen haben am Heiligen Geist ...« (V. 4).

Hier entsteht sogleich ein Problem, denn manche fassen diese Stelle so auf: »Das können keine geretteten Menschen sein. Das muss sich auf Menschen beziehen, die sich dem Heil nur genähert, die nur daran ›geschnuppert‹ haben.«

Ich kann Ihnen sagen, dass diese Interpretation unmöglich ist. Sie ist weit verbreitet, aber unmöglich. Ich kann anhand der Regeln biblischer Theologie nachweisen, dass sie unmöglich ist. Deshalb erlauben Sie mir, hier einige Abschnitte theologischer Analyse einzufügen. Ich werde versuchen, mich allgemein verständlich auszudrücken.

Wahre Christen

Bei der biblischen Theologie ist es, bevor man sich mit dem Rest der Bibel beschäftigt, erforderlich, zunächst Informationen über ein bestimmtes Thema zu sammeln (darin besteht die Arbeit der systematischen Theologie) und herauszufinden, was der Schreiber sagen wollte, indem man seine eigenen Schriften studiert. Wenn uns also der Schreiber die Bedeutung der Begriffe, die er benutzt, angibt, muss man sich an diese Bedeutung auch halten.

Das ist wichtig, denn, wenn man die biblische Theologie auf diesen Text anwendet, öffnet er sich. Nehmen wir den Begriff *erleuchtet.* In Hebräer 10, 32 steht: »Gedenkt aber der früheren Tage, an denen ihr, nachdem ihr erleuchtet wart, erduldet habt einen großen Kampf des Leidens.«

Wir wissen, dass es sich um Menschen handelte, die so sehr erleuchtet waren, dass sie das Heil erreichten, weil sie um ihres Glaubens willen litten. Ungläubige leiden nicht für ihren Glauben. Sie haben keinen Glauben, für den sie leiden könnten.

Aber diese Menschen hatten für Christus gelitten und sogar ihre Leiden mit anderen Christusgläubigen geteilt (V. 33). Wenn Sie noch mehr Beweise brauchen, dann nennt der Schreiber seine Leser in Kapitel 10 »geheiligt« (V. 10). Und er sagt, dass diejenigen, die geheiligt sind, »für immer vollendet« sind (V. 14).

Es steht ohne jeden Zweifel fest, dass der Schreiber des Hebräerbriefes das Wort *erleuchtet* in dem Sinne benutzt, dass sie bis zum Heil erleuchtet waren.

Und wie steht es mit dem Wort *geschmeckt haben*? Manche sagen: »Hier haben wir es. Sie aßen die himmlische Gabe nicht, sie schmeckten sie nur. Sie schnupperten an ihr, aber verzehrten sie in Wirklichkeit gar nicht.«

Diese Definition trifft hier nicht zu, denn in Hebräer 2, 9 steht, dass Jesus Christus den Tod für uns alle »schmeckte«. Hat er nur am Tod geschnuppert und ist in Wirklichkeit nie gestorben? Wenn dieses Wort bedeutet, dass Jesus nur in die Nähe des Todes gekommen ist und ihn nie wirklich erlebte, dann geraten wir in Schwierigkeiten!

Wenn Sie zu jemandem sagen: »Dieses Essen solltest du geschmeckt haben«, dann meinen Sie nicht, dass Sie selbst daran nur geschnuppert haben. Sie haben so viel wie möglich gegessen. Das ist, was der Schreiber in Hebräer 6, 4 meint. Diese Leute hatten wirklich das ganze Heil Gottes erhalten.

Wenn wir am Ende von Vers 4 den Begriff *Anteil bekommen* lesen, ist es leicht, den Gedanken zurückzuweisen, dass der Schreiber über Ungläubige, also Menschen, die nur einen Teil des Lichtes sehen und die Ränder des Heils beschnuppern, spricht.

Ich sage das vorweg, denn im Urtext gebraucht der Schreiber dieses Wort in Hebräer 2, 14 in dem Sinne, dass Kinder am Fleisch und Blut ihrer Eltern Anteil haben und dass Christus Fleisch geworden ist, um für uns zu sterben. Haben Ihre Kinder nur Teil Ihres Fleisches und Blutes oder sind sie zu 100 % Ihre Kinder? Und möchte jemand bestreiten, dass Christus nicht völlig menschlich war?

Außerdem finden wir im Hebräerbrief dieses Wort fünfmal, um zu erklären, woran diese Menschen Anteil bekamen, als sie errettet wurden. Es ist eine beeindruckende Liste: an der himmlischen Berufung (3, 1), an Christus (3, 14), am Heiligen Geist (6, 4), an der Züchtigung Gottes, des Vaters, und an seiner Heiligkeit (12, 10). Sie waren Gläubige!

Hebräer 6, 5 fügt an, dass sie »geschmeckt haben das gute Wort Gottes und die Kräfte der zukünftigen Welt«. Wir wissen bereits, was dieser Schreiber unter schmecken versteht, und Hebräer 2, 4 sagt, dass die Kraft der zukünftigen Welt sich darin zeigt, dass der Heilige Geist das Evangelium in ihrem Leben beglaubigte. Egal, unter welchem Blickwinkel Sie die Sache betrachten, es ist unmöglich, dass diese Menschen Ungläubige waren.

Verlust des Heils?

Aber die Verse 4 und 5 des 6. Kapitels des Hebräerbriefes sind eigentlich nicht das Problem. Kritisch wird es erst in Vers 6. Hier steht, dass es unmöglich ist, Christen, die all diese göttlichen Wohltaten genossen haben und dann abfallen oder abtrünnig werden, »wieder zu erneuern zur Buße, da sie für sich selbst den Sohn Gottes abermals kreuzigen und zum Spott machen.«

Wir bewiesen bereits, dass er zu Christen spricht und versucht, sie dazu zu bringen, dass sie sich bemühen, vorwärts zu kommen. Aber jetzt spricht er von der tatsächlichen Möglichkeit, dass Christen abfallen können, dass sie so weit zurückgehen, dass sie den Glauben verlieren. Genau davor warnt er diese Hebräerchristen.

Am besten beginnt man damit, genau herauszufinden, was der Schreiber sagt und das dann mit dem zu vergleichen, was die Leute sagen, dass dieser Vers bedeutet. Zum Beispiel sagt der Schreiber ganz klar, dass es unmöglich ist, dass ein Christ, der einmal »abgefallen« ist, jemals wieder Buße finden kann.

Wahrscheinlich haben Sie auch schon Leute getroffen, die glauben, dass man sich seines Heils nicht immer sicher sein kann. Als Beweis dafür, dass ein Christ sein Heil verlieren kann, führen sie unter anderem diesen Vers an.

Aber dieses Argument ist hier nicht stichhaltig, weil dieser Vers sagt, dass man es nie mehr zurückbekommen kann, wenn man es verloren hat. Und ich kann Ihnen versichern, Menschen, die glauben, dass man sein Heil verlieren kann, glauben auch felsenfest, dass man es wiederbekommen kann. Also können sie mit diesem Vers ihr Argument nicht untermauern.

Hier kann uns die systematische Theologie weiterhelfen. Wenn man die gesamte Lehre des Neuen Testaments betrachtet, so muss man zu dem Schluss kommen, dass es unmöglich ist, sein Heil zu verlieren, genauso wie es unmöglich ist, nicht mehr das Kind seiner Eltern zu sein. Man kann seine Geburt nicht rückgängig machen.

Außerdem sagt die Bibel, dass nicht Sie Gott halten. Gott hält vielmehr Sie (Joh 10, 28-29). Es ist ein großer Unterschied, ob ein Kind die Hand seines Vaters oder ein Vater die Hand seines Kindes hält. Im letzteren Fall wird das Kind auch dann noch gehalten, wenn es loslässt. In Römer 8, 38-39 steht, dass uns nichts von der Liebe Gottes scheiden kann. Wer also wirklich gerettet ist, ist für immer gerettet.

Das tatsächliche Problem

Was soll dann also Hebräer 6, 6, wenn man sein Heil nicht verlieren kann? Ich glaube, der Schreiber sagt, dass es für einen Christen unmöglich ist, so weit in seinem geistlichen Leben zurückzugehen, dass er Christus noch einmal kreuzigt.

Natürlich kann niemand Christus noch einmal ans Kreuz bringen. Der Schlüssel zum Verständnis liegt im Ende von Vers 6: ihn »zum Spott machen«. Lassen Sie mich erklären, was das bedeutet.

Als Jesus Christus am Kreuz hing, gab es nur zwei Grundhaltungen zu seiner Kreuzigung. Einige sahen ihn hängen und sagten: »Er ist ein Gotteslästerer und Verbrecher, der zu Recht gekreuzigt wurde.«

Aber andere sahen ihn und kamen zu demselben Schluss wie der römische Hauptmann: »Wahrlich, dieser Mensch ist Gottes Sohn gewesen!« (Mk 15, 39).

Das waren – und sind immer noch – die Möglichkeiten. Entweder war Jesus Christus ein Verbrecher oder der Sohn Gottes. Als Sie ihn als Ihren Erretter annahmen, sagten Sie: »Dies ist der Sohn Gottes.« Aber wenn Sie Ihre erste Liebe verlieren und anfangen zurückzugehen, dann kreuzigen Sie in der Tat Jesus Christus noch einmal.

Warum? Weil Sie durch Ihren Lebensstil der Welt sagen: »Welt, ich denke jetzt wie du, dass Jesus ein Verbrecher ist. Ich denke genau wie du, dass es richtig war, ihn zu kreuzigen. Ich denke wie du, dass er dir nichts zu bieten hat und dass du deinen Glauben nicht auf ihn zu setzen brauchst. Ich lebe jetzt so wie du, und du denkst deshalb, dass deine Lebensweise in Ordnung ist.«

Das klingt ernst, nicht wahr? Es ist ernst. Wenn man als Christ träge wird und in seinem Christenleben Rückschritte macht, kann es so weit kommen, dass man Jesus wieder ans Kreuz nagelt und einen Speer in seine Seite sticht.

Sehen Sie, er starb, um Menschen aus der Sünde in die Gerechtigkeit zu bringen. Aber jetzt verlassen Sie die Gerechtigkeit, um mit ihnen in die Sünde zurückzugehen. Das Ergebnis ist, dass Jesus wieder offen zur Schau gestellt und dem Spott preisgegeben wird wie damals am Kreuz.

Es beginnt ganz langsam. Sie lesen weniger in Ihrer Bibel, Sie beten weniger. Sie werden etwas nachlässig mit dem Kirchgang. Sie beginnen, Dinge zu tun, die Sie lieber bleiben lassen sollten – zunächst nur ein bisschen, im Geheimen, damit niemand außer Ihnen weiß, dass Sie es tun. Sie haben Jesus noch nicht wieder gekreuzigt, weil es noch nicht zum offenen Spott gekommen ist.

Aber Sie gewöhnen sich an die Sünde und werden dreister. Und plötzlich ist es Ihnen egal. Also leben Sie wie Sünder, sprechen wie Sünder, handeln wie Sünder, und allmählich merken es die Leute.

Hebräer 6, 6 sagt, wenn die Leute so weit kommen, ist es unmöglich, sie »wieder zu erneuern zur Buße«. Buße bedeutet Änderung des Sinnes. Es ist unmöglich, ihren Sinn zu ändern.

Hier wird es kompliziert. Der Schreiber sagt nicht, dass es für Gott unmöglich ist, solch einen Menschen zur Buße zu erneuern, weil für Gott nichts unmöglich ist. Außerdem haben wir bereits gesagt, dass es sich nicht um den Verlust des Heils handelt, was Gottes Eingreifen zur Wiederherstellung erforderlich machen würde.

Stattdessen sagt der Schreiber, dass es für andere Menschen unmöglich ist, diese Person zur Buße zu erneuern. Kennen Sie Leute, die einfach nicht zuhören wollen? Sie versuchen, sie zur Buße zu erneuern. Sie versuchen, ihnen zu helfen, damit sie erkennen, was recht ist, und damit sie ihren Sinn ändern, aber sie hören einfach nicht zu.

Sie können nur sagen: »Jemand anderes muss Sie auf den rechten Weg bringen, ich bin am Ende!« Ab einem bestimmten kritischen Punkt richten menschliche Anstrengungen nichts mehr aus. Es ist unmöglich, bei diesem Menschen etwas zu erreichen, weil die Welt ihn umklammert hält.

Lassen Sie mich das anhand eines Beispiels aus der Bibel erläutern. Der Auszug Israels aus Ägypten ist eine alttestamentliche Parallele zum Heil. Als Erlöste sollten die Israeliten ins gelobte Land Kanaan ziehen, also in ihr Erbe. Um dahin zu kommen, mussten sie ein Gebiet, das Wüste genannt wird, durchziehen. In der Wüste war es sehr unbequem: wenig Wasser, kein Fleisch, nur Cornflakes von oben, Manna genannt.

Also murrten die Menschen. »Wir sind des allen überdrüssig. In Ägypten war es gar nicht so schlecht. In Ägypten hatten wir Knoblauch und Porree. Wir hatten Vorrat. Von dem hier haben wir die Nase voll!«

Sie murrten auf dem ganzen Weg durch die Wüste. Aber schließlich kamen sie an die Grenze des gelobten Landes und sandten zwölf Spione aus, die es auskundschaften sollten. Zwei Spione, Josua und Kaleb, sagten: »Gehen wir hinein. Gott hat es uns gegeben. Wir können es einnehmen.«

Aber das Volk hielt es mit den zehn Spionen, die sagten: »Die Riesen sind zu groß!« Sie stimmten ab, nicht hineinzugehen, und lehnten sich gegen Mose auf (4. Mose 14, 1-4). (Deshalb stimmt man übrigens nicht über den Willen Gottes ab. Der Wille Gottes könnte dabei verlieren.)

Gott blickte auf diesen Schlamassel und sagte zu Mose: »Ich bin mit diesem Volk fertig!« (siehe Verse 11-12). Das Maß war voll. Sie sollten das Land, das Gott für sie bereitet hatte, nicht erleben. Sie würden ihr Erbe nicht genießen.

Beachten Sie, die Israeliten fielen deshalb nicht tot um. Sie lebten noch jahrelang. Wir wissen das, weil Gott sagte, sie würden vierzig Jahre in der Wüste bleiben, bis das letzte Mitglied dieser Generation gestorben wäre (V. 33-35). Die meisten von ihnen lebten weiter, aber sie bekamen nie den Segen, der für sie bestimmt war.

Diese Menschen lebten ihr Leben, konnten aber nie erfahren, weshalb sie überhaupt aus Ägypten geführt wurden. Sie wanderten in einem kleinen Kreis umher. Vergab Gott ihnen? Ganz und gar (V. 19-20). Wenn er ihnen nicht vergeben hätte, hätte er sie vernichtet, wie wir in den Versen 11-12 sahen.

Als diese Menschen erkannten, dass sie in großen Schwierigkeiten waren, baten sie Gott um Vergebung. Sie kamen zu Mose und sagten: »Wir wollen Gott gehorchen. Wir werden tun, was du sagst« (V. 39-40). Aber es war zu spät, ihr Erbe zurückzubekommen. Gott hatte bereits geschworen, es ihnen wegzunehmen (V. 22-23). Sie konnten nicht so weit zur Buße erneuert werden, dass sie Gottes Segen wiedergewinnen konnten.

Plan I a verwirken

Bitte verstehen Sie mich richtig. Wenn Sie Christus von neuem kreuzigen und ihn zum offenen Gespött machen, wenn Gott sagt: »Du hast die Linie überschritten«, dann bedeutet das, dass Sie seinen »Plan I a« für Ihr Leben verwirkten. Wie lange Sie danach noch leben, ist unerheblich.

Ein Pastor, der ein sündhaftes Leben führte und dabei erwischt wurde, kam einmal zu mir. Er erzählte mir, wie elend er sich an jedem Tag seines Lebens vorkam, weil er wusste, wo sein Platz hätte sein müssen. Er wusste, dass Gott ihn berufen und für seinen Dienst errettet hatte. Aber wegen seiner öffentlichen Schande musste er den Rest seines Lebens ohne Plan I a auskommen.

Jemand könnte jetzt einwerfen: »Sie sind zu hart. Wo bleibt hier Gottes Gnade und Vergebungsbereitschaft?« O ja, die Israeliten erlebten immer noch Gottes Gnade in der Wüste. Die Bibel sagt, dass weder ihre Schuhe noch ihre Kleider verschlissen. Gott sorgte immer noch für sie, aber sie bekamen nie das, wozu sie gerettet wurden.

Der schlimmste Fluch ist zu sterben, ohne wirklich gelebt zu haben, alle Vorrechte des Heils empfangen zu haben und doch mit Bedauern in den Himmel zu kommen (denken Sie daran, dass wir über gerettete Menschen sprechen), weil man seine erste Liebe verlassen und die Linie überschritten hat.

Man sollte so wie Paulus sterben: »Die Zeit meines Hinscheidens ist gekommen. Ich habe den guten Kampf gekämpft, ich habe den Lauf vollendet, ich habe Glauben gehalten; hinfort liegt für mich bereit die Krone der Gerechtigkeit« (2. Tim 4, 6-8).

Wir Christen sollten alle bereit sein zu gehen, wenn Gott uns heute rufen sollte. Wir sollten sagen können: »Herr, wenn deine Zeit gekommen ist, ist es auch meine Zeit. Ich kann es gar nicht erwarten, dass du mich holst.«

Christen, die gezüchtigt werden

Wenn wir daran denken, wie ernst es ist, »abzufallen«, geistlich träge zu werden, sind die nächsten beiden Verse von Hebräer 6 keine Überraschung: »Denn die Erde, die den Regen trinkt, der oft auf sie fällt, und nützliche Frucht trägt denen, die sie bebauen, empfängt Segen von Gott. Wenn sie aber Dornen und Disteln trägt, bringt sie keinen Nutzen und ist dem Fluch nahe, sodass man sie zuletzt abbrennt« (Hebr 6, 7-8).

Es ist nicht erstaunlich, dass Gläubige, die unbeirrt weiter so leben, als würden sie Christus nicht kennen, das Urteil Gottes auf sich ziehen (V. 8). Das ist klar und einfach das, was ich auf den letzten paar Seiten zu erklären versuchte. Wenn Sie das verstanden haben, wissen Sie, worauf ich hinauswollte.

Den Regen trinken

Die Erde, von der hier die Rede ist, ist das Leben eines Gläubigen. Diese Erde trinkt den Regen. Welchen Regen? Die himmlische Gabe Gottes, das Heil und all den Segen, der dazugehört. Menschen, die sagen, dass hier nicht von Erretteten die Rede ist, wissen nicht, was sie mit diesem Vers anfangen sollen, weil die Erde den Regen aufsaugt. Der Regen rinnt nicht von der Erde ab, sondern dringt in die Erde ein.

Aber beachten Sie, dass dieselbe Erde entweder Frucht oder Dornen und Disteln hervorbringen kann. Da es sich um dasselbe Stück Erde handelt, muss er von einem Christen sprechen, der die Möglichkeit hat, fruchtbares oder unfruchtbares Land zu sein. In der Sprache von Hebräer 6 würde das der Unterschied zwischen einem Christen sein, der sich bemüht, vorwärts zu kommen, und einem, der träge zurückbleibt.

Die Ergebnisse dieser beiden Lebensweisen sind völlig verschieden. Wenn Ihr Leben Frucht hervorbringt – das heißt, etwas, das nützlich und vorteilhaft ist, weil es aus dem Leben einer Person kommt, die im Glauben wächst –, empfangen Sie Segen von Gott.

Sie werden dann Gottes Hand in Ihrem Leben erkennen. Das bedeutet nicht, dass Sie keine Probleme mehr haben. In der Wüste gibt es immer Probleme. Aber trotz der Probleme werden Sie erkennen, wie die Hand Gottes Sie vorwärts führt.

Ein nutzloses Leben

Wenn andererseits Ihr Leben als Christ nur Dornen und Disteln hervorbringt, dann sagt der Text, dass es nutzlos ist. Ich würde das nie sagen. Das ist stark. Aber die Bibel sagt es.

Wie sehen nutzlose Christen aus? Bitte verstehen Sie, dass der Schreiber nicht sagt, dass Gott diese Menschen nicht mehr schätzt, nicht mehr liebt und sich nicht mehr um sie kümmert. Sie sind nutzlos in dem Sinne, dass Gott sie für nichts Gutes mehr nützen kann, genauso wenig wie ein Bauer einen Acker voller Dornen und Disteln nutzen kann.

Damit kommen wir zu der Tatsache zurück, dass es unmöglich ist, jemanden zur Buße zu erneuern, wenn er die Linie überschritten hat und Gott sagt: »Das war's.« Wenn ein Stück Land ein Dornenfeld bleibt, anstatt ein Kornfeld zu werden, dann bringt es keinen Nutzen. Man kann es ebenso gut abbrennen. Dann werden wenigstens die Dornen vernichtet.

Einige werfen hier ein: »Sehen Sie, er kann gar nicht über einen Christen sprechen, weil er sagt, dass dieser Mensch ins Feuer geworfen wird. Und Christen kommen nicht in die Hölle.«

Das stimmt. Christen kommen nicht in die Hölle. Aber die Hölle ist nicht das einzige Feuer, von dem die Bibel spricht. Die Bibel spricht davon, dass Christen durchs Feuer beurteilt werden: »Wird aber jemandes Werk verbrennen, so wird er Schaden leiden; er selbst aber wird gerettet werden, doch so wie durchs Feuer hindurch« (1. Kor 3, 15).

Paulus spricht hier von Christen, die nur mit knapper Not in den Himmel kommen. Sie schaffen es, aber ihr Leben hat nichts als Dornen hervorgebracht. Sie haben aus ihrem Leben nichts vorzuweisen, haben keine Frucht gebracht.

Dem Schreiber des Hebräerbriefes ist daran gelegen, dass Christen Frucht bringen, damit sie nicht durch das Feuerurteil gehen müssen, damit sie nicht verflucht werden.

Es gibt zwei Flüche: einen Fluch in der Zeit und einen Fluch in der Ewigkeit. Fluch in der Zeit zeigt sich darin, dass Gott sich Ihnen widersetzt, dass Ihnen nichts gelingt: keine Gebetserhörungen, kein Segen, nichts. Fluch in der Ewigkeit bringt den Verlust des Lohnes mit sich. Das ist genau der Punkt, über den wir bereits früher sprachen, wenn man in das Reich Gottes kommt, aber das Reich nicht erbt. Sie stehen außerhalb und schauen auf das Festmahl des Reiches, aber Sie werden dazu nicht eingeladen.

Im Himmel gibt es verschiedene Stufen von Belohnung. Nicht jeder ist gleich. Nicht jeder hat dieselben Vorrechte, dieselbe Freude. Die Bibel spricht über Tränen vor dem Richterstuhl Christi. Damit müssen wir uns auseinander setzen, denn manche Christen haben die Einstellung: »Nun, es macht nichts, solange ich es nur schaffe.«

Wenn Sie ein echter Christ sind und ein träges, rückfällig werdendes Leben führen, kommen Sie vielleicht früher in den Himmel, als Sie denken, weil Gott das Heil und die Heiligung ernst nimmt. Ich sage nicht, dass Sie nicht kämpfen müssen. Ich sage nicht, dass Sie niemals fallen. Das tun wir alle. Worauf ich hinauswill, ist, dass es immer problematischer wird, aus den Schwierigkeiten herauszukommen, wenn man die Dinge schleifen lässt und sich nicht bemüht, Fortschritte zu machen.

Es ist so wie mit dem Frosch in dem Topf. Er sitzt bequem im Wasser, und wenn das Wasser ganz langsam bis zum Siedepunkt erhitzt wird, bemerkt er es erst, wenn es zu spät ist.

Christen, die die große Belohnung empfangen

Sind Sie nicht froh, dass Hebräer 6 nicht mit Abbrennen und Fluch endet? Betrachten wir die Verse 9-12: »Obwohl wir aber so reden, ihr Lieben, sind wir doch überzeugt, dass es besser mit euch steht und ihr gerettet werdet. Denn Gott ist nicht ungerecht, dass er vergäße euer Werk und die Liebe, die ihr seinem Namen erwiesen habt, indem ihr den Heiligen dientet und noch dient. Wir wünschen aber, dass jeder von euch denselben Eifer beweise, die Hoffnung festzuhalten bis ans Ende, damit ihr nicht träge werdet, sondern Nachfolger derer, die durch Glauben und Geduld die Verheißungen ererben.«

Wer ererbt die Verheißungen? Nicht nur Menschen, die Christus annehmen, sondern Menschen mit »Glauben und Geduld«, Menschen, die an Christus festhalten. Niemand von uns sieht es gerne, wenn jemand aufgibt, wenn es hart auf hart geht. Und manchmal wird es für uns als Volk Gottes wirklich hart. Aber er sagt zu uns: »Gebt nicht auf!«

Übrigens ist aus diesem Grunde unsere Teilnahme am Leben der Kirche so wichtig. Erinnern Sie sich noch, dass ich bereits früher sagte, dass wir Teil eines größeren Ganzen sind und dass deshalb am Christsein und am Dienst für Christus mehr ist als das, was wir bekommen können. Nach Vers 10 ist eines der Kriterien, die bestimmen, ob man ein Erbe ist, die Frage, ob man anderen Gläubigen gedient hat.

Deshalb sagt der Schreiber in Hebräer 10, 24-25, dass wir zusammenkommen sollen, um einander vom Aufgeben abhalten zu können. Es gab Zeiten, in denen ich meine Kirche verlassen wollte. Es gab Zeiten, in denen ich sagen wollte: »Das halte ich nicht länger aus«, und am liebsten gekündigt hätte.

Aber ich tat es nicht, weil Menschen da waren, die mich ermutigten. Wir alle brauchen Ermutigung, weil es Zeiten gibt, in denen wir am liebsten aufgeben würden. Aber wer aufgibt, wird kein Erbe.

Wenn Sie also vorwärts gehen und das Gute empfangen wollen, so können Sie es. Gott lässt es zu, dass Sie vorwärts drängen. Dennoch bedrängt er Sie nicht. Liebe kann man nicht erzwingen. Aber er lässt es zu, dass Sie wachsen, wenn Sie wachsen wollen.

Aus dem gleichen Grunde müssen Sie umkehren, wenn Sie als Christ träge geworden sind und an Boden verlieren. Gott wird Sie nicht mit Gewalt in die andere Richtung drehen. Aber er wird zulassen, dass Sie es schaffen, wenn Sie wieder zu ihm zurückkehren wollen.

Jetzt sagen Sie vielleicht: »Ich habe Angst, dass ich bereits abgefallen bin. Ich fürchte, es ist für mich zu spät, etwas anderes als ein

Stück dorniges Land zu sein.« Nun, allein die Tatsache, dass Sie sich darüber Sorgen machen, ist ein Zeichen, dass es für Sie nicht zu spät ist. Leute, die die Linie überschritten haben, machen sich keine Sorgen.

Zu Beginn dieses Kapitels sprachen wir über Spielpausen beim Sport. In den meisten Sportarten gibt es auch etwas, das Halbzeit genannt wird – eine längere Pause in der Mitte des Spiels, damit man sich wieder sammeln kann. Es ist eine Gnadenzeit. Das gehört zur Schönheit der Halbzeit. Die andere Schönheit der Halbzeit ist, dass, egal, welche Patzer in der ersten Halbzeit gemacht wurden, man immer noch das halbe Spiel vor sich hat, in dem man alles wieder zurechtbringen kann.

Für viele von uns ist es Halbzeit. Es ist Zeit, die Dinge zurechtzubringen.

Zurück zur ersten Liebe

Wenn man die Pumpe eines Wellenbades ausschaltet, bewegt sich das Wasser nicht mehr, es wird träge, abgestanden. Aber man kann es wieder zurechtbringen, wenn man den Fluss des Wassers von neuem in Gang setzt und Wasserreiniger zugibt. Mit der Liebe ist es genauso. Ihre Liebe zu Jesus ist vielleicht träge geworden, aber man kann ihr ihre schäumende, funkelnde Schönheit zurückgeben. Die folgenden Anregungen sollen Ihnen bei Ihren Bemühungen helfen:

1. Eine Möglichkeit, eine träge gewordene, flaue Liebesbeziehung wieder anzufachen, ist, dem Menschen, den Sie lieben, einen Brief zu schreiben, in dem Sie Ihrer Liebe und Wertschätzung Ausdruck verleihen, in dem Sie dem geliebten Menschen sagen, was er oder sie Ihnen bedeutet. Wenn Sie das noch nie getan haben, versuchen Sie, ein Gebet aufzuschreiben, in dem Sie Ihre Liebe und Wertschätzung Jesus gegenüber ausdrücken. Nehmen Sie sich Zeit dafür, legen Sie auch etwas Inbrunst hinein! Dann lesen Sie es Jesus vor, als Liebes- und Lobopfer.

2. Ein wunderbarer Reiniger für ein abgestandenes geistliches Leben ist das Blut Christi. Bitten Sie den Heiligen Geist, Ihr Herz zu durchleuchten. Seien Sie bereit, jede Sünde zu bekennen, auf die er seinen Finger legt, und berufen Sie sich dabei auf 1. Johannes 1, 9.

3. Versuchen Sie, einige Stunden alleine zu sein, und nehmen Sie eine »Fruchtüberprüfung« vor. Denken Sie an die Zeiten zurück, in denen Sie in besonderer Weise Fruchtbarkeit, Freude, Friede oder geistliche Kraft erlebten. Dann stellen Sie sich zwei Fragen: 1. Wie lang liegen diese Erlebnisse schon zurück; und 2. Was geschah in der Zwischenzeit und rief Veränderungen hervor?

Lesen Sie noch einmal Hebräer 6, 9-12. Wenn schon der Schreiber des Hebräerbriefes sich sehnlichst wünscht, dass seine Leser das Ziel erreichen, wie sehr möchte dann erst Gott, dass Sie es schaffen! Er möchte, dass Sie weitergehen. Danken Sie ihm, dass Sie täglich alle Mittel des Himmels zur Verfügung haben, die Ihnen helfen, vorwärts zu gehen.

7. Die Gefahr der Nachsicht gegen die Sünde

Jedes Kind weiß, dass Krankenhäuser dazu da sind, kranken Menschen zu helfen, gesünder zu werden. Der wichtigste Maßstab für ein Krankenhaus ist deshalb nicht seine Schönheit, die Freundlichkeit des Personals oder die ultramodernen Geräte. Der Maßstab für ein Krankenhaus ist seine Fähigkeit, leidenden Menschen so zu helfen, dass sie sich besser fühlen. Wenn ein Krankenhaus das nicht leistet, ist alles andere Zeitverschwendung.

Ich kenne niemanden, der zum Spaß in ein Krankenhaus geht, um dort zu spielen oder um die Architektur zu bewundern. Jeder, der in ein Krankenhaus geht, hat nur eine Frage: »Könnt ihr beheben, was nicht in Ordnung ist?«

Die Kirche ist Gottes geistliches Krankenhaus. Sie ist dazu berufen, ihre Türen für Menschen zu öffnen, die unter Sünden, Süchten, Lasten und Verletzungen leiden. Sie sind in der Kirche willkommen, weil sie Gottes Krankenhaus ist.

Das bedeutet, dass Pastoren und andere Seelsorger, die Gott berufen hat, unter der Leitung des großen Arztes Seelenärzte sind. Wenn ein Arzt eine Krankheit in Ihrem Körper feststellt, wenn die Untersuchungen ergeben, dass Sie an einem bösartigen Tumor leiden, sind Sie nicht auf den Arzt wütend, weil er Sie operieren muss.

Manche Menschen, die in die Kirche kommen, möchten nicht operiert werden. Sie wollen die Musik über die Lautsprecher hören. Sie wollen hören, wie die Ärzte über die Lage sprechen, aber sie wollen nicht in den Operationssaal.

Im ersten Teil dieses Buches versuchte ich, etwas biblische Diagnose und Chirurgie aufgrund von Jesu Diagnose über die Gemeinde von Ephesus in Offenbarung 2, 4 durchzuführen: »Aber ich habe gegen dich, dass du die erste Liebe verlässt.«

Ich weiß, dass Operationen kein Vergnügen sind. Und mein Ziel, wie das eines jeden Arztes, ist es, nicht zu verletzen, sondern zu heilen. Wenn also der Heilige Geist meine Diagnose dazu gebrauchte, Sie auf eine Problemzone aufmerksam zu machen, dann bin ich dafür dankbar, weil es mein Wunsch ist, dass es Gottes Volk besser geht und dass es nicht nur eine bessere Einstellung zu seiner Krankheit bekommt.

Wir müssen das, was Jesus in Offenbarung 2 sagt, ernst nehmen. Seine Warnung in Vers 5 zu den Dingen, die geschehen, wenn das Problem weiter besteht, und seine Verschreibung eines Heilmittels bedeuten, dass wir als einzelne Christen und die Kirche als Ganzes dafür verantwortlich sind, uns mit allem auseinander zu setzen, was uns dazu bringt, unsere erste Liebe zum Herrn zu verlassen. Das ist, auf einen einfachen Nenner gebracht, die Aussage dieses Buches.

Wenn wir das Problem anhand unserer Analogie aus der Medizin betrachten, können wir sagen, dass alles, was an unserer Liebe zu Christus zehrt, etwas Bösartiges ist, das herausgeschnitten werden muss. Das Schlimmste, was man Patienten, die an einer ernsthaften Krankheit leiden, antun kann, ist, ihnen zu sagen, dass alles in Ordnung ist.

Deshalb möchte ich in diesem Kapitel einen anderen Liebesräuber diagnostizieren und kurieren helfen, einen bösartigen Tumor, der unbehandelt nicht nur das Leben Einzelner, sondern auch die ganze Kirche zerstören kann. Es ist der bösartige Tumor der Sünde im Leib Christi, die von der Kirche mit Nachsicht behandelt, nicht beachtet oder entschuldigt wird.

Der bösartige Tumor

Da wir über Krankenhäuser, Ärzte und Patienten sprechen, möchte ich Ihnen das Krankenblatt zeigen, das Auskunft über die Krankheit des Patienten und die verschriebene Behandlung gibt: »Überhaupt geht die Rede, dass Unzucht unter euch ist, und zwar eine solche Unzucht, wie es sie nicht einmal unter den Heiden gibt: dass einer die Frau seines Vaters hat« (1. Kor 5, 1).

Die Kirche von Korinth hatte einen bösartigen Tumor, der in ihrer Mitte wuchs. Doch die Leute erkannten ihn nicht, da die Kirche von außen betrachtet gesund aussah. Einige der größten Prediger hatten bei ihnen gesprochen: Paulus, Petrus und Apollos. Die Kirche lag in der Großstadt Korinth. Aber sie litt an einer tödlichen Krankheit: eine so bösartige, zerstörerische Abart von Unzucht, dass sogar die Heiden um sie herum sie mieden.

Schlimmer noch, die Kirche schenkte dem geistlichen Röntgenbild keine Beachtung. Ihre Mitglieder traten der Krankheit nicht entgegen, versuchten nicht, sie auszumerzen. Das Versagen der Kirche bei der Bekämpfung der Sünde bedeutet, dass sie nicht mehr das Krankenhaus Gottes, wozu sie bestimmt war, ist.

Das Problem in der Kirche von Korinth war wirklich haarsträubend. Ein Mann hatte eine Beziehung mit einer Frau, von der wir annehmen, dass sie seine Stiefmutter war, da Paulus nicht sagt, dass sie die Mutter des Mannes war. Paulus sagt: »Sogar die Heiden missbilligen, was ihr im Namen Jesu zulasst.« Dieser Satz steht in der Gegenwartsform, das heißt, die Beziehung dauerte noch an, als Paulus seinen Brief schrieb.

Mit anderen Worten, dieser Mann hatte ein unzüchtiges Verhaltensmuster an den Tag gelegt, das in der ganzen Gemeinde Anstoß erregte. Dies erinnert uns an etwas, das wir bereits früher bemerkten: Christen sind fähig, genauso schlecht wie Nichtchristen zu handeln und manchmal sogar noch schlechter. Wenn wir auch den Namen Christi führen, leben wir noch im Fleisch und haben deshalb dieselbe Neigung zur Sünde wie die unerlöste Welt.

Woher weiß ich das? Lesen Sie in diesem Kapitel die Verse 10-11, dann erkennen Sie etwas Interessantes: Die Sünden, die in Vers 10 Ungläubigen zugeordnet werden, finden wir in Vers 11 wieder, wo Paulus sich auf einen, »der sich Bruder nennen lässt«, bezieht.

Tatsächlich fügt Paulus noch zwei Sünden an, die in Vers 10 nicht genannt sind: Lästerer und Trunkenbold. Das alles bedeutet, dass wir mit der Bekehrung nicht frei von Sünde sind, nicht einmal von der niederträchtigsten Art von Sünde.

Wenn ich fähig bin, dieselben Sünden zu begehen wie ein Nichtchrist, wo liegt dann der Unterschied zwischen uns? Der

Unterschied liegt darin, dass ich sie nicht begehen muss. Der Unterschied ist, dass ich in mir die Kraft habe, Sünden außerhalb von mir zu überwinden.

Aber wir können nicht die Augen davor verschließen, dass diese beiden Listen praktisch gleich sind. Deshalb musste Paulus den bösartigen Tumor der Unzucht in der Kirche von Korinth diagnostizieren und entfernen.

Bösartige geistliche Tumoren können also die Familie Gottes angreifen. Das ist keine gute Nachricht, aber die Kirche ist zumindest ausgerüstet, sich damit auseinander zu setzen, weil sie ein Krankenhaus ist.

Nach Stellung der Diagnose streift Paulus seine Operationshandschuhe über und macht sich daran, den bösartigen Tumor herauszuschneiden. An dieser Stelle wird es schmerzhaft, aber wie ich bereits sagte, werden Sie bitte nicht böse auf mich. Chirurgie ist nicht sehr beliebt, aber wie Paulus bin ich nicht dazu berufen, beliebt zu sein. Ich bin dazu berufen, biblisch zu sein.

Die Behandlung

In diesem Kapitel befassen wir uns direkter mit der Kirche, weil 1. Korinther 5 uns ein recht klares Bild davon gibt, welch schädliche Einflüsse unbehandelte, mit Nachsicht geduldete Sünde auf die ganze Kirche und nicht nur auf den einzelnen Übertreter ausübt.

Auch eine Kirche kann als Gemeinschaft von Menschen ihre erste Liebe zu Christus verlieren. In der Tat richtete sich Jesus in Offenbarung 2 an die Kirche in Ephesus, nicht nur an einen Einzelnen oder ein paar Menschen. Dass eine radikale Operation in der Kirche von Korinth erforderlich war, geht aus 1. Korinther 5, 2 hervor: »Und ihr seid aufgeblasen und seid nicht vielmehr traurig geworden, sodass ihr den aus eurer Mitte verstoßen hättet, der diese Tat begangen hat.«

Das Problem eingestehen

Paulus sagt: »Statt einer weinenden Kirche seid ihr eine stolze Kirche. Ihr steigt herum und prahlt mir eurem Gebäude, ihr prahlt mit eurem Prediger, ihr prahlt mit eurem Chor, ihr prahlt mit eurem Programm, anstatt über eure Sünden zu trauern.«

Wenn Sie in ein Krankenhaus gehen und herausfinden, dass Sie Krebs haben, dann ist alles, womit Sie prahlen können, unerheblich. Dann wollen Sie nicht mehr mit Ihrem Bankkonto prahlen. Dann wollen Sie nicht mehr mit der herrlichen Wohngegend, in der Ihr Haus steht, prahlen. Dann wollen Sie nicht mehr mit Ihrem Auto prahlen. Dann wollen Sie nicht mehr mit Ihrem guten Aussehen prahlen. All das ist jetzt nebensächlich.

Wenn Sie Krebs haben, zählt nur noch eines: »Holt ihn so schnell wie möglich aus meinem Körper heraus.«

Dass dieser Skandal so lange in der Gemeinde von Korinth andauern konnte, zeigt, dass diese Kirche ihre Aufgaben bei weitem nicht erfüllte. Sie war kein Krankenhaus. Sie war ein Gesellschaftsklub.

Die Diagnose

Und viele Christen wollen gar nichts anderes. Sie wollen ein Gesellschaftschristentum. Sie wollen gehätschelt und getätschelt werden, sich aber keiner geistlichen Operation unterziehen. Wenn aber eine Kirche keine geistlichen Operationen vornimmt, ist sie keine Kirche. Deshalb sagt Paulus als Erstes: »Werdet diesen Tumor los. Schneidet ihn aus eurer Mitte heraus.«

Der Stolz der Korinther führte zu Gleichgültigkeit gegenüber Sünde. Ihr Wunsch nach menschlicher Anerkennung machte sie der Sünde gegenüber blind. Die Leute können mit ihrer Sünde durch die Kirchentür hereinkommen. Das ist in Ordnung. Die Kirche ist ein Krankenhaus.

Aber sie sollten nie durch unsere Tür schreiten und sich dann mit ihren Sünden wohl fühlen. Kein Arzt sagt zu einem Patienten mit einer lebensgefährlichen Krankheit: »Ich möchte, dass Sie sich damit wohl fühlen. Lassen Sie sich dadurch nicht niedergeschlagen machen.« Moment mal. Sie sind schon niedergeschlagen. Genau deshalb sind Sie hier.

Ein Kennzeichen einer echten Kirche ist, dass sie nicht über Sünden hinweggeht, vor allem nicht über ein Problem, das noch weiter besteht. Wenn Sie von einem Bruder hören, der in einer Sünde gefangen ist, dann müsste das Ihr Herz brechen und nicht Anlass sein, dass Sie zum Telefonhörer greifen. Sie müssten dann weinen, weil ein Teil des Leibes Christi beschmutzt ist. Paulus schreibt weiter: »Ich aber, der ich nicht leiblich bei euch bin, doch mit dem Geist, habe schon, als wäre ich bei euch, beschlossen über den, der solches getan hat: Wenn ihr in dem Namen unseres Herrn Jesus versammelt seid und mein Geist samt der Kraft unseres Herrn Jesus bei euch ist, ...« (1. Kor 5, 3-4).

Ich möchte hier vorerst aufhören. Offenbar folgt etwas sehr Wichtiges, aber darauf kommen wir noch. Was Paulus sagt, ist: »Wenn ihr eine Kirche seid, dann handelt wie eine Kirche.« Kirche sein bedeutet, im Auftrag Christi, unter seiner Vollmacht, zu handeln. Und das bedeutet »in dem Namen unseres Herrn Jesus«.

Die Kirche handelt im Auftrag Jesu Christi. Wir erfüllen Gottes Forderung. Da die Sünde dieses Mannes öffentlich wurde, muss auch sein Urteil öffentlich gesprochen werden. Über die Sünde konnte nicht hinweggesehen werden.

Hier werfen einige ein: »Nun, wir sollen nicht richten.« Paulus sagte etwas anderes. Er hatte den Mann bereits gerichtet (V. 3).

Das müssen wir richtig verstehen, weil viele falsche Informationen über Christen und Richten im Umlauf sind. Die meisten, die diesen Einwand vorbringen, denken an Matthäus 7, 1-5, wo Jesus sagt: »Richtet nicht, damit ihr nicht gerichtet werdet.«

Aber Jesus hat den Christen nie verboten, ein Urteil über andere Menschen auszusprechen. Die meisten lesen nicht weiter als Matthäus 7, 1. Wenn Sie weiterlesen, erklärt Jesus, wie und worüber wir richten sollen. Das Problem ist, dass wir meistens über das Falsche richten oder dass wir andere richten und dabei an unserer eigenen Sünde festhalten.

Zum Beispiel richtet man nicht über die Beweggründe anderer. Nur Gott kann das Herz sehen. Sie wissen nicht, was dieser Mann denkt. Sie wissen nicht, was diese Frau fühlt. Aber wir sprechen darüber: »Er denkt Wunder, was er ist!«

Woher wissen Sie, was er denkt? Sie wissen nicht, was jemand denkt oder fühlt. Aber über etwas können Sie richten. Sie können über das richten, was jemand tut.

Jemand kann ein böses Leben führen und sagen: »Nun, mein Herz war nicht dabei.« Ja, aber Ihre Füße, Ihre Augen, Ihre Hände waren dabei. Ich richte nicht über das, was in Ihrem Herzen war.

Jemand kann sündigen und sagen: »Ich wollte es nicht.« Ja, aber Sie taten es. Sprechen wir über das, was Sie taten. Das kann ich beurteilen. Natürlich muss ich erst »den Balken« aus meinem Auge ziehen, bevor ich »den Splitter« im Auge meines Bruders sehen kann (Mt 7, 3-5). Das bedeutet, dass ich niemanden für etwas verurteilen soll, das ich selbst tue, weil das Urteil, das ich über andere spreche, wie ein Bumerang auf mich zurückfällt.

Die Behandlung

Christen können also nicht über die innersten Absichten eines anderen urteilen. Aber wir können über Taten urteilen. Und in der Tat hat die Kirche den Auftrag, sich mit Sünde in ihrer Mitte auseinander zu setzen.

Hier ist ein anderer Einwand gegen geistliche Operationen, die von der Kirche durchgeführt werden: »Aber was er tut, geht doch nur ihn selbst etwas an.«

Das können wir hier auch gleich klarstellen. In Epheser 5, 11 steht, dass wir die Werke der Finsternis »aufdecken« sollen, die sonst verborgen blieben. Das bedeutet, wenn ein Christ sündigt, geht das nicht nur ihn selbst etwas an. Es geht *uns* an.

Würden Sie zu einem geliebten Menschen, der Krebs hat, sagen: »Nun, das ist deine Sache. Du musst selbst entscheiden, ob du ins Krankenhaus gehen willst oder nicht«?

Würden Sie zu jemandem, der von einem Auto umgefahren wurde und im Straßengraben liegt, sagen: »Das ist Ihre Angelegenheit. Ich möchte mich da nicht einmischen«?

So geht es nicht in einer Familie zu. Wenn ein Familienmitglied leidet, teilen alle das Leid. Genauso sollte es in der Kirche sein.

Den Leuten in meiner Kirche von Dallas sage ich, wenn ihr das nicht wollt, dann wollt ihr einen Klub und keine Kirche. Denn wenn in der Familie Gottes ein bösartiger Tumor festgestellt wird, ist es die Angelegenheit der ganzen Familie, sich darum zu kümmern.

Es ist also sonnenklar. Die Kirche ist nicht nur ein Gebäude. Die Kirche ist eine Familie. Und genau wie Eltern nicht einfach darüber hinweggehen können, wenn ihre Kinder sich gegen sie auflehnen, so kann eine Kirche auch nicht darüber hinweggehen, wenn einige ihrer Mitglieder sich auflehnen. Das gehört genauso zu einer Kirche wie der Chor oder der Gottesdienst oder die Programme oder alles andere.

Wenn wir also mit dem Programm oder den Veranstaltungen unserer Kirche prahlen, sollten wir auch damit prahlen können, dass wir Krebs schnell erkennen und behandeln. Wenn wir nicht damit prahlen können, dass wir der Reinheit verpflichtet sind, haben wir überhaupt nichts zu prahlen.

Wenn die Kirche das Problem der Sünde nicht angeht, dann müssen wir den Mund halten, egal, was wir sonst noch tun, weil Gott uns dazu berufen hat, rein zu sein. Kein vernünftiger Mensch möchte sich in einem schmutzigen Krankenhaus behandeln lassen. Die Kirche muss Gottes sauberes Krankenhaus sein, um, wenn nötig, Operationen durchführen zu können.

Die Folgen einer Nichtbehandlung

Was geschieht, wenn die Kirche die bei offener Sünde erforderliche Behandlung nicht durchführt? Paulus sagt in 1. Korinther 5, 5: Er habe beschlossen, dass »dieser Mensch dem Satan übergeben werden soll zum Verderben des Fleisches, damit der Geist gerettet werde am Tage des Herrn.«

Wenn der Missetäter in Korinth ein Christ war, und Paulus nimmt das an, was bedeutet es dann, dass er Satan übergeben wird? Es bedeutet, dass er aus der Kirche ausgeschlossen wird, was viel schwerwiegender ist, als nur seine Mitgliedskarte herauszunehmen. Es bedeutet, dass Gott seinen Schutz von dem Leben dieses Menschen abzieht, sodass er den zerstörerischen Angriffen des Feindes ungeschützt ausgesetzt ist, gegebenenfalls sogar bis zum Verlust seines Lebens.

Die Notwendigkeit von Strafe

Heutzutage nehmen wir Kirchenstrafe nicht mehr allzu ernst. Wir sagen: »Nun, wenn wir diesen Menschen ausschließen, geht er einfach zu einer anderen Kirche und wird dort Mitglied.« Ja, er kann zu einer anderen Kirche gehen, aber er geht ohne den Schutz Gottes dahin. Und setzen Sie sich lieber nicht neben ihn, denn das Dach könnte einstürzen!

Ich vergesse nie die Zeit, in der sich mein jüngerer Bruder gegen meinen Vater auflehnte. Die Regeln meines Vaters passten ihm nicht. Es passte ihm nicht, Anweisungen zu erhalten. Nun, mein kleiner Bruder war der Meister im Ringen in der obersten Gewichtsklasse des Staates Maryland. Mit seinen knapp 115 Kilo war er groß und stark. Und von der Schule brachte er die Redensart mit nach Hause: »Ich bin der Champion!«

Mein Vater sagte: »Ich bin der einzige Champion in diesem Haus.«

Mein Vater bat meinem Bruder, etwas zu tun. Ich weiß nicht mehr, was es war, aber mein Bruder hielt es nicht für nötig, es zu tun. Also schaute er finster drein, schüttelte den Kopf und sagte: »Nein!«

Papa sagte: »O doch!«

Der kleine Bruder antwortete: »Nein!«

Mein Vater ballte seine Faust. Herr, erbarme dich! Er holte aus und warf ihn nieder, führte ihn die Treppe hoch und half ihm, seinen Koffer zu packen. Mein Bruder trumpfte auf und sagte: »Ich gehe! Das lasse ich mir nicht gefallen!«

Und er ging aus dem Haus. Aber er vergaß einige Dinge. Er vergaß, dass er keinen Arbeitsplatz hatte. Er vergaß, dass es draußen schneite. Er vergaß, dass er kein Auto hatte. Er trumpfte auf, aber er vergaß, dass man nicht auftrumpft, wenn man nichts hat.

Zwanzig Minuten später … klopf, klopf! Mein Bruder stand vor der Tür und wollte nach Hause. Mein Vater hatte ihn den Elementen ausgesetzt, um ihm Achtung beizubringen.

Wenn ich jemals mit dem Gedanken spielte aufzutrumpfen, dann war ab diesem Tag Schluss damit! Als mein Bruder vor die Tür gesetzt wurde, war er nicht mehr unter dem Schutz unseres Hauses. Er musste sich alleine durchschlagen.

Erinnern Sie sich, wie im ersten Kapitel des Buches Hiob der Satan hinter Hiob her war? Satan sagte zu Gott: »Gib mir Hiob eine Zeit lang in die Hand, dass ich ihm dies und das antue.«

Und Gott sagte: »Du kannst Hiob dieses und jenes antun, aber das und das nicht.« Da Hiob unter Gottes Schutz stand, konnte Satan nur bis zu einem gewissen Punkt mit ihm gehen.

Wenn Gott seine Schutzmauer um Sie wegnimmt, heißt das, dass Satan mit Ihrem Leben tun kann, was er will. Wenn Gott seine Hand von einem Christen abzieht, weil die Kirche in Gottes Auftrag eine Operation durchgeführt hat, dann besteht kein Schutz mehr.

Dann geht es so weiter, wie mit einem Menschen, der aus dem Krankenhaus entlassen wird, weil er sich nicht operieren lassen will. Der Krebs wird jetzt Tochtergeschwülste bilden. Nichts mehr hält ihn auf, weil der Arzt ihn nicht herausschneiden durfte. Ich war Zeuge von solchen Strafen und Urteilen im Leben bewusst und vorsätzlich sündigender Menschen. Ich sah, wie sich das Leben dieser Menschen verschlechterte, und ich erlebte auch, dass einige starben.

Ja, Gott wird versuchen, den sündigenden Heiligen zurückzuholen. Aber wenn das zu nichts führt, hält er Satan nicht ab, mit ihm zu tun, was er will. Und wenn dieser Mensch weiter sündigt, treibt er dem Untergang entgegen.

Das widerstrebt uns modernen Menschen im Innersten, denn wir würden viel lieber sagen: »Seien wir geduldig und verständnisvoll. Warum müssen wir diesen Mann ausschließen? Warum müssen wir im Fall dieser Frau eingreifen?« Vers 6 erklärt warum: »Euer

Rühmen ist nicht gut. Wisst ihr nicht, dass ein wenig Sauerteig den ganzen Teig durchsäuert?«

Mit anderen Worten: »Ein schlechter Apfel verdirbt das ganze Fass.« Paulus sagt: »Schneidet den sündigen Teil weg, sonst färbt er auf den Rest ab.« Gute Äpfel machen faule Äpfel nicht gut. Faule Äpfel lassen gute Äpfel faul werden. Was geschieht, wenn ein flegelhaftes Kind in einer Klasse ist? Es kann die Klasse so beherrschen, dass man nicht mehr unterrichten kann. Es bringt die anderen Kinder zum Lachen und Herumblödeln und macht die ganze Klasse kaputt. Wenn Sie Ihre Klasse wieder in Ordnung bekommen wollen, muss dieses Kind gehen.

Wenn Sie einen rebellischen Teenager in Ihrer Familie haben, der sich nicht an die Regeln hält, der darauf besteht, die ganze Nacht auszugehen, der Drogen nimmt, der ein sittenloses Leben führt, dann muss früher oder später etwas geschehen. Wenn dieses Kind nämlich ungestraft davonkommt, kommen die anderen Kinder auf den Gedanken: »Ach so! Das ist ja gar nicht so schlimm!«

Die Auswirkungen der Sünde

Genauso ist es in der Familie Gottes. »Ein wenig Sauerteig durchsäuert den ganzen Teig.« Die Auswirkungen der Sünde können anderen schaden. Erinnern Sie sich an Achan? Er lehnte sich gegen Gottes Befehl auf, und Israel erlitt bei Ai eine Niederlage. Achans Sünde kostete anderen Männern das Leben. Lesen Sie es in Josua 7 nach und achten Sie darauf, was mit Achan geschah (V. 24-25). Ihm wurde keine seelsorgerliche Beratung angeboten. Er wurde gesteinigt.

Da wir schon im Alten Testament sind, möchte ich noch etwas Wichtiges anfügen, das wir aus dem Leben Jonas lernen können. Immer, wenn Sie vor dem Willen Gottes davonlaufen, wenn Sie sich gegen Gott auflehnen und in die andere Richtung gehen, müssen Sie die Rechnung bezahlen.

Wie Sie sich erinnern, war Jona der rebellische Prophet, der sich nach Tarsis aufmachte, als Gott ihm sagte, er solle nach Ninive gehen. Er ging genau in die entgegengesetzte Richtung. Jona »bezahlte das

Fährgeld« nach Tarsis selbst (Jona 1, 3). Aber das Schöne an der Fahrt nach Ninive wäre gewesen, dass Gott das Fahrgeld bezahlt hätte. Das Schreckliche an der Reise nach Tarsis war, dass Jona die Rechnung bezahlen musste.

Wissen Sie was? Viele von uns bezahlen einen hohen Preis für ihre »Fahrt nach Tarsis«, wo doch Gott die Rechnung bezahlt hätte, wenn wir seinem Willen gefolgt wären. Viele von uns bezahlen hohe seelische, psychologische und physische Rechnungen, weil wir uns gegen den Willen Gottes für unser Leben auflehnen.

Dieser Teil der Kirche gefällt den Menschen nicht, aber Ärzte brauchen ihn, um ihnen zu helfen, gesund zu bleiben. Man muss ihren Rat befolgen. Wenn Probleme auftauchen, gibt es Krankenhäuser, die das in Ordnung bringen, was fehlerhaft ist. Aber man muss sich der Behandlung unterziehen.

Deshalb sollte zu jedem Gottesdienst das Richten über die Sünde gehören. Paulus sagt uns später im ersten Korintherbrief: »Wenn wir uns selber richteten, so würden wir nicht gerichtet« (1. Kor 11, 31). Das ist der springende Punkt. Kommt zum Herrn und richtet euch selbst, sodass Gott euch durch die Kirche nicht richten muss.

Wenn Sie das nicht wollen, dann ist auch die Kirche nicht das, was Sie wollen. Warum? Weil dies die Hauptaufgabe der Kirche ist: Sie erhält die Reinheit des Volkes Gottes.

Wenn also ein Bruder seine Hand auf meine Schulter legt und sagt: »Das solltest du nicht tun«, dann müsste ich glücklich sein, weil mich jemand liebt. Sie lieben mich nicht, wenn Sie sehen, dass ich bald im Graben lande und zu mir sagen: »Nun, das ist deine Sache, aber ich bete für dich.« Ich will nicht nur Ihre Gebete. Ich will, dass Sie mich aufhalten, wenn ich auf dem falschen Weg bin. So ist Familie, so ist Kirche.

Früherkennung

Genau wie in der Medizin ist auch bei der geistlichen Diagnose Früherkennung der Schlüssel. Deshalb gibt uns nur die Bibel so viele Schritte, bevor wir die Sünde angehen. Man soll die Dinge nicht monatelang oder jahrelang schleifen lassen, denn die Krankheit schreitet fort. Folglich schreibt Paulus weiter: »Darum schafft den alten Sauerteig weg, damit ihr ein neuer Teig seid, wie ihr ja ungesäuert seid. Denn auch wir haben ein Passalamm, das ist Christus, der geopfert ist. Darum lasst uns das Fest feiern nicht im alten Sauerteig, auch nicht im Sauerteig der Bosheit und Schlechtigkeit, sondern im ungesäuerten Teig der Lauterkeit und Wahrheit« (1. Kor 5, 7-8).

Wahrscheinlich wissen Sie, dass Sauerteig ähnlich wie Hefe wirkt. Jeder, der Brot bäckt, weiß, wie wichtig Hefe ist. Ein bisschen Hefe bringt den ganzen Brotlaib zum Gehen. In diesem Text stellt Hefe die Sünde dar.

Als Israel in Ägypten war, wurde in der ägyptischen Küche Hefe benutzt. Gott gebrauchte das, um Israel etwas sehr Wichtiges verständlich zu machen. Das Passa wurde eingesetzt, als der Todesengel an den Häusern der Israeliten, die ihre Türpfosten mit Blut bestrichen hatten, vorüberging.

Als Vorbereitung für Israels Auszug aus Ägypten befahl Gott dem Volk, allen Sauerteig aus ihren Häusern zu entfernen. Später erhielten sie die Anweisung, das Passa mit dem Fest der ungesäuerten Brote zu feiern. Der Sauerteig Ägyptens wurde von den Kindern Israels nicht mehr benutzt.

Warum? Sie verließen Ägypten durch das Blut des Passalamms und begannen ein ganz neues Leben. Sie sollten den alten Kram nicht mitnehmen. Wir sind durch das Blut Christi, unseres Passalamms, gerettet, und auch wir sollten ein neues Leben führen.

Wissen Sie, was die Kirche tun müsste? Ein Mitglied zur Rede stellen, das diesen alten Sauerteig wieder benutzt, bevor der Sauerteig der Sünde sich mit dem neuen Brot seines Lebens als Christ vermischt.

Die Aufforderung von Paulus, diesen »alten Sauerteig« wegzuschaffen, erinnert uns daran, dass ein einziger Mensch den Segen von einer ganzen Gemeinde abhalten kann. Wenn Sünde bekannt geworden ist und nichts dagegen unternommen wird, kann sie Gottes Segen von allen abhalten. Niemand sollte so viel Macht haben. Ich möchte nicht, dass Sie meinem Segen im Wege stehen, und ich möchte nicht Ihrem Segen im Wege stehen, also muss etwas geschehen.

Wir sind ungesäuert. Als wir Christus annahmen, wurde das alte Leben aus uns entfernt. Wir wurden in Christus eine neue Kreatur. Gott will, dass wir im Licht des neuen Menschen, der wir sind, leben und nicht im Licht des alten Menschen, der wir waren.

Was müssen Sie also tun, wenn Sie Gläubige kennen, die in sündiger Auflehnung leben? Sie sind der Arzt. Nehmen Sie das nicht hin, ohne diese Menschen zur Rede zu stellen. Wenn sie nicht hören wollen, ist es nicht Ihre Schuld. Sie können nichts mehr tun, aber Sie dürfen nicht zulassen, dass ein anderer Christ krank wird, ohne ihn in dieser Sache zur Rede zu stellen.

Das Erste, was ein Patient mit einem bösartigen Tumor nach der Operation wissen möchte, ist: »Haben Sie alles entfernt?« Wenn der Arzt nicht alles entfernt hat, wird der Tumor wieder wachsen. Mit der Sünde kann man nicht halbe Maßnahmen treffen. Man muss ganze Sache machen.

Wenn ich sehe, wie mein Kind auf die schiefe Bahn gerät, will ich mich dieser Sache stellen, will alles zur Sprache bringen und mich jetzt damit auseinander setzen. Ich will nicht nur über einen Teil sprechen, weil das, was bleibt, nachwächst. Die Aufgabe der Kirche ist es, die Mitglieder zur Reinheit aufzurufen.

Der Ort für die Operation

Wir haben es also mit einem Kirchenmitglied zu tun, das wegen himmelschreiender, fortgesetzter Sünde unter eine strenge Strafe gestellt werden muss. Paulus trifft eine wichtige Unterscheidung zwischen der Kirche als Ort der Strafe und der Welt außerhalb der Kirche: »Ich habe euch in dem Brief geschrieben, dass ihr nichts zu schaffen haben sollt mit den Unzüchtigen. Damit meine ich nicht allgemein die Unzüchtigen in dieser Welt oder die Geizigen oder Räuber oder Götzendiener; sonst müsstet ihr ja die Welt räumen. Vielmehr habe ich euch geschrieben: Ihr sollt nichts mit einem zu schaffen haben, der sich Bruder nennen lässt und ist ein Unzüchtiger oder ein Geiziger oder ein Götzendiener oder ein Lästerer oder ein Trunkenbold oder ein Räuber; mit so einem sollt ihr auch nicht essen« (1. Kor 5, 9-11).

Bitte beachten Sie den Unterschied. Man hat unwillkürlich mit Sündern zu schaffen, sagt Paulus, denn unser Planet wimmelt von ihnen. Außerdem steht Strafe hier nicht zur Debatte, weil Sünder einfach tun, was man von Sündern erwartet: Sie sündigen.

Mit anderen Worten, Sünder verlassen nicht ihre erste Liebe zu Christus, weil sie ihn nie geliebt haben. Es ist uns also nicht verboten, mit diesen Menschen etwas zu tun zu haben. Wir müssen ja neben ihnen arbeiten und wohnen. Sünder bleiben Sünder.

Keine Gemeinschaft

Aber es ist etwas ganz anderes, wenn wir über jemanden sprechen, »der sich Bruder nennen lässt«. Der Ausdruck *zu schaffen haben* bedeutet »enge Gemeinschaft mit jemandem haben«. Es bedeutet nicht, dass Sie nicht mit ihm sprechen dürfen. Es bedeutet nicht, dass Sie grausam und hart werden. Aber es bedeutet, dass Sie mit diesem Menschen keine enge Gemeinschaft haben.

Dies ist ein Mensch, »der sich Bruder nennen lässt«, weil jemand, der in Sünde lebt, ein Christ sein kann oder auch nicht. Wir können das Herz nicht beurteilen, aber wir können sagen: »Wenn du ein Christ bist, solltest du nicht so handeln. Wenn du weiterhin so handelst, kann der Rest der Kirche keine Gemeinschaft mit dir haben.«

Bei der Gemeinde in Korinth war etwas nicht in Ordnung. Sie hatten mit sündigenden Mitgliedern Gemeinschaft, sie prahlten sogar mit ihrer Offenheit und damit, dass sie mit der Welt nichts zu schaffen hatten. Falls jemand denkt, dass Paulus es auf die Sünde der Unzucht in Zusammenhang mit dem Ausschluss aus der Kirche abgesehen hat, so widerlegt er diesen Vorwurf in diesen Versen.

Betrachten Sie Vers 11. Paulus hackt nicht auf der Unzucht herum. Man wird auch gerichtet, wenn man geizig ist oder nach Dingen Gelüste hat, die einem nicht gehören. Man wird gerichtet, wenn man ein Götzendiener ist, also einen anderen Gott verehrt. Man wird gerichtet, wenn man ein Lästerer, ein Gewalttätiger ist. Man wird gerichtet, wenn man ein Räuber oder ein Schwindler ist, also einer, der im Geschäftsleben betrügt.

Vor einigen Jahren mussten wir einen Mann aus unserer Kirchengemeinde ausschließen, der sich schrecklicher Geschäftspraktiken schuldig gemacht hatte. Wir sahen bereits, dass Kirchenausschluss ein sehr schwerwiegender Schritt ist. Aber nach dem Ende von Vers 11 zu schließen, geht es sogar noch weiter, als den Missetäter aus der Kirche auszuschließen.

Sie können mit diesem Menschen weder frühstücken, noch zu Mittag oder zu Abend essen. Mit anderen Worten: keinen gesellschaftlichen Umgang, keine Gemeinschaft mit ihm haben. Es kann keine enge Gemeinschaft mit einem Menschen geben, »der sich Bruder nennen lässt« und in Auflehnung gegen den Vater im Himmel lebt. Genauso wie ich nicht zu meinem Bruder ging, als er unserem Vater gegenüber unehrerbietig war, und ihm auf die Schultern klopfte und sagte, dass ich auf seiner Seite stünde, dass er schon recht sei und dass es von Papa grausam sei, ihn vor die Tür zu setzen.

Das Ziel der Strafe

Warum ist Gott so radikal? Um den sündigenden Bruder oder die Schwester wieder zu Sinnen zu bringen. Er tut es nicht, um hart zu sein. Er tut es aus Liebe und um den Rest der Familie zu schützen.

Man geht nicht mit jemandem, der in Auflehnung lebt, zum Essen, außer der Zweck des Essens ist es, dem anderen zu helfen, zur Buße zu finden. Verstehen Sie mich recht, wir sprechen hier nicht von jemandem, der versucht, Hilfe zu bekommen. Wir sprechen nicht von jemandem, der sagt: »Ich bin ein Trinker, aber ich will meine Trunksucht überwinden.« Paulus spricht hier von einem Gläubigen, der die Sünde als annehmbaren Lebensstil gewählt hat.

Sie sagen: »Das ist hart.«

Nein, das ist Gottes Haus. Sehen Sie, wenn Sie in mein Haus kommen, gibt es Dinge, die Sie nicht tun können. Wenn Sie rauchen, müssen Sie die Zigarette ausmachen, bevor Sie mein Haus betreten. Wenn Sie trinken, tun Sie das, aber nicht in meinem Haus. Sie dürfen bei mir auch nicht fluchen. Wenn Sie mit Ihrer Freundin bei mir übernachten wollen, werden Sie getrennte Schlafzimmer haben, weil in meinem Haus Unverheiratete nicht im selben Zimmer schlafen.

Nun können Sie einwerfen: »Ich mag Ihre Regeln nicht.«

Dann kommen Sie nicht in mein Haus. Ich meine, darauf läuft es hinaus. In meinem Haus gelten meine Regeln, genau wie in Ihrem Haus Ihre Regeln gelten.

Die Kirche ist das Haus des Vaters, und wenn wir in sein Haus kommen, sagt er: »Lasst diesen Sauerteig draußen. Lasst diese Weltlichkeit draußen. Bringt das nicht in mein Haus. Infiziert meine Familie nicht mit Sünde.«

Die Kirche ist Gottes Haus, und es ist die Aufgabe des zeitlichen Leiters dieses Hauses, des Pastors und der Kirchenleitung, über die Regeln von Gottes Haus zu richten. Wenn Sie ein Problem haben, werden wir Ihnen helfen. Wenn Sie krank sind, werden wir Ihnen Medizin geben. Wir können auch operieren, aber nur, wenn Sie wollen.

Ich forderte die Leute meiner Kirche in Dallas auf zu helfen, das Krankenhaus sauber zu halten, nicht, indem wir den geistlich Kranken den Zutritt verwehren, sondern indem wir nicht zulassen, dass sie krank bleiben, wenn sie zu uns gehören. Wenn wir nicht auf Sünde in unserer Mitte achten, wird vielleicht die ganze Kirche von der Reinheit unserer ersten Liebe zu Christus abgebracht.

Ich kann mir nichts Schlimmeres vorstellen, als wenn Jesus Christus zu unserer Kirchengemeinde sagen würde: »Ihr habt eure erste Liebe verlassen. Ich muss euren Leuchter wegstoßen.« Wenn das geschehen, wenn unsere Kirche ihr Zeugnis verlieren würde, dann würde vielen Menschen Schaden zugefügt. Wir dürfen so etwas nicht zulassen.

Vor einigen Jahren gerieten meine Familie und ich in Schrecken. Ich hatte eine Geschwulst am Körper, und der Arzt dachte, es sei Krebs. Er sagte zu mir und meiner Frau: »Wir müssen so schnell wie möglich operieren.«

Als ich in der Nacht vor der Operation im Bett lag, dachte ich ganz bestimmt nicht: »Ich hasse sie, weil sie an mir herumschneiden. Ich werde eine Narbe haben. Es wird wehtun. Ich werde mich jetzt mindestens eine Woche lang darüber ärgern.« Nein! Ich dachte, ich habe vielleicht Krebs. Ich konnte es kaum erwarten, dass der Arzt die Operation durchführte.

Sie schnitten den Knoten heraus. Ich öffnete die Augen, als ich wieder zu mir kam und fragte: »Herr Doktor, wie sieht es aus?«

»Ich habe eine gute Nachricht für Sie. Ihr Knoten war gutartig, aber es ist gut, dass wir ihn jetzt herausnahmen, denn solche Knoten werden oft bösartig.«

Wissen Sie was? Der Arzt tat mir an diesem Tag einen Gefallen. Wenn er herumgespielt und gesagt hätte: »Ich habe Knoten. Sie haben Knoten. Alle Kinder Gottes haben Knoten«, hätte ich heute vielleicht große Probleme. Aber auch wenn ein Knoten bösartig ist und sich ausgebreitet hat, können Chemotherapie und Bestrahlung bewirken, dass er sich zurückbildet.

Vielleicht können Sie Ihre Alkoholsucht nicht auf einen Schlag loswerden. Dann kann Ihnen die Kirche mit einer »Therapie« helfen, sie allmählich zurückzudrängen. Man kann den bösartigen Tumor Ihres Zorns vielleicht nicht auf einmal herausschneiden, aber man kann ihn mit Bestrahlung zur Rückbildung bringen. Sie können vielleicht nicht all Ihre unzüchtigen Leidenschaften mit einer einzigen Behandlung ausmerzen, aber führen wir um Ihretwillen, um des Restes des Leibes Christi willen und um Jesu willen die Behandlung weiter!

Zurück zur ersten Liebe

Im Gesundheitswesen wird die Behandlung zu Hause immer beliebter. Die Krankenhäuser haben Pflegepersonal, das Kranke zu Hause pflegt oder ihnen zeigt, was sie selbst zu Hause für ihre Gesundheit tun können, damit Sie nur für größere Behandlungen ins Krankenhaus müssen. Hier sind einige »Heilmittel«, mit denen Sie zu Hause Sünde behandeln können oder die Ihnen helfen, gesund zu bleiben:

1. Niemand sagt, dass es leicht ist, einen Bruder oder eine Schwester, die in Sünde leben, zur Rede zu stellen. Aber es ist von größter Wichtigkeit. Wenn Sie jemanden kennen, der Anlass dafür gibt, dass Christus herabgesetzt wird und Gottes Urteil riskiert, beten Sie um den Mut und die Gelegenheit, das Problem anzusprechen. Wenn ein Dritter dem Missetäter nahe genug steht, um ihm helfen zu können, könnten Sie vielleicht einen Bruder oder eine Schwester mit einbeziehen.

2. Denken Sie an Menschen, mit denen Sie Umgang haben. Geht es diesen Menschen aufgrund des Einflusses, den Sie auf sie ausüben, geistlich besser, oder geht es Ihnen infolge des Einflusses, den diese Leute auf Sie ausüben, geistlich schlechter?

3. Würden Sie empfindlich reagieren, wenn jemand Sie auf eine bestimmte Gewohnheit, ein Denkmuster oder eine Einstellung, die Sie haben, aufmerksam machen würde? Darüber müssen Sie genauer nachdenken, denn hier finden Sie vielleicht einen Anhaltspunkt, der Ihnen hilft, zu erkennen, ob Sie etwas in sich tragen, das bösartig werden kann. Bringen Sie Rechtfertigungen vor, oder reagieren Sie gleichgültig, wenn der Heilige Geist Sie an diese Dinge erinnert?

Wenn ein Arzt Sie vor einer möglichen Krebserkrankung durch eine Operation rettet, würden Sie ihm danken! Wann haben Sie das letzte Mal Ihrem Pastor einen kurzen Brief des Dankes und der Ermutigung für seinen Dienst geschrieben? Tun Sie es bei nächster Gelegenheit. Dies schreibt ein Pastor, der sich immer über einen solchen Brief freut!

8. Der hohe Preis des Verlassens (I)

Wie ernst nehmen Sie Ihre Liebe?

Das scheint eine ungewöhnliche Frage zu sein, aber sie ist es nicht. Wenn Sie Menschen lieben, nehmen Sie das, was sie tun, sehr ernst. Und wenn ein Mensch, den Sie lieben, sich selbst, Ihnen und den Menschen in seinem Umfeld schadet, schauen Sie nicht einfach weg, wenn Ihre Liebe ernst ist.

Man lässt das Fehlverhalten eines Familienmitglieds nicht monatelang ungehindert weitergehen. Und wenn es zu weit geht, müssen Sie dieser Person alle Vorteile entziehen und sie aus dem Hause weisen, weil sie ihre Vorrechte erheblich missbraucht und Schande über die Familie bringt.

Manchmal hört man, wie Menschen sagen: »Oh, ich liebe meinen Sohn (meine Tochter, meinen Freund usw.) viel zu sehr, um so etwas tun zu können.« Für diese Art Liebe gibt es nur ein Wort: Quatsch.

Gott nimmt seine Liebe zu uns und unsere Liebe zu ihm sehr ernst. In Offenbarung 2 hatte Jesus eine ganze Liste lobenswerter Punkte für die Gemeinde in Ephesus, aber keiner von ihnen zählte, weil ihre Liebe zu ihm kalt geworden war. So sagte Jesus: »Da ihr mir gegenüber kalt seid, werde ich eure Lampe ausblasen, weil ihr die Wärme der Flamme nicht benutzt.«

Ich hoffe, dass ich inzwischen klar gemacht habe, dass wir, falls unsere »erste Liebe« zu Christus nicht wirklich den ersten Platz in unserem Leben einnimmt, alles tun müssen, um ihr ihren rechtmäßigen Platz wieder einzuräumen.

Das habe nicht ich mir ausgedacht. Jesus sagte, wir sollen uns besinnen, Buße tun und von neuem beginnen (Offb 2, 5). Das sind die Schritte, die uns zu unserer ersten Liebe zurückführen und mit denen wir uns im zweiten Teil des Buches beschäftigen werden.

Aber bevor wir diesen ersten Teil abschließen, möchte ich in diesem und dem folgenden Kapitel die beiden Seiten einer sehr wichtigen Medaille betrachten: die irdischen und die ewigen Folgen für Christen, die ihre erste Liebe verlassen und nicht umkehren, die nicht an der nächsten Ausfahrt abbiegen, über den Zubringer fahren und die andere Richtung der Autobahn einschlagen, die sich weigern, Gott wieder den ihm zustehenden Platz einzuräumen.

Wir haben dieses Thema bereits mehrfach berührt, aber ich möchte es jetzt aus drei Gründen eingehend behandeln. Erstens hat die Bibel viel über das Urteil über Christen zu sagen. Zweitens wäre es nicht ehrlich, Ihnen nur die Hälfte der Geschichte zu erzählen. Drittens möchte ich Ihnen helfen umzukehren, bevor Sie gegen eine Mauer rasen.

Meine Hauptaussage in diesem und dem folgenden Kapitel lautet: Ein Christ, dessen erste Liebe erkaltet ist, der ich-bezogen und fleischlich anstatt Christus-bezogen lebt, riskiert schwere Verluste, sowohl in der Zeit als auch in der Ewigkeit.

Ich wiederhole noch einmal, falls Sie es vergessen haben. Wir befassen uns hier nicht mit dem Verlust des Heils. Für Christen ist dieses Problem erledigt. Nichts kann uns von der Liebe Gottes in Christus Jesus trennen. Wir befassen uns mit dem Verlust von Gottes Segen auf Erden und dem Verlust der Belohnung im Himmel. Dieses Kapitel befasst sich mit der Erde. In Kapitel 9 sprechen wir über den Himmel. Also betrachten wir jetzt die irdischen Folgen anhaltender Fleischlichkeit.

Göttliche Erziehung

Wir sehen diese Folgen oder das Ergebnis ganz deutlich in Hebräer 12, 5-6: »[Ihr] habt bereits den Trost vergessen, der zu euch redet wie zu seinen Kindern: ›Mein Sohn, achte nicht gering die Erziehung des Herrn und verzage nicht, wenn du von ihm gestraft wirst. Denn wen der Herr lieb hat, den züchtigt er, und er schlägt jeden Sohn, den er annimmt.‹«

Beachten Sie, dass man zuerst ein Kind Gottes sein muss, um für die Züchtigung überhaupt infrage zu kommen. Dies untermauert das Argument, dass es hier nicht um das Heil geht. Der Schreiber des Hebräerbriefes, der uns inzwischen ein vertrauter Freund geworden ist, sagt tatsächlich: »Wenn Gott dich liebt, schlägt er dich.«

Züchtigung ist ein Liebesbeweis

Wenn wir uns gegen Gott auflehnen, entdecken wir genau wie unsere Kinder, wenn sie sich gegen uns auflehnen, dass zur Liebe auch Züchtigung gehört. Wie wir bereits sagten, ist Liebe darauf aus, Falsches zu korrigieren und daraus Rechtes zu machen. Der Schreiber des Briefes sagt ja in Vers 7: »Es dient zu eurer Erziehung, wenn ihr dulden müsst. Wie mit seinen Kindern geht Gott mit euch um; denn wo ist ein Sohn, den der Vater nicht züchtigt?«

Da Väter für die Züchtigung in der Familie verantwortlich sind, vergleicht der Schreiber den himmlischen Vater mit einem irdischen Vater. Er fragt: »Was für ein Vater sind Sie, wenn Sie Ihre Kinder nicht züchtigen? Wenn Sie sagen, Sie lieben Ihre Kinder zu sehr, um sie schlagen zu können, dann hassen Sie sie in Wirklichkeit. Wenn Sie sagen, Sie lieben sie zu sehr, um ihnen Grenzen zu setzen, erfüllen Sie Ihre Vaterpflichten nicht.«

Was für ein Vater wäre Gott demnach, wenn er Sie ungestraft mit Ihrer Auflehnung davonkommen ließe? Was für ein Vater wäre er, wenn er einfach dastehen und zuschauen würde, wie Sie den falschen Weg hinunterschlittern, bis Sie gegen die Mauer stoßen? Als ich Kind war, sagten meine Eltern: »Mach weiter. Mach nur so weiter.« Damit gaben sie mir zu verstehen, dass die Strafe nahe war. Wenn Sie in Fleischlichkeit und in anhaltender Auflehnung gegen Gott leben, möchte er Ihnen zu verstehen geben, dass die Strafe nahe ist. Bald wird er Sie schlagen. Aber er wird Sie schlagen, weil er Sie liebt.

Ja, wenn Gott Sie nicht schlägt, wenn Sie jahraus, jahrein nicht von ihm gezüchtigt werden, dann ist Ihr Problem ganz anders gelagert. Betrachten Sie Vers 8: »Seid ihr aber ohne Züchtigung, die doch alle erfahren haben, so seid ihr Ausgestoßene und nicht Kinder.«

Mit anderen Worten, Ihr Problem besteht nicht darin, dass Sie Züchtigung brauchen. Ihr Problem ist, dass Sie errettet werden müssen. Wenn Gott Sie nicht schlägt, dann liegt der Grund darin, dass Sie nicht sein Kind sind. Sie gehören zu einer anderen Familie – zur Familie Satans – und er wird Sie in der Ewigkeit züchtigen. Da bekommen Sie dann Ihre Schläge.

Wenn ich sehe, wie Nachbarskinder böse Dinge tun, schlage ich sie nicht, weil ich nicht für sie verantwortlich bin. Ich sage vielleicht etwas zu ihnen, aber ich schlage sie nicht, weil sie nicht meine Kinder sind. Aber wenn es um meine Kinder geht, so ist das etwas ganz anderes.

Wenn meine Kinder zu mir sagen: »He, die Nachbarskinder werden von ihren Eltern nicht geschlagen«, könnte ich in etwa so antworten: »Nun, wenn ihr bei ihnen lebt, werdet ihr auch nicht geschlagen. Aber solange ihr hier seid, bedeutet die Tatsache, dass ihr meine Söhne oder Töchter seid, dass es ohne Züchtigung nicht geht.«

Züchtigung führt zu Achtung

Nach Vers 9 führt Züchtigung zu Achtung. Zwischen beiden besteht ein direkter Zusammenhang. Wenn Sie nicht züchtigen, schaffen Sie keine Achtung. Menschen, die unehrerbietig und rücksichtslos sind, sind zuchtlos und undiszipliniert. Sie wurden zu Hause nicht gezüchtigt, und das Ergebnis sehen Sie daran, wie junge Menschen mit älteren Menschen sprechen. Diese jungen Menschen wurden nie zurechtgewiesen und gestraft.

Haben Sie schon einmal ein nicht zu bändigendes Kind gesehen und sich gesagt: »Dieser Junge bräuchte eine tüchtige Tracht Prügel?« Sie sagen damit, dass dieser Junge nicht richtig zurechtgewiesen wird. Ihre Schlussfolgerung ist wahrscheinlich richtig, weil Strafe und Lebensweise wie Ursache und Wirkung zueinander stehen.

Wenn Ihr Vater Sie als Kind zu Hause strafte, werden Sie deshalb vielleicht später nicht von der Polizei bestraft. Ich war nie im Gefängnis. Viele meiner Bekannten waren im Gefängnis. Aber ich nicht, weil ich frühzeitig gelernt habe, dass Strafe unangenehm ist.

Als Kind bekam ich all die Schläge, die ich brauchte. Mein Vater hat mich fertig gemacht. Er hatte einen Lederriemen. Wenn Papa mich schlug, hatte ich manchmal den Eindruck, dass in diesem Riemen eine Rasierklinge eingebaut war! Aber weil mein Vater mich damals schlug, brauchte ich später von keinem Polizisten oder Richter gestraft zu werden.

Züchtigung stellt Auflehnung ab

In Anbetracht unseres Themas möchte ich den Unterschied zwischen der Strafe erklären, die alle Christen durchmachen, einfach, weil sie zur Familie gehören, und der viel schlimmeren Strafe, die erforderlich ist, um Auflehnung abzustellen – nötigenfalls sogar bis zum Verlust des Lebens, wie wir noch sehen.

Denken Sie daran, dass alle Christen gestraft werden. Denken Sie daran, dass wir bereits mehrfach sagten, dass alle Gläubigen sündigen. Wir vermasseln immer wieder Dinge. Hier befassen wir uns aber mit einem anhaltenden, auflehnenden Verhaltensmuster, der bewussten Entscheidung, die erste Liebe aufzugeben und hinter einem anderen oder etwas anderem herzujagen.

Jetzt fragen Sie vielleicht: »Wie kann ich den Unterschied erkennen? Wie lange muss Gott mich schlagen?« Nun, darüber sagt die Bibel nichts Genaues, und ich denke, ich weiß warum.

Wenn Gott sagte: »Zwei Hiebe für Lügen«, würden manche Leute sagen: »Na ja, zwei Hiebe kann ich ertragen«, und sie würden weitermachen und lügen. Wenn Gott sagte: »Zehn Hiebe für Ehebruch«, dann würden manche glauben, der Schmerz lohne sich. So würden sie lügen oder Ehebruch begehen, ihre Hiebe einstecken und ohne Besserung weiterleben.

Diese Lektion der Strafe lernte ich von meinem Vater. Wenn die Zeit für Schläge gekommen war, fragte ich immer: »Wie viele Hiebe bekomme ich?«

Er antwortete jedes Mal: »Ich weiß nicht. Wir werden sehen.«

Mein Vater sagte: »Sohn, ich möchte, dass du verstehst, was ich dir mit dieser Strafe beibringen will. Ich möchte, dass du ein gehorsamer Sohn bist, wenn wir damit fertig sind. Also schlage ich dich, bis ich sehe, dass du deine Lektion verstanden hast.« Je nach der Härte oder Weichheit meines Herzens konnten es ein oder zehn Hiebe sein.

Alle Eltern haben diesen Unterschied bei ihren Kindern gesehen. Die meisten von uns haben zwei verschiedene Arten von Kindern, wenn es um Strafe geht. Es gibt Kinder, die beim ersten tadelnden Wort zerknirscht sind und das Problem abstellen.

Ein anderes Kind steht nach einer Tracht Prügel auf, schaut Ihnen in die Augen und sagt: »Das hat mir gar nicht wehgetan.« Offensichtlich hat Junior seine Lektion nicht verstanden. Also müssen Sie es noch einmal versuchen, damit Sie Ihren Nachwuchs nicht enttäuschen!

Das bedeutet also, dass Sie so lange schlagen, bis der Betreffende seine Lektion verstanden hat. Sie schlagen, bis es dem Gestraften ganz klar wird, dass er dies nicht wieder tun will. Das ist eine Gratwanderung, und da Erziehung nicht zu den exakten Wissenschaften gehört, machen Eltern hier manchmal Fehler.

Hebräer 12, 9-10 erinnert uns daran, dass irdische Eltern nicht immer perfekt züchtigen. Ihre Schwester hat es getan, aber Sie bekommen die Strafe, weil Ihr Vater nicht sah, wer es getan hat, und Ihre Schwester log und sagte, Sie waren es. So tat Ihr Vater, was er für richtig hielt (V. 10 a).

Bei Gott haben wir dieses Problem nicht. Er züchtigt uns perfekt. Er macht keine Fehler, weil er weiß, wer es getan hat. Gott wird nicht überrumpelt. Er weiß, warum Sie es taten, wann Sie es taten, ob Sie zuerst überlegt haben, ob Sie es tun und ob Sie daran denken, es wieder zu tun.

Ich erinnere mich, dass unsere Familie einmal zum Strand ging. Ich weiß nicht mehr, was es war, aber wir hatten ein wichtiges Haushaltsgerät mitgenommen. Ich machte es kaputt. Ich warf es einfach in die Luft und warf es zu weit, und es zerbrach. Ein paar Minuten später hob mein Vater es auf und stellte eine sehr einfache Frage: »Hast du es kaputtgemacht?«

Nun, ich hatte mich zuvor umgesehen, und soweit ich mich erinnern konnte, hatte niemand gesehen, wie ich es warf. Deshalb sagte ich: »Oh, Papa, ich weiß nicht, wer es warf. Oh, schau dir das an! Das ist schlimm!«

Papa nahm es mir nicht ab. Herr, erbarme dich! Er führte mich hinter einige Büsche und versohlte mich gründlich. Er sagte: »Junge, lüge mich ja nie mehr an!«

Ich tue vielleicht noch viele Dinge, aber Lügen gegenüber bin ich sehr feinfühlig, weil mein Vater mich gezüchtigt hatte und ich das nie vergessen habe. Sünde muss Folgen nach sich ziehen, wenn wir heilig und so, wie Gott uns haben möchte, werden wollen.

Freude oder Schmerz?

In Vers 11 lesen wir: »Jede Züchtigung aber, wenn sie da ist, scheint uns nicht Freude, sondern Leid zu sein.« Gott ist ehrlich. Wenn Sie in Fleischlichkeit leben, wird er Sie züchtigen, und das wird wehtun. Seine Züchtigung kann die verschiedensten Gestalten annehmen. Es könnte körperliche Züchtigung sein. Die Bibel sagt, dass Gott manchmal Krankheit schickt. Es könnte seelisches Leid sein, ein finanzieller Rückschlag oder alles Mögliche.

Sie werfen ein: »Aber geschehen diese Dinge nicht auch Christen, die nach Gottes Willen leben, wenn ihr Glaube auf die Probe gestellt wird?« Ja, aber hier besteht ein wichtiger Unterschied. Man kann ihn sehen, wenn man Vers 11 in Zusammenhang mit Jakobus 1, 2 betrachtet.

Der Unterschied zwischen einem Christen, der nach Gottes Willen lebt und in Anfechtungen fällt, und einem Christen, der nicht nach Gottes Willen lebt und gezüchtigt wird, ist folgender. Wenn Sie in Anfechtungen fallen, die von Gott geschickt werden, um Ihren Glauben zu stärken, so sagt Jakobus 1, 2, dass Sie dies »für lauter Freude erachten« können. Das bedeutet, dass Gott Ihnen auch mitten im Leid seine Freude schenkt.

Aber wenn Sie hart gezüchtigt werden, weil Sie auf dem falschen Weg dahinrasen und bald gegen eine Mauer stoßen, werden Sie mitten in Ihren Problemen keine Freude verspüren. Sie erleben dann nur Schmerz. Erleben Sie Freude oder Schmerz in Ihrer Lage?

Daran erkennen Sie, ob es sich um Anfechtungen oder um Strafe handelt.

Nun, ich weiß, dass es eine dritte Art von Anfechtungen gibt, die häufig auftreten und daher rühren, dass wir als unvollkommene Menschen in einer unvollkommenen Welt leben. Aber der Test gilt trotzdem. Erleben Sie Freude oder Schmerz in Ihrer Lage? Daran erkennen Sie, wie gesund Ihre Beziehung zu Gott ist.

Aber beachten Sie: Auch im Fall schwerer Züchtigung können wir danach wieder in Frieden leben, wenn wir unsere Lektion gelernt haben, wenn wir zulassen, dass wir richtig erzogen werden (Hebr 12, 11), weil wir dann wieder auf dem Weg des Herrn gehen. Es ist, als würde ein Vater nach einer Züchtigung seinen Arm um sein weinendes Kind legen und sagen: »Ich möchte nur, dass du weißt, dass ich dich liebe.« Das Kind kann sogar unter Tränen inneren Frieden haben, weil es sich der Liebe seines Vaters sicher ist.

Ich hörte einmal eine Geschichte von einem kleinen Jungen, der seinen Kahn auf einem Teich schwimmen ließ. Auf einmal schwamm der Kahn davon. Ein Mann kam vorbei und sah den Kahn draußen auf dem Teich. Er begann, Steine auf die der Teichmitte zugewandten Seite des Kahnes zu werfen. Der Junge fragte: »Warum tust du das?«

Dann geschah etwas Interessantes. Als die Steine auf der anderen Seite des Kahnes auf das Wasser aufschlugen, erzeugten sie kleine Wellen, die den Kahn zu dem Jungen zurücktrieben. Wenn auch die Steine die glatte Oberfläche des Wassers störten, so erreichten sie doch das gewünschte Ergebnis.

So wirkt auch Gottes Züchtigung. Wenn wir auf dem »Meer der Sünde« oder dem »Teich der Ungerechtigkeit« von ihm weggetrieben werden, wirft er die störenden Steine seiner liebevollen Züchtigung über uns hinweg, um uns zum Ufer unserer ersten Liebe zurückzutreiben.

Unerhörte Gebete

Wenn wir unsere erste Liebe verlassen und hinter etwas anderem herjagen, kann eine andere irdische Folge sein, dass unsere Gebete nicht erhört werden. Betrachten wir als Einstimmung in das Thema Jakobus 1, 5: »Wenn es aber jemandem unter euch an Weisheit mangelt, so bitte er Gott, der jedermann gern gibt und niemanden schilt; so wird sie ihm gegeben werden.«

Wenn Sie aufgrund von Gottes Fügung durch Anfechtungen gehen, können Sie nicht nur inmitten des Schmerzes Freude erfahren, Sie können auch um Gottes Weisheit bitten, um mit der Situation richtig umzugehen.

Das ist eine der großen Verheißungen der Bibel. Gott sagt, dass er Ihnen nichts vorenthält, dass er Sie nicht schilt oder herabsetzt, wenn Sie ihn bitten. Aber dann zeigt Jakobus denen, die an diese Sache falsch herangehen, wie sie es besser machen können: »Er bitte aber im Glauben und zweifle nicht; denn wer zweifelt, der gleicht einer Meereswoge, die vom Winde getrieben und bewegt wird. Ein solcher Mensch denke nicht, dass er etwas von dem Herrn empfangen werde« (Jak 1, 6-7).

Wankelmütigkeit

Wenn Sie sich nicht im Glauben, sondern zweifelnd und »wankelmütig« an Gott wenden, werden Sie leer ausgehen. Dies bezieht sich auf die gesamte Lebensführung, denn ein solcher Mensch »ist unbeständig auf allen seinen Wegen«.

Waren Sie schon einmal mit wankelmütigen Menschen zusammen? Sie sagen ja und eine Minute später nein. Sie wissen nicht, was sie wollen.

Was bedeutet im Glauben beten? Es bedeutet, zu Gott zu kommen und dabei entschlossen zu sein, alles zu tun, was er einem aufträgt. Gott erhört die Gebete von Christen nicht, die nicht wissen, ob sie dann auch tun, was er sagt. Deshalb müssen Sie bereit sein, zu Gott zu sagen: »Nicht mein Wille, aber dein Wille geschehe.«

Und warum ist das so wichtig? Wenn Gott weiß, dass Sie über seinen Willen Erörterungen anstellen werden, was wird er dann wohl tun? Er wird Ihnen nicht einmal sagen, worüber Sie Erörterungen anstellen können. Denn Gott macht keine Vorschläge. Er gibt nur Gebote.

Gott macht Ihnen keinen Vorschlag, über den Sie nachdenken können. Er schenkt Ihnen keine Offenbarung, damit Sie darüber Betrachtungen anstellen. Er sagt Ihnen, was Sie tun sollen, weil er weiß, dass Sie gehorchen. Sonst empfangen Sie nichts von ihm.

Folglich führt Ihr Leben in Fleischlichkeit dazu, dass keines Ihrer Gebete erhört wird. Gott geht mit Ihrer Wankelmütigkeit keine Kompromisse ein.

Nehmen wir an, ein Ehepaar kommt zu mir in die Beratung, und der Mann sagt: »Sehen Sie, ich bin nicht sicher, ob ich meine Frau will oder diese andere. Ich liebe beide. Aber bis ich mich entschieden habe, möchte ich, dass meine Frau bei mir bleibt.

Ich möchte, dass sie weiterhin für mich kocht und wäscht. Ich möchte, dass sie für mich Verständnis aufbringt. Ich möchte, dass sie mir dient und mir treu ist, bis ich entschieden habe, ob ich sie oder die andere Frau will. Meine Frau hat einige gute Eigenschaften und befriedigt meine Bedürfnisse. Aber die andere Frau auch. Also möchte ich, dass meine Frau die wunderbare Ehefrau bleibt, die sie ist, während ich entscheide, ob ich sie oder die andere will.«

Nun, wenn dieser verrückte Mann in *meinem* Büro wäre, würde ich ihm sagen: »Entscheiden Sie sich lieber, bevor Sie dieses Büro verlassen, sonst könnten morgen Abend, wenn Sie nach Hause kommen, Ihre Frau und die Möbel weg sein, und Sie müssen zahlen!«

Reinigen Sie Ihren Sinn

Wenn Sie wankelmütig sind, können Sie in keiner Beziehung leben. Manchmal sagen Leute: »Ich weiß nicht, was ich will.« Das ist eine falsche Antwort. Sie kann der Wahrheit entsprechen. Vielleicht wissen Sie wirklich nicht, was Sie wollen, aber es ist trotzdem die falsche Antwort.

Wenn Sie nur an das denken können, was *Sie* wollen, werden Sie ständig ratlos sein. Die Frage ist, was *Gott* von Ihnen will. Für jenen Ehemann sollte es nichts zu überlegen geben, weil Gott sagt: »Du musst derjenigen treu sein, der du dein Wort gegeben hast.« Über solche Dinge bestehen bei Gott nicht die geringsten Zweifel.

Wenn Sie in Gedankenspiele verwickelt sind wie: »Nun, ich denke«, »Ich frage mich«, »Ich ziehe in Betracht« oder »Ich bin nicht sicher«, dann können Sie all das an einem einzigen Tag lösen. Reinigen Sie Ihren Sinn, indem sie Ihre Füße reinigen. Das heißt, folgen Sie Gott mit Ihren Füßen, dann wird Ihr Sinn aufhören, wankelmütig zu sein und beginnen, aufrichtig zu werden.

Gehorsam rangiert vor Gefühlen oder Wünschen. Wenn Sie gehorchen, dann fühlen Sie sich wohl, wenn Sie das tun, was Gott Ihnen sagt. Das ist die richtige Reihenfolge. Wenn Sie diese Reihenfolge nicht einhalten, erhört Gott Ihre Gebete nicht. Die Freundschaft mit der Welt macht Sie zum Feind Gottes, der den Hochmütigen widersteht, aber den Demütigen Gnade gibt. Sie müssen Gott untertan sein (siehe Jak 4, 4-7). Wenn Sie Ihre erste Liebe verlassen haben, brauchen Sie nicht zu beten, denn Gott hat Ihnen gegenüber keinerlei Verpflichtung.

Verlust der Gewissheit

Wenn Sie nicht zu Ihrer ersten Liebe zurückkehren, hat das eine dritte Folge, nämlich den Verlust Ihrer Heilsgewissheit.

Aus diesem Grunde glauben manche, dass man das Heil verliert, wenn man sich von Jesus entfernt. In 2. Petrus 1, 9 sagt der Apostel, dass man die Heils*gewissheit* verlieren kann, dass man sich also nicht errettet vorkommt. Aber zwischen beidem besteht ein riesiger Unterschied.

Aus 2. Petrus 1, 4 geht hervor, dass Petrus an Christen schreibt. In den Versen 5-7 zählt Petrus eine Reihe geistlicher Eigenschaften auf, die wir uns aneignen müssen, um zu wachsen und Gottes Werk und Kraft in unserem Leben zu erfahren. Dann schreibt er: »Denn wenn dies alles reichlich bei euch ist, wird's euch nicht faul und unfruchtbar sein lassen in der Erkenntnis unseres Herrn Jesus Christus. Wer dies aber nicht hat, der ist blind und tappt im Dunkeln und hat vergessen, dass er rein geworden ist von seinen früheren Sünden« (2. Petr 1, 8-9).

Geistlicher Gedächtnisverlust

Der Christ, der nicht wächst und nicht die Kraft Gottes erfährt, vergisst, dass er gerettet ist. Einige Christen sind schon so lange in der Welt, dass sie vergessen haben, dass sie wieder geboren sind. Sie trieben sich so lange mit den Ungerechten herum, dass sie deren Lebensstil übernommen haben. Was geschieht also?

Sie verlieren die Gewissheit ihrer Berufung (V. 10). Sie sind nicht sicher, ob sie zu Gott gehören. Sie sind sich ihrer Erwählung nicht sicher – dass Gott sie erwählt hat. Und sie erleben geistliche Niederlagen.

Wenn ein Christ nicht die Eigenschaften hat, die Petrus aufzählt, wenn er nicht wächst und reif wird, ist er allen möglichen Zweifeln ungeschützt ausgesetzt. Menschen in dieser Lage sind nicht zuversichtlich, weil Gott in ihrem Leben nichts tut. Sie haben den Trost, die Freude und den Frieden, die mit der Heilsgewissheit einhergehen, verloren. Da hilft nur eines, nämlich auf den rechten Weg zurückzukehren: »Darum liebe Brüder, bemüht euch desto mehr, eure Berufung und Erwählung festzumachen. Denn wenn ihr dies tut, werdet ihr nicht straucheln« (V. 10).

Der körperliche Tod

Das ist die ernsteste Folge von allen, zumindest vom irdischen Standpunkt her. In 1. Korinther 10, 1b-5 zieht Paulus eine Parallele zwischen dem ungehorsamen Volk Israel in der Wüste und den ungehorsamen Gläubigen in Korinth: »Unsere Väter [sind] alle unter der Wolke gewesen und alle durchs Meer gegangen; und alle sind auf Mose getauft worden durch die Wolke und durch das Meer und haben alle dieselbe geistliche Speise gegessen und haben alle denselben geistlichen Trank getrunken; sie tranken nämlich von dem geistlichen Felsen, der ihnen folgte: der Fels aber war Christus. Aber an den meisten von ihnen hatte Gott kein Wohlgefallen, denn sie wurden in der Wüste erschlagen.«

Wir wissen, dass Israel Gottes Volk war. Sie hatten das Passa befolgt, was ein Glaubensakt war, und sie waren aus Ägypten ausgezogen, ein Bild für das Heil.

Paulus sagt, dass alle Israeliten auch die Fürsorge Gottes genossen. Sie waren unter der Wolke, sie waren unter Gottes Führung. Sie zogen durch das Meer, sie wurden von Gott erlöst. Sie sind auf Mose getauft worden, sie hatten den Führer Gottes. Sie aßen und tranken geistliche Nahrung, ein Bild für Christus; sie wurden von Gott versorgt.

Die Linie überschreiten

Aber wie wir bereits in einem früheren Kapitel sahen, wurde jeder erwachsene Israelit, der aus Ägypten auszog, »in der Wüste erschlagen«. Damit will ich sagen, sie starben tatsächlich. Was hat sie nun erschlagen?

Die Antwort ist ihr schrecklicher Mangel an Glauben, ihre schwere Sünde und ihr maßloser Ungehorsam Gott gegenüber. Diese Menschen überschritten eine schreckliche Linie und zahlten mit ihrem Leben. Wenn Sie daran zweifeln, dass Paulus über den Tod schreibt, lesen Sie die Verse 8-10.

Wie könnte heute diese strenge Züchtigung bei hartnäckig ungehorsamen Gläubigen aussehen? Ich möchte diese Frage folgendermaßen beantworten. Wenn Sie Christ sind, haben Sie einen Schutzengel, einen von Gottes Dienern, der Gottes Plan auf Erden durchführen soll. Als Sie neulich auf der Autobahn entlangrasten und fast eingeschlafen und in ein anderes Auto gefahren wären, klopfte Ihnen Ihr Schutzengel auf die Schulter und sagte: »Wach auf!«

Eines Tages schaltete ich den Herd ein, um Wasser für den Tee zu kochen, dann wollte ich mich ein bisschen hinlegen, bis das Wasser kochte. Natürlich schlief ich ein. Aber obwohl ich fest schlief, erinnere ich mich ganz deutlich, dass es in meinem Kopf klang: »Steh auf! Steh auf! Steh auf!«

Ich warf mich hin und her, drehte mich auf die andere Seite und versuchte, nicht darauf zu achten, aber es dröhnte weiter. Also sprang ich auf und rannte in die Küche, gerade noch rechtzeitig, bevor der Herd Feuer fing. Ich neigte den Kopf und sagte: »Danke, Herr, für deine Fürsorge.«

So handelt Gott. Es ist immer jemand bei Ihnen. Aber wenn Sie als Christ weit weg vom rechten Weg, weit weg von Christus, im fernen Land sind – welche Analogie Sie auch immer gebrauchen –, dann kann Ihr Schutzengel zu Ihrem Verderber werden (siehe 1. Kor 10, 10), weil Gott vielleicht sagt: »Wecke ihn diesmal nicht auf.«

Eine ernste Lektion

Das ist ernst. Gott lässt nicht mit sich spielen. Der Tod ist ernst.

Warum erzählt Gott der Gemeinde von Korinth – und uns –, was mit Israel geschah? Damit wir aus ihren Fehlern lernen: »Das ist aber geschehen uns zum Vorbild, damit wir nicht am Bösen unsre Lust haben, wie jene hatten« (V. 6).

Wer seine erste Liebe verlässt oder, wie Paulus es in 1. Korinther 2-3 nennt, ein fleischliches Christenleben führt, der hat seine Lust an dem, was Gott nicht für ihn will. Der strebt das Gegenteil von dem an, was Gott will. Das ist so wichtig, dass Paulus es noch einmal wiederholt (1. Kor 10, 11).

Jetzt sagen Sie: »Ja, aber da draußen ist es schrecklich verlockend. Mit so viel Versuchung kann ich nicht fertig werden.« Dem ist nicht so: »Bisher hat euch nur menschliche Versuchung getroffen. Aber Gott ist treu, der euch nicht versuchen lässt über eure Kraft, sondern macht, dass die Versuchung so ein Ende nimmt, dass ihr's ertragen könnt« (V. 13).

Paulus räumt ein, dass die Versuchung Sie »getroffen« hat. Sie schmettert Sie vielleicht nieder. Sie können nicht anders, als daran zu denken, egal, was es ist. Sie können nicht anders, als sich danach zu sehnen. Stillschweigend dulden Sie es, dass Sie hinter dieser Sache her sind.

Aber wissen Sie was? Sie sind nicht der erste Christ, der das durchgemacht hat. Sie sind nicht der erste Mann, der eine hübsche Frau sieht. Sie sind nicht die erste Frau, die einem attraktiven Mann begegnet. Sie sind nicht der erste Gläubige, der diese oder jene Versuchung hat.

Manchmal sagen Sie: »Ach, damit werde ich nicht fertig!« Nun, viele Leute vor Ihnen sind damit fertig geworden. Der einzige Grund, weshalb Sie und ich manchmal nicht entrinnen, ist, dass wir zu sehr in die Versuchung verliebt sind. Wir wollen die Versuchung, also wollen wir nicht entrinnen.

Was tun wir also? Wir spielen mit der Versuchung, anstatt bei der nächsten Ausfahrt abzubiegen. Gott baut sofort Ausgangstüren, damit Sie vor der Versuchung fliehen können, wenn Sie wollen. Aber wenn Sie nicht entrinnen wollen, wenn Sie lieber Ihre Lust an bösen Dingen haben, dann wird Gott Sie züchtigen.

Wie wir bereits gesehen haben, werden Sie dann von vielen Rückschlägen getroffen. Gott erhört Ihre Gebete nicht. Sie verlieren die Gewissheit, dass Sie wirklich gerettet sind. Wenn das alles zu nichts führt, wird er Sie frühzeitig nach Hause holen.

Das ist wirklich sehr hart. Das ist die strengste Züchtigung auf Erden. Die in 1. Korinther 10, 6-10 beschriebenen Sünden sind von der niederträchtigsten Art. Sie sind sogar noch schlimmer, wenn man bedenkt, was Gott für Israel getan hat.

Aber wir wissen, dass Gottes Volk so tief fallen kann. Und wenn das geschieht, muss Gott uns vielleicht erschlagen. Christen können vor der Zeit sterben. Es war nicht vorgesehen, dass diese Israeliten sterben. Sie sollten in das gelobte Land gelangen. Aber wie anders kam es!

Umkehren

Aber Gott hat eine Möglichkeit bedacht, wie er uns zurückbringen kann, auch wenn wir bereits kurz vor seiner letzten irdischen Züchtigung stehen: »Liebe Brüder, wenn jemand unter euch abirren würde von der Wahrheit und jemand bekehrte ihn, der soll wissen: Wer den Sünder bekehrt hat von seinem Irrweg, der wird seine Seele vom Tode erretten« (Jak 5, 10-20a).

Wenn Sie die Sünde eines Bruders nicht beachten, tragen Sie vielleicht zu seinem vorzeitigen Tod bei. Sie sind vielleicht ein Helfershelfer bei seiner Zerstörung durch Gott, weil Sie immer nur sagten: »Das ist seine Sache.«

Ich gebe allen Mitgliedern meiner Kirche das Recht, zu mir zu kommen, mich zu packen und umzudrehen, wenn sie sehen, dass ich auf falschem Wege bin. Ich will, dass sie das tun, bevor Gott seinen Zerstörer rufen und ihm sagen muss: »Bringe Evans nach Hause.«

In 1. Johannes 5, 16 fordert Johannes uns zum Gleichen auf wie Jakobus. Aber dann fügt Johannes diese sehr ernüchternde Anmerkung an: »Es gibt aber eine Sünde zum Tode; bei der sage ich nicht, dass jemand bitten soll.«

Das Problem ist, dass man nicht weiß, wann es so weit ist. Man bekommt vielleicht keine Vorwarnung. Gott ruft Sie vielleicht einfach heim, wie er es bei Hananias und Saphira tat (Apg 5).

Wie vermeiden wir das Risiko von Gottes strenger Züchtigung? Nicht, indem wir vollkommen werden, weil das nicht möglich ist. Nicht, indem wir aufhören zu kämpfen, weil wir mit der Sünde kämpfen, solange wir im Fleisch sind.

Wir vermeiden Gottes Urteil, indem wir bei nächster Gelegenheit den falschen Weg verlassen, über den Zubringer fahren und wieder den rechten Weg einschlagen.

Züchtigung ist nie angenehm und wird es wahrscheinlich auch nie sein. Aber Gottes Züchtigung kann zu einigen sehr fruchtbaren Ergebnissen führen, wenn wir uns mit der rechten Haltung in sie fügen. Das Ziel der folgenden praktischen Anregungen ist es, Ihnen zur Selbstzucht in diesen Bereichen zu helfen, damit Gott nicht später mit härterer Züchtigung eingreifen muss:

1. Als Gottes Kinder brauchen wir alle Züchtigung, aber es muss nicht so weit gehen, dass wir seinen Segen und seine Wohltaten verlieren. Betrachten Sie Ihr Leben genau und versuchen Sie herauszufinden, ob dieses schmerzliche Problem, diese schwierige Beziehung oder diese ständige Anfechtung eine normale Züchtigung Gottes ist, die ihren Glauben stärken soll, oder ob dies das Ergebnis von Ungehorsam ist. Ein guter Anhaltspunkt ist das Vorhandensein oder das Fehlen von Gottes Freude und Frieden mitten in einer Problemsituation.

2. Wenn Sie bereits wissen, dass Sie sich vor einem ganz bestimmten Gehorsamsschritt, den Gott Ihnen aufgetragen hat, drücken wollen, stellen Sie sich vor den nächsten Spiegel, und fordern Sie sich heraus! Beschließen Sie, dass Sie jetzt gehorsam sind. Bitten Sie einen Freund, von Ihnen Rechenschaft zu fordern.

3. Wir wissen, dass die Frage, die Christen sich am häufigsten stellen, lautet: »Wie kann ich sicher wissen, dass ich gerettet bin?« Wie wir in diesem Kapitel sahen, ist Heilsgewissheit mehr als das Verständnis theologischer Wahrheit. Sie hängt oft mit unserem Gehorsam – oder Ungehorsam – zusammen.

Zu Gottes größten Geschenken zählt die Bibel, die voller zeitloser Richtlinien und Beispiele aus der Geschichte ist, die Ihnen und mir helfen, auf dem rechten Weg zu bleiben, aus den Siegen und Niederlagen anderer zu lernen, ihren Schmerz zu vermeiden und das Beste, das Gott bietet, zu genießen. Gibt es woanders etwas, das Ihnen so viel Gutes bietet? Dann müssen Sie dafür sorgen, dass nichts Sie vom aufmerksamen Lesen der Bibel abhält. Es gibt keinen Grund, warum Sie noch warten. Der Heilige Geist kann es kaum erwarten, Ihr Lehrer zu sein. Öffnen Sie Ihre Bibel und bitten Sie Gott, Ihre geistlichen Augen und Ohren zu öffnen.

9. Der hohe Preis des Verlassens (2)

Im vorhergehenden Kapitel lernten wir, dass in diesem Leben ganz bestimmte Folgen, sogar schwerwiegende, eintreten, wenn wir nicht umkehren, falls wir unsere erste Liebe zu Christus verlassen haben.

Aber wenn wir auf dem falschen Weg bleiben – also ein Leben als Christ führen, das wir mit fleischlich, rückschrittlich, unreif und unfruchtbar bezeichneten –, so hat das auch einen schmerzvollen Zahltag in der Ewigkeit zur Folge. Ich möchte, dass Sie das jetzt wissen, damit Sie aufgrund dieses Sachverhalts Ihre Entscheidungen treffen können.

Niemand wacht eines schönen Morgens auf und sagt: »Ich möchte Arzt werden«, und beginnt noch an diesem Tag, als Mediziner tätig zu sein. Sie können heute nur dann Mediziner sein, wenn Sie vor Jahren den Beschluss gefasst haben, Arzt zu werden. Dieser Wunsch muss Sie immer geleitet haben, sodass Sie die richtige Schule besuchten und die richtigen Fächer studierten. Dieser Wunsch hat wahrscheinlich Ihre finanziellen Entscheidungen und vielleicht sogar Ihren Familienstand bestimmt, und wenn Sie verheiratet sind, auch die Frage, wann Ihre Kinder zur Welt kommen.

Mit anderen Worten, wenn Sie heute Arzt sein wollen, ist es heute viel zu spät, sich dieses Ziel zu setzen. Sie hätten schon vor zehn oder fünfzehn Jahren diesbezüglich tätig werden müssen.

Damit möchte ich sagen, dass das Wissen um die Zukunft Ihre Handlungen in der Gegenwart bestimmt. Wenn Sie wissen, was Sie erreichen wollen, wird Ihnen das helfen zu entscheiden, was Sie gerade jetzt tun sollten.

Eines Tages werden alle Christen vor Gott stehen und darüber Rechenschaft ablegen, wie sie als seine Kinder lebten. An jenem Tag wird es zu spät sein, noch erforderliche Veränderungen vorzunehmen.

Also versuchen wir, mehr über diesen Tag und was er mit sich bringt, zu erfahren. Wir haben einige Punkte bereits berührt, aber in diesem Kapitel werden sie systematisch zusammengestellt.

Wenn wir über den hohen Preis für das Verlassen unserer ersten Liebe im Lichte der Ewigkeit gesprochen haben, werden wir uns im zweiten Teil dieses Buches eingehend damit beschäftigen, wie wir zu unserer ersten Liebe zurückkehren und das Beste, was Gott hier auf Erden und im Himmel bietet, genießen können.

Der Ort des Gerichts

Der Ort der Abrechnung wird der Richterstuhl Christi genannt. Betrachten wir dazu eine wichtige Bibelstelle aus dem zweiten Korintherbrief:

»Darum setzen wir auch unsre Ehre darein, ob wir daheim sind oder in der Fremde, dass wir ihm wohlgefallen. Denn wir müssen alle offenbar werden vor dem Richterstuhl Christi, damit jeder seinen Lohn empfange für das, was er getan hat bei Lebzeiten, es sei gut oder böse. Weil wir nun wissen, dass der Herr zu fürchten ist, suchen wir Menschen zu gewinnen« (2. Kor 5,9-11a).

Paulus schreibt: »Wir müssen alle offenbar werden.« Es wird keine Ausnahme geben. Jeder Christ, der einen neuen Leib erhalten hat (V. 1), wird eines Tages zu einer Versammlung gerufen.

Wenn Jesus Christus heute wiederkäme, würden alle, die ihn als Retter angenommen haben, sofort verschwinden. Wir würden in Jesu Gegenwart versetzt. Sofort nach der Entrückung würden wir vor seinen Richterstuhl gestellt.

Das griechische Wort *»bema«* das mit »Richterstuhl« übersetzt wurde, war zur Zeit des Paulus wohlbekannt, weil damals in Korinth die Isthmischen Spiele abgehalten wurden. Bei diesen Spielen, die unseren Olympischen Spielen ähneln, wurde auf dem Marktplatz eine Tribüne oder ein Podium aufgebaut, das *bema* genannt wurde. Die Richter saßen dann auf diesem *bema*, um die einzelnen Wettkämpfe dieser Spiele zu beurteilen und um Strafen und Belohnungen auszuteilen.

Ein Ort der Belohnung

Wenn ein Athlet einen Wettkampf gewann, wurde er zum Richterstuhl geführt, genau wie heutige Olympiasieger zum Siegertreppchen geführt werden, auf dem sie ihre Medaillen erhalten. Das war der Ort der Belohnung. Der Gewinner bekam einen Siegeskranz auf den Kopf und andere Belohnungen. Er erhielt auch Ansehen. Auch brauchten die Gewinner der wichtigsten Wettkämpfe keine Steuern mehr bezahlen.

Ein Ort der Auswertung

Aber der Richterstuhl war auch der Ort der Auswertung. Andere Athleten kamen und dachten, sie hätten gewonnen. Es sah so aus, als hätten sie gesiegt. Aber vor dem Richterstuhl erfuhren sie, dass sie irgendeine Regel gebrochen hatten. Wenn sie auch dachten, sie hätten gewonnen, vor dem Richterstuhl wurden sie disqualifiziert.

Paulus hatte die Isthmischen Spiele und den Richterstuhl im Sinn, als er schrieb: »Ich bezwinge meinen Leib und zähme ihn, damit ich nicht ... selbst verwerflich werde (Anm. d. Übers.: wörtlich: damit ich nicht disqualifiziert werde)« (1. Kor 9, 27). Er hatte Angst, eines Tages vor Christus zu stehen und anzunehmen, ein Gewinner zu sein, und dann herausfinden zu müssen, dass er disqualifiziert wurde.

Jeder Christ wird eines Tages vor dem Richterstuhl stehen. Christus wird entscheiden, ob Sie Ihr Rennen gewonnen haben, ob Sie ein Christenleben geführt haben, das ihm gefiel oder ob Sie disqualifiziert werden. Von jenem Tag sagt die Bibel: »So werden die Letzten die Ersten und die Ersten die Letzten sein.«

Viele, die denken, vor dem Richterstuhl Christi werden sie Applaus ernten, bekommen nur Buhrufe. Viele, die dachten, Gewinner zu sein, finden heraus, dass sie Verlierer sind, weil vor dem Richterstuhl die wahre Geschichte erzählt wird.

Auf Erden kann man von Menschen getäuscht werden. Sie haben vielleicht ein geistliches Lächeln und führen geistliche Reden. Aber vor dem Richterstuhl Christi wird alles aufgedeckt.

Das Problem des Urteils

Dieses Problem haben wir bereits kurz angesprochen. Die Bibel sagt deutlich, dass jeder, der in Christus ist, nicht mehr ins Gericht oder die Verdammnis kommt (Joh 5, 24; Röm 8, 2). Doch die Bibel sagt auch: »Der Herr wird sein Volk richten« (Hebr 10, 30).

Kein Widerspruch

Ist das ein Widerspruch? Nein, das ist ein Scheinwiderspruch. Worin liegt der Unterschied? Ein Widerspruch besteht zwischen zwei Dingen, die nicht beide gleichzeitig wahr sein können. Ein Scheinwiderspruch sieht nur wie ein Widerspruch aus, weil wir noch nicht alle Tatsachen kennen. Lassen Sie sich nicht von den Leuten einreden, die Bibel widerspreche sich selbst. Sie kennen einfach nicht alle Tatsachen.

Warum sagt die Bibel, dass Sie nicht gerichtet und dann doch gerichtet werden? Sogar bevor Sie Jesus Christus annahmen, richtete Gott alle Ihre Sünden am Kreuz. Die Bibel sagt, dass der Tod Christi für die Sünden aller Menschen auf der ganzen Welt bezahlt hat (1. Joh 2, 2). Und Paulus schreibt: »Gott war in Christus und versöhnte die Welt mit sich selber« (2. Kor 5, 19).

Wenn nun Gott für die Sünden eines jeden Menschen bereits bezahlt hat, wie können dann Menschen in die Hölle kommen? Für jede Sünde wurde bereits bezahlt. Aber Menschen kommen in die Hölle, weil sie den Retter ablehnen, weil sie die einzige Zahlung, die Gott für die Sünde vorgesehen hat, ablehnen.

Menschen, die in die Hölle kommen, lehnen entweder Christus rundweg ab oder versuchen, etwas zu dem, was Jesus am Kreuz getan hat, hinzuzufügen. Christus zahlte für die Sünden aller Menschen für alle Zeiten. Aber wenn sie den Retter nicht annehmen, können sie auch keinen Nutzen aus seiner Zahlung ziehen.

Kein anderer Retter

Man muss sein Vertrauen auf Jesus als den einzigen Retter setzen, nicht auf die Kirche, nicht auf die Taufe, nicht auf ein anständiges Leben. Es heißt nicht »Jesus plus …«. Jesus plus *nichts* rettet uns. Viele Menschen stolpern über dieses *nichts*. Sie wollen dem, was Jesus getan hat, noch etwas hinzufügen.

Wenn Sie Jesus vertrauen, werden Sie von oben in Gottes Familie hineingeboren. Sie werden Gottes Kind. Wenn das einmal geschehen ist, wird Ihre Stellung als Kind Gottes nie mehr infrage gestellt. Wenn Sie einmal von oben geboren wurden, können Sie Ihr Heil nie mehr verlieren.

Auf seinem Richterstuhl wird Jesus nicht darüber urteilen, ob Sie Gottes rechtmäßiges Kind sind. Sie werden als Knecht beurteilt, also wie Sie als Christ gehandelt haben, wie Sie Ihr Leben als Christ führten.

Das möchte ich mit einem Bild erklären. Nehmen wir an, Sie sind Lehrer, und Ihre Tochter ist eine Ihrer Schülerinnen. Sie benimmt sich im Klassenzimmer schlecht, also sagen Sie: »Stehe auf und gehe aus dem Zimmer. Du musst nachsitzen!«

Sie haben nur das Verhalten Ihrer Tochter als Schülerin bewertet und sie auf dieser Grundlage verurteilt. Sie kann nicht sagen: »He, ich bin deine Tochter. Du kannst mich nicht nachsitzen lassen.« Ihre Beziehung zu Ihnen steht nicht zur Debatte. Wenn sie an diesem Nachmittag vom Nachsitzen nach Hause kommt, ist sie immer noch Ihre Tochter. Aber ihre Stellung in der Familie enthebt sie nicht der Verantwortung, eine gute Schülerin zu sein.

Als Christen stehen wir mit Gott als seine Kinder und als seine Knechte in Verbindung. Wenn Sie nicht zu Christus gehören, werden Sie nicht einmal vor den Richterstuhl Christi kommen. Er richtet Sie darüber, wie Sie ihm als sein Knecht dienten. Wir müssen diese beiden Beziehungen verstehen.

Die Grundlage des Urteils

Bisher habe ich noch nicht über die Folgen eines ich-bezogenen Christenlebens gesprochen, weil ich zunächst darlegen wollte, dass jeder Christ vor dem Richterstuhl Christi erscheint.

Jetzt kommen wir zu den Folgen, indem wir die Grundlagen des Urteils betrachten. 2. Korinther 5, 10 sagt ganz klar: Jeder wird gerichtet für das, »was er getan hat bei Lebzeiten«.

Paulus gibt uns einige wichtige Einzelheiten dazu: »Ich, nach Gottes Gnade, die mir gegeben ist, habe den Grund gelegt als ein weiser Baumeister; ein anderer baut darauf. Ein jeder aber sehe zu, wie er darauf baut. Einen anderen Grund kann niemand legen als den, der gelegt ist, welcher ist Jesus Christus. Wenn aber jemand auf den Grund baut Gold, Silber, Edelsteine, Holz, Heu, Stroh, so wird das Werk eines jeden offenbar werden. Der Tag des Gerichts wird's klar machen; denn mit Feuer wird er sich offenbaren. Und von welcher Art eines jeden Werk ist, wird das Feuer erweisen. Wird jemandes Werk bleiben, das er darauf gebaut hat, so wird er Lohn empfangen. Wird aber jemandes Werk verbrennen, so wird er selbst Schaden leiden; er selbst aber wird gerettet werden, doch so wie durchs Feuer hindurch« (1. Kor 3, 10-15).

Das Feuer hier ist nicht die Hölle. Paulus spricht über Christen, und wie sie auf den bereits gelegten Grund bauen. In der Bibel bedeutet Feuer Gericht. Wenn es auf Nichtchristen angewandt wird, bedeutet es die Hölle, aber im Fall eines Christen bedeutet es Gottes Urteil oder Züchtigung in Zeit und auch in Ewigkeit.

Diese Verse sind so direkt, dass man nicht viel dazu erklären muss. Christen, die ein gläubiges, wohlgemerkt kein perfektes, Leben führen, denen die Nachfolge das Wichtigste ist, erhalten einen Lohn, weil sie mit Gold, Silber und Edelsteinen bauten.

Diese Dinge kann das Feuer nicht zerstören. Das Feuer kann sie höchstens reinigen. Aber wenn Sie mit Holz, Heu und Stroh bauen und ein Feuer anzünden, wird bald Rauch aufsteigen.

Da Paulus das Bild eines Baumeisters gebraucht, sagen wir einmal, Sie zahlen gutes Geld dafür, dass ein Haus für Sie gebaut wird. Aber der Baumeister kommt mit blauen Steinen, schwarzen Steinen, weißen Steinen, blaugrünen Steinen und roten Steinen, alle durcheinander gemischt.

Sie würden das nicht anerkennen, denn dafür haben Sie nicht gezahlt. Sie würden dem Baumeister etwas erzählen, wenn er so etwas Schreckliches baut und Sie doch gutes Geld dafür hinlegten. Wenn Sie ein erstklassiges Haus bauen wollen, brauchen Sie erstklassiges Material.

Am Kreuz zahlte Jesus gutes Geld für unsere Sünden. Gott gab seinen einzigen Sohn, damit Sie und ich eine Beziehung mit Gott haben können. Kein Wunder, dass Paulus sagt: »Passt auf, womit ihr baut. Benützt kein billiges Material, wenn Gott gutes Geld zahlte.«

Was bedeutet es, mit Holz, Heu oder Stroh zu bauen? Es bedeutet, dass Sie nichts dafür vorweisen können, dass Sie gerettet sind. Das Lebenswerk vieler Christen wird vor dem Richterstuhl Christi völlig verbrennen. Gott wird ihr Werk mit seiner Heiligkeit durchdringen, und ihr Leben wird vor ihm zerbröckeln, weil sie nichts von Ewigkeitswert von der Erde in den Himmel mitbrachten.

Sie lebten, um ihren eigenen Wünschen Rechnung zu tragen. Sie lebten für ihre Träume, ihre Ziele, ihre Bedürfnisse und ihre Triebe. Gott wird sie mit seinen Augen durchdringen und sagen: »Was bringst du *mir*?« Alles wird auf dem Boden zerschellen, denn »der Tag des Gerichts wird's klar machen« (1 Kor 3, 13).

Unsere Taten

Nun möchte ich Ihnen die drei Dinge nennen, die Gott ins Auge fasst, wenn er uns richtet. Zuerst wird er unsere Taten prüfen. Lesen wir, was in Hebräer 4, 12-13 steht: »Denn das Wort Gottes ist lebendig und kräftig und schärfer als jedes zweischneidige Schwert, und dringt durch, bis es scheidet Seele und Geist, auch Mark und Bein, und ist ein Richter der Gedanken und Sinne des Herzens. Und kein Geschöpf ist vor ihm verborgen, sondern es ist alles bloß und aufgedeckt vor den Augen Gottes, dem wir Rechenschaft geben müssen.«

Eines Tages werden wir bloß und aufgedeckt vor Gott stehen. Es wird keine Fassaden, kein Versteck, keinen geheimen Ort geben.

Gott wird anhand von zwei Maßstäben das richten, was wir taten. Taten wir, was er uns sagte? Und taten wir es aus den richtigen Gründen?

Einige von uns werden vor dem Richterstuhl Christi stehen und sagen: »Aber ich dachte ...«

Und Christus wird antworten: »Nein, ich sagte.« Mit anderen Worten, er wird darüber urteilen, ob Ihre Handlungen mit seinem Wort übereinstimmten. Deshalb muss Ihre höchste Treue dem Wort gelten. Es ist in Ordnung, einem Menschen zu folgen, solange dieser Mensch dem Wort Gottes folgt.

Aber Sie dürfen nicht zulassen, dass dieser Mensch Sie vom Wort Gottes wegführt, denn Gott richtet Sie nicht nach diesem Menschen; er richtet Sie mit dem Maßstab seines Wortes.

Gott betrachtet nicht nur, was Sie taten, sondern auch, warum Sie es taten. In 1. Korinther 4, 5 steht, wir sollen nicht vor der Zeit richten, weil das Verborgene ans Licht kommen wird. Was Sie jetzt sehen, ist vielleicht nicht das, was Gott später sieht.

Sie und ich können äußerlich das Richtige tun. Aber ohne ein Herz voll Liebe, ohne verbindliche Beziehung zu Jesus und ohne den Wunsch, zu Gottes Ruhm zu leben, ist alles, was wir tun, nur Schauspielerei. Deshalb wird Gott die innersten Absichten offen legen. Er wird alles von innen nach außen kehren, um zu sehen, was im Innern vorging.

Unsere Zuverlässigkeit

Das Zweite, über das Gott Sie und mich richtet, ist unsere Zuverlässigkeit. In 1. Korinther 4, 2 lesen wir, dass ein Haushalter treu sein muss. In Offenbarung 2, 10 werden wir aufgefordert, getreu bis in den Tod zu sein. Jesu Lob an jenem Tag wird sein: »Recht so, du tüchtiger und treuer Knecht.«

Manche von uns sind glücklich, wenn sie einmal im Jahr etwas Großes für Gott tun. Wir sagen: »Ich habe am 26. November etwas Tolles für Gott getan. Ich weiß, dass der Himmel Beifall klatschte.« Auf seinem Richterstuhl wird Jesus auch das auswerten, was Sie zwischen dem 1. und dem 25. November taten. Dann wird er über die restlichen elf Monate sprechen. Er wird auch fragen: »Hast du ein Leben der Treue mir gegenüber geführt?«

Natürlich ist niemand perfekt. Aber wenn Christus Ihr Leben überblickt, welches Verhaltensmuster erkennt er dann? Sieht er, dass Sie ihm konsequent nachfolgten und gehorchten, und wenn Sie fielen, dass Sie konsequent Buße taten, wieder aufstanden und weitergingen?

Unsere Aussagen

Das Dritte, über das Gott uns richtet, sind unsere Aussagen, unsere Worte. Jedes »nichtsnutzige Wort«, das wir sprechen, wird geprüft (Mt 12, 36). Da wird man schnell für schuldig erklärt, nicht wahr? All die ordinären Ausdrücke sind gespeichert. Jemand wirft ein: »Das habe ich nicht gesagt.« Jesus ruft es vom Computer ab.

Einige von uns sagen: »Herr, ich erinnere mich nicht daran, dass ich klatschte.« Doch! Hier ist es. Alles wird offenbar. »Was ihr in der Finsternis sagt, das wird man im Licht hören« (Lk 12, 3).

Das Ergebnis des Urteils

In Matthäus 25, 14 ff. erzählt Jesus uns eine Geschichte von einem Mann, der auf Reisen ging. Er vertraute seinen drei Knechten verschiedene Geldsummen an, damit sie während seiner Abwesenheit seine Geschäfte besorgen könnten. Die ersten beiden legten die Summe gut an und verdoppelten das Geld ihres Herrn.

Der dritte, der einen Zentner erhalten hatte, verbarg diesen. Er tat nichts mit dem, was sein Herr ihm gegeben hatte. Das Problem war, dass sein Herr, der hier Gott darstellt, zurückkam und zu allen drei Knechten oder Sklaven sagte: »Zeigt mir, was ihr mit dem, was ich euch gab, getan habt« (siehe V. 19).

Die ersten beiden Knechte hatten viel zu zeigen, und jeder wurde von seinem Herrn gelobt und bekam eine schöne Belohnung

(V. 21, 23). Aber der Mann, der einen Zentner bekommen hatte, konnte seinem Herrn nicht mehr zeigen als das, womit er angefangen hatte.

Genau das tun viele Christen. Sie nehmen Gaben, Fähigkeiten und Geld, alles, was Gott ihnen gibt, und verstecken ihre Schätze. Sie nutzen sie nie für Gott. Oh doch, vielleicht benutzen sie diese Dinge, um Macht, Ansehen und Profit für sich selbst zu gewinnen. Aber sie gewinnen nichts für das Reich Gottes.

Aber der Herr dieses unzuverlässigen Knechts nahm ihm seine Entschuldigung nicht ab, und der Knecht bekam sein Urteil (V. 26-30). Da ich glaube, dass diese Geschichte ein Bild der Gläubigen vor dem Richterstuhl Christi darstellt, müssen wir den Ernst des hier beschriebenen Geschehens begreifen. Wir sprechen über den Verlust des Lohnes für Christen, die Gott nicht den Platz einräumen, der ihm zusteht. Das ist ein ungeheurer Verlust, der drei Teile umfasst.

Der erste ist ein scharfer Tadel (V. 26-27). Wenn Sie vor Christus stehen, wenn er Ihnen den Preis zeigt, den er gezahlt hat, damit Sie den Himmel genießen können, und wenn Sie sehen, was Sie hätten haben können, dann wird das ein sehr unangenehmer Augenblick sein.

Der zweite Teil ist der Verlust des Erbes am Reich Gottes (V. 28-29). Jesus wird Ihnen zeigen, was Sie hätten haben können, was Sie hätten sein können und was er mit Ihnen in seinem Tausendjährigen Reich hätte tun können, seinem Tausendjährigen Reich, das unmittelbar auf sein Urteil auf dem Richterstuhl folgt.

Das dritte Urteil ist der Ausschluss aus Christi königlichem Hochzeitsmahl (V. 30). Ich glaube, einige seiner Kinder werden wegen Untreue ausgeschlossen.

Welche Tragödie zu wissen, was wir hätten haben können! Manchmal können wir etwas tun, um das, was wir bereuen, wieder in Ordnung zu bringen. Aber vor dem Richterstuhl kann man nichts mehr in Ordnung bringen.

Die Dauer des Urteils

Ich möchte Ihnen anhand eines Bildes vom Eishockey erklären, wie meiner Meinung nach die Dauer des Urteils aussieht. Wenn Sie beim Eishockey eine Regel brechen, schickt der Schiedsrichter Sie auf die Strafbank. Sie gehören noch zur Mannschaft. Sie sehen alles, was auf dem Eis geschieht, aber Sie können nicht spielen, weil Sie die Regeln brachen. Wie viele Minuten Sie auf der Strafbank bleiben, hängt davon ab, welche Regel Sie brachen.

Damit kann man am besten erklären, was meiner Meinung nach mit fleischlichen Christen im Reich Gottes geschieht. Gott beurteilt Ihr Leben und stellt fest, dass Sie die Regeln gebrochen haben. Und er begleitet Sie auf die Strafbank. Sie gehören noch zur Mannschaft. Aber da Sie für das Fleisch lebten, können Sie nicht voll teilnehmen.

Die Bibel sagt uns, dass es verschiedene Stufen der Strafe in der Hölle gibt (Mt 11, 21-24). Ebenso gibt es verschiedene Stufen des Segens im Himmel. Wenn manche Christen vor dem Richterstuhl Christi erscheinen, wird alles, was sie haben, in Flammen aufgehen, und sie werden auf die Strafbank geschickt. Wenn Sie die Einzelheiten dessen, was da geschieht, betrachten, so kann ich Ihnen sagen, dass Sie als Kind Gottes das nicht erleben möchten. Und ich auch nicht.

Der hohe Preis lohnt sich nicht

Ich hoffe, dass alles, was ich in Kapitel 8 und in diesem Kapitel bisher sagte, Sie zu demselben Schluss wie mich führt: Der Preis für das Verlassen der ersten Liebe zu Christus ist zu hoch. Wie groß die augenblicklichen Genüsse des Lebens in geistlichem Ungehorsam auch sein mögen, auf lange Sicht sind sie viel zu teuer, und manchmal auch auf kurze Sicht!

Für den heutigen Tag leben

Ich möchte noch einen weiteren Bibelvers mit Ihnen lesen, Galater 6, 7. Vielleicht kennen Sie ihn schon. Es ist ein bekannter Vers, aber nur weil er bekannt ist, sollten Sie ihn nicht verachten: »Irret euch nicht! Gott lässt sich nicht spotten. Denn was der Mensch sät, das wird er ernten.«

Lassen Sie diese Worte ein paar Minuten lang auf sich wirken, und Sie erkennen einen mächtigen Grundsatz. Paulus sagt, dass alles, was wir heute kurzfristig tun, morgen langfristige Folgen hat. Das ist ein schwerwiegender Gedanke im Lichte von Jesu Gebot, zu unserer ersten Liebe zurückzukehren.

Eine Möglichkeit, die Reife eines Menschen zu messen, besteht darin, zu sehen, wie weit er die heutige Wirklichkeit mit zukünftigen Folgen in Zusammenhang bringen kann und wie weit er heute an Morgen denkt.

Das Wesentliche der Reife liegt darin, dass Sie jetzt im Lichte zukünftiger Folgen leben. Das bedeutet, dass Sie die Kosten einer gegebenen Handlung abwägen und auf der Grundlage dessen, was Sie später bezahlen müssen, beschließen, was Sie jetzt tun.

Paulus schreibt den Galaterbrief an eine Gemeinde, die ernsthaft Zeichen von Fleischlichkeit und geistiger Unreife aufweist. Betrachten Sie die Stellen Galater 3, 1-5 und 5, 1-4, und Sie sehen, dass Paulus die schärfste Sprache all seiner Briefe benutzt, um diese Menschen vor den Folgen des Rückfalls ins Gesetz zu warnen.

Die Christen von Galatien, die von Judaisierern umschmeichelt werden, sind fast bereit, in ihrem geistlichen Leben einen riesigen Schritt zurückzumachen. Paulus will sie dazu ermuntern, die Gnade Gottes ganz neu zu sehen und sich der Entscheidung bewusst zu werden, vor der sie stehen.

Eingebaute Folgen

Galater 6, 7 ist ein Axiom, ein allgemein anerkannter Grundsatz, eine Behauptung, die so offensichtlich ist, dass sie fast ein Gemeinplatz ist. Wenn es um unsere erste Liebe zu Jesus Christus geht, gilt Galater

6,7, ob uns das gefällt oder nicht. Und außerdem wirkt der Grundsatz vom Säen und Ernten, wie sehr wir auch versuchen, ihn nicht zu beachten oder gar ins Gegenteil zu verkehren.

Würden Christen es tatsächlich wagen, Gottes Grundsätze nicht zu beachten oder ins Gegenteil zu verkehren? Christen, die nicht in enger Beziehung mit Jesus leben und auf dem falschen Weg gehen, tun das recht oft. Wenn wir nicht aufpassen, können wir kalt und gleichgültig in unserer Liebe zu Christus werden und allmählich denken, dass die Regeln, die auf andere Gläubige zutreffen, für uns nicht gelten.

Es ist, als würde jemand sagen: »Die Schwerkraft gilt für mich nicht. Ich mag die Schwerkraft nicht. Ich habe sie noch nie gemocht. Ich denke, dass das Gesetz der Schwerkraft gar keine Existenzberechtigung habe dürfte, und um das zu beweisen, werde ich mich dagegen auflehnen.« Also steigt dieser Mensch auf ein hohes Gebäude, ballt drohend die Faust und ruft: »Schwerkraft, ich mag dich nicht! Ich lehne dich ab! Ich trotze dir.« Und er springt.

Ein paar Sekunden lang fühlt dieser Mann sich so frei wie ein Vogel. Wenn er es schafft, Atem zu schöpfen, sagt er vielleicht auf seinem Weg nach unten: »Siehst du, Schwerkraft, was ich tat! Ich zeige dir, wer Herr ist!«

Aber wenige Sekunden später, wenn das Pflaster gefegt wird, sind einige Beweise erbracht. Erstens, der Schwerkraft ist es egal, was Sie denken. Und zweitens, Sie brechen das Gesetz der Schwerkraft nicht, aber die Schwerkraft zerbricht Sie.

Gott verspotten

Deshalb bittet Paulus uns eindringlich: »Irret euch nicht.« Das heißt: »Lasst euch von niemandem etwas anderes einreden als das, was ich euch jetzt sage.« Lassen Sie sich von Ihrem Vater oder Ihrer Mutter nichts anderes einreden. Lassen Sie sich von Ihren Freunden oder Arbeitskollegen nichts anderes einreden als das, was in der Bibel steht. Lassen Sie sich von niemandem davon überzeugen, dass es nicht viel kostet, seine erste Liebe zu verlassen.

Beachten Sie den folgenden Satz: »Gott lässt sich nicht spotten.« Das ist ein sehr interessantes Wort. Es bedeutet, jemandem eine lange Nase machen, hämisch grinsen, verächtlich machen.

Bringen Sie diese Definition mit Gott als Objekt in Verbindung, dann verstehen Sie ganz klar, was Paulus meint. Gott lässt nicht zu, dass seine Leute ihm eine lange Nase machen oder ihn verächtlich behandeln. Gott lässt nicht zu, dass jemand über ihn als Letzter lacht. Lassen Sie sich von niemandem vormachen, Sie könnten Gott hereinlegen.

Wir alle kennen Menschen, die jahrelang geistlich kalt und gleichgültig lebten. Man könnte versucht sein, zu sagen: »Nun, bisher passierte ihnen nichts.«

Paulus sagt: »Macht euch nichts vor.«

Wie es Falschgeld gibt, führen manche Christen ein falsches Leben. Sie machen einen guten Eindruck auf andere. Wir sehen ihren »Aufdruck« und sagen: »Das müssen gute Christen sein. Sie lächeln geistlich. Sie sprechen geistlich. Sie tragen eine Bibel bei sich.«

Aber eines Tages wird die Falschheit ihres Lebens vor dem Richterstuhl Christi offenbar werden. Wenn das geschieht, stellt sich der Grundsatz aus Galater 6,7 als gültig heraus.

Säen und Ernten

Das ist nicht schwer zu verstehen. Man muss kein Theologe sein, um es zu begreifen. Man muss nur etwas Ahnung von Landwirtschaft haben. »Denn was der Mensch sät, das wird er ernten« (V. 7b).

Jeder Landwirt wird Ihnen sagen, dass Sie das ernten, was Sie säen. Wenn Sie Mais säen, werden Sie keinen Weizen ernten. Wenn Sie Kartoffeln anpflanzen, ernten Sie keine Kürbisse. Was Sie säen, werden Sie ernten.

Es ist erstaunlich, wie viele Menschen Ungerechtigkeit säen wollen, aber Gottes Segen erwarten. Sie wollen Schlechtes anpflanzen, wünschen sich aber eine gute Ernte. Sie wollen Samen des Unrechts streuen, aber eine Ernte des Rechten einbringen.

Aber so geht es bei Gott nicht. Sie müssen etwas über das Säen wissen. Wenn Sie einmal etwas ausgesät haben, egal, was es ist, so wird es naturbedingt wachsen. Die Folgen Ihres Säens liegen fest. Sie müssen für das Wachstum nichts Außergewöhnliches tun. Was Sie gesät haben, wird eines Tages aus der Erde sprießen. Das ist ein natürlicher Teil des Vorgangs.

Ich hoffe, dass Sie erkennen, wie ernst das in Bezug auf etwas so Wesentliches wie unsere Liebe zu Jesus ist. Es ist so wichtig, das richtig zu begreifen, dass ich Ihnen in der ganzen zweiten Hälfte dieses Buches Hilfen biete, wie Sie zu Ihrer ersten Liebe zurückfinden können.

Bevor wir jedoch so weit sind, möchte ich Ihnen noch einen Grundsatz zu Säen und Ernten erklären: Laut 2. Korinther 9, 6 hängt Ihre Erntemenge davon ab, wie viel Sie gesät haben: Paulus sagt: »Wer da kärglich sät, der wird auch kärglich ernten; und wer da sät im Segen, der wird auch ernten im Segen.«

Wenn Sie nur ein bisschen in Geistliches investieren, werden Sie nur ein bisschen vom Herrn ernten. Wenn Sie viel in Geistliches investieren, werden Sie viel ernten. Achten Sie darauf, dass sowohl dieser Vers als auch Galater 6, 7 aussagt, dass es an Ihnen liegt, was Sie säen.

Manchmal sagen Christen: »Nun, wenn Gott will, dass ich etwas tue, so muss er mich dazu bringen, es zu tun.« Darauf müssen Sie vielleicht lange warten, denn das Säen ist Ihre Sache. Es geht darum, wofür Sie sich entscheiden, in welche Richtung Sie gehen. »Was« Sie säen hat Folgen, die am Ende der Reise auf Sie warten.

Sie wenden ein: »Aber ich fahre schon lange auf dieser Straße und bin noch in keine Mauer gerannt.« Der Grund liegt darin, dass Sie immer noch Ihre »Ernte« vergrößern. Sie wurde nur noch nicht eingebracht. Aber wenn es einmal so weit ist, werden Sie erkennen, dass der Preis für das Verlassen Ihrer ersten Liebe zu hoch ist. Warum ändern Sie also die Dinge nicht jetzt, bevor die Zeit der Ernte kommt.

Eine letzte Frage

Wir sprachen viel über den Richterstuhl Christi, den Verlust von Belohnungen und unseren Schmerz, wenn wir erkennen, was wir hätten haben können und das Wissen, dass wir Jesus nicht treu waren.

Das führt uns zu einer letzten Frage. Wenn wir mit einem vollkommenen Leib und einem neuen Sinn im Himmel sind, wie ist es dann möglich, dass wir Schmerz fühlen?

Erstens wissen wir, dass es möglich ist, weil Gott im Himmel ist und Schmerz fühlt. Wenn Sie sündigen, tut es Gott im Herzen weh. Deshalb weinte Jesus über Jerusalem. Dies ist auch ein wesentlicher Aspekt der Geschichte vom Verlorenen Sohn. Gott fühlt den Schmerz unserer Sünde, auch im Himmel.

Zweitens: Eben weil Sie einen vollkommenen Leib haben, fühlen Sie Schmerz, wie Sie ihn nie zuvor gefühlt haben. Sehen Sie, hier auf Erden sündigen wir und fühlen uns beim ersten Mal gar nicht wohl dabei. Das zweite Mal nur irgendwie nicht wohl und das dritte Mal nur ein bisschen flau. Beim fünften Mal sind wir so sehr an die Sünde gewöhnt, dass wir überhaupt nichts mehr fühlen.

Warum ist der Schmerz über eine Sünde, die wir zum ersten Mal begehen, so stark? Weil er neu ist. Wir sind an das Gefühl nicht gewöhnt. Nun, im Himmel haben wir einen nagelneuen Leib, der sich nie an das Böse gewöhnt. Wir werden so feinfühlig sein wie nie zuvor.

Wenn Sie Belohnungen wegen Ihrer fleischlichen Lebensweise verlieren, werden Sie darüber Schmerz empfinden. Im Reich Christi werden Sie ein Verlustgefühl wie nie zuvor haben.

Wenn ich das Personal meiner Kirche beurteile, gebe ich nur zwei Bewertungen. Ein »Unbefriedigend« hat weit reichende Folgen, denn es bedeutet weniger Gehaltserhöhung. Es bedeutet, dass der oder die Betroffene nicht die erhoffte, erwünschte oder vielleicht auch benötigte Gehaltserhöhung bekommt.

Wenn jemand jedoch mit »Befriedigend« benotet wird, bedeutet es, dass er oder sie die erhoffte Erhöhung bekommt. Und wenn Mitarbeiter Besonderes leisten, erhalten sie als Anerkennung zum Jahresende eine Prämie.

Bei den Olympischen Sommerspielen 1988 schoss der Kanadier Ben Johnson beim 100-Meter-Lauf wie eine Rakete aus den Startblöcken. Ich erinnere mich, wie der Kommentator sagte: »Haben Sie diesen Start gesehen?«

Als Johnson das Zielband zerriss, zeigte die Fernsehuhr, dass er den olympischen Rekord im 100-Meter-Lauf gebrochen hatte. Er war der schnellste Mensch der Welt.

Die Menge tobte! Die anderen Läufer gratulierten ihm. Johnson drehte eine Siegerrunde und schwenkte dabei die kanadische Flagge. Aber als er vor den Richterstuhl trat, wurde die Wahrheit offenbar. Die Richter fanden in seinem Blut Steroide. Die Meldung kam und mit ihr die Forderung: »Ben Johnson, geben Sie Ihre Goldmedaille zurück.« Die Medaille wurde Johnson aus den Händen gerissen und dem amerikanischen Sprinter Carl Lewis überreicht, und Johnson kehrte in Schande nach Kanada zurück.

Die Menge wusste all das nicht, als Johnson lief. Als er aus den Startblöcken schnellte, tobten die Menschen. Als er seine Siegerrunde drehte, sah er wie ein Gewinner aus. Aber die Richter untersuchten, was in Johnsons Körper verborgen war und brachten es an den Tag. Dann wurde offenbar, welcher Art Johnsons Werk war.

Vor dem Richterstuhl Christi wird es manchen unter uns wie Ben Johnson ergehen. Wir werden sehen, wie die Goldmedaille, die wir für die unsere hielten, einem anderen überreicht wird, weil wir die Regeln nicht eingehalten haben.

Andererseits werden viele von uns eine Siegerrunde drehen und über den Lautsprecher hören: »Meine Damen und Herren, der Sieger!«

Wie wird es bei Ihnen sein?

Zurück zur ersten Liebe

Wird Christus auf seinem Richterstuhl Sie als Sieger ankündigen, oder wird er Ihnen Ihre Medaille abnehmen? Wenn Sie an jenem Tag ein Sieger sein wollen, dann schenken Sie ihm heute Ihre erste Liebe. Ich hoffe, dass die folgenden Anregungen Ihnen helfen, hier auf Erden nach den Regeln zu laufen, damit Sie im Himmel nicht Ihre Belohnung verlieren.

1. Wenn Sie bei Ihrer nächsten Familienmahlzeit ein interessantes Gespräch führen möchten, so bitten Sie jedes Familienmitglied, zu versuchen, seine Geistesgaben herauszufinden (Röm 12, 1; 1. Kor 12). Dann sprechen Sie darüber, wie ein jeder von Ihnen seine Gaben für Gottes Sache einsetzen kann. Lesen Sie Jesu Gleichnis in Matthäus 25, 14-30 und betonen Sie, wie wichtig es ist, das einzusetzen, was er uns anvertraut hat.

2. Wissen Sie von einer Gabe oder Fähigkeit, die Gott Ihnen gegeben hat und die Sie aus irgendeinem Grund verbergen? Dann holen Sie Ihre Schaufel hervor! Graben Sie Ihren »Zentner« oder Ihr »Talent« aus (siehe Mt 25, 25) und bitten Gott um eine Gelegenheit, ihm damit zu dienen. Hören Sie dann aufmerksam auf die Antwort.

3. Jeder Christ hat andere Gaben, Fähigkeiten und finanzielle Mittel, aber wir können alle treu sein. Schauen Sie sich um und merken auf die Menschen, deren Treue zum Herrn und seinem Volk ein Segen für Ihr Leben geworden ist. Nehmen Sie sich vor, mindestens drei dieser Menschen zu sagen, wie sehr Sie sie schätzen.

Nehmen Sie ein Blatt Papier und schreiben drei oder vier Bereiche Ihres Lebens auf (z. B. Ehe, kirchliche Arbeit, Haushalterschaft in finanziellen Angelegenheiten), in denen Sie sich besonders wünschen, Jesu Lob »Recht so, du tüchtiger und treuer Knecht« zu hören. Schreiben Sie unter jeden Punkt das, was Sie *jetzt* tun, um Ihr Ziel zu erreichen.

Zweiter Teil

Rückkehr zur ersten Liebe

Daran denken

1. Daran denken, wer Jesus ist

Jetzt kommen wir zum angenehmen Teil!

Wir sind beim zweiten Teil des Buches angekommen, in dem wir die bedeutendste »Reise«, die wir als Gläubige jemals unternehmen, besprechen: die Rückkehr zu unserer ersten Liebe.

Um uns in diesen Abschnitt einzustimmen, der in drei Unterabschnitte gegliedert ist (siehe Inhaltsverzeichnis), möchte ich noch einmal auf den Text aus Offenbarung 2, 4-5 zurückkommen, auf den sich das ganze Buch stützt. Betrachten wir jetzt die erste Hälfte von Vers 5, wo der auferstandene Herr Jesus gebietet: »So *denke nun daran*, wovon du abgefallen bist, und *tue Buße* und *tue die ersten Werke*« (Hervorhebungen vom Autor).

Hieraus ersehen Sie, woher wir die Dreiteilung für diesen Abschnitt bekommen: daran denken, Buße tun und die ersten Werke tun. Das ist ein wirksames Rezept, nicht nur für eine persönliche geistliche Erneuerung, sondern auch für eine Erweckung in Ihrer Familie und in der Kirche. Als Pastor bin ich davon überzeugt, dass wir eine Erweckung erleben würden, wenn genug einzelne Gläubige die Ermahnung Jesu ernst nehmen würden! Beginnen wir also unsere Reise.

Als Jesus der Gemeinde in Ephesus sagte: »So denke nun daran, wovon du abgefallen bist«, da wollte er sie zweifellos an die Tage erinnern, in denen ihre erste Liebe die erste Stelle, die ihr zusteht, einnahm. Da ohne Frage Jesus das Objekt unserer ersten Liebe sein soll, ist es ein guter Anfang, uns daran zu erinnern, wer Jesus ist.

Deshalb möchte ich in diesem Kapitel einige grundlegende Wahrheiten über Jesus Christus besprechen und in Ihr Gedächtnis zurückrufen. Ich möchte sie zunächst kurz umreißen und dann ihre Auswirkungen auf unser Leben untersuchen.

Jesus Christus ist einzigartig unter allen Menschen. Er beansprucht die alleinige Herrschaft über das Leben all derer, die sich Kinder Gottes nennen. Jesus Christus allein ist der Herr, über jede andere Herrschaft, über jeden anderen Namen.

Wenn folglich Jesus Christus unsere erste Liebe, unsere ungeteilte Treue, unsere völlige Hingabe fordert, verlangt er nichts mehr als das, worauf er Anspruch hat.

Die wahrscheinlich anschaulichste Beschreibung Jesu Christi im Neuen Testament finden wir in Philipper 2, 5-11, eine Stelle, auf die wir näher eingehen werden und in der Paulus alles erwähnt, was man unbedingt über den wissen sollte, der unsere erste Liebe fordert.

Die Kriterien unserer Liebe

Damit Sie wissen, dass diese Verse nicht nur eine theologische Abhandlung in der Mitte des Buches sind, müssen wir sie im Zusammenhang sehen, und dazu schauen wir zurück und betrachten Philipper 2, 1-4. Hier erfahren wir, dass unsere Liebe zu Jesus sich nicht nur auf das gründet, was er ist, sondern auch auf das, was er für uns getan hat.

Paulus schreibt in den Versen 1-2: Wenn wir sagen können: »Der Herr ist gut zu mir. Er hat mich ermutigt. Er hat für mich das Ziel erreicht«, dann muss diese Wirklichkeit sich auf unsere Beziehung zu anderen Christen auswirken.

Mit anderen Worten, wenn wir daran denken, was Jesus für uns getan hat, können wir nicht anders, als unseren Mitgläubigen im Geiste aufopfernder Liebe, einmütig und einträchtig entgegenzutreten. Auch wenn Paulus hier über zwischenmenschliche Beziehungen spricht, beginnen diese damit, dass wir auf Jesus Christus schauen und sagen: »Ja, all das hat er für mich getan.«

In den Versen 3-4 betont der Apostel weiterhin die Beziehungen zu Mitchristen, aber all das ist in unserer Beziehung zu Christus verankert. In dem Maße, in dem Sie und ich eine dynamische Beziehung zu Jesus Christus haben, können wir als Einzelne, als Familien und als Kirchen den Geist der Anteilnahme, des Interesses und der Einheit an den Tag legen, zu dem Paulus in diesen Versen auffordert.

Die Gesinnung Christi

Vor diesem Hintergrund kommt Paulus zu Vers 5, der Einleitung zu dieser gewaltigen Bekräftigung der Göttlichkeit und des Werkes Jesu Christi. Aber beachten Sie, dass Paulus nicht einfach mit den Worten beginnt: »Nehmt euch Jesus Christus zum Vorbild.«

Stattdessen kommt Paulus direkt zum Wesentlichen, wenn er in Vers 5 sagt: »Seid so unter euch gesinnt, wie es auch der Gemeinschaft in Christus Jesus entspricht.« Anders ausgedrückt: »Lernt, so zu denken wie Christus.« Im Zusammenhang mit unserem Nachdenken über Christus finde ich es interessant, dass Paulus sich an unsere Gesinnung wendet. Er will uns beibringen, wie wir denken sollen.

Als Christen sollten wir nie dabei erwischt werden, wenn wir Dinge sagen wie: »Aber alle sagen, es ist in Ordnung«, »Niemand anderes denkt, dass das nicht recht sein könnte«, oder »Der hat dies und das gesagt«. Als Menschen unter der Herrschaft Jesu Christi müssen wir eine andere Gesinnung – seine Gesinnung – haben.

Ich glaube, hier beginnen viele von uns, den falschen Weg einzuschlagen, wenn es nämlich darum geht, auf Christus ausgerichtet zu bleiben. Zu den größten Kämpfen, die auf uns warten, gehört, nicht zuzulassen, dass diese Weltordnung uns vorschreibt, wie wir zu denken haben. Dies ist nicht leicht, weil wir ständig von den Botschaften dieser Welt bombardiert werden, die uns sagen, wie und was wir zu denken haben.

Wenn wir nicht aufpassen, werden wir zu guter Letzt die Dinge nach den Maßstäben dieser Welt beurteilen. Und wir wissen, dass die Welt Christus keine Liebe entgegenbringt, weder erste Liebe noch zweite Liebe noch dritte Liebe. Es ist erstaunlich, wie oft Christen etwas sagen, das die Welt sagt, und zwar genau so, wie die Welt es sagt; dies zeigt, dass sie das nicht erlebten, was Römer 12, 2 die Erneuerung des Sinnes nennt (ein Thema, mit dem wir uns in einem der folgenden Kapitel beschäftigen werden).

Die Göttlichkeit Jesu Christi

Wenn wir daran denken, wem unsere erste Liebe gehört, müssen wir lernen, uns auf Christus auszurichten und zu denken, wie er denkt, und dann müssen wir verstehen, wer er ist. Das ist der Kern dessen, was ich in diesem Kapitel mit Ihnen durchnehmen möchte. In Philipper 2, 6 ff. beschreibt Paulus Jesus in einer Reihe einzigartiger Aussagen: »Er, der in göttlicher Gestalt war, hielt es nicht für einen Raub, Gott gleich zu sein.«

Diese Worte können schwer zu verstehen sein, deshalb möchte ich sie mit anderen Worten umschreiben: Obwohl Jesus von Ewigkeit her Gott war, hielt er das nicht für etwas, an dem er um jeden Preis festhalten musste.

Die göttliche Gestalt

Das Wort *Gestalt*, das Paulus hier benutzt, bezog sich auf ein römisches Siegel. Amtliche Regierungsschriftstücke wurden mit Wachs gesiegelt. Solange das Wachs noch warm war, wurde ein Ring oder ein Stempel mit den Insignien des Kaisers aufgedrückt. Der Eindruck auf dem Wachs war folglich eine genaue Darstellung der Insignien auf dem Ring.

Heute tun wir etwas Ähnliches, wenn wir einen Stempel auf ein Stempelkissen drücken und dann ein Papier abstempeln. Der Aufdruck auf dem Papier ist das genaue Abbild dessen, was auf dem Stempel ist.

Paulus sagt: »Das ist die Beziehung, die Jesus Christus zu Gott, dem Vater hat. Jesus ist die genaue Darstellung dessen, was Gott ist.

Wenn wir also über Jesus Christus sprechen, dann sprechen wir über niemand geringeren als Gott. Wir sprechen über jemanden, der das »genaue Bild« Gottes ist – den ewigen Gott selbst, der schon immer da war.

Der Sohn Gottes

Manchmal erhebt sich hier die Frage, warum Jesus der Sohn Gottes genannt wird, wenn er die genaue Darstellung Gottes ist. Nun, die Bibel sagt uns, dass Gott Vater ist, dass Gott Sohn ist und dass Gott der Heilige Geist ist. Alle drei sind in gleicher Weise Gott, aber sie haben nicht dieselbe Beziehung innerhalb der Gottheit.

Gott der Vater stellt zum Beispiel den Plan auf. Gott der Sohn führt den Plan aus – das sehen wir hier im 2. Kapitel des Philipperbriefes. Gott der Heilige Geist verleiht dem Plan Wirkung. Jedes Mitglied der Gottheit hat eine besondere Rolle in der Dreieinigkeit, aber jedes ist in gleicher Weise Gott. Jesus ist demnach der Sohn Gottes in dem Sinne, dass er das Wesen der Göttlichkeit in sich trägt, genau wie er als Menschensohn das Wesen des Menschseins in sich trägt.

Vor seiner Menschwerdung, also bevor er auf die Erde kam, hatte Jesus Christus alle Annehmlichkeiten der Herrlichkeit zu seiner Verfügung, aber keine einzige der Unannehmlichkeiten des Erdenlebens. Er besaß nicht nur Göttlichkeit, sondern konnte auch über den Gebrauch seiner Göttlichkeit frei entscheiden. Das ist mit dem Satz gemeint, dass Jesus in göttlicher Gestalt war.

Der Retter

Aber in Vers 6 will Paulus sagen, dass Jesus freiwillig auf seine göttlichen Vorrechte verzichtete, um gefallene Geschöpfe wie uns zu erlösen. Anders gesagt: Jesus dachte nicht, dass er sich so fest an sein Gottsein, seine Unabhängigkeit von der Erde, klammern musste, dass er nicht den Himmel verlassen und auf die Erde kommen konnte, um unserer Not abzuhelfen, als die Menschen Rettung brauchten.

Hier ist ein Gedanke, der die erste Liebe eines jeden Christen zu Jesus neu entfachen müsste. Als der Heilsplan in den Beratungszimmern des Himmels ausgearbeitet war, wurde beschlossen, dass jemand auf die Erde herunterkommen musste, um den Menschen Heil zu bringen.

Jesus sagte nicht: »Es tut mir Leid. Ich werde diesen behaglichen Ort der Herrlichkeit nicht verlassen und zu jenen jämmerlichen Menschen heruntersteigen, um ihnen Heil zu bringen.«

Stattdessen sagte er: »Ich bin nicht so sehr darauf versessen, hier oben Gott zu sein, dass ich nicht dort unten Mensch werden könnte. Ich hänge nicht so sehr an der Herrlichkeit hier oben, dass es mir egal ist, was mit den Menschen dort unten geschieht.«

Wenn Jesus nur einen Augenblick lang gedacht hätte, dass er seine Göttlichkeit schützen müsse, wenn er gedacht hätte, dass jemand anderes hereinkommen und seinen Platz als Sohn einnehmen könnte, sobald er den Himmel verlässt, wenn er deshalb im Himmel geblieben wäre, um seine Göttlichkeit vor Eindringlingen zu schützen, dann wäre niemand da gewesen, der zur Erde herabgestiegen wäre.

Niemand auf Erden taugte dafür, unser Retter zu sein. Denn jeder auf Erden hatte gesündigt. Und da niemand auf Erden tauglich war, um unser Retter zu sein, hätte es keinen Retter gegeben, wenn Jesus nicht freiwillig auf seine Herrlichkeit im Himmel verzichtet hätte.

Ohne Retter gäbe es kein Heil. Und ohne Heil gäbe es keine Hoffnung. Und ohne Hoffnung könnten weder Sie noch ich uns auf irgendetwas in der Ewigkeit freuen.

Dies ist der Herr, den wir über alles lieben sollen. Wie können wir ihn nicht lieben, wenn wir sehen, was er für uns getan hat! Kein Wunder, dass Jesus sagte, dass nichts anderes mehr zählt, wenn wir von unserer Liebe zu ihm weglaufen. Also tun wir den ersten Schritt in dieser dreiteiligen Aufforderung (Offb 2, 5), und nehmen uns die Zeit, daran zu denken, wer er ist.

Diese Wahrheit trifft uns genau an unserem Lebensnerv. Wir Christen meinen manchmal – genau wie die Welt –, dass wir das, was wir haben, schützen müssen. Wenn wir aber die Gesinnung Christi haben, bedeutet das, dass wir loslassen, was wir für andere haben. Durch sein Beispiel sagt uns Jesus: »Wenn ich das, was ich hatte, geschützt hätte, dann hättet ihr überhaupt nichts zu schützen, denn dann wäre ich nicht euer Retter geworden.«

Denken Sie daran: Als Jesus Mensch wurde, hörte er nicht auf, Gott zu sein. Jesus war und ist der ewige Gott. Der Unterschied lag darin, dass er seine Göttlichkeit in das Menschsein einschloss, um den Bedürfnissen der Menschen gerecht zu werden.

Sehen Sie, wenn wir unsere erste Liebe verlassen, wenn wir unsere Augen und Herzen von Jesus abwenden, dann ändert sich unser Blick für uns selbst. Dann betrachten wir uns als sehr wichtig, dann denken wir, dass wir etwas sind.

Aber Gott betrachtet uns nicht so. Unser Reden langweilt ihn. »Wer du bist, bist du nur, weil ich dich so gemacht habe. Und ich machte dich nur so, damit du einem anderen Menschen helfen kannst, meine Liebe zu erfahren, die sich in Christus zeigte, als er auf den Himmel verzichtete und auf die Erde kam, um dein Retter zu werden.«

Wenn uns nicht diese Gesinnung, wie Jesus sie hatte, durchdringt, haben wir vom ganzen christlichen Glauben nichts verstanden.

Das Menschsein Jesu Christi

In Philipper 2 haben wir bereits einige herrliche Wahrheiten über Jesus Christus gelesen – und wir haben noch fünf weitere Verse zu untersuchen. Christus tat mehr als nur auf die Herrlichkeit des Himmels zu verzichten: Er »entäußerte sich selbst und nahm Knechtsgestalt an, ward den Menschen gleich und der Erscheinung nach als Mensch erkannt« (V. 7).

Ich liebe diesen Vers, weil er bedeutet, dass Christus so handelte, wie in der Ewigkeit ausgedacht und beschlossen worden war. Wie oft werden unsere Gedanken, Überzeugungen und Erklärungen nie in die Tat umgesetzt.

Wenn aber auf meine Erklärung nicht die entsprechende Tat folgt, dann ist meine Erklärung fragwürdig. Wenn ich Ihnen sage, ich liebe Sie, und es folgt nichts Erkennbares, das meine Erklärung untermauert, dann ist dies alles nur fauler Zauber. Christus hätte im Himmel bleiben und sagen können: »Ich liebe euch da unten!«

Und die Antwort darauf hätte lauten können: »Und was habe ich davon? Ich bin in Schwierigkeiten. Ich bin hier unten und du da oben. Das hilft mir nicht. Du musst etwas für mich tun.« Doch Christus blieb nicht im Himmel, und wenn wir mit seiner Gesinnung denken, werden unsere Worte zu Taten führen, die unsere Liebe zeigen.

Die Selbstentäußerung Christi

Was bedeutet die Selbstentäußerung Christi? Die theologische Lehre wird *kenosis* genannt, abgeleitet vom griechischen Wort für »ausleeren«. Leerte er seine Göttlichkeit aus und wurde nur ein Mensch? Nein, die Richtung seiner Selbstentäußerung ist nicht der Himmel, sondern die Erde; das bedeutet, dass Christus sich selbst *in* die Erde leerte.

Er leerte nicht Gott aus und füllte den Menschen hinein. Vielmehr leerte er alles Göttliche in den Menschen hinein. Mit anderen Worten, er hörte nicht auf, Gott zu sein. Er sagte nicht: »Göttlichkeit, ich lasse dich im Himmel und gehe hinunter, um menschlich zu werden.«

Der vollkommene Mensch

Jesus nahm seine ganze Göttlichkeit und füllte sie in das Menschsein, sodass er viel mehr als nur ein Mensch wurde. Er wurde Gottmensch, der in den Menschen gefüllte Gott. Das Ergebnis ist ein Mensch, wie er noch nie da gewesen ist: der vollkommene Mensch.

Jetzt möchte ich Ihnen etwas Wichtiges sagen. Als Jesus Christus etwas für Ihre und meine Sünde tat, gab er uns nicht nur Überbleibsel. Er füllte alles, was ihn zu Gott machte, in den Menschen, damit der Mensch alles von Gott erhielt. Als Jesus sich selbst in den Menschen leerte oder entäußerte, bekam der Mensch ohne Ausnahme alles, was zu Gott gehörte.

Jesus war eine Gestalt des Menschen, weil Gott eine Gestalt Gottes ist. Wenn alles dieser Gestalt Gottes in Christi Menschlichkeit gefüllt wird, erhalten Sie eine Gestalt des Menschen.

Deshalb ist das Leben Jesu Christi außergewöhnlich. Er entäußerte sich selbst. Er füllte seine gesamte Göttlichkeit in das Menschsein, um uns zu retten. Wenn wir also auf die Gnade und den Segen Gottes in unserem Leben schauen, müssen wir daran denken – ja, ich sagte *daran denken* –, wer das alles ermöglichte.

Christen, denkt daran, wer Jesus ist und was er für euch getan hat! Ich weiß nicht, was Ihre erste Liebe schneller wiederherstellen kann, als auf das zu schauen, was Sie haben, und zu erkennen: »Das hat Jesus für mich getan.« Wir sollten es jeden Tag sagen.

Jesu selbstlose, verzichtende Liebe zu uns und unsere Liebe zu ihm müssten sich in unserem Leben auswirken. Sie sagen, dass Gott Sie mit Fähigkeiten, Intelligenz oder materiellen Gütern gesegnet hat? Wie wirkt sich das aus? Was tun Sie damit? Sie sagen, Christus bedeutet Ihnen alles? Wie wirkt sich das aus? Wie bringt seine Liebe Sie dazu, anderen zu dienen? Anderen dienen ist die Gesinnung Christi.

Die Erniedrigung Christi

Sehen Sie, Christus tat noch mehr, als auf die Herrlichkeit des Himmels zu verzichten. Er tat sogar noch mehr, als den freien, unabhängigen Gebrauch seiner göttlichen Eigenschaften aufzugeben und sich in den Menschen hinein zu entäußern. Vers 7 erinnert uns daran, dass er die Gestalt eines Knechts, eines Sklaven, annahm. Lassen Sie mich erklären, warum das so wichtig ist.

Wie reich war Jesus Christus im Himmel? Sehr, sehr reich. Die Bibel sagt, dass durch ihn alles geschaffen wurde (Kol 1, 16). Sie können sich also denken, dass er etwas Kleingeld auf der Bank hat. Er ist sagenhaft reich.

Paulus sagt, dass Jesus diesen Reichtum, seinen Besitz und den Genuss der Herrlichkeit aufgab und nicht nur ein Mensch, sondern ein »Knecht« wurde. Der Heilige Geist, der Paulus inspiriert hatte, wählte dieses Wort sorgfältig. Im Urtext steht das griechische Wort *doulos*, das »Sklave« bedeutet. Dieses Wort wurde für die römischen Sklaven verwendet, die zur damaligen Zeit am meisten entehrten, missbrauchten und misshandelten Menschen.

Zu Jesu Zeiten konnte man nicht tiefer als ein *doulos* fallen. Wenn man als *doulos*, als Sklave, geboren wurde, stand man auf der untersten Stufe der sozialen Leiter. Deshalb waren alle verblüfft, als Jesus Christus, der König der Könige und Herr aller Herren, in einem schmutzigen Stall bei den Tieren geboren, in eine Futterkrippe gelegt und in Tücher gewickelt wurde, in die man tote Menschen einhüllte.

Sie hatten nichts anderes, um Jesus einzuwickeln. Er wurde von armen Eltern geboren und lebte sein ganzes Leben lang in Armut. Ihm gehörte die Schöpfung, aber er stieg für uns auf die unterste Stufe der sozialen Leiter hinunter. Sehen Sie, warum es schlimm ist, unsere erste Liebe zu einem Retter zu verlassen, der keinen Verlust und keine Erniedrigung scheute, um uns zu erlösen?

Wenn wir daran denken, wer Jesus Christus ist, müssen wir auch daran denken, dass Paulus will, dass wir dieselbe Gesinnung haben, wie sie Jesus in seiner Selbsterniedrigung hatte. Es ist die Gesinnung, die sagt, egal wie vornehm wir sind, wir stehen nicht so hoch, dass wir nicht auf die unterste Stufe hinuntersteigen können, wenn das erforderlich ist, um der Not eines anderen abzuhelfen, weil Jesus für uns auf die unterste Stufe hinabstieg.

Deshalb sollten die am meisten zum Dienst bereiten Menschen auf Erden Christen sein. Wir sollten bereit sein, all unsere Güter und all unsere Gaben bewusst anderen zur Verfügung zu stellen, weil das Jesus für uns getan hat.

Der Tod Jesu Christi

Jemand, der diese Verse in Philipper 2 zum ersten Mal liest und versteht, könnte jetzt sagen: »Jesus hätte nicht tiefer hinuntersteigen können. Er hätte keine tiefere Erniedrigung als das auf sich nehmen können, um uns zu retten, nicht wahr?«

Falsch. Vers 8 beschreibt den letzten Schritt der freiwilligen Erniedrigung Jesu Christi für uns. Er verzichtete auf den Glanz des Himmels für die Todesqual am Kreuz: »[Er] ward den Menschen gleich und der Erscheinung nach als Mensch erkannt. Er erniedrigte sich selbst und ward gehorsam bis zum Tode, ja zum Tode am Kreuz.«

Wir sprechen hier über die Menschwerdung, die »Fleischwerdung« Jesu Christi. Er wurde Mensch. Wie wir oben sahen, kam er nicht als König auf die Erde. Er lebte nicht wie ein König. Und jetzt erfahren wir aus Vers 8, dass er nicht verlangte, wie ein König behandelt zu werden. Das heißt, dass sich Jesus selbst erniedrigte, um den Willen eines anderen zu tun.

Der Gehorsam Jesu

Hätten Sie mit Jesus auf Erden gelebt, so hätten Sie Außerordentliches gesehen und gehört. Jesus sagte immer, dass er gekommen sei, um das Werk eines anderen zu tun. Egal, wo Sie mit ihm hingegangen wären, würde er Ihnen immer gesagt haben, warum er gerade da war. Wenn jemand fragte: »Jesus, warum bist du hierher gekommen?«

»Um den Willen meines Vaters zu tun.«

»Jesus, wohin gehst du?«

»Um die Sache meines Vaters auszuführen.«

Jemand könnte einwenden: »Also Jesus, übertreiben wir doch diese Demut nicht. Schließlich bist du ein Mensch. Du musst deinen Terminkalender haben. Da müssen doch einige Dinge sein, die du nur für Jesus tust.«

Darauf hätte Jesus geantwortet: »Nein, du verstehst mich nicht. ›Ich komme – im Buch steht von mir geschrieben –, dass ich tue, Gott, deinen Willen‹« (Hebr 10, 7).

Während seines Lebens auf Erden war Jesus »Gott mit uns«, Gott im Fleisch, aber er orientierte sich nicht nach seinem eigenen Programm. Er unterwarf sich dem Willen seines Vaters.

Warum musste sich Jesus selbst erniedrigen? Erstens, weil niemand ihn dazu zwingen konnte, und zweitens, weil die Not, der er abhelfen musste, nämlich den Preis für unsere Erlösung zu zahlen, wichtiger als seine Vorrechte waren. Deshalb erniedrigte sich Jesus mit Freuden selbst. Er gab seine Rechte freudig auf. Der Schreiber des Hebräerbriefes sagt, dass Jesus das Kreuz auf sich nahm, weil »Freude vor ihm lag« (Hebr 12, 2; zitiert nach Bruns 1984).

Sie erinnern sich, als Jesus am Kreuz hing, verspotteten ihn die Menschen, die dabeistanden: »Wenn du Gottes Sohn bist, steig herab. Dann werden wir dir glauben. Komm herunter, und zeig es uns!«

Was sie nicht erkannten, war, dass er zehntausend Engel hätte rufen können. Diese Leute wollten in Wirklichkeit nicht, dass Jesus herunterkommt, denn mit nur einem einzigen Befehl hätte er den Himmel entfesselt.

Aber Jesus tat das nicht. Er erniedrigte sich selbst. Er sagte: »Dort unten ist Not, und obwohl ich Gott bin und nicht gehen muss, sind die Folgen zu groß, wenn dieser Not nicht abgeholfen wird.«

Jesus erniedrigte sich selbst – und als sein Volk sind wir aufgerufen, das Gleiche zu tun. Gott segnet uns mit vielen Problemen, weil seine Wohltaten in uns nicht Demut, sondern Stolz hervorrufen.

Gott hat nie geplant, dass seine Wohltaten in Ihrem und meinem Leben Stolz hervorrufen sollen. Je gesegneter wir mit Gutem sind, umso demütiger sollten wir werden. Je mehr wir haben, umso tiefer sollten wir uns beugen.

Aber in dem verkehrten Reich der Welt haben wir alles umgekehrt. Je mehr wir haben, umso hochmütiger werden wir, umso höher heben wir die Köpfe. Deshalb steht von den sieben Sünden, die Gott hasst, Stolz an erster Stelle (Spr 6, 16-17), weil der Stolz sagt: »Ich habe mich an meinen eigenen Haaren aus dem Dreck gezogen.«

Gott sagt: »Ich gab dir die Haare!« Deshalb sollten wir an das Gute, das wir haben, mit der Gesinnung Christi denken, der uns sagt, dass wir mit Gutem gesegnet wurden, damit wir den Ruhm Gottes unter den Menschen vergrößern.

Der Tod am Kreuz

Wie tief erniedrigte Jesus sich selbst? Er war »gehorsam bis zum Tode«. Das ist eine weitreichende Erniedrigung. Ich denke, ich erniedrige mich, um einige Dinge zu tun. Aber sich bis zum Tod zu erniedrigen, das ist in der Tat eine tiefe Erniedrigung.

Nun, wenn Jesus sich selbst erniedrigt hätte, um friedlich an Altersschwäche im Schlaf abberufen zu werden oder schnell zu sterben, zum Beispiel an einem Herzanfall, dann wäre das eine Sache gewesen.

Aber im Garten Gethsemane verstand Jesus, was Gott von ihm verlangte. Gott bat seinen Sohn, sich bis zum qualvollen Tod eines Verbrechers am römischen Kreuz zu erniedrigen.

Sehen Sie, Jesus starb nicht nur. Er musste *so* sterben, wie niemand sterben will. Erst wurde er von einer römischen Geißel zerfleischt; das ist eine mit Metallspitzen bestückte Peitsche. Jedes Mal, wenn sie Jesus damit auf den Rücken schlugen, wurden Stücke seines Fleisches herausgerissen.

Dann musste Jesus den Balken seines eigenen Kreuzes auf seinem blutigen, geschundenen Rücken tragen. Kein Wunder, dass er zusammenbrach. Es war nicht das Gewicht des Balkens, das Jesus nicht tragen konnte, es war der unglaubliche Schmerz eines roh behauenen Holzstückes, das auf den blutigen Wunden auf seinem Rücken scheuerte.

Sie schlugen Jesus und stießen ihn herum. Sie beleidigten und bespuckten ihn. Sie drückten ihm eine Krone aus Dornen auf den Kopf. Sie machten sich über den König der Könige und Herrn aller Herren lustig. In Psalm 22, 14 wird vorausgesagt, dass alle seine Knochen ausgerenkt werden. Haben Sie sich schon einmal einen Knochen ausgerenkt?

Bei all dem sagt die Bibel, dass Jesus Gott war. Er schuf den Baum, von dessen Holz sein Kreuz gemacht wurde, und dann musste er es tragen. Verdient jemand anderes unsere erste Liebe?

Denken Sie daran, dass Jesus das alles bis zum Äußersten erlitt, weil er ganz Mensch war. Dies war kein vorgetäuschtes Leiden. Sein Menschsein wurde im Garten Gethsemane ganz deutlich, als er betete: »Mein Vater, ist's möglich, so gehe dieser Kelch an mir vorüber« (Mt 26, 39).

Jesus wäre also lieber einen anderen Weg gegangen. Aber er schloss sein Gebet mit Worten, die uns sein Herz und seine Gesinnung zeigen: »Doch nicht wie ich will, sondern wie du willst« (Mt 26, 39b).

Die Erhöhung Jesu Christi

Wie konnte Jesus sich selbst so tief, bis zu einem qualvollen, demütigenden Tod am Kreuz, erniedrigen? Weil er wusste, dass das der Wille seines Vaters war. Und er wusste, dass sein Vater ihn auferwecken würde. Und genau das tat Gott: »Darum hat ihn auch Gott erhöht und hat ihm den Namen gegeben, der über alle Namen ist, dass in dem Namen Jesu sich beugen sollen aller derer Knie, die im Himmel und auf Erden und unter der Erde sind, und alle Zungen bekennen sollen, dass Jesus Christus der Herr ist, zur Ehre Gottes, des Vaters« (Phil 2, 9-11).

Heute beugt sich die Welt vielleicht nicht vor Jesus, aber später wird sie das tun. Es kommt der Tag, an dem sich die Knie aller beugen werden. An jenem Tag zählt nicht, was die Leute denken, denn jeder wird erkennen, dass Gott Jesus schickte, um für uns zu sterben. Menschen, die verloren gehen, werden sich die ganze Ewigkeit wünschen, sie hätten sich auf Erden vor Jesus gebeugt.

Diejenigen unter uns, die den Namen Jesu Christi nennen, sollten sagen: »Ich werde mich hier und jetzt willig beugen. Ich beuge mich vor Jesus als dem Herrn und bin bereit, alle Gaben, die er mir gegeben hat, für seine Sache einzusetzen.«

Bitte verstehen Sie mich jetzt nicht falsch. Wenn Sie Ihrer Liebe zu Christus den ersten Platz, der ihr zusteht, einräumen, dann wartet auch auf Sie ein Kreuz. Jesus sagte: »Wer mir nachfolgen will, der verleugne sich selbst und nehme sein Kreuz auf sich und folge mir nach« (Mk 8, 34).

Ich bin hier, um Ihnen anzukündigen, dass Sie einige Unannehmlichkeiten erleben werden, wenn Sie mit Jesus ernst machen. Ich möchte offen mit Ihnen reden. Manche Leute wollen Ihnen weismachen, dass alle Ihre Probleme gelöst werden, wenn Sie Ihr Leben Jesus anvertrauen.

Es stimmt, viele Ihrer Probleme werden gelöst, aber Sie bekommen eine Menge neuer Probleme. Denn, wenn Sie sich vor Jesus Christus als dem Herrn beugen, widersetzen Sie sich der Welt. Das wirkt sich vielleicht auf die Gewinnspanne Ihres Geschäftes aus. Ganz bestimmt hat es Auswirkungen auf Ihr Familienleben, Ihr sittliches und geistiges Leben.

Aber ich schreibe dieses Buch auch, um Ihnen deutlich zu machen, dass das Leben unter der Herrschaft Jesu Christi der einzige Weg zum wirklichen Leben ist!

Wie können Sie verlieren, wenn Sie sich vor dem Einen erniedrigen, der Sie so sehr geliebt hat, dass er sich selbst so tief erniedrigte, um für Sie zu sterben? Antwort: Sie können nicht verlieren! Der erste Schritt zur Wiederherstellung Ihrer ersten Liebe ist, daran zu denken, wer Jesus ist und was er für Sie getan hat. Die folgenden konkreten Schritte helfen Ihnen weiter, wenn Sie an Jesus denken und sich vor ihm beugen:

1. Philipper 2, 5-11 ist eine Ehrfurcht gebietende Stelle der Bibel, die auch als kraftvolles Gebet verwendet werden kann. Sprechen Sie diese Verse als Gebet vor dem Herrn und stellen jedem Satz, in dem gesagt wird, wer Jesus ist und was er getan hat, die Wendung voran: »Danke, Herr, dass du...« Schließen Sie, indem Sie den Herrn bitten, Ihnen zu helfen, so zu denken wie er, und danken Sie ihm für das Vorrecht, dass Sie sich bereits jetzt und nicht erst später vor ihm beugen dürfen.

2. Wenn es Ihnen wie mir geht, können Sie nicht sehr lange darüber nachdenken, wer Jesus ist, ohne ein Loblied anzustimmen. Wenn Sie ein Lieblingslied haben, mit dem Sie Jesus Christus loben, anbeten und preisen wollen, dann singen Sie es ihm jetzt. Sollten Sie in Ihrer Familienbibliothek kein gutes Gesangbuch haben, dann gehen Sie schnellstens in den nächsten christlichen Buchladen und kaufen sich eines.

3. Man hört oft, dass Menschen eine Krankheit, ein familiäres Problem oder irgendeine andere Schwierigkeit oder einen Rückschlag als ihr »Kreuz« bezeichnen, das sie zu tragen haben. Aber das ist es nicht, was Jesus mit unserem Kreuz meinte. Er sagte, wir müssen *uns selbst* verleugnen. Das ist viel umfassender. Es bedeutet, dass wir Nein sagen zu dem, was wir wollen, denken, brauchen oder denken, dass wir brauchen usw., damit wir Ja sagen können zu dem, was Jesus für uns will, denkt und plant. Haben Sie zu irgendeiner Sache in Ihrem Leben Ja gesagt, obwohl Jesus will, dass Sie Nein dazu sagen? Der Heilige Geist wird Ihnen zeigen, worum es sich handelt. Ich bitte Sie dringend, eine Änderung vorzunehmen und zu tun, was Jesus will!

Ich hoffe, auf Ihrer Gebetsliste stehen Menschen, von denen Sie sich wünschen, dass sie sich jetzt vor Jesus als dem Herrn beugen, anstatt später auf dem Weg zur Hölle gezwungen zu werden, dies zu tun. Wenn Sie keine verlorenen Freunde und keine lieben Menschen nennen können, für die Sie treu beten, damit sie zum Herrn finden, dann stehen Sie so lange nicht von den Knien auf, bis Gott sie Ihnen ans Herz legt.

2. Daran denken, wer Sie sind

Nachdem wir uns ins Gedächtnis zurückgerufen haben, wer Jesus Christus ist, sind wir bereit zu verstehen, wer wir sind. In der Tat kann man nicht sicher wissen, wer man als Christ ist, solange man nicht verstanden hat, wer Jesus ist.

Der Grund dafür liegt darin, dass das, was man ist, nur in Bezug zu dem, was Jesus ist, Hand und Fuß hat. Sie finden Ihre Identität völlig in ihm. Sie können sich selbst nicht kennen, wenn Sie Jesus nicht richtig kennen. Und natürlich können Sie Jesus nicht richtig lieben, wenn Sie ihn nicht richtig kennen.

Aber viele Christen wissen nicht genau, wer sie sind. Viele Christen befinden sich mitten in einer Identitätskrise. Deshalb gehen wir jetzt zu Römer 6 zurück und untersuchen diese klassische Stelle, die erklärt, was wir über unsere Beziehung zu Christus wissen und verstehen müssen, um unsere erste Liebe wieder an die erste Stelle zu rücken und um ein geistlich sieghaftes Leben zu führen.

In diesem Kapitel möchte ich vier entscheidende Wahrheiten hervorheben, die wir in Römer 6 finden, von denen jede in einem Stichwort zusammengefasst werden kann.

Wir müssen etwas wissen

Wenn Sie nicht wissen, wer Sie sind, dann wissen Sie nicht, wie Sie handeln und welchen Weg Sie einschlagen sollen noch woher Sie Ihre Richtlinien erhalten. Deshalb möchte Paulus in Römer 6, 1-4 die Identitätsfrage klären. Das Stichwort hier ist *wissen.*

In Römer 6 benutzt Paulus eine Reihe verschiedener Wörter für Wissen. Eines hat mit empirischem Wissen zu tun, und ein anderes bezieht sich auf intuitives Wissen. Verbinden Sie beide, dann sehen Sie, dass Paulus nicht nur will, dass Sie diese Wahrheit theoretisch und intuitiv verstehen, sondern dass er auch will, dass Sie diese Wahrheit praktisch erfahren.

Paulus schreibt, dass das, was wahr ist, Teil unserer praktischen Erfahrung werden kann. Sein Wunsch ist, dass die Lehre des Wortes Gottes für uns Wirklichkeit wird.

Die Gnade verstehen

So beginnt er mit der Frage: »Sollen wir denn in der Sünde beharren, damit die Gnade umso mächtiger werde?« (V. 1) Paulus nimmt hier ein Missverständnis vorweg. Er ahnt voraus, dass die Menschen, sobald sie von der Gnade Gottes hören, fälschlicherweise annehmen, dass sie jetzt frei sind zu tun, was sie wollen, wann sie wollen und wie sie wollen.

Da sie als Christen in Christus geborgen sind und ihr Heil nicht verlieren können, fürchtet Paulus, dass die Gläubigen in Rom die Gnade als Erlaubnis zum Sündigen missverstehen. Deshalb beantwortet er diese Frage mit sehr deutlichen Worten: »Dies sei ferne!« (V. 2a) Oder: »Gott behüte! Denkt ja nicht, dass die Gnade Gottes euch zum Sündigen befreit.«

Den Grund für diese starke Verneinung finden wir im zweiten Teil von Vers 2, der auch der nächste Schritt ist, mit dem Paulus uns lehrt, wer wir in Christus sind. »Wie sollten wir in der Sünde leben wollen, der wir doch gestorben sind?« Jeder, der sagt: »Jetzt, wo ich gerettet bin, kann ich uneingeschränkt sündigen«, hat seine neue Identität in Christus völlig missverstanden.

Die bloße Tatsache, dass Paulus diese Frage anschneidet, lässt vermuten, dass einige Christen auf diese Denkweise hereinfallen. Es ist ein schrecklicher Gedanke, aber er kann Wirklichkeit werden, wenn wir unsere Identität nicht richtig verstehen.

Unsere Identität mit Christus

Deshalb sagt Paulus wie ein Lehrer zu seiner Klasse: Also passt auf. Wir besprechen jetzt unsere gemeinsame Identität mit Christus. Wir wurden gemeinsam mit Christus gekreuzigt, wir wurden gemeinsam mit Christus begraben, und wir sind gemeinsam mit Christus auferstanden: »Oder wisst ihr nicht, dass alle, die wir auf Christus Jesus getauft sind, die sind in seinen Tod getauft? So sind wir ja mit ihm begraben durch die Taufe in den Tod, damit, wie Christus auferweckt ist von den Toten durch die Herrlichkeit des Vaters, auch wir in einem neuen Leben wandeln« (Röm 6, 3-4).

Anders ausgedrückt, was vor zweitausend Jahren mit Christus geschah, geschah in den Gedanken Gottes mit Ihnen. Als Jesus starb, starben Sie. Als Jesus begraben wurde, wurden Sie begraben. Und als Jesus von den Toten auferstand, standen Sie von den Toten auf.

Gott nahm das, was vor zweitausend Jahren mit Christus geschah, und übertrug es auf Sie, als Sie gerettet wurden. Er machte, dass es mit Ihnen geschah.

Was also vor zweitausend Jahren mit Christus leibhaftig geschah, geschieht heute mit Ihnen geistlich. Das ist das Prinzip der Identifizierung, ein Prinzip, das in dem interessanten Wort *Taufe* zusammengefasst wird.

Das Wort bedeutet »eintauchen«. In der römischen Welt wurde es für Menschen benutzt, die Stoff färbten. Wenn der Färber purpurroten Stoff wollte, tauchte er den Stoff in ein purpurnes Färbebad. Der Stoff hatte jetzt die Farbe des Färbemittels, weil er getauft, das heißt, in das Färbebad eingetaucht worden war.

Die Bibel sagt in 1. Korinther 12, 13, dass Sie in dem Augenblick, in dem Sie Christus annahmen, in seinen Leib getauft oder hineingetaucht wurden. Wie der Färber den Stoff in das Färbebad eintauchte, wurden Sie in das Blut Christi eingetaucht und damit Teil Christi und seines Leibes. Das ist Identifizierung. Sie sind jetzt mit Christus identifiziert.

Der Begriff Identifizierung kommt nicht zum ersten Mal in Römer 6 vor. Die ganze Bibel hindurch sieht Gott uns mit etwas identifiziert. Zum Beispiel steht in Römer 5, 12, dass jeder, der außerhalb von Christus ist, mit Adam identifiziert ist. Da Adam sich auflehnte und wir von Adam abstammen, lehnten wir uns auch auf.

Manche sagen: »Es ist ungerecht, wenn ich mit Adam identifiziert werde. Ich bat Adam nicht darum, mich zu vertreten.« Nun, auch wenn wir uns selbst vertreten, würden wir zeigen, dass wir in Adam sind, weil in Adam alle sündigten, und wir sündigen. Wir sündigen, weil wir mit Adam identifiziert wurden.

Als Christen sind wir jedoch jetzt mit Jesus Christus identifiziert. Aber solange wir nicht erkennen, wer wir sind, werden wir nicht voll und ganz das Leben führen, zu dem wir berufen sind. Satan ist ein meisterhafter Zauberkünstler. Er kann Ihnen Gedanken eingeben und Sie davon überzeugen, dass das Ihre Gedanken sind. Satan gibt Ihnen den Gedanken ein: »Ich kann diese Sünde nicht loswerden. Ich kann diese Versuchung nicht überwinden. Ich kann nicht.«

Das ist eine Lüge. »Ich vermag alles durch den, der mich mächtig macht« (Phil 4, 13). Also hören Sie auf, der Lüge zu glauben. Sie sind nicht mehr in Adam. Sie sind in Christus.

Es ist entscheidend, dass wir lernen, im Sinne unserer neuen Identität zu denken. Ihr Gehirn ist wie eine Bank. Es hat viele Einlagen (sprich Erinnerungen) aus der Zeit Ihres alten Ichs. Das alte Ich versucht weiterhin, Sie mit dem zu identifizieren, was Sie einmal waren. Das alte Ich versucht, Sie mit dem zu identifizieren, was Sie in Adam waren.

Deshalb muss Ihr Sinn zu dem hin erneuert werden, wer Sie in Christus sind. Ein guter Anfang dafür ist der folgende Bibelvers, den Sie auswendig lernen und sich jeden Tag beim Aufstehen vorsagen sollten: »Ich lebe, doch nun nicht ich, sondern Christus lebt in mir. Denn was ich jetzt lebe im Fleisch, das lebe ich im Glauben an den Sohn Gottes, der mich geliebt hat und sich selbst für mich dahingegeben« (Gal 2, 20).

Das ist der Vers unserer neuen Identität. Ich bin für den alten Tony Evans tot. Sie sind für Ihr altes Ich tot. Alles, was Ihnen sagt, dass Sie für Ihr altes Ich leben, ist eine Lüge Satans.

Eine neue Kraftquelle

Manchmal schauen Christen auf andere Christen und sagen: »O Junge, ich wollte, ich wäre so geistlich wie sie.« Paulus würde antworten: »Weißt du das denn nicht? Du kannst so werden. Du hast dieselbe Identität wie sie.« Wenn folglich andere Christen Fortschritte, Sie aber Rückschritte machen, dann liegt es daran, dass die anderen im Licht dessen leben, was sie sind, und Sie tun das eben nicht.

Ich habe zu Hause einen Toaster, einen Dosenöffner, einen Mikrowellenherd und einen Kühlschrank. Dies sind ganz unterschiedliche Geräte, aber sie beziehen ihre Energie alle aus derselben Kraftquelle. Wenn ich sie also anschließe, kühlt der Kühlschrank, erhitzt der Mikrowellenherd, toastet der Toaster, und der Dosenöffner öffnet Dosen.

Jedes Gerät, obwohl es sich von den anderen unterscheidet, erfüllt das, wozu es vom Hersteller geschaffen wurde, weil es dieselbe Kraftquelle wie die anderen benutzt. Obwohl ich anders bin als Sie und Sie anders sind als ich, haben wir alle die Möglichkeit, dem gerecht zu werden, wozu wir von Gott geschaffen wurden, weil seine Kraft all denen, die zu Christus gehören, zur Verfügung steht. Im Reich Gottes gibt es keine Günstlinge.

Ein neuer Eigentümer

Ihre neue Identität in Christus kann mit dem Einzug in ein Haus verglichen werden, das die vorhergehenden Eigentümer schmutzig und unordentlich hinterlassen haben. Das Haus war ein Abbild dessen, was diese Leute waren, aber jetzt haben Sie das Haus gekauft, und Sie sind ein sauberer Mensch. Sie waschen den Schmutz ab, reinigen die Teppiche und streichen die Wände neu. Aufgrund dessen, was Sie sind, sieht das Haus bald ganz anders aus.

Bevor Sie Christus kennen lernten, lebte ein anderer Eigentümer in dem Haus, das Ihr Leib genannt wird. Aber jetzt ist Jesus eingezogen. Sie haben einen neuen Bewohner, der heilig, sauber, rein und gerecht ist.

Obwohl er in dem alten Haus wohnt, kann er bewirken, dass es gut aussieht. Er kann anstreichen, die Teppiche reinigen und neue Vorhänge aufhängen. Sie sind neu, nicht weil Ihr Körper sich verändert hat, sondern weil jemand Neues eingezogen ist.

Wir müssen etwas fest annehmen

In den Versen 5-11 spricht Paulus weiter davon, dass wir mit Christus verbunden sind. Das Stichwort in diesem Abschnitt ist *fest annehmen*, aber darauf kommen wir noch zurück, wenn wir Vers 11 besprechen. Betrachten wir zunächst dies: »Denn wenn wir mit ihm verbunden und ihm gleich geworden sind in seinem Tod, so werden wir ihm auch in der Auferstehung gleich sein. Wir wissen ja, dass unser alter Mensch mit ihm gekreuzigt ist« (Röm 6, 5-6a).

Mit anderen Worten: Sie starben mit Christus, damit Gott Sie nicht mehr für Ihre Sünden zur Rechenschaft zieht. Deshalb sollten Sie mit Christus ein neues Leben führen, in dem sichtbar wird, dass Sie mit ihm starben. Dieses neue Leben ist das Auferstehungsleben, da Sie mit Christus auferweckt wurden.

Das alte Ich

Die Person, die Sie vor Ihrer Rettung waren, wurde ans Kreuz genagelt. Nun erhebt sich eine Frage. Wenn Ihr altes Ich ans Kreuz genagelt wurde, wieso schlägt es dann immer noch aus?

Der Grund liegt darin, dass Ihr altes Ich so mit dem Prinzip der Sünde, das immer noch in Ihrem Körper allgegenwärtig ist, vergiftet ist, dass das alte Ich fast wie ein Reflex reagiert. Obwohl das alte Ich gekreuzigt ist, reagiert es immer noch auf Sünde, als wäre es lebendig.

Jeder Leichenbestatter kann Ihnen erzählen, dass Leichen sehr interessante Dinge tun können. Zum Beispiel wachsen das Haar und die Nägel eines Toten noch eine Zeit lang. Ein Bekannter, der Leichenbestatter ist, erzählte mir, dass die Leiche manchmal auf dem

Tisch zittert, ein Grund, weshalb ich wohl nie Leichenbestatter werde.

Ein anderer Leichenbestatter erzählte mir, dass eine Leiche einmal eine Reaktion der Muskulaturnerven hatte und sich tatsächlich selbst vom Tisch schleuderte; wenn ich dabei gewesen wäre, hätten bestimmt zwei Tote im Raum gelegen.

Aber meinen Bekannten, den Leichenbestatter, stört das nicht, denn er sagt: »Trotz Zittern und Springen und dem Wachsen der Nägel und Haare und anderer Lebenshandlungen weiß ich etwas, was der Durchschnittsmensch nicht versteht, und handle dementsprechend, nämlich, dass der Tote tot ist, auch wenn er so handelt, als wäre er lebendig.«

Das gilt auch für Sie und mich, die wir mit Christus gekreuzigt sind. Obwohl die Sünde immer noch ihren hässlichen Kopf aufbäumt, weil das Sündenprinzip noch da ist, müssen Sie wissen, dass das Ihre alte Leiche ist, die so handeln möchte, als ob sie lebendig wäre. Aber Sie müssen erkennen, dass sie tot ist, weil sie gekreuzigt wurde.

Warum kreuzigte uns Gott? Römer 6, 6 b-7 sagt: »... damit der Leib der Sünde vernichtet werde, sodass wir hinfort der Sünde nicht dienen. Denn wer gestorben ist, der ist frei geworden von der Sünde.«

Der »Leib der Sünde« ist dieser Leib, der vom Sündenprinzip vergiftet wurde. Nicht dass der Leib sündig ist. Vielmehr ist das Sündenprinzip sündig, und das Sündenprinzip drückt sich mithilfe des Körpers aus. Das Ergebnis unserer Kreuzigung mit Christus ist, dass unser Leib der Sünde wirkungslos, untätig und kraftlos wird.

Natürlich werden Sie wieder sündigen. Aber Sie müssen nicht mehr Sklave der Sünde sein. Bevor Sie gerettet wurden, waren Sie wie ein Rundfunkgerät mit nur einem Sender, dem alten Ich. Alles, was Sie hörten, kam von diesem Sender.

Aber als Sie Christ wurden, bekamen Sie einen neuen Sender. Wenn Sie Ihr Rundfunkgerät jedoch nicht auf die richtige Wellenlänge einstellen, werden Sie nie die Musik hören. Zu viele Christen hören immer noch den alten Sender und leben deshalb nach der alten Weise, obwohl Gott ihnen einen nagelneuen Kanal gegeben hat.

Der Grund, weshalb Sie sich nicht dauernd mit Gläubigen zusammentun sollen, die nur die alte Musik spielen, liegt darin, dass Sie sonst bald dasselbe alte Lied singen. Gott hat Ihnen ein neues Programm gegeben. Er will, dass Sie verstehen, dass Sie mit Christus verbunden sind. Ihr »Leib der Sünde«, der Dinge tun will, die Gott nicht gefallen, ist wirkungslos geworden.

Jetzt können Sie zu Ihrer Hand sagen: »Das darfst du nicht mehr berühren.« Jetzt können Sie zu Ihren Füßen sagen: »Dahin dürft ihr nicht mehr gehen.« Jetzt können Sie zu Ihrer Zunge sagen: »Das darfst du nicht mehr sagen.« Jetzt können Sie zu ihrem Verstand sagen: »Das darfst du nicht mehr denken.«

Das heißt, jetzt diktieren Sie, aufgrund des neuen Menschen, der Sie in Christus sind, diesem von Sünde vergifteten Leib, in welche Richtung er geht, die neuen Gedanken, die er denkt und die neuen Worte, die er ausspricht. Die Macht der Kreuzigung macht dies möglich.

Das neue Ich

Ihr neues Leben in Christus sollte Sie halten, damit Sie, wenn Sie fallen wollen, nirgendwo anders hingehen, auch wenn Sie dies versuchen, weil Christus Sie hält und stützt. Deshalb sagt Paulus: »Sind wir aber mit Christus gestorben, so glauben wir, dass wir auch mit ihm leben werden, und wissen, dass Christus, von den Toten erweckt, hinfort nicht stirbt; der Tod kann hinfort über ihn nicht herrschen. Denn was er gestorben ist, das ist er der Sünde gestorben ein für alle Mal; was er aber lebt, das lebt er Gott« (Röm 6, 8-10).

Jetzt sagen Sie: »Wieso erlebe ich das nicht?« Weil Sie etwas tun müssen. Betrachten Sie Vers 11 und unser Stichwort: »So auch ihr, haltet dafür [nehmt fest an], dass ihr der Sünde gestorben seid und lebt Gott in Christus Jesus.« Paulus sagt: »Ihr müsst fest annehmen, dass es so ist. Rechnet ganz sicher damit, dass es stimmt. Investiert in eure neue Identität in Christus.«

Er sagt, wenn Sie wissen, dass Sie eine Million Dollar auf Ihrem geistlichen Bankkonto haben, dann beginnen Sie, Schecks darauf auszustellen. Es nützt nichts, eine Million Dollar zu haben und so zu tun, als ob es nicht so wäre. Sie handeln wie jemand, der eine Million Dollar hat, wenn Sie die Schecks ausschreiben. Sonst könnten Sie leben, als ob Sie pleite wären.

Während des Amerikanischen Bürgerkriegs konnte ein Mann, der nicht in die Armee gehen wollte, jemanden bezahlen, der an seiner Stelle seine Wehrpflicht erfüllte. Nun, ein Mann namens Pratt bezahlte einen Mann namens White dafür, an seiner Stelle in den Krieg zu ziehen.

White fiel. Pratt wurde ein zweites Mal einberufen. Aber Pratt ging mit der zwischen ihm und White abgeschlossenen Vereinbarung zur Musterungskommission und sagte ihnen, dass der zweite Einberufungsbefehl ungültig sei, weil er »in White« gestorben war. Die Musterungskommission musste einräumen, dass Pratt rechtlich tot war.

Wenn Satan kommt und Sie wieder in Ihr altes Leben einberufen will, wenn er versucht, Sie in Ihre alten Denk-, Sprech- und Handlungsweisen zurückzurufen, dann müssen Sie ihm die Vereinbarung zeigen.

Dann müssen Sie sagen: »Jesus Christus ist schon an meiner Stelle gestorben. Du kannst mich nicht wieder in dieses alte Leben einberufen. Du kannst mich nicht mehr zu dieser alten Denkweise zurückbringen. Die Zahlung wurde geleistet. Du kannst mich nicht in deinen Dienst zurückrufen.«

Satan hat kein Anrecht mehr auf Sie, denn als Jesus starb, starb er ein für alle Mal (V. 10). Sie müssen keine weiteren Zahlungen leisten, um Sieg in Ihrem geistlichen Leben haben zu können. Sie sind bereits gestorben. Satan ist wie ein abgesetzter Diktator, der weiter Ihr Leben regieren will. Sie müssen ihm sagen, dass er endgültig vom Thron gestoßen wurde.

Wir müssen uns hingeben

Die Gnade Gottes hat bewirkt, dass die Sünde nicht länger Ihr Leben beherrscht. Jesus Christus sitzt jetzt auf dem Thron Ihres Lebens.

Aber damit Sie das erfahren, müssen Sie zuerst *wissen*, dass Sie mit Christus verbunden sind. Dann müssen Sie *fest annehmen* oder fest damit rechnen, dass es so ist. Drittens müssen Sie sich Ihrer neuen Identität in Christus *hingeben*. Das ist unser nächstes Stichwort. Beginnen wir mit Vers 12: »So lasst nun die Sünde nicht herrschen in eurem sterblichen Leibe, und leistet seinen Begierden keinen Gehorsam.«

Hier steht nicht, dass Sie keine Begierden haben werden. Der Heilige Geist wird Sie davon abhalten, die Begierden Ihres Fleisches zu erfüllen, aber er wird nicht unbedingt sicherstellen, dass Sie keine Begierden des Fleisches mehr haben.

Stattdessen sorgt Gott dafür, dass die Begierden nicht mehr »der Boss« in Ihrem Leben sein müssen. Sie sind nicht gezwungen, den Befehlen Ihrer fleischlichen Begierden zu gehorchen: »Auch gebt nicht der Sünde eure Glieder hin als Waffen der Ungerechtigkeit, sondern gebt euch selbst Gott hin, als solche, die tot waren und nun lebendig sind, und eure Glieder Gott als Waffen der Gerechtigkeit. Denn die Sünde wird nicht herrschen können über euch, weil ihr ja nicht unter dem Gesetz seid, sondern unter der Gnade« (Röm 6, 13-14).

Zu meinen Aufgaben als Pastor gehören Eheschließungen. Bei jeder Eheschließung komme ich an die Stelle, an der ich frage: »Wer gibt diese Frau diesem Mann zur Frau?«

Im Allgemeinen ist es der Vater oder ein Stellvertreter des Vaters, der antwortet: »Ich.« Wenn das geschieht, findet der Wechsel statt.

Jetzt habe ich eine schlechte Nachricht für den Vater. Sobald er »Ich« gesagt hat, kann er sich setzen. Ich bin mit ihm fertig. Während der ganzen Feier werde ich kein weiteres Gespräch mit ihm führen. Warum? Weil er jetzt nebensächlich ist.

Der Bräutigam tritt vor und nimmt den Platz des Vaters ein. Er und die Braut treten vor mich hin, ich nehme ihnen das Ehegelöbnis ab, sie tauschen die Ringe, und dann schließe ich die Feier, indem ich sage: »Ich erkläre, dass Sie jetzt rechtmäßig verbundene Eheleute sind.« Dann stehen alle Anwesenden auf und gratulieren dem frisch gebackenen Ehepaar.

Die junge Frau wurde verwandelt, nicht, weil sie nicht mehr dieselbe Person ist, sondern weil sie jetzt eine neue Identität hat. Sobald ihr Vater sie hingegeben hat, kommt sie unter eine neue Autorität. Sie tritt in eine neue Beziehung ein.

Daraus folgt, dass ihr Vater, der ihr zwanzig Minuten früher hätte sagen können: »Ich will, dass du dies tust«, jetzt von einem anderen, jüngeren Mann verdrängt worden ist, der sich dieser Frau zuwenden und sagen kann: »Nein, tu das nicht.«

Aus einem einzigen Grund bekam ein anderer, neuer Mann die Oberhand: Diese Frau hat eine andere Identität angenommen. Die Bibel sagt, Sie haben die Identität Christi angenommen. Wenn also dieser alte Mann, der Fleisch genannt wird, Ihnen sagt, was Sie zu tun haben, müssen Sie antworten: »Ich habe jetzt einen neuen Mann. Schau, ich trage einen neuen Ring. Ich habe einen neuen Namen.«

Das ist die Bedeutung der Wassertaufe. Die Wassertaufe besagt: »Ich bin jetzt verheiratet. Also Welt, kann ich nicht tun, was du von mir willst. Ich bin jetzt verheiratet. Ich kann nicht dahin gehen, wo du mich haben willst. Ich bin verheiratet. Ich kann nicht so denken, reden und handeln, wie du willst, dass ich denke, rede und handle. Ich bin jetzt verheiratet. Ich habe mich einem anderen Mann hingegeben.«

Sie müssen sich Gott täglich hingeben. Beginnen Sie jeden Tag, indem Sie sagen: »Herr, ich bin mit dir verheiratet. Deshalb mache mich bitte heute fähig, mit dir gekreuzigt zu werden.« Sie müssen die Glieder Ihres Leibes Christus hingeben. Sie tragen jetzt seinen Namen.

Wir müssen unsere Knechtschaft beenden

Der vierte Abschnitt von Römer 6, mit dem wir uns befassen, konzentriert sich auf das vierte Stichwort: *Knechtschaft.* In Vers 15 lesen wir: »Wie nun? Sollen wir sündigen, weil wir nicht unter dem Gesetz, sondern unter der Gnade sind? Das sei ferne!«

Beachten Sie die Ähnlichkeit dieses Verses mit den Versen 1-2. Paulus schließt den Kreis und kommt zu seinem Anfangsgedanken zurück, nämlich dass die Gnade keine Erlaubnis zum Sündigen ist.

Gnade und Gesetz

Paulus führt hier einen neuen Faktor ein, das Prinzip des Gesetzes. Er sagt, wenn man unter der Gnade lebt, hält man das Gesetz. Das bedeutet, dass man Gottes Maßstäben gehorchen will. Aber der Beweggrund ist nicht der Maßstab an sich noch die Strafandrohung. Der Beweggrund ist die Gnade Gottes.

Wenn Sie die Gnade wirklich verstehen, werden Sie nicht drauflossündigen, nur weil Sie wissen, dass Ihnen vergeben wird. Sie wollen Gott gefallen, aus Dankbarkeit für all das, was er für Sie getan hat.

Das Gesetz zeigt Ihnen den Maßstab. Wie ein Spiegel zeigt es Ihnen, was Sie wirklich sind. Es kann Ihre Probleme offen legen. Es kann Ihnen Ihre Sünde zeigen. Aber das Gesetz kann Ihr Problem nicht in Ordnung bringen. Denn wenn Sie hören: »Du sollst nicht lügen«, sind Sie verurteilt, weil Sie jetzt wissen, dass Lügen falsch ist, und weil Sie wissen, dass Sie es getan haben.

Aber Christus tat, was das Gesetz nicht tun konnte. Er hat unseren ganzen Kuddelmuddel in Ordnung gebracht. Aus Dankbarkeit für seine Liebe und Gnade sollten wir uns freudig daranmachen, unser Haar zu kämmen, unser Gesicht zu waschen und unsere Zähne zu putzen, mit anderen Worten, unser Leben in Ordnung zu bringen.

Dem richtigen Herrn dienen

Wer Sie sind, sollte demnach bestimmen, wem Sie dienen. Das sagt Paulus in Vers 16: »Wisst ihr nicht, wem ihr euch zu Knechten macht, um ihm zu gehorchen, dessen Knechte seid ihr und müsst ihm gehorsam sein, es sei der Sünde zum Tode oder dem Gehorsam zur Gerechtigkeit?«

Wussten Sie, dass ein Christ Knecht eines falschen Herrn werden kann? Auch wenn Sie zu Christus gehören, können Sie letztendlich dem falschen Herrn dienen. Paulus sagt, dass der Sünde dienen zum Tod führt. Gott dienen führt zum Leben. Er fährt fort: »Gott sei aber gedankt, dass ihr Knechte der Sünde *gewesen* seid, aber nun von Herzen gehorsam geworden der Gestalt der Lehre, der ihr ergeben seid. Denn indem ihr nun frei geworden seid von der Sünde, seid ihr Knechte geworden der Gerechtigkeit ... Denn als ihr Knechte der Sünde wart, da wart ihr frei von der Gerechtigkeit. Was hattet ihr nun damals für Frucht? Solche, deren ihr euch jetzt schämt; denn das Ende derselben ist der Tod« (Röm 6, 17-18, 20-21).

Mit anderen Worten, was war die Frucht oder der Nutzen Ihres alten Lebens? Wohin brachte Sie dieses alte Leben? Gewiss, Sie hatten Spaß beim Sündigen. Aber wohin brachte Sie das? Es brachte Ihnen keinen Nutzen – außer Sie halten den Tod für einen Nutzen!

Als Christen können wir uns etwas viel Besserem hingeben: »Nun aber, da ihr von der Sünde frei und Gottes Knechte geworden seid, habt ihr darin eure Frucht, dass ihr heilig werdet; das Ende aber ist das ewige Leben« (V. 22).

Da Sie wissen, wer Sie sind, passen Sie auf, wem Sie sich hingeben. Werden Sie nicht der Knecht des alten Ichs, da Sie in Christus bereits ein Knecht des neuen Ichs sind.

Machen Sie sich wirklich bewusst, wer Sie sind. Geben Sie sich als Knecht der Gerechtigkeit und nicht der Sünde hin. Sie schulden der Sünde überhaupt nichts. Sie werden sündigen, aber seien Sie kein Knecht der Sünde. Lassen Sie sich nicht von der Sünde beherrschen.

In der Bibel gibt es viele Beispiele dafür, was es bedeutet, Knecht der Sünde zu sein. Simson (Ri 13-16) war ein großer Mann Gottes, aber er wurde ein Knecht der Lust. Simson wurde praktisch während seines gesamten Erwachsenenlebens von Frauen beherrscht. Jahr um Jahr wurden seine sexuellen Leidenschaften zügelloser, und das Ergebnis war, dass er in Ketten mit ausgestochenen Augen endete (Ri 16, 21).

In Johannes 17, 3 sagte Jesus, dass das ewige Leben darin besteht, den Vater und den Sohn zu kennen. Wenn Sie also ein Knecht der Sünde sind, verlieren Sie Ihre Freude an Gott. Sie verlieren Ihre volle Beteiligung am Willen Gottes.

Es ist ähnlich wie bei den irdischen Folgen des Verlassens der ersten Liebe, die wir in Kapitel 8 besprachen. Wir sahen, dass Gläubige ihre Freude verlieren können. Sie können schwach und krank werden und keinen Sinn und Zweck mehr erkennen.

Knechtschaft und Freiheit

Zur Zeit des Paulus bestimmte das römische Gesetz, dass kein römischer Bürger versklavt werden konnte. So begannen gewissenlose Männer auf der Grundlage dieses Gesetzes, eine raffinierte Finte auszuarbeiten: Ein Mann würde zustimmen, sich selbst gegen einen hohen Geldbetrag in die Sklaverei zu verkaufen, ohne zu sagen, dass er römischer Bürger war.

Der Mann würde das Geld einstreichen und dann einen Freund holen und sagen: »Könntest du bitte bestätigen, dass ich römischer Bürger bin?« Der Freund würde es bestätigen, und der Mann müsste freigelassen werden, weil das Gesetz bestimmte, dass ein römischer Bürger nicht versklavt werden durfte.

Diese List hatte verheerende Folgen in Rom, denn eine Person konnte diesen Trick mehrmals anwenden, und die römische Wirtschaft war auf Sklaverei aufgebaut. So lernten die Römer daraus, und ein neues Gesetz wurde verabschiedet, das besagte, dass jeder, der sich selbst in die Sklaverei verkauft hatte, nicht mehr den Status eines freien Bürgers beanspruchen konnte. Er musste Sklave bleiben.

Darauf bezog sich Paulus, als er in Vers 16 sagte: »Wenn ihr der Knecht oder Sklave von einer Person geworden seid, dann gehört ihr dieser Person. Ihr wurdet ein Sklave Jesu Christi und gehört ihm.

Also lasst nicht zu, dass ihr weiterhin eurem alten Herrn, dem alten Ich, gehört.«

Das erinnert mich an die Geschichte vom Verlorenen Sohn in Lukas 15. Als er seine eigenen Wege ging, endete er in der Knechtschaft. Aber als er nach Hause kam und Knecht seines Vaters wurde, fand er Freiheit.

Wissen Sie, wie Sie Freiheit finden können? Indem Sie ein Knecht Christi werden. Wissen Sie, wie Sie ein Knecht oder ein Sklave werden? Indem Sie für die Welt frei werden. Fragen Sie einen Sklaven der Drogen, wie toll es ist, die Freiheit zu haben, Drogen zu nehmen. Die Welt wird Sie versklaven, indem Sie Ihnen Freiheit anbietet. C. S. Lewis griff diesen Gedanken auf, als er sagte, dass Hölle ist, in alle Ewigkeit das tun zu können, was man will.

Aber Gott macht Sie frei, indem er Ihnen Knechtschaft anbietet. Das ist wieder eine der scheinbar widersinnigen Aussagen unseres Glaubens. Gott sagt: »Wenn du mein Knecht wirst, dann bist du in Wirklichkeit frei.«

Im Januar 1863 wurde in Amerika die Proklamation der Befreiung aller Sklaven verkündigt. Alle Sklaven wurden freigelassen. Aber in Texas wurde diese Proklamation geheim gehalten. Man sagte den Vorfahren meines Volkes nicht, dass sie frei waren.

Deshalb lebten in Texas noch Jahre nach der Proklamation der Befreiung die Schwarzen weiter als Sklaven. Sie handelten nicht wie die freien Menschen, die sie waren, weil es ihnen niemand sagte.

Als sie endlich erfuhren, dass die Sklaverei beendet war, freuten sie sich so sehr, dass sie ein Fest feierten. Und wir freuen uns noch heute so sehr darüber, dass wir dieses Fest jedes Jahr am 19. Juni feiern. Wir nennen es »Juneteenth.«

Vor zweitausend Jahren unterzeichnete Jesus auf Golgatha unsere Proklamation der Befreiung. Er erklärte, dass Sie frei sind, aber Satan versucht, Ihre Befreiung vor Ihnen zu verheimlichen. Er will nicht, dass Sie erkennen, dass Sie nicht mehr »Jawohl« sagen müssen, wenn er befiehlt.

Sie können diesem Pflug den Rücken kehren. Sie können jetzt auf der Grundlage der Freiheit handeln, die Ihnen angeboten wurde. Sie können Ihre 40 Morgen Land und ein Maultier für sich beanspruchen und Ihr eigenes Land bestellen. Sie können jetzt in der Freiheit leben, die Ihnen zusteht, weil Sie in Christus freigemacht wurden. Das sind Sie jetzt, und dementsprechend müssen Sie leben.

Der britische Flugpionier Frederick Handley Page flog einmal über Arabien, als er in seinem kleinen Flugzeug ein widerwärtiges Nagen hörte. Eine große Ratte war von dem Geruch der Nahrung im Laderaum des Flugzeuges angezogen worden, und es war ihr gelungen, sich unbemerkt an Bord zu schmuggeln.

Das Herz von Page begann zu hämmern, als ihm bewusst wurde, welchen Schaden dieses Nagetier an den Steuergeräten des Flugzeugs anrichten konnte. Wenn die Ratte bestimmte wichtige Kabel durchbiss, würde es sehr kritisch werden.

Page wusste nicht, was er tun sollte. Er flog alleine, und in diesen Flugzeugen der Anfangszeit gab es natürlich keinen Autopiloten. Aber dann erinnerte er sich an etwas, das er in der Schule gelernt hatte: Ratten können in großer Höhe nicht überleben.

So stieg Page höher, so hoch, dass sogar ihm das Atmen schwerfiel. Aber er lauschte gespannt, und nach einer Weile hörte das Nagen auf. Als er an seinem Bestimmungsort ankam, fand er die tote Ratte hinter dem Cockpit.

Am Leben zu vieler Christen nagt die Ratte der Sünde. Die Ratte der Unzucht zwickt uns, die Ratte ordinärer Ausdrucksweise und die Ratte des Ehebruchs beißen und knabbern an uns. Unsere geistlichen Flugzeuge sind am Abstürzen.

Aber Sie können etwas dagegen tun. Sie können höher steigen! Dort oben fällt das Atmen vielleicht ein bisschen schwer, weil Sie nicht daran gewöhnt sind, so hoch zu steigen. Aber steigen Sie weiter. Der Heilige Geist wird Sie aufmerksam und wach halten. Steigen Sie weiter, bis Sie die Ratte nicht mehr nagen hören. Steigen Sie höher, bis Gott Ihnen da den Sieg schenkt, wo Sie ihn nie für möglich gehalten hätten.

Steigen Sie bis zu einer Höhe, die Sie Ihrem geistlichen Flugzeug nie zutrauten, und entdecken Sie eine Freiheit, von der Sie nie zu träumen wagten. Wissen, annehmen, sich hingeben – das macht frei!

Zurück zur ersten Liebe

Wie wir eben sahen, ist es recht schwer zu wissen, was man tun oder wohin man gehen soll, wenn man nicht weiß, wer man ist. Die folgenden konkreten Schritte helfen Ihnen, das Bild, das Sie in Ihrem geistlichen Spiegel sehen, schärfer zu erkennen:

1. Zu Beginn des Kapitels zitierte ich Galater 2, 20, einen Vers, den jeder Christ auswendig lernen und sich jeden Tag vorsagen sollte. Sagen Sie sich diesen Vers selbst so oft vor, bis diese Wahrheit Bestandteil Ihrer ständig abrufbaren Datenbank geworden ist.

2. Geben Sie Ihrem inneren Bewohner, Jesus Christus, Pinsel, Besen, Eimer und was er sonst noch braucht, um Sie von innen her sauber und schön zu machen. Liefern Sie ihm jeden bekannten Bereich des Ungehorsams aus. Geben Sie ihm den Schlüssel und die Erlaubnis, jeden Raum Ihres Herzens zu betreten, der vielleicht jetzt noch verschlossen ist.

3. Wissen Sie, an welcher Stelle Satan Ihnen am leichtesten ein Bein stellen und Sie dazu bringen kann, dass Sie in Ihr altes Ich zurückfallen? Überprüfen Sie Ihre geistlichen Abwehrmechanismen in diesem Bereich und verstärken Sie sie, wo nötig: Meiden Sie z. B. bestimmte Orte oder schalten Sie gewisse Fernsehsendungen ab, von denen Sie wissen, dass Sie dadurch besonders in Versuchung geführt werden.

Möglicherweise haben die alten Handschellen und Fußfesseln, die Sie als Sklave der Welt trugen, Narben hinterlassen, die Sie heute stören. Wenn Satan die Erinnerung an alte, vergebene Sünden benutzt, um Ihnen Schuldgefühle einzuflößen und Sie zu bedrücken, so tragen Sie die heilende Salbe von Gottes Verheißungen auf. Erinnern Sie den Feind daran, dass Sie nicht mehr der Alte sind, dass er Sie deshalb mit nichts beschuldigen, Sie für nichts verdammen und Sie nicht von Christus scheiden kann (Röm 8, 33-35)!

3. Daran denken, was Sie erwartet

Wir sahen bereits mehrmals, dass das Heilmittel des Herrn für die lieblose Gemeinde von Ephesus diese Ermahnung war: »So denke nun daran, wovon du abgefallen bist« (Offb 2, 5).

Die Gemeinde von Ephesus ist von der Liebe zu Jesus Christus abgefallen, was zu manch anderem »Fall« führte. Aus dem Neuen Testament geht deutlich hervor, dass ein einzelner Gläubiger oder eine ganze Kirche, die von der Liebe zu Christus abfallen, auch von ihrem Platz der Belohnung und des Segens »fallen«. Wir betrachteten in Kapitel 8 und 9 den Verlust zeitlicher und ewiger Belohnungen.

Unsere Aufgabe in diesem Kapitel ist erfreulicher. Wir wollen uns mit dem Segen beschäftigen, der auf uns wartet, wenn wir zu unserer Liebe zu Christus zurückfinden und ihn an erste Stelle setzen. Meine Kernaussage ist diese: Wenn wir zu unserer ersten Liebe zurückkehren, wenn wir Jesus Christus in den Mittelpunkt unseres Lebens stellen und uns vorbehaltlos ihm hingeben, warten unzählige Segnungen auf uns.

Da wir die irdischen und die himmlischen Folgen besprachen, die entstehen, wenn wir Christus nicht so lieben, wie wir sollten, untersuchen wir jetzt das Thema der Belohnungen unter denselben beiden Titeln.

Beginnen wir mit den irdischen Segnungen, die Jesus Christus für die hat, die ihn über alles lieben. Wir könnten darüber mehrere Kapitel schreiben, aber ich möchte mich auf zwei Punkte beschränken. Heutzutage scheint es zu vielen Christen an diesen Segnungen zu mangeln oder zumindest am rechten Verständnis für sie zu fehlen. Die beiden Segnungen oder Wohltaten, über die ich spreche, stehen in derselben wichtigen Bibelstelle, im Brief an die Philipper 4, 10-19. Zum rechten Verständnis dieser Stelle müssen wir daran denken, wo Paulus war, als er diesen Brief schrieb. Er war in Rom im Gefängnis und musste mit einem Todesurteil rechnen.

Nach Vers 10 zu schließen, ist Paulus jedoch glücklich im Herrn: »Ich bin aber hoch erfreut in dem Herrn, dass ihr wieder eifrig geworden seid, für mich zu sorgen; ihr wart zwar immer darauf bedacht, aber die Zeit hat's nicht zugelassen.«

Wann konnten Sie das letzte Mal in schweren Zeiten so sprechen? Wenn wir Schweres durchleben, freuen wir uns im Allgemeinen nicht, und außerdem merkt noch jeder, der mit uns zusammenkommt, dass wir unglücklich sind.

Aber Paulus freute sich über die Fürsorge, die ihm die Gemeinde von Philippi erwies. Diese Gläubigen liebten Paulus. Sie waren ihm zutiefst verpflichtet. In einer Zeit tiefster Not hatten sie Epaphroditus mit finanzieller Unterstützung zu Paulus geschickt. Ihre Gaben waren besonders willkommen, weil außer ihnen niemand reagiert hatte.

Es ist wichtig, diese Umstände zu kennen, bevor man den folgenden Satz richtig verstehen kann: »Ich sage das nicht, weil ich Mangel leide« (V. 11a). Er schreibt den Philippern keinen Dankesbrief, mit dem er in Wirklichkeit zu verstehen geben will: »Schickt mehr Geld.«

Paulus sagt vielmehr: »Ich spiele nicht auf mehr Geld an, weil ich etwas sehr Wichtiges gelernt habe.« Wir sollten fragen, was er gelernt hat, weil wir das auch lernen müssen: »Ich habe gelernt, mir genügen zu lassen, wie's mir auch geht. Ich kann niedrig sein und ich kann hoch sein; mir ist alles und jedes vertraut: beides, satt sein und hungern, beides, Überfluss haben und Mangel leiden« (V. 11b-12).

Wie ein Gast in einem alten Fernsehquiz aus den 60er-Jahren sagt Paulus: »Ich habe ein Geheimnis.«

Die Belohnung der Befriedigung

Wir leben in einer Welt, in der sich alle nach Befriedigung sehnen. Jeder will sie, aber keiner weiß, wo sie zu finden ist. Angestrengt suchen Menschen nach Befriedigung, dieser Gabe, die innere Zufriedenheit schenkt, ungeachtet der äußeren Umstände.

Aber die meisten finden keine echte Befriedigung, weil sie an den falschen Stellen nach ihr suchen. Befriedigung ist ein Nebenprodukt der Treue zu Jesus. Anstatt fieberhaft nach Befriedigung zu suchen, sollten wir unserer Liebesbeziehung zu Christus nachgehen, denn dadurch erhalten wir Befriedigung als Belohnung.

Scheinbefriedigung

Was die Welt Befriedigung nennt, ist nur Scheinbefriedigung. Wenn genug Geld hereinkommt und das Auto und das Haus neu und groß sind, fühlen sich die Menschen befriedigt. Wenn die Rechnungen bezahlt sind, wenn sie Freunde haben, sind sie befriedigt. Aber wenn man ihnen ihr Geld, ihre Freunde und all den neuen Tand wegnimmt, dann versinken diese Menschen plötzlich in Depressionen und verlieren ihre Befriedigung.

Der Grund liegt darin, dass die Welt keine Ahnung davon hat, wie und wo man echte, beständige Befriedigung findet. Ganze Industriezweige leben in der Tat von zwei Dingen: sicherzustellen, dass Sie und ich mit dem, was wir haben, unzufrieden sind, und sicherzustellen, dass wir nach immer mehr und immer Besserem verlangen.

Die Werbefachleute sind sehr pfiffig. Sie machen für sich selbst und ihre Kunden das große Geld, weil sie wissen, wie man Unzufriedenheit schafft. Sie haben verstanden, dass sie nur immer etwas Neues auf den Markt bringen müssen.

So sind wir nie zufrieden. Wer will schließlich das alte Produkt, wenn das »neue und verbesserte« Modell genau daneben steht? In den 60er-Jahren brachte eine Autofirma ein »Supersport-Modell« heraus. Wie kann sich ein junger Mann damit zufrieden geben, »sportlich« zu sein, wenn er »supersportlich« sein kann?

Da die ganze Welt auf dieser Grundlage funktioniert, können wir verstehen, warum der verstorbene John D. Rockefeller angeblich auf die Frage: »Wie viel Geld ist genug?«, antwortete: »Bloß ein bisschen mehr.«

Das Geheimnis der Befriedigung

Ich las einmal die Geschichte von einem König, der so unglücklich war, dass er davon krank wurde und nach Befriedigung suchte. Einer seiner Astrologen sagte ihm, er könne von seiner Krankheit geheilt werden, wenn seine Diener einen zufriedenen Mann fänden und dem König das Hemd dieses Mannes brächten.

Also schickte der König seine Männer aus, und sie suchten im ganzen Königreich nach einem zufriedenen Mann, dessen Hemd sie dem König bringen könnten. Sie suchten weit und breit und entdeckten schließlich, dass der einzige zufriedene Mann im Königreich gar kein Hemd besaß.

Wir wissen, dass Zufriedenheit nicht davon abhängt, wie viel wir haben. Für die meisten von uns ist das eigentlich eine gute Nachricht. Es bedeutet nämlich, dass wir genauso Befriedigung erleben können wie Menschen, die alles haben.

Sehen Sie, die Reichen und Berühmten haben uns normalen Menschen nichts voraus, weil das Geheimnis der Zufriedenheit darin liegt, dass sie ein Nebenprodukt ist, eine Belohnung, die Christus denen gibt, die ihn lieben und ihm treu sind. Wenn wir Christus haben, dann haben wir auch die dafür erforderliche Kraft und auch die Mittel.

Der Zufriedenheitstest

Wie kann man wissen, ob man wirklich zufrieden ist? Wie kann man wissen, ob man diese Belohnung, diesen Segen von Jesus hat? Der Test besteht darin zu fragen, wie viel Zufriedenheit man nicht nur in guten, sondern auch in schlechten Zeiten hat. Die meisten Menschen, die Befriedigung finden wollen, suchen am falschen Platz und sprechen mit den falschen Menschen.

Zufriedenheit besitzt nicht jeder. Nicht einmal jeder Christ. Paulus sagt: »Das Geheimnis, das ich gelernt habe, besteht darin, dass es wirklich nicht viel ausmacht, ob ich im Gefängnis auf den Tod warte oder im Wohlstand lebe, weil ich Christus habe.«

Paulus sah die Dinge im richtigen Verhältnis, und deshalb hatte er nicht nur Freude, sondern ließ sich auch durch nichts einschüchtern. Als Paulus mit dem Tod bedroht wurde, antwortete er: »Sterben ist Gewinn.« Als er von den Alltagsfragen herausgefordert wurde, antwortete er: »Leben ist Christus.« Als er Leiden ertragen musste, konnte er zuversichtlich sagen: »Ich bin überzeugt, dass dieser Zeit Leiden nicht ins Gewicht fallen gegenüber der Herrlichkeit, die an uns offenbart werden soll« (Röm 8, 18).

Es war nicht so wichtig, was Ungläubige Paulus antaten, weil Jesus Christus das Endziel seines Lebens war.

Sind Sie schon an dem Punkt angelangt, an dem Dinge und Umstände nicht mehr viel ausmachen? Ich will damit nicht sagen, man soll sich über das Leben keine Gedanken machen. Ich meine damit, ob die Dinge um Sie herum Ihren Zufriedenheitsgrad bestimmen.

Jemand wirft jetzt vielleicht ein: »Nun, das war Paulus, aber ich bin ich. Er war ein großer Apostel. Ich bin nur ein gewöhnlicher Gläubiger.« Aber die Zufriedenheit von Paulus hatte nichts mit ihm selbst zu tun. Sie hatte mit Christus zu tun. Paulus sagte: »Ich vermag alles durch den, der mich mächtig macht« (Phil 4, 13). Darin liegt das Geheimnis.

Nun höre ich einen anderen Einwand: »Ist das alles? Ich dachte, Sie würden mir eine interessante neue Wahrheit verkünden, die ich in mich aufnehmen und verschlingen könnte. Diesen Vers lernte ich schon vor Jahren auswendig.«

Aber die Frage ist nicht, ob Sie diesen bekannten Vers aufsagen können. Die Frage ist, ob er unauslöschbar in Ihr Herz geschrieben ist. Paulus sagt: »Ich kann.« Wenn Sie die Macht des positiven Denkens wollen, hier ist sie.

Der Mittelpunkt der Zufriedenheit

Beachten Sie jedoch, dass Paulus nicht sagte: »Ich kann alles.« Er ist hier viel genauer. Er sagt: »Ich kann die Dinge tun, zu denen Christus mich berufen hat. Ich kann so sein, wie Christus mich haben will. Ich kann alle diese Dinge tun und sein, weil er mich dazu befähigt. Deshalb erwartet Christus von mir nichts, was ich nicht tun kann, weil er selbst dafür sorgt, dass ich die Kraft bekomme, die ich brauche, um es zu schaffen.«

Der Grund, weshalb die meisten Christen nicht zufrieden sind, ist, dass sie diese Kraft nicht haben. Anders ausgedrückt, das Geheimnis der Zufriedenheit liegt darin, eine solch dynamische Liebesbeziehung zu Jesus zu haben, so sehr von ihm in Anspruch genommen zu sein, dass er persönlich die Verantwortung dafür übernimmt, Sie fähig zu machen, alles zu tun und zu sein, wozu er Sie berufen hat.

Der Mittelpunkt der Zufriedenheit ist Christus, nicht die Zufriedenheit an sich. Wie ich bereits früher sagte, ein Grund, weshalb die meisten Menschen nicht befriedigt sind, liegt darin, dass sie zu angestrengt nach Befriedigung suchen. Wenn wir uns mit Christus beschäftigen, wird unser Hunger nach Befriedigung – und vieles andere – gestillt werden. So kommen wir zu der Vorrangstellung unserer ersten Liebe zurück.

Paulus fällt nicht über Sie her, wenn Sie etwas besitzen, denn er sagte ja, dass auch er Zeiten relativen Wohlstands erlebt hatte (Phil 4, 12). Der springende Punkt ist, dass diese Dinge dem Menschen keine Befriedigung verschaffen. Befriedigung erlangen Sie durch die enge Beziehung zu Jesus Christus.

Paulus konnte aus eigener Erfahrung sprechen, sowohl im Hinblick auf Besitz und Verlust von Dingen (siehe Phil 3, 7-8) als auch auf Befriedigung und inneren Frieden (siehe Phil 4, 6-7). Wissen Sie, was der Mann den ganzen Tag lang dachte? Er war völlig von Christus in Anspruch genommen, und deshalb war er befriedigt.

Sind Sie von Christus in Anspruch genommen? Wenn ja, brauchen Sie sich keine Sorgen darüber zu machen, wo Sie Zufriedenheit finden. Sie ist seine Belohnung für Sie.

Die Belohnung befriedigter Bedürfnisse

Hier ist ein anderer bekannter Vers aus Philipper 4, den Sie vielleicht vor Jahren auswendig lernten: »Mein Gott aber wird all eurem Mangel abhelfen nach seinem Reichtum in Herrlichkeit in Christus Jesus« (V. 19).

Das ist ein erstaunlicher Vers. Es gibt keinen Mangel, den Sie oder ich haben können und dem unser Gott nicht abhelfen kann. Ob unser Mangel finanzieller, körperlicher, seelischer oder anderer Art ist, Gott kann sich seiner annehmen. Das ist eine andere irdische Belohnung, die er denen anbietet, die Christus ihre erste und einzige Liebe entgegenbringen.

Was Gott unter einem Bedürfnis versteht

Aber wir müssen einige Dinge klarstellen. Zunächst hängt es davon ab, wer den Mangel oder das Bedürfnis definiert. Lassen Sie mich erklären, was ich damit meine. Manchmal befriedigt Gott unsere Bedürfnisse, indem er uns eines Problems entledigt. Aber zu anderen Zeiten befriedigt er unsere Bedürfnisse, indem er uns die richtigen Probleme schickt.

Jetzt sagen Sie: »Welche Art Bedürfnis wird dadurch befriedigt?« Unser Bedürfnis, so zu werden, wie er uns haben möchte. In beiden Fällen befriedigt Gott ein Bedürfnis, sei es, dass er uns schwierige Umstände vom Hals schafft oder dass er für uns schwierige Umstände schafft, wenn er uns zur nächsten Stufe geistlichen Wachstums vorwärts bringen möchte.

Wie Gott Bedürfnissen abhilft

Wie hilft Gott unseren Bedürfnissen oder unserem Mangel ab? »Nach seinem Reichtum in Herrlichkeit in Christus Jesus.« Das ist eine herrliche Aussage, und zwar wegen der Präposition »nach«.

Gott hilft unserem Mangel nicht »aus« seinem Reichtum ab, sondern »nach« diesem Reichtum.

Das ist ein großer Unterschied. Ein Millionär könnte Ihnen eine Mark aus seinem Reichtum geben. Das wäre nicht *nach* seinem Reichtum. Das würde nicht das widerspiegeln, was er tun könnte. Gottes Gaben spiegeln das wider, was er tun kann.

Ein anderer Aspekt wird durch folgendes Beispiel veranschaulicht: Sie kommen zu mir und sagen: »Ich brauche zehn Mark.« Also gebe ich Ihnen zehn Mark von meinen Mitteln. Aber jetzt habe ich zehn Mark weniger, weil meine Mittel beschränkt sind. Und in der Tat, wenn Sie mich allzu oft um zehn Mark bitten, wird es problematisch.

Aber dieses Problem gibt es bei Gott nicht, weil Gottes Reichtümer nie ausgehen. Sie können seinen Vorrat nie erschöpfen. Wenn Gott also Ihren Mangel sieht, legt er fest, was Sie brauchen, und sorgt für alles, was nötig ist, um diesem Mangel vollständig abzuhelfen. Und wenn er das getan hat, ist er deswegen nicht ärmer. Deshalb können Sie morgen wieder zu ihm gehen.

Aber beachten Sie etwas sehr Wichtiges. Gottes Reichtümer sind »in Christus Jesus«. Christus ist der Mittelpunkt, nicht das, was er geben kann. Paulus liebte und diente Christus nicht, damit seine finanziellen Probleme gelöst werden (siehe Phil 4, 17). Das führt uns zu einem anderen sehr wichtigen Aspekt, der zeigt, wie Gott unserem Mangel abhilft.

Keine Blankoschecks

Wenn man darüber spricht, sagt unweigerlich jemand: »Moment mal. Wenn Gott versprach, all meinem Mangel abzuhelfen, wie kommt es dann, dass dies nicht geschieht? Ich habe dieses Bedürfnis und habe darüber gebetet. Ich habe diesen Mangel und bat den Herrn, Abhilfe zu schaffen. Aber nichts passiert. In euren Büchern und Reden klingt es, als sei es automatisch, dass Gott für mich eintritt.«

Über diese Verheißung gibt es viele Missverständnisse, weil die meisten Menschen nicht verstehen, dass an diese Verheißung eine

Bedingung geknüpft ist. Es ist keine bedingungslose Verheißung. Eine bedingungslose Verheißung wird von Gott auf jeden Fall erfüllt.

Aber in diesem Fall müssen bestimmte Bedingungen erfüllt sein, bevor Gott handelt. Betrachten Sie Vers 16: »Denn auch nach Thessalonich habt ihr etwas gesandt für meinen Bedarf, einmal und danach noch einmal.« Nun verbinden Sie diese Aussage mit der Verheißung in Vers 19.

Dann entdecken Sie, dass die Verheißung Gottes, unserem Mangel abzuhelfen, mit treuem, großzügigem – sogar aufopferungsvollem – Geben in Verbindung gebracht wird.

Paulus sagt: »Ihr habt getan, was Gott euch aufgetragen hat. Ihr habt Opfer für die Sache Christi gebracht. Ihr habt für den Bau des Reiches Gottes gegeben. Ihr habt zu seiner Ehre gelebt. Ihr habt Gott den ersten Platz, der ihm zusteht, eingeräumt. Jesus Christus ist eure erste Liebe.«

Das wirft ein anderes Licht auf die Dinge. Gott gibt uns nicht einfach einen »Blankoscheck«, den wir jederzeit, wenn wir Lust haben, bei der Himmelsbank einlösen können, ohne einen Gedanken daran zu verschwenden, wie wir unsere Mittel einsetzen. Er hat uns mit einer Aufgabe betraut. Die Erfüllung unserer Bedürfnisse hängt mit unserem Gehorsam zusammen.

Wie eine Bank Ihr Konto überprüft, um zu sehen, ob Sie genügend Geld angespart haben, bevor Ihr Scheck eingelöst wird, so ruft Gott Ihr geistliches Konto ab, um zu sehen, ob Sie himmlische Schätze angespart haben. Oder wie in Matthäus 6, 33 steht: »Trachtet zuerst nach dem Reich Gottes und nach seiner Gerechtigkeit, so wird euch das alles zufallen.«

Wenn Sie sich für die Verbreitung des Evangeliums und für das Wachstum anderer Menschen einsetzen, wenn Sie Menschen zu Jesus führen und sein Werk unterstützen, mit anderen Worten, wenn Sie Ihre Liebe zu Jesus zeigen, dann sagt Gott: »Ich habe gute Nachricht für dich.«

Auch wenn Sie die Bedingung nicht erfüllen, kann Gott in Notzeiten Ihnen doch zur Seite stehen. Gott ist nämlich barmherzig, und er liebt Sie, nicht weil er verpflichtet ist, etwas für Sie zu tun. Aber wenn Sie die Bedingung der Verse 15-16 erfüllen, dann sagt Gott, dass er sich selbst verpflichtet, das Versprechen von Vers 19 einzuhalten.

Sie denken vielleicht, dass Sie diese Belohnung gerade jetzt nicht brauchen, sondern nur einfach leben wollen. Aber Sie werden Gottes Hilfe brauchen. Vielleicht wird sie nicht finanzieller Natur sein. Vielleicht ist sie seelisch, körperlich oder geistlich, aber Sie werden sie brauchen. Wenn diese Zeit kommt, stellt sich die Frage, wie Ihr Konto aussieht.

Belohnungen im Reich Gottes

Jetzt kommen wir zum nächsten Teil unserer Betrachtungen, den Belohnungen, die in der Ewigkeit auf diejenigen von uns warten, die an der ersten Liebe zu Jesus festhalten.

Für diese Untersuchung möchte ich auf Offenbarung 2-3 zurückkommen, eine andere unglaubliche Stelle der Heiligen Schrift, über die man allein ein ganzes Buch schreiben könnte. In seinen Sendschreiben an die sieben Gemeinden beschreibt Jesus Christus eine Gruppe von Gläubigen, die Überwinder genannt werden. Alle Christen sind gewissermaßen Überwinder, »denn der in euch ist, ist größer als der, der in der Welt ist« (1. Joh 4, 4).

Aber hier in Offenbarung 2-3 sind die Überwinder eindeutig diejenigen, die siegreich sind, deren Liebe zu Christus hell entflammt bleibt. Diesen Getreuen gibt der auferstandene Herr einige unglaubliche Versprechen. Betrachten wir sie nacheinander, und beginnen wir mit unseren alten Bekannten in Ephesus (Offb 2, 1-7).

Eine besondere Vertrautheit

Mit den ersten fünf Versen dieses Kapitels werden wir uns jetzt nicht mehr lange befassen. Ich möchte nur noch einmal sagen, dass Gott nie wollte, dass unser Pflichtgefühl ihm gegenüber den Platz unserer Liebe zu ihm einnimmt. Pflicht und Hingabe gehören zusammen.

Wie wir sahen, ermahnte Jesus diese Gemeinde, wieder so zu werden, wie sie am Anfang war, an die Zeit zurückzudenken, die von dynamischer Liebe und Zuneigung und all dem, was ihre Beziehung zu ihm in Schwung hielt, geprägt war. Genau das versuchten wir auch in diesen letzten drei Kapiteln.

Als Eheberater sage ich einem Ehepaar: »Drehen Sie die Zeiger der Zeit zurück. Tun Sie die Dinge, die Sie früher taten.« Die Leute wollen die Beziehung, die sie früher hatten, aber sie sind nicht bereit, die Dinge zu tun, die sie früher taten.

Kommen wir zu Vers 7: »Wer überwindet, dem will ich zu essen geben von dem Baum des Lebens, der im Paradies Gottes ist.«

Ein Überwinder ist ein Christ, der seine Hingabe an den Retter nicht verliert, während er für den Retter Dienst tut – ein Christ, der nicht nur das Richtige tut, sondern der das Richtige mit dem richtigen Herzen tut. Christus sagt: »Wenn ihr euren Mangel an Hingabe überwindet, dann dürft ihr vom Baum des Lebens essen.«

Der Baum des Lebens stand im Garten Eden, dem ursprünglichen Paradies. Er war da, wo Adam die enge Vertrautheit mit Gott genießen sollte. Gott wird den Überwindern enge Gemeinschaft mit Christus schenken, an einem Ort, der »Paradies Gottes« genannt wird. Das heißt, Christus wird sozusagen seinen eigenen Privatgarten haben, in dem diejenigen, die ihm in diesem Leben treu ergeben waren, eine besondere Vertrautheit mit ihm in seinem Reich genießen können.

Eine besondere Krone

Als Nächstes kommt die Gemeinde in Smyrna an die Reihe (Offb 2, 8-11). Das ist eine leidende Gemeinde. Die Stadt Smyrna muss interessant ausgesehen haben. Aus der Geschichte erfahren wir, dass viele der Gebäude, wegen des Einflusses des Kaisers der Stadt, die Form von Kronen hatten.

Jesus greift diese Betonung der Kronen auf und sagt ihnen hinsichtlich ihres Leidens: »Sei getreu bis in den Tod, so will ich dir die Krone des Lebens geben« (V. 10). Das ist seine Belohnung für die Menschen, die in Anfechtungen treu blieben (siehe Jak 1, 12).

Viele von uns wissen nicht, was Leiden ist. Aber die Gläubigen in Smyrna machten wirkliche Leiden durch. Einige von ihnen wurden um ihres Glaubens willen ins Gefängnis geworfen. Sie erlebten schwere Verfolgungen, aber Jesus sagt ihnen: »Wer überwindet, dem soll kein Leid geschehen von dem zweiten Tode« (Offb 2, 11).

Was ist der zweite Tod? Die Hölle, der feurige Pfuhl. Jetzt sagen Sie: »Moment mal. Ich dachte, kein Christ kommt in den feurigen Pfuhl.« Das stimmt. Ich glaube, was Jesus hier meint, ist: »Lasst nicht zu, dass Sünder, die auf dem Weg zum zweiten Tod sind, es zustande bringen, dass ihr eure Belohnung verliert.«

Mit anderen Worten, lasst nicht zu, dass Menschen, die in die Hölle kommen, euch davon abhalten, den höchsten Segen im Himmel zu genießen. Wenn Sie alles ertragen können, was Sünder Ihnen zufügen und Christus treu bleiben, dann ist Ihre Belohnung groß. Sie sammeln dann Kronen. Wenn ich herausfinde, dass Menschen mich hassen, weil ich an Jesus Christus festhalte, dann sage ich: »Gelobt sei Gott. Gib mir noch eine Krone.«

Wenn Sie leiden, weil Sie recht leben und Gott ehren (1. Petr 4, 12-16), dann wird das im Himmel angeschrieben. Eine Belohnung wartet auf Sie, wenn Sie nicht nachlassen, sondern »getreu bis in den Tod« sind.

Eine besondere Ehre

Die Gemeinde in Pergamon (Offb 2, 12-17) hatte ebenfalls Verfolgung und sogar den Tod eines Heiligen namens Antipas erlebt. Aber auch diese Gemeinde hatte einiges zu überwinden: »Aber einiges habe ich gegen dich: Du hast Leute dort, die sich an die Lehre Bileams halten, der den Balak lehrte, die Israeliten zu verführen, vom Götzenopfer zu essen und Hurerei zu treiben« (V. 14).

Bileam und Balak wollten gemeinsam das Volk Gottes dazu bringen, Kompromisse zu schließen (4. Mose 22-24). Judas 11 erwähnt den »Irrtum des Bileam«, der ein Problem der ersten christlichen Gemeinden war. Das Schließen von Kompromissen war schon immer eine Versuchung für Christen, aber Gott sagt, dass er seine Gemeinde belohnen wird, wenn sie Farbe bekennt und sich nicht auf Kompromisse einlässt: »Wer überwindet, dem will ich geben von dem verborgenen Manna und will ihm geben einen weißen Stein; und auf dem Stein ist ein neuer Name geschrieben, den niemand kennt als der, der ihn empfängt« (Offb 2, 17).

Da die meisten von uns Manna und weiße Steine nicht für eine Belohnung halten, müssen wir etwas näher darauf eingehen. Im Alten Testament nahm Israel etwas von dem Manna, das Gott schenkte, und legte es in ein Gefäß und stellte dieses in die Bundeslade im Allerheiligsten, um das Volk daran zu erinnern, dass Gott für es gesorgt hatte.

Der Gedanke hier in Offenbarung 2 ist, dass Gott immer noch einen besonderen Vorrat auf Lager hat. Nicht jeder kann ihn bekommen, aber er macht ihn seinen Überwindern zugänglich. Lesen Sie weiter, dann versuche ich Ihnen zu erklären, was meiner Meinung nach die weißen Steine damit zu tun haben.

Zu Jesu Zeiten war ein weißer Stein so etwas wie eine Eintrittskarte. Jemand erlangte dadurch Eintritt zu einer Sportveranstaltung, wie der damaligen Art der Olympischen Spiele, oder zum Theater. Man warf seinen weißen Stein in einen Kasten oder etwas Ähnliches und wurde dann zu der Veranstaltung eingelassen.

So war das damals, außer man hatte ein Abonnement, denn damals gab es auch schon Abonnements. In diesem Fall wurde der Name der Person oder irgendein Zeichen auf den Stein geschrieben, und der Betreffende konnte ihn dann immer wieder benutzen, weil damit gezeigt wurde, dass er zu jeder Veranstaltung ständig Eintritt hatte.

Jesus Christus sagt, wenn Sie ein Überwinder auf Erden sind, dann wird er Ihnen Ihren persönlichen Stein als Ihre Eintrittskarte zu seinem besonderen Vorrat geben, zu einer Art Privatessen, zu dem die »allgemeine Öffentlichkeit« – die Gläubigen, die keine Überwinder sind – keinen Zutritt haben.

Mit anderen Worten, Sie haben dann ein »Abonnement«, das Sie jedes Mal, wenn ein Essen gegeben wird, benutzen können. Es steht Ihnen immer zur Verfügung. Christus wird Ihnen einen besonderen, ständigen Zugang zu den Privatessen mit ihm geben, den Zutritt zu seiner unmittelbaren Gegenwart, der der Allgemeinheit nicht zusteht.

Das ist eine besondere Ehre. Obwohl viele Menschen im Himmel sein werden, wird nicht jeder ein Abonnement bekommen. Nicht alle bekommen denselben Zugang zu Jesus Christus. Wenn Sie ihm treu bleiben, erhalten Sie den Segen der besonderen Gemeinschaft mit Christus.

Eine besondere Stellung

Jetzt kommen wir zur Gemeinde von Thyatira (Offb 2, 18-29), einer unheiligen Gemeinde. Die kleinste Stadt erhält das längste Sendschreiben. Jesus sagt in Vers 20: »Aber ich habe gegen dich, dass du Isebel duldest.«

Ich weiß nicht, ob das der richtige oder nur ein symbolischer Name jener Frau war. Man kann sich nur schwer vorstellen, dass eine Mutter ihre Tochter Isebel nennt (siehe 1. Kön 16, 29-31). Wie dem auch sei, diese Frau leitete die Kirche, tat, was sie wollte und verführte das Volk zur Sünde. Und niemand sagte etwas dagegen.

Sie wurde mitsamt ihrer Sünde geduldet. Aber wenn man ein Überwinder sein will, kann man Sünde nicht dulden. Man beteiligt sich nicht nur nicht an ihr, sondern man verurteilt sie, wenn sie auftaucht. Isebel trug ihre Sittenlosigkeit öffentlich und stolz, ohne jedes Zeichen von Reue, zur Schau. Deshalb sagt Gott, dass er selbst sie bestrafen wird (siehe V. 22).

Und wie sieht in diesem Zusammenhang die Belohnung für den Überwinder aus? Dies entnehmen wir den Versen 26-28: »Und wer überwindet und hält meine Werke bis ans Ende, dem will ich Macht geben über die Heiden, und er soll sie weiden mit eisernem Stabe, und wie die Gefäße eines Töpfers soll er sie zerschmeißen, wie auch ich Macht empfangen habe von meinem Vater; und ich will ihm geben den Morgenstern.«

Jesus sagt: »Ich lasse dich mit mir regieren.« Das ist wirklich etwas Besonderes, weil diese Beschreibung der Macht des Überwinders genau der Beschreibung des tausendjährigen Reiches Christi entspricht (siehe Ps 2, 9; Offb 12, 5).

Und dann sagt Jesus weiter: »Während du mit mir regierst, gebe ich dir auch den Morgenstern.« Laut Offenbarung 22, 16 ist der Morgenstern Jesus selbst. Wenn Sie ein Überwinder sind, lautet diese Verheißung, dann werden Sie mit Christus regieren und eine Stellung innehaben, die jedem zeigt, dass Sie eng mit ihm verbunden sind. Ich weiß nicht, wie das alles vor sich gehen wird, aber es wird herrlich sein.

Eine besondere Einladung

Die Gemeinde in Sardes (Offb 3, 1-6) wurde ermahnt: »Werde wach und stärke das andre, das sterben will« (V. 2).

Hier haben wir es mit einer Gemeinde zu tun, die am liebsten in der Vergangenheit lebte. Kennen Sie auch solche Menschen? Sie können einem alles von gestern erzählen: was sie früher taten, was sie früher waren. Aber sie gehen nie vorwärts. So war Sardes, obwohl es dort auch einige Getreue gab: »Aber du hast einige in Sardes, die ihre Kleider nicht besudelt haben; die werden mit mir einhergehen in weißen Kleidern, denn sie sind's wert. Wer überwindet, der soll mit weißen Kleidern angetan werden, und ich werde seinen Namen nicht austilgen aus dem Buch des Lebens, und ich will seinen Namen bekennen vor meinem Vater und vor seinen Engeln« (V. 4-5).

Jesus erwähnt hier Kleider, weil in Sardes wollene Kleidung hergestellt wurde. Er verspricht den Überwindern eine Belohnung. Weiße Kleider ziehen Leute an, die zu einer Einladung, zu einem Fest gehen. Das ist die Gelegenheit, eine gute Figur zu machen. Die Überwinder werden auf Jesu Gästeliste stehen, wenn in seinem Reich ein Fest angesagt ist. Und es wird dort viele Feste geben. Als Überwinder werden Sie ein besonderer Gast des Königs sein.

Nicht jeder Christ wird an allen Festlichkeiten im Reich Gottes teilnehmen, weil nicht alle Christen dieselben Belohnungen bekommen. Aber wenn Sie einmal auf Jesu Gästeliste stehen, wird Ihr Name nicht ausgestrichen. Das bedeutet, dass Jesus sagt: »Ich schicke dir weiterhin Einladungen zu meinen besonderen Festen in meinem Reich.«

Eine besondere Anerkennung

In Philadelphia, der Stadt der »brüderlichen Liebe«, gab es eine treue Gemeinde (Offb 3, 7-13). Über diese Gemeinde hatte Jesus nichts Schlechtes zu sagen. Aber sie brauchte noch Überwinder: »Wer überwindet, den will ich machen zum Pfeiler in dem Tempel meines Gottes, und er soll nicht mehr hinausgehen, und ich will auf ihn schreiben den Namen meines Gottes und den Namen des neuen Jerusalem, der Stadt meines Gottes, die vom Himmel herniederkommt von meinem Gott, und meinen Namen, den neuen« (V. 12).

Wir kennen die Aufgabe von Pfeilern in Gebäuden. Pfeiler stützen ein Gebäude, und gleichzeitig verschönern sie es. Jesus sagt, er wird treue Überwinder sozusagen zu Pfeilern in Gottes Tempel machen. Und er wird auch einen besonderen Namen auf sie schreiben.

Mit anderen Worten, wenn Sie Christus treu sind, wenn Sie Ihrer Liebe zu ihm den Platz einräumen, der ihr zusteht, werden Sie eine besondere Anerkennung erwerben, sodass alle anderen, die im Reich Gottes hin- und hergehen, immer wieder auf Ihren Namen stoßen. Die Leute werden fragen: »Wer ist diese Person?«

Antwort: »Oh, sie ist diese treue Heilige, die sich rein hielt, die sich auf keine Kompromisse bezüglich ihrer sittlichen Grundsätze einließ. Er ist jener Gläubige, der an seinem Arbeitsplatz fest zu Christus stand, der seiner Familie in der Nachfolge des Herrn voranging. Sie waren diejenigen, die dem Herrn in jeder Situation unverbrüchlich treu blieben.«

Eine besondere Macht

Die Gemeinde in Laodizea (Offb 3, 14-22) war die schlimmste von allen. Das kann man den Versen 15-16 entnehmen: »Ich kenne deine Werke, dass du weder kalt noch warm bist. Ach, dass du kalt oder warm wärest! Weil du aber lau bist und weder warm noch kalt, werde ich dich ausspeien aus meinem Munde.«

Jesus möchte viele Gemeinden verwerfen, weil sie hin- und hertändeln. Sie sind nicht warm, nicht Feuer und Flamme für ihn. Sie sind nicht einmal kalt. Sie versuchen, auf Jesus und die Welt zu setzen, um ja nichts zu verlieren.

Laodizea war eine reiche Gemeinde. Wolle und eine besondere Augensalbe wurden dort hergestellt, und Jesus benutzte diese Dinge, um der Gemeinde klarzumachen, wie groß ihre geistliche Not war (Offb 3, 18). Dann kommt die Belohnung für die Überwinder: »Wer überwindet, dem will ich geben, mit mir auf meinem Thron zu sitzen, wie auch ich überwunden habe und mich gesetzt habe mit meinem Vater auf seinen Thron« (V. 21).

Wenn Sie ein Überwinder sind, wird Jesus Christus Sie in seinem Reich öffentlich nach vorne rufen und Ihnen einen besonderen Sitz der Macht zuweisen. So teilt Christus die Ehre, die ihm zuteil wird, mit Ihnen.

Betrachten Sie alles, was Gott für uns bereit hat, wenn wir nur unserer ersten Liebe treu bleiben. Wenn Sie ein Überwinder sein und an diesen Belohnungen teilhaben wollen, müssen Sie den ganzen Weg mit Jesus Christus gehen. Sie sagen: »Aber es ist so schwer, und jetzt bekomme ich keine Anerkennung dafür.«

Jetzt möchte ich Ihnen von Henry Morrison, einem Afrikamissionar erzählen. Er kam von Afrika auf einem Schiff nach Hause, mit dem auch Theodore Roosevelt fuhr. Als das Schiff in New York anlegte, waren Tausende versammelt, um Roosevelt zu begrüßen. Aber keiner jubelte Morrison zu.

Henry Morrison hatte dem Herrn vierzig Jahre lang in Afrika gedient. Als er sah, wie die Menge Theodore Roosevelt begrüßte, wurde er bei dem Gedanken betrübt, dass er dem Herrn all diese Jahre gedient hatte und dass niemand da war, um ihn zu begrüßen.

Als er niedergeschlagen die Landungsbrücke herunterging, berichtete Morrison, hörte er, wie ihm eine Stimme zuflüsterte: »Kopf hoch, Henry. Du bist noch nicht zu Hause.« Dann, sagte er, sah er vor seinem inneren Auge Tausende von Afrikanern, die an den Toren des Himmels standen – diejenigen, die er für Christus gewonnen hatte –, und Beifall klatschten, als er durch die Perlentore einzog.

Wenn die Menschen Sie also hier unten nicht anerkennen, wenn Sie jetzt keinen Beifall ernten, dann seien Sie nicht bekümmert. Sie sind noch nicht zu Hause. Denken Sie an all das, was Christus für Sie bereithält.

Zurück zur ersten Liebe

Wir alle müssen immer wieder daran erinnert werden, dass diese Welt nicht unsere endgültige Heimat ist, dass wir etwas viel Besseres anstreben. Wenn Sie versuchen, Jesus Christus treu zu lieben und ihm zu dienen, können Ihnen die folgenden Anregungen helfen, Ihre erste Liebe hell am Brennen zu halten:

1. Eine Möglichkeit, herauszufinden, ob Sie völlig Christus hingegeben sind oder ob Sie nur auf seine Wohltaten aus sind, ist zu fragen, was mit der Flamme Ihrer Liebe zu ihm geschieht, wenn er zu etwas Nein sagt, für das Sie gebetet haben. Flackert die Flamme in Ihrem Herzen und wird sie schwächer, weil Sie entweder aufgebracht oder enttäuscht sind oder bleibt Ihre Liebe stark, weil Sie wissen, dass er aus Liebe Nein sagte?

2. Über die folgende Frage lohnt es sich, nachzudenken und diesbezüglich etwas zu tun, wenn der Heilige Geist Ihnen zeigt, dass Sie hier ein Problem haben. Wenn Gott für Ihre Lebensbedürfnisse – Nahrung, Kleidung, Wohnung – »nach« dem, was Sie für sein Werk geben, sorgen würde, wären Sie dann reichlich versorgt ... oder wären Sie hungrig, nackt und obdachlos?

3. Welches der sieben geistlichen Probleme, die die Gemeinden in Offenbarung 2-3 überwinden mussten, belastet Sie zur Zeit am meisten? Machen Sie es zum Mittelpunkt Ihrer Gebete.

Da die Bibel uns wiederholt sagt, dass die Ersten die Letzten und die Letzten die Ersten sein werden, wenn Gott die Bücher öffnet, bitten Sie ihn, dass er Ihnen dabei hilft, dass Sie sich nicht allzu sehr von den Maßstäben der Welt für Größe und Belohnung beeinflussen lassen. Vielleicht hilft es Ihnen, wenn Sie die Worte »Noch nicht zu Hause« auf eine Karte schreiben, die Sie auf Ihren Tisch stellen, damit Sie immer wieder daran erinnert werden, dass für Sie ein anderes System gilt.

Buße tun

1. Die Bedeutung der Buße

Jetzt kommen wir zum zweiten Teil von Jesu dreiteiligem Gebot in Offenbarung 2, 5, das er uns gab, um uns zu unserer ersten Liebe zurückzurufen. Sein erstes Gebot war, *daran zu denken.* Dann forderte er uns auf, *Buße zu tun.* Dieses und das nächste Kapitel widme ich der Buße.

Wie Sie inzwischen wissen, bin ich verheiratet. 1970 standen Lois und ich in einer Kirche vor einem Pastor und gingen eine lebenslange Verpflichtung der Liebe und Treue zueinander ein.

Jede verheiratete Person kann Ihnen sagen, dass jung Verheiratete romantisch sind. Man ist außer sich. Die ganze Welt sieht herrlich aus. Jedes Mal, wenn man seinen Ehepartner anschaut, sieht man ein Leben voll Freude und Anregung, voll Energie und Kraft vor sich. Man denkt, es wird nur Glückseligkeit geben.

Später jedoch wachen Sie auf und fragen sich: »Was in aller Welt habe ich getan?« Denn Sie stellten fest, dass verheiratet sein nicht unbedingt all das ist, was Sie erhofften. Sie entdecken, dass etwas mehr dazugehört, als Sie erwartet haben. Sie sind immer noch einander verpflichtet, doch, wie man sagt: »Der Lack ist ab.«

Viele entdeckten, dass das auch für unser Leben als Christ gilt. Wir wurden gerettet und dachten, alles würde nun Glückseligkeit sein. Mit Gott im Leben würde es keine Beschwerlichkeit mehr geben. Nur Sieg um Sieg und überreichen Geschenksegen. Keine Schwierigkeiten, Katastrophen oder Schicksalsprüfungen mehr. Das stimmt einfach nicht, oder? Als wir gerettet wurden, wurden viele unserer Probleme gelöst, aber ganz neue Probleme tauchten auf, und einige alte blieben, und wir müssen uns weiterhin mit ihnen auseinander setzen.

Wir merken, dass die Sünde immer noch so sündhaft ist, wie sie von jeher war. Die Versuchung ist so verlockend wie immer. Dieses launische Wesen ist auch noch da. Wir müssen der harten Tatsache ins Auge sehen, dass das Christsein uns nicht von den Trieben des Fleisches befreit.

Genau wie die Gemeinschaft eines Ehepaares wegen Problemen unterbrochen und ihre enge Vertrautheit und Nähe aufgehoben werden kann, so kann auch die Gemeinschaft, die enge Vertrautheit und Nähe, die wir als Christen zu Gott haben, durch Sünde unterbrochen werden.

Dadurch wird unsere Beziehung nicht aufgehoben. Sie sind immer noch mit Christus verheiratet. Aber Sünde hat sich zwischen Sie und Christus gestellt, und die enge Vertrautheit ist verloren. In einem solchen Fall hilft nur Buße.

Nun ist der ganze Begriff der Buße außer Mode gekommen. Wir wollen uns lieber entschuldigen, wir wollen den Menschen klarmachen, dass wir nur Menschen sind, damit sie über unsere Sünde hinwegsehen.

Aber Gott tut das nicht. Er fordert immer die Menschen, die eine Beziehung zu ihm haben oder eine Beziehung zu ihm haben wollen, dazu auf, ihre Einstellung zur Sünde zu ändern. Das ist die Grundbedeutung des Wortes *Buße*. Es bedeutet eine Änderung der Denkweise, also die Abwendung von der früheren und die Hinwendung zur richtigen Denkweise.

Es muss eine Gesinnungsänderung vorgenommen werden, die einen Richtungswechsel bewirkt. Buße ist entscheidend, wenn wir Ordnung ins Chaos bringen, wenn wir zu unserer ersten Liebe zu Christus zurückkehren wollen. Es ist möglich, gerettet und doch nicht in Gemeinschaft mit dem Retter zu sein. Überlegen wir uns, wie wir diese Gemeinschaft wiederherstellen und unsere Liebe neu erblühen lassen können.

Wir können Buße tun

Bei den vier Punkten, die ich jetzt bespreche, geht es darum, was ein Christ tun muss, um zur Buße zu gelangen, wenn Sünde sich zwischen ihn und Gott gestellt hat. Diese Punkte sind in aufsteigender Rangfolge angeordnet; das heißt, dass wir mit dem leichtesten Schritt beginnen und mit dem schwersten enden.

Wenn Sie sich nicht wohl fühlen, gibt Ihnen vielleicht jemand den Rat: »Ruh dich etwas aus und nimm ein Aspirin.« Dafür braucht man keinen Arzt. Das kann man alleine machen.

Genauso sagt Gott in 1. Johannes 1, 9, dass wir, wenn wir selbst mit ihm ins Reine kommen, keine stärkere Medizin nehmen müssen. Die Folgen Ihrer Sünde müssen nicht schlimmer werden, wenn Sie selbst etwas dagegen unternehmen.

Die Tatsache der Sünde

Johannes, der Jünger, der beim letzten Abendmahl an der Brust Jesu lag, war sehr um eine enge Vertrautheit besorgt. Sein Lieblingswort war beharren, was so viel bedeutet wie »nahe bleiben, in enger Gemeinschaft bleiben«. Aber Johannes wusste auch, dass diese enge Vertrautheit mit Gott auf den Maßstab seiner Heiligkeit gegründet sein muss (1. Joh 1, 5).

Gott ist völlig von uns getrennt, wenn wir sündig oder voll Sünde sind. »Wenn wir sagen, wir haben keine Sünde« (V. 8), dann lügen wir. Achten Sie hier auf den Singular. Vers 8 bezieht sich auf unsere Fähigkeit zu sündigen, das Sündenprinzip, das immer noch in uns ist, auch wenn wir Christen sind. Aber dann sagt Johannes in Vers 9: »Wenn wir aber unsere Sünden bekennen, so ist er treu und gerecht, dass er uns die Sünden vergibt und reinigt uns von aller Ungerechtigkeit.«

Bekennen bedeutet, wie Sie wahrscheinlich wissen, »zugeben«. Es bedeutet, die Dinge so zu betrachten, wie Gott sie betrachtet. Einer der Gründe, weshalb wir unsere Liebesbeziehung zu Christus, die eine Frucht der Buße ist, nicht wiederherstellen können, ist, dass wir nicht voll und ganz verstehen, was mit Buße gemeint ist.

Wenn Gott etwas Sünde nennt, dann handelt es sich nicht um eine schlechte Gewohnheit. Es handelt sich auch nicht um einen Fehler. Es ist keine Schwäche. Es ist eine Sünde. Und eine Sünde ist eine Beleidigung Gottes. Ein Grund, weshalb manche Christen im Zustand der Fleischlichkeit bleiben, liegt darin, dass sie nie begreifen, wie sündhaft Sünde wirklich ist. Wir ordnen Sünde nach ihrer Größe und ihren Folgen in verschiedene Kategorien ein. Aber »in [Gott] ist keine Finsternis« (V. 5).

Verschiedene Sünden haben verschiedene Folgen. Aber wenn es um die *Kategorie* von Sünde geht, gibt es bei Gott keinen Unterschied. Sünde ist überaus sündhaft, egal, ob es sich um eine kleine Lüge oder einen Mord handelt. Das ist wichtig, denn die Menschen wollen über die Sündhaftigkeit der Sünde hinweggehen, indem sie Dinge sagen wie: »Ich wurde einfach wütend. Ich hätte ihn töten können.«

Aber Gott sagt nicht: »Die selbstgerechte Wut ist weniger sündhaft, weil niemand ums Leben kam.« Er sagt: »Sünde ist eine Beleidigung für mich.«

Die Notwendigkeit des Bekennens

Johannes sagt uns also, wir sollen unsere »Sünden« bekennen. Er gebraucht hier den Plural, im Gegensatz zum Singular in Vers 8, weil er jetzt über konkrete Sünden spricht. Er will, dass wir unsere Sünden erkennen – die Lüge, die wir um 10.00 Uhr erzählten, die sinnliche Begierde, die wir mittags hatten – und sie beim Namen nennen. Das ist besonders heutzutage wichtig, wo viele Christen von einer abenteuerlichen Theologie irregeleitet werden. Man versucht, das Christenleben so positiv darzustellen, dass schließlich sogar die Sünde verniedlicht wird.

So etwas lese ich jedoch nicht in meiner Bibel. Als Noah predigte und die Arche baute, sagte er nicht: »Gutes wird euch widerfahren.«

Als Jeremia wegen seiner Predigten in die Zisterne geworfen wurde, sagte er nicht: »Ich bin in Ordnung, ihr seid in Ordnung.«

Als Daniel in die Löwengrube geworfen wurde, sagte er nicht: »Positives Denken wird Berge versetzen.«

Als Johannes der Täufer sah, wie König Herodes die Frau seines Bruders nahm, sagte er nicht: »Lächle, Gott liebt dich!«

Wenn Menschen gesündigt haben, müssen sie etwas anderes hören. Heilige, die sündigen, und Sünder, die Christus nicht kennen, müssen hören: »Was ihr tut, ist sündhaft, ihr handelt dem Gebot Gottes zuwider. Ihr müsst Buße tun.«

Die rechte Zeit für das Bekennen

Wann soll man seine Sünden bekennen? Nach 1. Johannes 1, 9 bekennt man, wenn man sündigt. Aber was tun wir im Allgemeinen? Wir gehen unserem Tagewerk nach und dann, vor dem Zubettgehen, knien wir nieder und sagen: »Herr, wenn ich heute gesündigt habe ...«

Wissen Sie was? Diese Aussage ist mindestens in zweifacher Hinsicht problematisch. *Wenn* bedeutet, dass Sie infrage stellen, ob Sie überhaupt sündigten.

Das zweite Problem liegt darin, dass Sie die Sünde zusammengefasst haben. Sie werfen alles in *einen* Sack. Gott ist heilig. Wenn Sie zum Beispiel um 8.30 Uhr logen und diese Sünde erst um 23.00 Uhr vor Gott bringen, dann hatten Sie von 8.30 Uhr bis 23.00 Uhr keine Gemeinschaft mit Gott.

Wenn Ihr Bekennen in einem allgemeinen Gebet besteht, wie etwa: »Tut mir Leid, ich erinnere mich nicht mehr an die Einzelheiten«, das Sie vor dem Schlafengehen sprechen, dann ist es kein Wunder, dass Ihre Liebesbeziehung zu Christus nicht so ist, wie sie sein sollte. Kein Wunder, dass Sie dann keinen Frieden oder Sieg erfahren. Sie müssen sich mit der Sünde zum rechten Zeitpunkt auseinander setzen.

Wir alle kennen Eheleute, die sagen: »Mein Ehepartner will sich mit nichts auseinander setzen.« Die enge Vertrautheit ist gestört, wenn ein Unrecht begangen wurde und die schuldige Partei ihre Wut abreagiert oder vorgibt, dass nichts geschehen sei, anstatt zu bekennen und um Vergebung zu bitten.

Gott sagt: »Wenn du sündigst, so bekenne es als Sünde. Nenne die Sünde beim Namen, und bekenne sie sofort, wenn sie geschehen ist.«

Der Preis, den Gott bezahlte

Der Grund, weshalb Gott möchte, dass Sie über Sünde so denken wie er, liegt darin, dass er Sie an den Preis erinnern möchte, den er dafür zu zahlen hatte. Er will nicht, dass Sie Sünde als schlechte Gewohnheit entschuldigen oder sie nicht beachten, denn die Sünde kam Gott teuer zu stehen.

Unsere Sünde kostete Gott das Leben seines Sohnes, und er möchte, dass wir das nicht vergessen. Johannes sagt in Vers 7, dass das Blut Jesu nötig ist, um uns von unserer Sünde rein zu machen.

Als David mit Batseba sündigte, sagte er: »Entsündige mich mit Ysop« (Ps 51, 9). Ysop ist eine Pflanze, die die Priester im Alten Testament während des Opfers benutzten. Der Priester nahm einen Ysopzweig, tauchte die Blätter in das Opferblut und besprengte den Altar mit dem Blut.

Als David also betete: »Entsündige mich mit Ysop«, sagte er zu Gott: »Besprenge den Altar deiner Barmherzigkeit mit dem Opferblut.«

Wenn Sie Ihre Sünden bekennen, sagen Sie: »Herr, besprenge meine Ungerechtigkeit mit dem allgegenwärtigen Blut Jesu Christi, und bezahle mit diesem Blut vollständig die Sünden, die ich begangen habe.«

Jetzt fragt vielleicht jemand: »Zahlte Jesu Blut nicht für alle meine Sünden, als ich ihn annahm?« Ja, das tat es. Aber um in Gemeinschaft mit ihm zu bleiben, müssen Sie mit ihm ins Reine kommen und Ihre Meinung über Ihre Sünde ändern. Sie müssen Sünde bei dem Namen nennen, bei dem Gott sie nennt, damit er, in dem Wissen, dass Sie Ihre Sünde so sehen, wie er sie sieht, das reinigende Blut Christi zur Anwendung bringen kann. Auf diese Weise wird die Gemeinschaft wiederhergestellt.

Der Sündendetektor

Wenn wir erkennen, wie wichtig es ist, die enge Vertrautheit mit Gott aufrechtzuerhalten, verstehen wir besser, warum Paulus sagt: »Betet ohne Unterlass« (1. Thess 5, 17). Getreues Bekennen der Sünde führt zur ständigen Reinigung.

Jetzt sagen Sie: »Aber ich vergesse Dinge. Vieles merke ich gar nicht.« Nun, Gott hat eine Lösung für dieses Problem. Am Ende von Vers 9 sagt Gott, dass er uns von »aller Ungerechtigkeit« reinigen wird.

Mit anderen Worten, wenn Sie sich mit den Sünden auseinander setzen, von denen Sie wissen, dann wird Gott Sie von denen reinigen, von denen Sie nichts wissen. Gott will wissen, dass Sie ihn ernst nehmen und dass Sie die Sünde ernst nehmen.

Sie sagen: »Wie kann ich wissen, wann ich gesündigt habe?« Erstens wissen Sie es, weil Sie das Wort Gottes gehört und deshalb einen Maßstab haben. Gott hat uns in dieser Frage nicht im Dunkeln gelassen. Zweitens wissen Sie, wenn Sie gesündigt haben, weil Sie als Christ einen eingebauten Sündendetektor haben.

Wenn ich am Flughafen bin, habe ich gewöhnlich meine Schlüssel in der Tasche. Ich gehe durch den Detektor. Piep! Der Mann ruft mich zurück. Ich lege meine Schlüssel in den kleinen Eimer, und er sagt: »Gehen Sie wieder durch.«

Ich gehe wieder durch. Piep! Das zweite Mal sagt der Mann: »Leeren Sie Ihre Taschen.« Also hole ich alles, was in meinen Taschen ist, heraus und nehme auch meine Uhr ab, weil der Detektor an mir verborgenes Metall entdeckt und deshalb den Alarm ausgelöst hat.

Sie haben einen inneren Sündendetektor, der Heiliger Geist heißt. Immer, wenn Sie Sünde in Ihr Leben bringen, werden Sie innerlich einen Piepston hören. Das ist der Heilige Geist, der Ihr Gewissen in Gang bringt. Wenn also Ihr Gewissen Ihnen etwas sagt, dann gehen Sie nicht einfach darüber hinweg, denn wenn Sie

Christus von ganzem Herzen lieben möchten, wird Ihr Gewissen sehr empfindlich auf Sünde reagieren.

Gott behandelt seine Kinder unterschiedlich. Es ist so, als käme eines Ihrer Kinder zu Ihnen und sagt: »Mama, ich habe etwas Verkehrtes gemacht.« Sie gehen mit diesem Kind anders um als mit einem, das Verkehrtes tut und es nie zugibt. Beide sind im Unrecht, aber eines bekennt es. Das andere achtet nicht darauf.

Andere können uns zur Buße bringen

Als Paulus den 2. Korintherbrief schrieb, ging die Gemeinde in Korinth besser mit Sünde in ihrer Mitte um. Zuvor hatte die Gemeinde über die Sünde eines ihrer Mitglieder hinweggesehen und deswegen sogar geprahlt, wie wir in Kapitel 7 sahen.

Keine Reue

In 1. Korinther 5, 1-13 hatte Paulus ihnen gesagt: »Schaut, ihr vermurkst alles. Das ist ärgerlich.« Aber als Paulus sie wegen dieser Unordnung zur Rede gestellt hatte, handelten sie. Deshalb sagt er jetzt: »Denn wenn ich euch auch durch den Brief traurig gemacht habe, reut es mich nicht« (2. Kor 7, 8). Warum? Weil Paulus mit ihnen auf der Grundlage von Gottes Wort umging und es Wirkung zeigte.

Ich weiß, dass manche Menschen meine Kirche am Sonntag verlassen und wütend auf mich sind. Einmal sagte mir ein Bruder: »Als ich in diese Kirche kam und hörte, wie Sie über die Bibel predigten, sagte ich mir: ›Wofür hält der sich denn?‹«

Aber er sagte weiter: »Nachdem ich dem Wort weiter zuhörte, wurde mir klar, dass das, was Sie sagten, Gott sagte, und dass ich es deshalb hören musste.«

Wenn jemand auf das, was ich sage oder schreibe, wütend wird, muss ich, wenn es auf das Wort Gottes gegründet ist, wie Paulus sagen: »Ich bereue es nicht, Ihnen Schmerz oder Ärger verursacht zu haben, wenn Sie dadurch mit der Wahrheit konfrontiert werden, weil nur die Wahrheit Sie freimacht.«

So sagt Paulus: »Ich bereue es nicht, auch wenn ich weiß, dass ich euch Kummer machte, als ich sagte, ihr müsst den Mann aus der Kirche ausschließen.« Wenn wir zur Kirchenstrafe greifen und jemanden aus unserer Gemeinschaft ausschließen müssen, weil er oder sie sich weigert, Buße zu tun, und weiterhin in Auflehnung lebt, verstehen viele Christen das nicht.

Aber wenn dies notwendig ist und nach biblischen Richtlinien durchgeführt wird, dann wird der Schmerz oder der Ärger nur eine Zeit lang dauern. Er geht vorüber. Die Menschen kommen darüber hinweg. Das sagt Paulus den Korinthern in Vers 8. Dann fügt er in Vers 9 hinzu: »So freue ich mich doch jetzt nicht darüber, dass ihr betrübt worden seid, sondern darüber, dass ihr betrübt worden seid zur Reue. Denn ihr seid betrübt worden nach Gottes Willen.«

Weltliche Traurigkeit

Traurigkeit ist gut, wenn sie einen dazu bringt, etwas gegen das zu unternehmen, was einem Leid tut. Ich weiß, dass viele von uns mit Menschen zusammenleben, die ständig sagen: »Es tut mir Leid.« Das erste Mal nimmt man es für bare Münze, aber wenn sie immer und immer wieder dasselbe tun und dann sagen: »Es tut mir Leid«, dann weiß man, dass es ihnen nicht bis »zur Reue« Leid tut, denn sonst würden sie ja denselben Fehler nicht immer wieder begehen.

Es gibt verschiedene Arten von Traurigkeit, wie Paulus in 2. Korinther 7, 10 erklärt: »Denn die Traurigkeit nach Gottes Willen wirkt zur Seligkeit eine Reue, die niemand reut; die Traurigkeit der Welt aber wirkt den Tod.«

Menschen mit dieser Art Traurigkeit, die ich oben beschrieb, vergießen vielleicht viele Tränen und ziehen eine große Schau ab. Aber wenn die Traurigkeit keine Sinnesänderung hervorruft, die zu verändertem Tun führt, dann handelt es sich um das, was die Bibel »weltliche Traurigkeit« nennt. Der Unterschied liegt in der Wendung, die wir in Vers 9 finden und die in Vers 10 wiederholt wird: »nach Gottes Willen«.

Weltliche Traurigkeit bedeutet, dass Sie sich wegen dem, was geschehen ist, erbärmlich fühlen, aber Ihre Gesinnung deshalb nicht ändern. Weltliche Traurigkeit sagt: »Ich hätte das nicht tun sollen. Es war wirklich sehr böse von mir, dass ich das getan habe.«

Göttliche Traurigkeit

Die göttliche Traurigkeit sagt jedoch: »Was ich getan habe, tut mir Leid. Es war böse von mir, dass ich das getan habe. Ich werde meine Gesinnung über diese Sünde ändern und einen konkreten Plan ausdenken, wie ich sie in Gerechtigkeit verwandeln kann.«

Das ist Traurigkeit »nach Gottes Willen«. Dadurch wird man weitergeführt. Diese Traurigkeit bewirkt eine Gesinnungsänderung, Buße. Und denken Sie daran: Alles, was Ihre Gedanken ersinnen, führen Ihre Füße aus. Ihre Füße werden von Ihren Gedanken, Ihrer Gesinnung beherrscht. Deshalb sollten Sie einen konkreten Plan zur Verwirklichung Ihrer Buße erstellen.

Wenn es Ihnen Leid tut, wie Sie mit Ihrer Frau gesprochen haben, dann können Sie nicht einfach sagen: »Die Worte, die ich dir gestern an den Kopf warf, tun mir Leid. Es tut mir Leid, dass ich vorgestern grob zu dir war. Und was ich vor ein paar Minuten sagte, tut mir auch Leid.«

Göttliche Traurigkeit sagt: »Es tut mir weh, was ich tat. Ich werde mich ändern. Es ist falsch, also werde ich diese Aussagen durch Komplimente und Liebeserklärungen, Unterstützung und Ermutigung ersetzen. Ich werde mein Reden um 180 Grad wenden.« Diese Art Traurigkeit reut niemanden.

Den Schuldigen zurechthelfen

Galater 6 ist hier auch wichtig. Wir werden darüber ausführlich in einem der folgenden Kapitel sprechen, deshalb möchte ich jetzt nicht allzu viel vorwegnehmen. Ich möchte hier nur einige Dinge anmerken, um unsere Erörterung abzurunden. Paulus schreibt: »Liebe Brüder, wenn ein Mensch etwa von einer Verfehlung ereilt wird, so helft ihm wieder zurecht mit sanftmütigem Geist, ihr, die ihr geistlich seid« (Gal 6, 1).

Das Wort *ereilt* bedeutet hier »überrascht werden« oder »stecken bleiben«. Manche Menschen begehen eine Sünde, und dann bleiben sie darin stecken. Sie wollen wieder herauskommen und versuchen es auch, aber sie stecken im Treibsand.

Das Wort »zurechthelfen«, das in diesem Vers gebraucht wird, bedeutet, ein gebrochenes Bein einrichten und schienen oder ein zerrissenes Netz flicken, etwas wieder instand setzen. Es bedeutet *nicht*, dass man sieht, wie jemand in Sünde steckt und dann seine beste Freundin anruft und sagt: »He, weißt du, was ich eben erfahren habe!«

Wenn Sie das tun, dann gehören Sie nicht zu denen, die mit »ihr, die ihr geistlich seid« beschrieben werden. Dann sind Sie genauso schuldig wie die Person, über die Sie sprechen. Denn wenn Sie geistlich sind, machen Sie sich daran, den Knochen einzurichten, das Netz zu flicken und der betroffenen Person zur Buße zu helfen, sie auf den rechten Weg zurückzubringen.

Die Bibel sagt, dass geistliche Christen, die einen anderen Christen auf dem Boden liegen sehen, nicht zu ihm kommen und sagen: »Was tust du da unten? Steh auf!« Sie sagen: »Ich helfe dir.« Ihre und meine Aufgabe ist es, einem sündigen Bruder und einer sündigen Schwester zurechtzuhelfen. Der Apostel Jakobus sagt uns: »Liebe Brüder, wenn jemand unter euch abirren würde von der Wahrheit und jemand bekehrte ihn, der soll wissen: Wer den Sünder bekehrt hat von seinem Irrweg, der wird seine Seele vom Tode erretten und wird bedecken die Menge der Sünden« (Jak 5, 19-20).

Ich sage meiner Kirchengemeinde, wenn sie sehen, wie ich irregehe, sollen sie nicht meine Familie, meine Nachbarn und die anderen Kirchenmitglieder zusammenrufen und sagen: »Ich sehe, wie der Pastor auf falschem Wege geht.« Sie sollen es *mir* sagen und mir helfen umzukehren.

Heute liegt eine der großen Katastrophen der Christenheit darin, dass die Kirche das nicht tut. Wir erschießen unsere Verwundeten eher, als dass wir ihnen zurechthelfen. Ich spreche nicht von widerspenstigen Menschen, denen all das egal ist. Ich spreche von einem Menschen, der von der Sünde ereilt wurde, der in der Sünde gefangen ist und herauswill. Die Bibel sagt, wir sollen diese Person wieder zurückbringen.

Als Kind verpetzte ich gerne meinen Bruder, besonders dann, wenn ich eine Tracht Prügel bekommen hatte. Meine Einstellung war: »Ich will das nicht alleine durchmachen.«

Sobald ich also sah, wie mein Bruder etwas tat, sagte ich zu meinem Vater: »Oh, Papa, rat mal, was ich eben sah!«

Aber mein Vater erkannte, was ich tat. Als ich einmal wieder nach einer Tracht Prügel meinen kleinen Trick ausprobierte, sagte er: »Geh die Treppe hinunter.«

Ich sagte: »Wozu die Treppe hinuntergehen?«

»Ich gebe dir noch einmal eine Tracht Prügel.«

»Aber Papa, ich spreche über meinen Bruder, nicht über mich.«

Mein Vater sagte: »Ja, ich weiß, aber ich gebe dir eine Tracht Prügel dafür, dass du absichtlich versuchst, deinen Bruder in Schwierigkeiten zu bringen.«

Gott sagt, wenn man sieht, wie ein Bruder sündigt, soll man ihn zurechtweisen und ihm helfen, Buße zu tun, anstatt ihn zu verpetzen und über ihn zu reden. Sonst könnte man letztendlich gemeinsam mit ihm eine Tracht Prügel bekommen!

Gottes Züchtigung führt zur Buße

Wenn Christen von sich aus nicht Buße tun und die Bemühungen der Brüder und Schwestern, ihnen zurechtzuhelfen, ablehnen, sagt Gott: »Ich habe zweimal versucht, dich zu heilen. Jetzt werde ich stärkere Arznei anwenden.«

Lesen wir 1. Korinther 11, 29-32, wo in Zusammenhang mit dem Abendmahl gesagt wird: »Denn wer so isst und trinkt, dass er den Leib des Herrn nicht achtet, der isst und trinkt sich selber zum Gericht. Darum sind auch viele Schwache und Kranke unter euch, und nicht wenige sind entschlafen. Wenn wir uns selber richteten, so würden wir nicht gerichtet. Wenn wir aber von dem Herrn gerichtet werden, so werden wir von dem Herrn gezüchtigt.«

Unmittelbares Eingreifen

Hier ist ein Fall, wo der Herr selbst eingeschritten ist und die Sache in die Hand genommen hat. Einige Gläubige aus Korinth betranken sich am Tisch des Herrn, andere überfraßen sich (V. 21). Anscheinend wurde nichts dagegen unternommen.

Was tut Gott, um einen sündigenden, unbußfertigen Christen zu schwächen? Er hat viele Möglichkeiten, die Umstände des Lebens zu benutzen, um das Leben eines Menschen so zu verwirren, dass er seine Gefühle, seine Familie, Ehe oder Finanzen nicht in Ordnung bringen kann.

Ich denke, wir alle haben das hin und wieder erlebt. Sobald man eine Rechnung bezahlt hat, geht etwas anderes kaputt. Kaum hat man eine Familienkrise überwunden, bricht schon die nächste aus. Das ist die Terminplanung des Heiligen Geistes.

Damit will ich nicht sagen, dass jedes Problem, das Sie haben, das Urteil Gottes ist. Ich spreche über eine unverkennbare Gesetzmäßigkeit der Schwäche, bei der man einfach nie alles auf die Reihe bekommt. Gott kann, wenn er muss, das Leben so einrichten, dass alles um einen herum zusammenbricht.

Einige Leute sagen: »Wenn Gott nicht will, dass ich das tue, warum erschlägt er mich dann nicht einfach mit einem Blitz?« Genau das tut er vielleicht – nur kommt der »Blitz« vielleicht mit der Post, mit Worten wie »Überfällig« oder »Kündigung«. Der »Blitz« kann auch als Krankheit oder als anderer unheilvoller Umstand kommen.

Wir wissen, worum es sich handelt, denn als Eltern müssen wir manchmal bei unseren Kindern einschneidende Maßnahmen ergreifen. Einmal kam ein Mann zu mir und sagte: »Mein Sohn will einfach nicht auf mich hören. Die Polizei nahm ihn fest, und jetzt sitzt er im Gefängnis. Soll ich seine Freilassung gegen eine Sicherheitsleistung erwirken?«

Ich sagte: »Nein. Sie haben es versucht. Da er nicht auf seinen Vater hört, der ihn liebt, hört er vielleicht auf die Polizei.« Es ist schmerzlich, aber denken Sie daran, dass es das Ziel von Gottes Gericht ist, uns in Liebe zurechtzuhelfen, und nicht, uns vorzeitig ins Grab zu bringen. Manchmal müssen unsere Kinder katastrophale Erfahrungen machen, um ihre Lektion zu lernen.

So erging es König Usija, der aussätzig wurde, weil er sich gegen Gott auflehnte (2. Chr 26). So erging es Hananias und Saphira (Apg 5). So erging es David, als er ein ganzes Jahr lang seine Sünde mit Batseba nicht bekannte und Gott eingreifen und ihn richten musste (2. Sam 12).

Viele Leute in der Kirche sagen: »Ich will von diesem ganzen Gerede über das Gericht nichts hören. Das ist mir unangenehm.« Aber in 1. Petrus 4, 17 steht: »Denn die Zeit ist da, dass das Gericht anfängt an dem Hause Gottes.« Wenigstens an einem Ort sollte man die Wahrheit hören: im Haus Gottes. Manchmal gehört zur Wahrheit das Gericht. Und man sollte wirklich ein unangenehmes Gefühl haben, wenn man etwas tut, das nicht richtig ist.

Satans Gericht führt zur Buße

Wenn nichts anderes nützt, übergibt der Herr einen Menschen dem Teufel. Betrachten wir 1. Timotheus 1, 18-20: »Diese Botschaft vertraue ich dir an, mein Sohn Timotheus, nach den Weissagungen, die früher über dich ergangen sind, damit du in ihrer Kraft einen guten Kampf kämpfst und den Glauben und ein gutes Gewissen hast. Das haben einige von sich gestoßen und am Glauben Schiffbruch erlitten.

Unter ihnen sind Hymenäus und Alexander, die ich dem Satan übergeben habe, damit sie in Zucht genommen werden und nicht mehr lästern.«

Sie wissen, was ein Schiffbruch ist. Was ist die Ursache davon? Manchmal liegt der Grund darin, dass man seine Ruder nicht am rechten Platz hat. Zwei Ruder sind erforderlich, damit Ihr geistliches Schiff den Kurs hält: Glaube und ein gutes Gewissen.

Die zwei Ruder

Und so funktioniert es: Wenn man im Gehorsam gegen die Offenbarung des Wortes Gottes lebt und darauf vertraut, dass Gott sein Wort hält, wenn man ihm gehorcht, dann ist das ein Leben des Glaubens.

Natürlich hilft Ihnen Ihr Gewissen, das Richtige vom Falschen zu unterscheiden. Sogar Nichtchristen haben ein Gewissen. Aber sie greifen auf die falsche Datenbank zurück, sodass sie vielleicht das Falsche für richtig und das Richtige für falsch halten.

Aber wenn Sie gerettet werden, wird Ihr Gewissen zusammen mit Ihrer Gesinnung erneuert, weil Sie jetzt nach einer neuen Datenbank, der Bibel, leben. Wenn Sie ein Leben des Glaubens führen, das auf das Wort Gottes gegründet ist, kann der Heilige Geist Ihr Gewissen leiten, hier Ja und dort Nein zu sagen. Das Ergebnis ist ein gutes Gewissen.

Ins Unglück rennen

Lassen Sie mich mit einem Bild veranschaulichen, wie viele von uns mit ihrem Gewissen umgehen. Das Gewissen kann mit einem viereckigen Pflock verglichen werden, den man in ein rundes Loch, das System dieser Welt, einpassen möchte. Wenn man ihn lange und intensiv genug dreht und wendet, schlägt man Kerben und Scharten in den eckigen Pflock, und schließlich passt er in das runde Loch.

Wenn der Heilige Geist unser Gewissen plagt, drehen und wenden wir es. Wenn wir wieder Gewissensbisse bekommen, drehen wir es wieder, bis wir so daran gewöhnt sind, dies zu tun, dass wir uns bei unserer Sünde sogar wohl fühlen. Wenn es so weit ist, steuern wir auf einen Schiffbruch zu.

Vor einiger Zeit schrieb ich einen Brief an Freunde, die die Arbeit unserer Kirche im ganzen Land unterstützen, nachdem ich herausgefunden hatte, dass drei dieser Freunde in einen unsittlichen Lebenswandel gefallen waren. Sie hatten Schiffbruch erlitten, waren an den Klippen zerschellt. Sie verloren ihre Familie, die Achtung ihrer Kinder, ihren Posten in der Kirche und ihren guten Ruf.

Deshalb bat ich in diesem Brief unseren Freundeskreis, dafür zu beten, dass der Herr bewirkt, dass ich meinem Gewissen und Gottes Wort gegenüber ehrlich bleibe und Sünde schnell bereinige, damit man nicht eines Tages in der Zeitung über mich lesen muss.

Wenn ich sehe, dass dies Männern passiert, die ich achte und die den Herrn lieben, dann weiß ich, dass dies auch mir passieren kann. Ich stehe nicht außerhalb des Machtbereiches Satans. Sie übrigens auch nicht. Nach einem Schiffbruch können Sie Vergebung erlangen, aber vielleicht können Sie danach von Gott nicht mehr gebraucht werden.

Das geschah mit Hymenäus und Alexander. In 2. Timotheus 2, 17-18 erfahren wir, dass die Sünde von Hymenäus darin lag, dass er lehrte, die Auferstehung (Entrückung) sei bereits geschehen; einige Christen wurden dadurch vom Glauben abgebracht.

Übergeben

Also übergab Paulus diese Männer dem Satan, was bedeutet, dass er sie aus der Kirche ausschloss. Wir sahen bereits, dass ein Mensch durch den Ausschluss aus der Kirche die Bewahrung und den Schutz Gottes verliert und dass Satan dann direkten Zugang zu seinem Leben bekommt.

Viele Menschen verstehen nicht, mit welcher Macht Gott die Kirche ausgestattet hat. Wenn das Gericht der Kirche auf einwandfreien Kriterien begründet ist und die Kirche einen Menschen dem Satan übergibt, dann ist die Sache erledigt. Es kommt dann so schlimm, wie es kommen muss, aber vergessen Sie nicht, dass das Ziel Buße und Zurechtbringen ist, wie wir es im Fall der Korinther sahen (1. Kor 5; 2. Kor 2).

Wenn Sie nicht Buße tun, wenn Sie nicht auf Ihre Mitchristen hören, wenn Sie nicht auf Gottes unmittelbare Züchtigung reagieren, dann müssen Sie Satan übergeben werden, und er ist ein strenger Richter, der Sie niederwerfen will. Gott wird Sie zugrunde gehen lassen, wenn das die einzige Möglichkeit ist, Sie zur Buße zu bringen.

Wie viel weniger schmerzlich und wie viel erfreulicher ist es, wenn Sie Ihre Gesinnung ändern und von selbst zum Herrn zurückkommen. Inzwischen haben Sie bestimmt bemerkt, dass mir die Geschichte vom Verlorenen Sohn gefällt. Er lebt in Sünde und Schande, isst mit den Schweinen, bis er eines Tages zur Besinnung kommt und sagt: »Moment mal! Zu Hause bei meinem Vater leben sogar die Knechte besser als ich hier.«

Also macht sich dieser junge Mann auf den Weg nach Hause. Sein Vater schaut nach ihm aus. Der Verlorene Sohn kommt zum Vater und sagt: »Vater, ich habe gesündigt!«

Dieser Sohn versucht nicht, sich zu entschuldigen, er sagt nicht: »Ich habe es vermasselt. Ich habe etwas Dummes gemacht. Jeder macht Fehler.« Er sagt: »Ich habe gesündigt. Ich habe gegen deine Richtlinien verstoßen.« Sie kennen den Rest der Geschichte. Der Vater vergibt seinem Sohn, nimmt ihn wieder als Sohn an, und dann veranstaltet er ein Fest für ihn.

Ein Mann sagte mir einmal: »Immer, wenn meine Frau und ich eine Meinungsverschiedenheit haben, wird sie historisch.«

Ich sagte: »Sie meinen hysterisch?«

»Nein, historisch. Sie bringt alles zur Sprache, was ich jemals getan habe.«

Das Schöne an Gottes Vergebung ist, dass er sich an unsere Sünde nicht mehr erinnert. Er tut, als sei sie nie geschehen, denn, wenn wir wirklich Buße tun, stellt er uns in seine Gemeinschaft zurück. Unsere erste Liebe ist dann wieder an erster Stelle, dem Platz, der ihr zusteht.

Zurück zur ersten Liebe

Ist es nicht bezeichnend für unseren Herrn, dass er uns die Möglichkeit gibt, aus eigenem Antrieb Buße zu tun und zu ihm zurückzukehren? Sogar Jesus Christus erzwang keine Liebe. Ich bete, dass Sie jetzt sofort tun, was Sie hinsichtlich Buße zu tun haben.

1. Psalm 32 drückt die Freude Davids über Gottes Vergebung aus, nachdem er über seine Sünde Buße getan hatte. Lesen Sie diesen wunderbaren Psalm. Wenn Sie nicht ehrlich sagen können, dass Sie das in diesem Augenblick erleben, dann suchen Sie den Herrn und bleiben vor ihm bis Sie alles bereinigt haben, was Ihre Gemeinschaft mit ihm hindert.

2. Wir sollten jetzt daran denken, wie Gott unsere Mitchristen benutzt, um uns auf den rechten Weg zurückzubringen, und auf dieser Grundlage unsere innere Einstellung prüfen. Beantworten Sie folgende Frage in Ihrem Herzen: Wenn ein anderer Gläubiger mit dem richtigen Beweggrund zu Ihnen kommt und Ihnen in Liebe eine Sünde in Ihrem Leben aufzeigt, würde Ihre erste Reaktion dann Ärger und Selbstrechtfertigung sein oder Offenheit und Dankbarkeit dafür, dass sich jemand darum kümmert?

3. Da Ihre Beziehung zu Jesus Christus in erster Linie eine Liebesbeziehung ist, bitten Sie ihn darum, dass Ihr Herz ihm gegenüber liebevoll bleibt. Wenn Sie alle Aufmerksamkeit darauf lenken, den Herrn zu lieben, brauchen Sie sich nicht darum zu sorgen, ob Sie der Sünde gegenüber empfindlich genug sind. Sie werden sie sofort merken!

Wenn es Ihnen wie den meisten Christen geht, dann gibt es eine Person in Ihrem Leben, die mehr als alle anderen dafür getan hat, dass Sie auf dem rechten Weg bleiben. Warum rufen Sie diesen Menschen nicht an oder schreiben ihm, wie sehr sie das zu schätzen wissen? Sagen Sie diesem lieben Menschen ganz konkret, was er Ihnen bedeutet. Wenn dieser Mensch bereits beim Herrn ist, sagen Sie Gott, wie dankbar Sie sind – und bitten Sie ihn, die Nachricht weiterzuleiten!

2. Keine Seitensprünge mehr

Vor einigen Jahren gab es einen Schlager mit folgendem Refrain: »Versuchen, zwei zu lieben, ist nicht leicht.«

Das ist eine gute Zusammenfassung der Kernaussage dieses Kapitels. Wichtig bei der Buße und Rückkehr zu unserer ersten Liebe ist es, sich von jeder anderen Liebe loszusagen, die mit Christus rivalisieren könnte.

Wir wissen, dass es Menschen gibt, die »es mit zweien treiben«, die also versuchen, zwei Geliebten gleichzeitig gerecht zu werden. Er versucht, ein Heim und eine Familie zu unterhalten und den Eindruck zu erwecken, dass alles in Ordnung sei, während er gleichzeitig mit einer anderen Frau eine heimliche Affäre hat.

Solche Seitensprünge, die früher Ehebruch genannt wurden, führen zu zahlreichen Problemen, unter anderem auch dazu, dass ein oder beide Partner, die betrogen werden oder betrügen, dieses falschen Spiels überdrüssig werden.

Das Problem mit zwei Geliebten

Der rechtmäßige Ehepartner des Ehebrechers hat das Recht auf alleinige Zuneigung und Treue. Die »andere Frau« (oder der »andere Mann«) hat es allmählich satt, immer nur der oder die andere zu sein und verlangt, dass der Ehebrecher sich entscheidet. Jeder, der »es mit zweien treibt«, entdeckt, dass man nicht gleichzeitig zwei Geliebte haben kann.

Der andere Geliebte

Die Bibel benutzt sinngemäß den Ehebruch zur Beschreibung der geistlichen Untreue zu Christus. Jesus hat nicht nur Anspruch auf unsere *erste* Liebe, er will auch unsere *einzige* Liebe sein. Lesen wir, was der Herr den Christen zu sagen hat, die außer ihm noch eine zweite Liebe haben: »Ihr Abtrünnigen*, wisst ihr nicht, dass Freundschaft mit der Welt Feindschaft mit Gott ist? Wer der Welt Freund sein will, der wird Gottes Feind sein« (Jak 4, 4).

Der Herr sagt: »Du versuchst, mich mit deinem sonntäglichen Kirchgang hinters Licht zu führen. Du kommst am Sonntagmorgen in die Kirche, als ob alles in Ordnung wäre, als ob du gerade von der Arbeit nach Hause gekommen wärst. Aber ich weiß, dass du mich von Montag bis Samstag mit einer anderen Liebschaft betrügst, auch wenn du am Sonntagmorgen laut ›Amen, gelobt sei der Herr‹ singst. Wir haben ein ernstes Wörtchen miteinander zu reden.«

Der Herr spricht mit Christen, die sagen: »Ich liebe dich von ganzem Herzen. Ich danke dir, dass du mich gerettet hast. Ich bin dankbar, dass ich auf dem Weg zum Himmel bin. Ich will für dich leben.« Aber am Montagmorgen laufen sie zu ihrer anderen Liebe, der Welt, zurück. Sprechen wir also jetzt über die Welt, damit wir sicher sind, dass wir über dasselbe sprechen.

Betrügen wir den Herrn, wenn wir dahin gehen, wo die Sünder sind? Mit anderen Worten, flirtet man mit der Welt, weil man mit Sündern arbeitet, mit Sündern Bankgeschäfte führt oder in einer Gegend wohnt, in der man auf allen Seiten von Sündern umgeben ist? Macht das die »Freundschaft mit der Welt« aus?

Nein, natürlich nicht. Wenn die Bibel davon spricht, dass Gläubige mit der Welt eine Affäre haben, dann gebraucht das Wort Gottes den Begriff *Welt*, um ein böses System mit Satan an der Spitze zu beschreiben, das Gott ablehnend gegenübersteht und ihn ausschließt.

---

* Anm. d. Übers.: In manchen Bibelübersetzungen steht: »Ihr Ehebrecherinnen«.

Gott ausschließen

Sehen Sie, das Problem liegt nicht darin, dass wir jeden Tag da arbeiten, wo Sünder arbeiten. Das Problem entsteht, wenn wir Gott ausschließen, wenn wir zur Arbeit gehen. Das Problem liegt nicht darin, dass wir in der Nachbarschaft von Sündern wohnen, es liegt darin, dass wir Gott aus unserer Nachbarschaft ausschließen. Es liegt nicht darin, dass wir Freunde haben, die Sünder sind. Das Problem ist, dass wir Gott aus unseren Freundschaften ausschließen.

Aber gleichzeitig gehen wir am Sonntag in die Kirche und sagen zu unserer wichtigsten Liebe, Jesus Christus: »Alles ist in Ordnung. Ich brachte meinen ganzen Gehaltsscheck nach Hause. Spitze.«

Aber der Herr sagt: »Du sagst mir dies und jenes am Sonntag, aber dann lässt du mich in der Kirchenbank sitzen und tust die ganze Woche über das, wozu du Lust hast. Aber du hast vergessen, dass ich in der Kirchenbank sitzen kann und trotzdem sehe, wo du bist und was du tust. Ich kann hier sitzen und weiß doch, dass du mich ausgeschlossen hast. Du tust Dinge, die ich nicht tun kann, du gehst dahin, wo ich nicht hingehen kann, und du sagst Dinge, über die ich nicht sprechen kann. Aber am Sonntag kommst du zu mir zurück und sagst mir, dass mit uns alles in Ordnung ist.«

Das erinnert mich an die Geschichte von dem Mann, der sagt: »Meine Frau und ich kommen zu Hause bestens miteinander aus.« Nun war er die ganze Woche über kaum zu Hause, um sie zu sehen oder ihr seine Aufmerksamkeit zu schenken, aber alles ist bestens. Samstagabend taucht er auf und fragt: »War etwas?«

Sie antwortet: »Ja, du warst nicht da.«

Das ist Gottes Klage. »Du hast eine Freundschaft und eine enge Beziehung mit der Welt, und das bedeutet Feindschaft mit mir. Ich bin kein Dummkopf. Du kannst mich nicht mit einem ›Ich liebe dich‹ täuschen, hinter dem nichts steht. Ich weiß, dass du diese andere Liebe, die Welt hast, mit der du die ganze Woche über zusammen bist. Ich weiß, dass es dir peinlich ist, mich als Hauptgeliebten zu haben und dich mit mir zu identifizieren. Also versuche nicht, mich zum Narren zu halten, indem du am nächsten Sonntag aufkreuzt und sagst: ›Mit mir und Jesus ist alles in Ordnung.‹ Ich bin verärgert, weil du vor mir, deiner ersten und einzigen Liebe, Theater spielst.«

Genauso wie jeder liebende Ehepartner, dessen treue und ausschließliche Liebe mit Untreue beantwortet wird, reagiert auch Jesus Christus auf solche Seitensprünge. Ergebenheit am Sonntagmorgen genügt ihm nicht.

Heute liegt eine der Tragödien unserer christlichen Gemeinde darin, dass Christen »es mit zweien treiben«, dass sie nebenbei noch einen anderen Geliebten haben, dass Christen sagen, sie lieben den Herrn von ganzem Herzen, von ganzer Seele, von ganzem Gemüt und mit aller Kraft, ihn aber aus ihren Gedanken, aus ihren Handlungen und aus ihren Beziehungen ausschließen.

Er kann ihnen nicht sagen, wie sie leben sollen. Er kann nicht auf all ihren Wegen mit ihnen gehen. Sie lassen ihn auf der Kirchenbank sitzen und sagen: »Bleib hier wie ein lieber Junge. Nächste Woche komme ich zurück und hole dich ab.«

Die Unmöglichkeit, zwei zu lieben

Heute gibt es zu viele Christen, die auf einer Mauer sitzen, mit einem Fuß in der Welt und dem anderen Fuß im Reich Gottes. Höflich wechseln sie zum rechten Zeitpunkt hin und her. Wenn es Zeit ist, im Reich Gottes zu sein, wechseln sie ins Reich Gottes über. Wenn sie später mit ihren Freunden zusammen sind, wechseln sie zurück in die Welt.

So wanken sie ständig hin und her, wechseln von einer Seite zur anderen, weil sie sich für nichts entscheiden können.

Der Konflikt

Wie merkt man, ob man neben Jesus Christus einen anderen Geliebten hat – und was kann man tun, wenn es so ist? Diese Frage wollen wir aufgrund von Jakobus 4, 1-10 beantworten. Der Apostel kommt in Vers 1 gleich zur Sache: »Woher kommt der Kampf unter euch, woher der Streit? Kommt's nicht daher, dass in euren Gliedern die Gelüste gegeneinander streiten?«

Unter anderem können Sie daran erkennen, ob Sie Jesus Christus mit einer anderen Liebe betrügen, wenn in Ihrem Leben viel Verwirrung, Konflikt und Spannung herrscht. Wenn Sie versuchen, ein angenehmes Leben zu führen, »Ihren Gelüsten« nachzugehen, dann merken Sie bald, dass Sie wie die Welt geworden sind, um das zu bekommen, was Sie wollen.

Nehmen wir das Familienleben. Immer, wenn ein Mann und eine Frau in ständigem Konflikt miteinander leben, dann liegt es ganz gewiss daran, dass jeder der beiden hinter seinem eigenen Vergnügen her ist. In einem solchen Fall liegt das Vergnügen im Allgemeinen darin, den Sieg davonzutragen. Sie streiten, und jeder will gewinnen. Beide wollen Recht haben. Beide wollen ihren Willen durchsetzen.

Gewinnen müssen, den anderen in Grund und Boden argumentieren ist ein unfehlbares Rezept für Konflikte, weil das Ziel des Lebens darin besteht, sein Ich zu befriedigen. Aber wenn man beide Parteien davon überzeugen kann, dass niemand gewinnen muss, gibt es in der Familie keine Meinungsverschiedenheit, die nicht gelöst werden kann – und in der Kirche ist das genauso. Aber solange jeder gewinnen muss, herrscht Konflikt. Das ist die Weise dieser Welt.

Auf diese Weise erklimmt ein Mensch die Leiter des Erfolgs. Viele, die auf dieser Leiter hochsteigen, tun das mithilfe von Konflikten. Sie steigen über andere Menschen hinweg. Sie ziehen Leute, die weiter sind als sie, herunter. Sic wachen über ihre Leitersprosse, damit niemand sie überholen kann. Tatsächlich hackt eine Krähe der anderen die Augen aus, denn so ist die Weise dieser Welt.

Die Lösung

Gott sagt: »Bringt keinen Schund in mein Reich, denn bei uns macht man es anders. In meinem Reich gibt es nur Liebe, und das bin ich. Und wenn ich die einzige Liebe im Reich bin, sollte es keine Konflikte geben, weil alles für eine einzige Person getan wird: mich.«

Ich möchte Ihnen jetzt einige Möglichkeiten nennen, wie man Konflikte schnell löst. Eine ist, mit dem zu beginnen, was bei Ihnen falsch läuft. Wenn Sie an diesem Punkt beginnen, haben Sie nicht mehr so viel Zeit, über das zu sprechen, was der andere falsch macht.

Das nächste Mal, wenn Sie mit Ihrem Ehepartner oder einem anderen Menschen zu streiten beginnen, sagen Sie: »Weißt du, bevor ich darüber spreche, was du falsch machst, möchte ich sagen, wie ich auf diesem Gebiet versagt habe.« Damit nehmen Sie dem anderen den Wind aus den Segeln.

Eine andere Möglichkeit ist zu sagen: »Ich erinnere mich nicht mehr daran, wer den letzten Streit gewonnen hat, aber ich sage dir etwas. Wahrscheinlich bist du mit dem Gewinnen dran, also gebe ich einfach hier nach. Was kann ich tun, um den Grund deiner Klage abzustellen?«

Das Problem unserer Gelüste

In welchem Maße wollen Menschen, auch Christen, ihre Gelüste befriedigen? Jakobus sagt dazu: »Ihr seid begierig und erlangt's nicht; ihr mordet und neidet und gewinnt nichts; ihr streitet und kämpft« (Jak 4, 2a). Das heißt, etwas unbedingt wollen. Manchmal wollen Menschen etwas so sehr, dass sie richtig gierig danach sind und fast alles tun, um es zu bekommen.

Geistlicher Mord

Ich denke nicht, dass Jakobus sagte, dass Christen mit ihrem Dolch in die Kirche gingen. Der Gedanke hier ist, dass man jemanden zerstört, weil man nicht bekommen kann, was man will. Man fügt einem anderen Schaden zu, weil man selbst unglücklich ist. Man tötet aus Eifersucht den Charakter eines anderen. Man tötet seine eigene Ehe, weil man mit sich selbst nicht leben kann.

Jesus sprach von Gedanken des Hasses, die genauso schlimm wie Mord sind und oft dazu führen (Mt 5, 21-22). Noch nie hat jemand einen Menschen umgebracht, wenn er nicht zuerst falsche Gedanken hatte. Die Tat setzt die Gedanken voraus.

Die Weise der Welt

Jakobus sagt, wenn man versucht, nach der Weise der Welt das zu bekommen, was man will, und es nicht erreicht, wird man wütend und beginnt, andere Menschen niederzureißen. Ich höre, wie sich Ehepartner mit ihrer Zunge gegenseitig zerfleischen. Sie stürzen sich aufeinander und machen einander regelrecht nieder.

Die Bibel sagt, dass in einem solchen Fall das Problem geteilte Loyalität ist. Wenn diese Frau der »Augapfel« ihres Mannes, sein Lebensinhalt, wäre, würde er sie nicht herunterreißen, sondern nach Mitteln und Wegen suchen, sie glücklich zu machen und den Konflikt zu lösen. Würde diese Frau ihren Mann ehren, würde sie versuchen, ihn aufzubauen, anstatt ihn zu Boden zu bringen.

Jakobus sagt: »Wenn ihr etwas wollt und versucht, es nach der Weise der Welt zu bekommen, werdet ihr nie befriedigt werden, weil die Welt euch nichts mühelos zuteil werden lässt. Und auch, wenn ihr es bekommt, versucht die Welt, es euch mit List wieder zu nehmen, sodass ihr das Spiel weiter treiben müsst, um es zu behalten.«

Jemand mag jetzt einwerfen: »Was erwarten Sie denn? In der Welt da draußen geht es knallhart zu. Die Bibelthemen vom Sonntag kann ich am Montag nicht gebrauchen. Ich meine, die Bibel ist zu scharf. Ich kenne die Bibel, aber sie wurde für eine andere Zeit, eine andere Epoche und für ein anderes Volk geschrieben.«

Bittet einfach

Darauf antwortet Jakobus: »Ihr ... habt nichts, weil ihr nicht bittet« (Jak 4, 2b). Ihr habt euch abgeschunden und seid in Konflikte geraten, aber ihr hättet einfach nur etwas Zeit mit eurer wichtigsten Liebe, Jesus Christus, verbringen und ihn bitten müssen. Er würde es euch mit Freuden geben. Das nimmt den Druck und die Frustration.«

Der Herr sagt zu uns: »Es ist meine Aufgabe, euch die Dinge zu schenken, die im Leben wirklich zählen. Aber ihr habt sie nicht, weil ihr lieber um sie kämpft, als mich darum zu bitten. Wenn ihr mich einfach gebeten hättet, hättet ihr nicht kämpfen müssen.«

Aber wir sagen: »Kämpfen ist mir lieber als Bitten.«

Stellen Sie sich vor, was geschehen würde, wenn ein Mann und seine Frau wieder einmal wegen Geld streiten, und er würde sagen: »Schatz, bevor wir streiten, knien wir nieder und bitten. Vielleicht will Gott einen Scheck ausstellen. Vielleicht will er sich um unsere Bedürfnisse kümmern, ohne dass wir deswegen streiten und nach dem Streit doch nicht weiter sind als zuvor.«

Sehen Sie, Jesus Christus sagt: »Ich will eure einzige Liebe sein. Aber solange ihr zu dieser anderen Liebe, der Welt, geht und dort euer Glück sucht, lasse ich auch diese andere Liebe für euch sorgen, wenn ihr am Boden seid.«

Ich kenne einen Mann, der seine Frau verließ und zu einer anderen Geliebten ging, die alles hatte. Sie war schön, jung, lebenslustig und konnte gut auftreten. Er war »über seine Frau hinausgewachsen«. Er hatte eine geregelte Arbeitsstelle, zwei Autos, ein nettes Haus und etwas Geld auf der Bank, doch das war ihm nicht genug.

Aber Männer wie er vergessen oft eines, wenn sie sich in Ehebruch stürzen: Sie laufen Gefahr, dass nach einiger Zeit ein anderer kommt und ihnen ihre neue Geliebte wegnimmt und dass sie dann auf der ganzen Linie die Verlierer sind.

Gott sagt: »Anstatt all diese zusätzliche Zeit und Kraft in die Welt zu investieren, investiert sie doch in eure wichtigste Liebe. Ich möchte, dass wir eine Liebesbeziehung haben, in der ihr nur zu bitten braucht, anstatt zu kämpfen und zu streiten, weil das die Weise der Welt ist, zu etwas zu kommen.«

Hört doch nur die Geschichten derjenigen, die erfolgreich waren. Sie sagen: »Ich schlug und biss mich nach oben durch. Ich stieg über die anderen, bevor sie über mich steigen konnten, denn nur so kommt man ganz nach oben.« Aber die Bibel sagt, dass ein Christ sich tief nach unten beugen muss, um nach oben zu kommen.

Unbeantwortete Gebete

Immer, wenn ich darüber spreche, dass wir um das, was wir brauchen, bitten sollen, wirft jemand ein: »Moment mal. Ich bete. Ich bete und bete und bete. Aber Gott leistet meinen Bitten nicht Folge. Ich bitte, und nichts geschieht.« Aha, prüfen wir Vers 3: »Ihr bittet und empfangt nichts, weil ihr in übler Absicht bittet, nämlich damit ihr's für eure Gelüste vergeuden könnt.«

Das ist wie bei dem Mann, der zu seiner Frau sagt: »Schatz, stell mir einen Scheck über 200 Mark aus.«

Sie sagt: »Wozu brauchst du das Geld?«

»Das brauchst du nicht zu wissen. Stell mir einfach den Scheck aus.« Sie weiß, dass er schon öfter einen Seitensprung machte. Und sie weiß, wenn sie ihm das Geld gibt, um das er sie bittet, hilft sie ihm nur, seinen Ehebruch zu finanzieren.

Also sagt sie Nein, denn sie will nicht ihrem Mann dabei helfen, sie an der Nase herumzuführen und links liegen zu lassen. Genau aus diesem Grund beantwortet Gott viele unserer Gebete nicht. Er weiß, wenn er uns das gibt, worum wir bitten, dann trägt er dazu bei, dass wir ihn links liegen lassen.

Wir sagen: »Herr, gib mir das Haus, in dem du nicht wohnen kannst. Gib mir das Auto, in dem du nicht fahren kannst. Gib mir das Geld, das du nicht gebrauchen kannst. Gib es mir, damit ich es für mich gebrauchen kann.«

Christus beantwortet viele unserer Gebete nicht, weil er weiß, und weil, wenn wir ehrlich sind, auch wir wissen, dass unser anderer Geliebter Gewinn daraus zieht. Es wird für die Welt gebraucht und in die Welt investiert. Weshalb sollte also der Herr jemandem helfen, ihn mit einem anderen zu betrügen? Er hilft bestimmt nicht, einen anderen Liebhaber zu unterhalten.

Wenn Christen in das Wasser der Taufe steigen, sollten sie sagen: »Ich habe mein Leben Jesus Christus als meinem Retter übergeben. Wenn ich aus diesem Wasser wieder heraussteige, werde ich ein Leben führen, das völlig ihm hingegeben ist.«

Aber was geschieht? An einem Tag der Woche nicken wir ihm ein- oder zweimal zu. Deshalb bekommen wir viele Dinge nicht, die wir wollen. Oder wenn wir sie bekommen, bekommen wir sie nach der Weise der Welt, was bedeutet, dass wir die Probleme der Welt mitgeliefert bekommen.

Sehen Sie, man kann Gott links liegen lassen und Millionär werden. Man kann Gott links liegen lassen und ein großes Geschäft haben. Aber ich möchte Ihnen etwas sagen. Wenn Sie das tun, wird die Zeit kommen, in der Gott nicht für Sie da sein wird.

Die Wirklichkeit von Gottes Züchtigung

Gott wird die Schlösser an der Tür auswechseln, und wenn Sie dann nach Hause kommen und von dem Herrlichen sprechen wollen, das Sie gesehen haben, dann sind die Schlösser geändert, und Gott wird Sie nicht einlassen.

Warum? Ist er gemein? Ist er nicht ein Gott der Vergebung? O doch, er wird Ihnen Ihren geistlichen Ehebruch vergeben, wenn Sie ernsthaft Buße tun. Aber er möchte, dass Sie am eigenen Leib spüren, wie es ist, draußen in der Kälte zu stehen, damit Sie, wenn Sie hereinkommen, nie wieder einen Seitensprung machen wollen.

Für Gott ist es kein Problem, Sie eine Zeit lang draußen in der Kälte stehen zu lassen, wenn Sie mit der Welt herumgespielt haben. Gott findet vor seiner Tür eine Menge Verwundeter, die ihre Affäre mit der Welt hatten und von ihrem anderen Geliebten verprügelt wurden. Also kommen sie und sagen: »Nimm mich wieder auf.« Aber Gott weiß, sie wollen sich nur erholen und wieder zu Kräften kommen, damit sie ihn dann erneut hintergehen können.

Deshalb sagt er: »Bleibe eine Weile draußen. Lass dich vom Sturm durchrütteln. Stehe im Schnee. Dann lernst du, dass man nicht einfach nach Gutdünken kommen und gehen und auf diese Weise mit meiner Liebe spielen kann. Ich liebe dich, und ich will eine Beziehung zu dir.«

Wie Chuck Swindoll sagt: »Mit einem heiligen Gott kann man nicht flirten.« Sie sollten das ernst nehmen, weil Gott ein eifersüchtiger Liebhaber ist.

Die Wirklichkeit von Gottes Eifersucht

Jetzt kommen wir zu unserem Hauptvers, Jakobus 4, 4, zurück, den ich zu Beginn dieses Kapitels besprach. Ich werde den Vers hier nicht noch einmal zitieren, deshalb bitte ich Sie, einige Seiten zurückzublättern und diesen Vers noch einmal zu lesen. Es ist sehr ernst, wenn Gott sein Volk »Abtrünnige« oder »Ehebrecherinnen« nennt.

Jetzt sagen Sie: »Moment mal. Warum ist das für Gott so wichtig?« Vers 5 hilft, die Antwort darauf zu finden: »Oder meint ihr, die Schrift sage umsonst: Mit Eifer wacht Gott über den Geist, den er in uns hat wohnen lassen?«

Wie jeder gute Ehepartner ist Gott eifersüchtig. Er will Sie nicht mit der Welt teilen. Geistlicher Ehebruch ist der Versuch, zwei zu lieben, wo Sie sich doch nur einem verpflichtet haben. Sie können nicht mit einer anderen Person ins Bett steigen und dann nach Hause kommen und erwarten, dass alles in Ordnung ist. Sie können nicht diese Welt und auch noch Jesus Christus lieben. Sie können nicht zwei erste Lieben haben. Er ist eifersüchtig.

Zwei werden eins

Wenn mich jemand einlädt und sagt, dass ich meine Frau nicht mitbringen kann, dann muss ich einen guten Grund dafür geliefert bekommen. Wenn es ein reines Männertreffen ist, dann ist es in Ordnung. Wenn es etwas ist, das für sie nicht geeignet ist, einverstanden.

Jedes Jahr bin ich etwa acht Wochen unterwegs und halte im ganzen Land Vorträge über die Bibel. Ich teile den Leuten mit, dass ich öfter Lois mitbringe. So ist das. Darüber wird nicht verhandelt. Ich sage: »Wenn Sie mich in diesen Wochen wollen, dann bringe ich meine Frau mit, weil sie ein Teil von mir ist.«

Wenn man mir dann sagt, dass meine Frau nicht erwünscht ist, dann fasse ich das als Ausladung auf. Denn wenn man heiratet, wird man eins.

Christus mitnehmen

Gott sagt: »Ich bin mit dir verheiratet, und jetzt willst du weggehen und mich hier sitzen lassen. Wohin gehst du, dass ich nicht mir dir gehen kann?«

Viele Christen stellen folgende Frage: »Was darf ich als Christ tun und was nicht?« Darauf gibt es eine sehr einfache Antwort. Fragen Sie sich: »Kann ich Jesus mitnehmen?« Oder müssen Sie sagen: »Jesus, bleib im Auto, ich komme gleich wieder«?

Sehen Sie, wenn Sie Christus nicht mitnehmen können, wenn Christus es nicht sehen darf und wenn Sie nicht mit ihm darüber sprechen können, dann müssen Sie sich ernsthaft fragen, was Sie tun. Wenn Sie die ganze Zeit Ihre Liebe zu Hause lassen müssen, läuft etwas schief. Jesus ist eifersüchtig. Er will Sie für sich haben.

Jakobus sagt nicht: »Ihr dürft nicht in der Welt sein.« Er sagt: »Stellt euch nicht dieser Welt gleich« (siehe Römer 12, 1-2). Mit anderen Worten, haben Sie keine Beziehung mit der Welt, an der Christus nicht teilhaben kann.

Die Vorteile echter Liebe

Wissen Sie, was es bringt, mit Jesus Christus alleine eine Liebesbeziehung zu haben? Das bringt Ihnen mehr Gnade. Betrachten wir Jakobus 4, 6: »... und gibt umso reichlicher Gnade. Darum heißt es: ›Gott widersteht den Hochmütigen, aber den Demütigen gibt er Gnade.‹«

Reichlichere Gnade

Gnade ist, was Gott für Sie tut und Sie nicht selbst für sich tun können. Und ich kann Ihnen versichern, dass auch Sie in Ihrem Leben in Situationen kommen werden, in denen Sie darauf angewiesen sind, dass Gott etwas für Sie tut, das Sie nicht für sich selbst tun können.

Im Augenblick können Sie vielleicht bar bezahlen. Im Augenblick läuft vielleicht alles bestens, und Seitensprünge zu machen, neben Jesus Christus eine zweite Liebe zu haben, lässt sich gut an. Aber wir alle haben jene Fernsehfilme gesehen, in denen ein Mann versucht, zwei Geliebten gleichzeitig gerecht zu werden.

Was geschieht jedes Mal? Es kommt der Augenblick, in dem beide Geliebte zur selben Zeit am selben Ort sind, und er versucht verzweifelt, die beiden voreinander zu verstecken. Warum? Weil er weiß, wenn sie jemals die Wahrheit erfahren, ist es um ihn geschehen. Beide werden wütend werden und ihn verlassen. Anstatt ein zweifach Geliebter wird er ein zweifacher Verlierer sein!

Damit will ich sagen, dass der Augenblick kommt, in dem Sie in einer misslichen Lage sind, aus der Sie nur die Gnade Gottes befreien kann. Ich meine damit nicht, dass Gott Ihnen in einer Situation, wie ich sie eben beschrieb, helfen wird. Das haben Sie sich selbst eingebrockt. Aber wir brauchen oft »reichlichere Gnade«. Und wenn Sie mit Christus keine enge Beziehung haben, bleibt die reichlichere Gnade vielleicht aus. Sie wollen, dass Christus hier ist, aber er sagt: »Ich bin nicht für dich da, wo du mich doch mit jemand anderem betrogen hast.«

In Vers 6 steht, wenn Sie stolz sind, ist Gott gegen Sie. Was bedeutet stolz? Manche kommen sich ganz toll vor. Sie sind arrogant, weil sie glauben, dass die Welt sie so will.

Gott sagt: »Gut, da die Welt dich will, werde ich gegen dich arbeiten. Wir werden sehen, wie du und die Welt miteinander zurechtkommen, wenn ich nicht mehr auf deiner Seite bin, wenn ich mich von dir zurückziehe und mich gegen euch stelle. Dann werden wir sehen, was die Welt tun kann.«

Egal, wer Sie sind, die Zeit wird kommen, in der Sie »reichlichere Gnade« brauchen. Sie werden darauf angewiesen sein, dass Gott das für Sie tut, was Sie selbst nicht tun können. Ob er es tut, hängt davon ab, wie treu Sie in Ihrer Liebesbeziehung zu Jesus Christus waren.

Gott untertan sein

Die Frage ist also, wie wir sicher sein können, dass wir die Voraussetzung erfüllen, dass Gott uns seine Gnade schenken kann. Vers 7 gibt die Antwort: »So seid nun Gott untertan. Widersteht dem Teufel, so flieht er von euch.«

Achten Sie darauf, dass zwei Dinge zusammengehören: Gott untertan sein und dem Teufel widerstehen. Untertan sein ist ein militärischer Begriff, der bedeutet, sich so zu verhalten, wie es seinem Dienstgrad entspricht. Ein Gefreiter sagt einem General nicht, was er zu tun hat. Verhalten Sie sich so, wie es Ihrem Rang entspricht. Stellen Sie sich unter Gottes Befehl. Er sagt: »Ich habe hier das Sagen. Füge dich.«

Gott untertan sein bedeutet, dass ich mich unter die göttliche Oberhoheit stelle. Ich sage dann: »Herr, ich tue alles, was du von mir verlangst. Egal, was andere mir sagen, ich frage nach dem, was du willst und werde es auch tun.«

Dem Teufel widerstehen bedeutet einfach, Nein zu ihm zu sagen. Wir wissen, dass der Teufel nicht untätig zuschaut, wie Sie Gott untertan sind. Der Teufel sagt nicht: »Entschuldigung. Du bist Gott untertan. Ich denke, ich lasse dich lieber in Ruhe.« Nein. Je mehr Sie Gott untertan sind, umso mehr versucht der Teufel, Sie zu Boden zu werfen.

Aber Jakobus sagt, dass ab einem gewissen Punkt sogar der Teufel davonläuft. Viele Menschen sagen: »Ich versuche, mir den Teufel vom Hals zu schaffen. Aber er lässt mich nicht in Ruhe!«

Nun, wenn der Teufel Sie so sehr belästigt, haben Sie vielleicht ein geistliches Problem, weil Jesus sagt: »Wenn du mir untertan bist und der Teufel dich plagt, dann kommt der Moment, an dem ich ihn wegschlage. Ich lasse zu, dass der Teufel dich prüft. Ich lasse zu, dass der Teufel dich versucht. Aber wenn du mir untertan bist und dich an mich hältst, dann werde ich kommen und sagen: ›Teufel, jetzt reicht's!‹« Wenn der Teufel Sie also plagt, Sie herumschlägt, Sie fast zu Tode prügelt und Sie anscheinend überhaupt keine Ruhe vor seinen Belästigungen finden, dann haben Sie eventuell wirklich ein geistliches Problem.

Kein Christ möchte sich Gott widersetzen. Es ist hart, wenn Gott gegen uns ist, weil niemand ihn aufhalten kann. Er widersteht uns. Er drängt uns zurück. Er wehrt uns ab. Wir erklären Gott den Krieg, wenn wir uns selbst zu Gefallen leben.

Sich nahen

Nun, das wollen wir nicht. Aber wie können wir Gott untertan werden? »Naht euch zu Gott, so naht er sich zu euch« (Jak 4, 8a). Jakobus spricht über eine Beziehung. Viele Männer klagen darüber, was ihre Frau alles nicht ist. Einer sagt: »Meine Frau ist nicht dies. Sie ist nicht das. Sie kann das nicht. Sie tut jenes nicht. Sie tut überhaupt nichts.«

Also geht er woanders hin und beginnt eine Affäre. Verschwenderisch widmet er all seine Aufmerksamkeit der anderen Frau. Er liest ihr jeden Wunsch von den Augen ab. Jedes Mal, wenn er sich mit ihr trifft, geht er mit ihr dahin, wo man sich vergnügen kann. Und sie reagiert darauf, indem sie ihm sagt, dass er wunderbar ist.

Aber gehen Sie zu ihm nach Hause und fragen Sie seine Frau. Wann hat er sie das letzte Mal so verwöhnt, wie er die andere Frau verwöhnt? Dieser törichte Mann müsste verstehen, dass seine Frau auch so reagieren könnte, wenn er sich ihr gegenüber ebenso benehmen würde, wie er es bei der anderen tut. Er kann sich nicht von ihr entfernen und sich dann beklagen, denn je weiter weg er geht, umso schlechter sieht sie aus. Er muss sich ihr nahen.

Je mehr er sich ihr naht, umso mehr naht sie sich ihm, weil die meisten Frauen auf Zuwendung ansprechen. Also darf er sich nicht von ihr entfernen, sondern muss sich ihr nähern.

Das sagt auch Jesus Christus: »Ich mache keinen Seitensprung. Nahe dich mir, und ich werde darauf reagieren. Nahe dich mir, und ich werde mich dir nahen.«

Das Geheimnis der Vertrautheit

Wie naht man sich? Der zweite Teil von Vers 8 sagt uns das: »Reinigt die Hände, ihr Sünder, und heiligt eure Herzen, ihr Wankelmütigen.«

Das also ist es: Ordnet euer Leben. Man kann nicht irgendetwas irgendwie machen und Gottes Segen erwarten. Es gibt keinen Menschen, der wankelmütiger ist, als einer, der »es mit zweien treibt«. Er sitzt auf der schon erwähnten Mauer, mit einem Fuß im Reich Gottes und dem anderen in der Welt. Er versucht, zwei Geliebte glücklich zu machen, und das funktioniert nicht.

Reinigt eure Hände

Was ein wankelmütiger Mensch, der zwei Liebschaften hat, tun muss, ist, zum Herrn zu sagen: »Ich wasche meine Hände, denn mit der Affäre dieser Welt will ich nichts mehr zu tun haben, sondern allein bei dir bleiben.« Das will Gott von ihm.

Einige Christen freuen sich, weil zurzeit alles bestens für sie läuft. Sie strahlen vor Glück. Sie haben Geld auf der Bank. Sie haben ein hübsches Haus und ein schönes Auto. Es ist toll, Christ zu sein. Sie sagen: »Gott ist so gut.« Aber die ganze Woche lang betrügen sie ihn mit einer anderen Liebschaft.

Manche Männer klagen nicht über ihre Frau. Sie verkünden lautstark, wie wunderbar ihre Frau ist, aber trotzdem machen sie Seitensprünge. So sind auch viele Christen. Sie lachen und sagen: »Mein Gott ist wunderbar.« Aber sie treiben sich mit dieser anderen Liebe herum.

Heiligt eure Herzen

Solchen Menschen sagt Gott: »Hört lieber auf zu lachen und weint.« »Jammert und klagt und weint; euer Lachen verkehre sich in Weinen und eure Freude in Traurigkeit« (V. 9).

Sie sagen: »Mir ist nicht nach Weinen zumute.« Weinen Sie trotzdem, wenn das für Sie dran ist. Wenn Sie Jesus Christus mit einer anderen Liebschaft betrügen, gibt es nichts, worüber Sie glücklich sein können, auch wenn Sie lachen. Männer haben Affären und denken, dass sie dabei so viel Spaß haben. Sie lachen und amüsieren sich, während ihre Frauen weinen.

Aber Gott sagt: »Es ist besser, wenn du jetzt zu weinen anfängst, denn wenn du jetzt nicht weinst, weinst du später.«

Und was ist das Fazit von alledem? Sie finden es in Vers 10: »Demütigt euch vor dem Herrn, so wird er euch erhöhen.«

Das müssen Sie ausprobieren, erst dann können Sie es glauben. Sie müssen versuchen, sich vor der Hoheit des Herrn zu beugen. Sie müssen es wirklich ernst meinen. Sie müssen versuchen, Jesus Christus als ihrer ersten und einzigen Liebe zugetan zu sein. Wenn Sie zu ihm sagen können: »Herr, ich brauche dich, und ich brauche deine Gnade. Ich werde dich lieben, dich allein. In meinem Herzen ist für keinen andern Platz«, dann wird er sich wie ein treuer Ehepartner um Sie kümmern. Er wird Sie zu seiner Zeit und nach seiner Weise erhöhen – und es wird herrlich sein!

Zurück zur ersten Liebe

Ich denke, dass Ihnen nicht erst ein Lied sagen muss, dass es »nicht leicht ist, zwei zu lieben«. Jesus Christus verdient es, der Einzige zu sein, und die folgenden Gedanken sind als Hilfe gedacht:

1. Überprüfen Sie Ihren geistlichen »Treuequotienten«. Liebe buchstabiert man ja bekanntlich Z-E-I-T, also rechnen Sie aus, wie viel Zeit Sie letzte Woche in Gemeinschaft mit Christus verbrachten, im Gebet, im Gottesdienst und mit Bibellesen. In welchem Verhältnis steht das zu der Zeit, die Sie mit anderen Dingen im selben Zeitraum verbracht haben? Wenn das Verhältnis nicht gerade einer Liebesbeziehung angemessen ist, wird es vielleicht Zeit, Ihren Terminkalender zu ändern.

2. Ist Ihr Herz zwischen dem Herrn und der Welt geteilt? Diese Frage können nur Sie beantworten. Suchen Sie bald einmal alleine die Gegenwart des Herrn, und lesen Sie betend Jakobus 4, 1-10. Bitten Sie den Heiligen Geist, Ihnen zu zeigen, wie Ihr Liebesleben mit dem Herrn aussieht.

3. Da die Ehe ein gutes Bild für unsere Beziehung zu Christus ist, bitte ich Sie eindringlich, sich erneut zu verpflichten, ein treuer und *liebender* Ehepartner zu sein. Denken Sie an all die guten Gründe, die Sie hatten, Ihren Partner zu heiraten – und dann sagen Sie ihm oder ihr, was Sie gefunden haben! Wenn Ihr Ehepartner nach dem Schock noch auf den Beinen ist, beten Sie zusammen, dass Gott Sie näher zueinander bringt und dass er Ihre Liebe vertieft.

Ich möchte mit einem ermutigenden Gedanken schließen: Jesus Christus wollte so sehr eine Liebesbeziehung mit Ihnen, dass er Sie deswegen verfolgte! Halten Sie inne, legen Sie das Buch nieder, und preisen Sie den Herrn.

Von neuem beginnen

1. Eine neue Gesinnung oder ein neuer Geist

Wir sind beim letzten Teil des Buches angekommen. Zeit, mit Volldampf voranzugehen, denn wir haben noch ein weiteres spannendes Thema zu behandeln. Nachdem wir nachgedacht haben und Buße taten, sind wir bereit, die »ersten Werke« zu tun (Offb 2, 5). Jesus befahl uns, etwas zu *tun*, um zu unserer ersten Liebe zurückzukehren. Also beginnen wir damit.

Zu Anfang möchte ich über die Bedeutung unserer Gesinnung oder unseres Geistes sprechen, denn als Christen sollten wir mit einer christlichen – das heißt einer funkelnagelneuen – Gesinnung denken. Was ist also eine christliche Gesinnung? Ich möchte mit einer Definition beginnen.

Eine christliche Gesinnung ist eine Gesinnung, die vom Wort und Willen Gottes bestimmt wird, sodass die Befehle des Himmels die Gesinnung durchdringen, und die Gesinnung oder der Geist dann den Füßen Anweisungen gibt. Das Ergebnis ist ein Wandel auf Erden, der die neue Gesinnung widerspiegelt, die vom Himmel geschenkt wurde. Immer wieder hört man den Ausspruch, dass jemand »so himmlisch gesinnt ist, dass er für die Erde nicht taugt«.

Nun, wenn Sie als Christ so himmlisch gesinnt sind, dass Sie für die Erde nicht mehr taugen, dann liegen Sie falsch. Das Entscheidende an einer himmlischen Gesinnung ist nämlich, dass man der Erde etwas nützt. Das Entscheidende am Denken mit einer von Gott geleiteten Gesinnung liegt darin, dass die Welt sehen kann, wie Gottes Wille von Gottes Kindern praktisch gelebt wird.

Deshalb ist es unbedingt erforderlich, dass Sie lernen, mit Ihrer neuen Gesinnung zu denken. Sie müssen entschlossen sein, »nach dem zu trachten, was oben ist« (Kol 3, 4), weil Christus dort ist. Wenn Sie sich ganz auf Christus ausrichten, kann der Heilige Geist Sie von oben über Gottes Willen und Absicht in Kenntnis setzen, damit Sie hier unten erfolgreich leben können.

Ihre Gesinnung und Ihr Wandel

Wenn Sie mit einer auf Christus ausgerichteten Gesinnung denken, muss sich das im Alltag auswirken. Wir können nicht am Sonntag heilig und am Montag weltlich sein. Wir sind jeden Tag den ganzen Tag lang heilig, weil wir alle Diener Gottes sind, egal welchen Beruf wir haben.

Zu den Bibelstellen, in denen erklärt wird, was es bedeutet, mit einer neuen Gesinnung, einem neuen Geist zu denken und dies ins Alltagsleben zu übertragen, gehört Epheser 4, 17-24. Der Apostel Paulus beginnt so: »So sage ich nun und bezeuge in dem Herrn, dass ihr nicht mehr leben dürft wie die Heiden leben in der Nichtigkeit ihres Sinnes« (V. 17). Achten Sie darauf, wie Paulus die Gesinnung oder den Sinn mit dem Wandel oder Leben eines Menschen verknüpft. Wandel oder Leben ist ein Schlüsselwort in diesem Abschnitt.

Der Wandel

In der Bibel wird das Wort *Wandel* für Lebenswandel, für die Lebensführung und Ausrichtung des Lebens eines Menschen gebraucht. Das Bild des Wandelns im Sinne von Fortbewegung wird hier benutzt, um auszudrücken, welchen Kurs ein Mensch einschlägt.

Wenn Sie wandeln oder gehen, setzen Sie einen Fuß vor den anderen und bewegen sich auf ein bestimmtes Ziel zu. Wandeln oder Gehen ist die Methode, mit der Sie sich von Punkt A zu Punkt B hinbewegen, und das ist ein fortschreitender Prozess. Sie kommen nicht mit einem einzigen Riesenschritt dahin, wo sie hinwollen, aber Sie gehen Schritt für Schritt auf Ihr Ziel zu.

Deshalb benutzt Paulus in seiner Theologie das Wort *wandeln*, um das schrittweise Fortschreiten von da, wo Sie sind, zu dem Punkt, an dem Sie sein sollten, zu erklären. Das Christenleben ist keine Flugreise, es ist ein Fußmarsch. Man erreicht geistliche Reife nicht im »Düsentempo«. Man wandelt zur Reife hin, Schritt für Schritt.

Bei christlichen Versammlungen fragen die Gläubigen einander oft: »Wie wandelst du?« Damit meinen sie: »Wie ist deine Lebensführung? Lebst du im Einklang mit deiner Berufung in Jesus Christus? Passt deine Lebensrichtung zu dem, was du bist?«

Der Wandel der Heiden

In Vers 17 gibt Paulus uns einen negativen Vergleich, dem wir unseren Wandel gegenüberstellen können. Er spricht von den »Heiden«. Wie immer auch diese Menschen wandeln, wir müssen in die entgegengesetzte Richtung gehen, denn sie wandeln »in der Nichtigkeit ihres Sinnes«.

Wer sind diese Heiden aus Epheser 4? Das waren zur Zeit des Paulus die Nichtjuden, die nicht zum Glauben an Christus gekommen waren und nichts von einer neuen Gesinnung wussten. Paulus lebte und schrieb in der griechisch-römischen Welt.

Die Römer waren die vorherrschende Militärmacht, aber ihre Kultur war in griechisches Gedankengut eingebettet: die Lehren von Plato, Sokrates und Aristoteles. Es war eine Kultur von Rhetorikern und Debattierenden, eine Kultur der Beredsamkeit in der Oberschicht und der Sklaverei auf unterster Ebene.

Wenn Sie sich ein bisschen in der Weltgeschichte auskennen, wissen Sie, dass das Römische Reich auf seinem Höhepunkt wirklich beeindruckend war, vom menschlichen Standpunkt aus ein ruhmvolles Reich. Aber Paulus kommt zu den Christen in Ephesus und sagt ihnen, dass sie nicht wie die Heiden leben sollen, egal, wie ruhmvoll das Reich ist, zu dem sie gehören.

Ethnisch gesehen, waren die Epheser selber Heiden. So wären sie versucht gewesen, genau wie die Heiden in ihrer Umgebung zu wandeln, denn die Heiden wandelten in den oberen Schichten. Sie wandelten in Kraft. Sie wandelten im Wissen. Sie wandelten mit Bildung und mit akademischen Graden.

Ja, in den Unterschichten dieser Gesellschaft herrschte Sklaverei und Armut, aber die griechisch-römische Welt hatte Rang und Namen. Und Ephesus war eine bedeutende Stadt in dieser Welt. Doch Paulus betrachtete diese Kultur und sagte zu den Gläubigen in Ephesus: »Lebt nicht so wie diese Leute.«

Lebt so, wie es sich für Christen gehört

Welchen Lebenswandel möchte nun Gott bei seinem Volk sehen? Paulus gibt in Epheser 4, 1 darauf die Antwort, worauf uns das »So sage ich nun« von Vers 17 verweist: »So ermahne ich euch nun, ich, der Gefangene in dem Herrn, dass ihr der Berufung würdig lebt, mit der ihr berufen seid.«

Mit anderen Worten, lebt im Einklang mit dem, was ihr seid. Ihr habt eine große Berufung. Also sorgt dafür, dass euer Wandel dem entspricht. Man lebt nicht wie ein armer Schlucker, wenn man im Königspalast wohnt.

Man erzählt, Königin Elisabeth habe als Mädchen oft nachlässig vornübergebeugt dagesessen. Sie ließ sich irgendwie gehen. Aber eines Tages sagte ihre Mutter zu ihr: »Setze dich gerade hin! Du wirst einmal Königin.«

Die Mutter der zukünftigen Königin stellte eine Verbindung zwischen ihrer Haltung und ihrer Person her. Sie sagte: »Elisabeth, wenn du verstehst, dass du einmal auf dem Königsthron sitzen wirst, musst du dafür sorgen, dass jeder, der dich sitzen sieht, weiß, dass du zur königlichen Familie gehörst.«

Als Königskind sollten Sie keinen schäbigen Lebenswandel führen. Ihr Lebenswandel sollte Ihre neue Identität als Königskind widerspiegeln. Sie sollten Ihrer »Berufung würdig« leben.

Wissen Sie, wer Sie berufen hat? Eines Tages sagte Gott im Himmel: »Komm her, Junge! Komm her, Mädchen!« Er zog an Ihrem Herzen und rief Sie. Er zog Sie mit der Kraft des Heiligen Geistes zu sich. Er rief Sie zu sich. Jetzt sind Sie ein Königskind. Leben Sie dementsprechend.

Nichtigkeit des Sinnes

Gehen wir wieder zu Vers 17, wo wir herausfinden, warum Paulus sagt, wir sollten es den Heiden, das heißt den Ungläubigen, nicht nachmachen. Mit ihrer Gesinnung ist etwas nicht in Ordnung. Sie wandeln »in der Nichtigkeit ihres Sinnes«. Hier sind einige Dinge anzumerken.

Man kann nicht sagen, dass Ungläubige nicht wandeln. Das Problem ist, dass sie zwar wandeln, aber nicht wissen, wohin. Nichtigkeit drückt Leere aus, Wertlosigkeit, Ziellosigkeit.

Ungläubige sind ständig in Bewegung, aber sie gehen nirgendwo hin. Sie sind ständig auf Achse, aber sie kommen nirgendwo an. Was sie tun, erzeugt vielleicht Geld, Macht und Ansehen, aber letztendlich ist hinter allem kein Sinn.

Warum? Weil das alles von einer nichtigen Gesinnung erzeugt wurde. Das Problem mit den Ungläubigen ist, dass ihre Gesinnung nicht in Ordnung ist, weil ihre Gesinnung nicht von dem, der das Leben schenkt, geprägt wurde. Deshalb kann ein Ungläubiger, solange er sich nicht Christus zuwendet, nie einen Sinn in seinem Leben finden, obwohl er lange und angestrengt danach sucht. Er versucht, einen Grund für sein Dasein zu finden, verschiedene Möglichkeiten zu ersinnen, um seine Sehnsucht nach einem Ziel und einem Sinn zu befriedigen, aber es gelingt ihm nie.

Vor kurzem hörte ich eine interessante Information über das Fernsehen, die beliebteste geistlose Einrichtung in unserer Zeit. Die wichtigsten Sender stimmen ihre Programme in der Haupteinschaltzeit auf Zwölfjährige ab. Sie denken, wenn sie die Kinder erreichen, dann erreichen sie auch die Erwachsenen, weil die Leute, wenn sie einmal vor dem Fernseher sitzen, ihren Geist abschalten.

Wie oft haben Sie schon den Fernseher eingeschaltet, weil Sie Ihren Geist abschalten wollten? Das ist ein Grund dafür, warum das Fernsehen so einflussreich ist. Es findet Zugang zu leeren Köpfen. Die Werbefachleute des Fernsehens füllen dann diese gedankenlosen Köpfe mit allen möglichen Ideen, und genau aus diesem Grund haben Sie eine Visa- oder Euroscheckkarte. Sie wurden gefangen, als Ihr Geist leer war.

Nehmen wir an, Sie sind auf dem Flughafen und essen gerade etwas, während Sie auf Ihren Flug warten. Plötzlich hören Sie über die Lautsprecher: »Letzter Aufruf zum Flug 74 nach Atlanta.« Sie haben Flug 74 nach Atlanta gebucht, also schieben Sie Ihr Essen weg, weil der Zweck Ihres Aufenthalts am Flughafen nicht Essen ist.

Essen ist eine Zulage zum Aufenthalt auf einem Flughafen, aber der *Zweck* ist, Ihr Flugzeug zu bekommen. Wenn Sie also den letzten Aufruf für Ihren Flug hören, diskutieren Sie nicht. Sie debattieren nicht darüber, dass Sie die Hälfte Ihres Hamburgers nicht essen konnten. Warum? Weil Sie wissen, für welchen Zweck Sie hier sind.

Paulus sagt, im Geist der Ungläubigen ist der Zweck eines Aufenthalts auf dem Flughafen nur, den Flughafen zu besichtigen. So schlendern sie herum und besuchen viele Orte.

Sie trinken hier etwas und gehen dort in den Geschenkeladen. Sie lungern herum und versuchen, Vergnügen am Flughafen zu finden, weil sie nicht verstanden haben, dass der Zweck eines Aufenthalts am Flughafen ist, mit einem Flugzeug zu fliegen. Das ist Nichtigkeit.

Sie und ich verstehen, dass wir die Gesinnung Christi haben, um das Leben Christi unter den Geboten Christi zu führen. Deshalb schieben wir bereitwillig unser Essen auf die Seite, um unser Flugzeug zu erwischen. Der Ungläubige ist mit seinem Hamburger zufrieden, weil er keinen anderen Zweck für seinen Aufenthalt auf dem Flughafen hat.

Gott ruft uns dazu auf, unsere heidnische, das heißt ungläubige Gesinnung abzulegen. Der erste Grund ist, dass Menschen, die diese Gesinnung haben, von Nichtigkeit und Leere geprägt sind.

Ein verfinsterter Verstand

Es gibt noch einige weitere Gründe, weshalb wir nicht wie Leute denken sollen, die die Gesinnung von Heiden haben. Paulus gibt sie uns in Epheser 4, 18-19a: »Ihr Verstand ist verfinstert, und sie sind entfremdet dem Leben, das aus Gott ist, und durch die Verstockung ihres Herzens. Sie sind abgestumpft und haben sich Ausschweifungen ergeben.«

Wir befassen uns immer noch mit unserer Gesinnung, unserem Geist, der Art und Weise, wie wir denken. Ungläubige können das nicht verstehen, denn sie tragen Scheuklappen. Die Bibel lässt keinen Zweifel daran, wo diese Scheuklappen herkommen: »… den Ungläubigen, denen der Gott dieser Welt den Sinn verblendet hat, dass sie nicht sehen das helle Licht des Evangeliums« (2. Kor 4, 4). Deshalb ist der Heilige Geist erforderlich, um einen Menschen zu Christus zu bringen. Die Menschen tragen eine »geistliche Sonnenbrille«, die das Licht nicht durchlässt. Es ist interessant, dass viele Menschen eine Sonnenbrille tragen, um gut auszusehen. Das Abhalten des Lichtes ist oft nur ein zweitrangiger Grund.

Das sieht man daran, dass viele Leute auch im Haus eine Sonnenbrille tragen. Der Grund ist nicht, besser zu sehen, sondern modisch auszusehen. Was tut also Satan? Satan macht die »geistlichen Sonnenbrillen« so modern, dass Nichtchristen von dieser Mode begeistert sind und vergessen, dass sie nichts sehen können.

So ist es auch mit der Sünde. Die Sünde wird modisch verbrämt: Ehebruch ist jetzt eine Affäre, Abtreibung eine persönliche Entscheidung, Homosexualität eine alternative Lebensform und so weiter. Die Sünde wird so sehr verbrämt, dass sie für annehmbar gehalten wird. Der Geist des Ungläubigen wird so verwirrt, dass er im Dunkeln herumläuft und denkt, er sei in der Sonne.

Zu alledem kann er nichts dagegen tun, denn er ist »entfremdet dem Leben, das aus Gott ist«. Er hat nicht Gottes Leben in sich, das ihm eine Alternative zu dem Dunkel bieten kann, von dem er nicht einmal weiß, dass er darin lebt.

Der Geist des Ungläubigen bietet also kein schönes Bild. Aber warum ist das Leben Gottes nicht in ihm, und warum nimmt er nicht die Sonnenbrille ab, damit er sehen kann? Wegen zwei Problemen, die Paulus im vorhergehenden Vers erwähnt. Er sagt: »Der Grund, weshalb ihr euer Denken nicht nach denen ausrichten sollt, die Gott nicht kennen, ist ihre angeborene Unwissenheit und ihr verstocktes Herz.«

Angeborene Unwissenheit

Die angeborene Unwissenheit der Ungläubigen bedeutet, dass sie getrennt vom Leben mit Gott geboren wurden und ohne die Fähigkeit, das Leben mit Gott in sich wieder zu erschaffen. Sie kommen mit der Natur Adams auf die Welt, die sie automatisch vom Leben mit Gott entfernt.

Deshalb ist geistliche Unwissenheit für Ungläubige natürlich. Sie wurden in Sünde geboren und von Schändlichkeit geprägt, aber das ist nur eine Seite der Medaille. Die andere Seite ist ihr verstocktes Herz.

Verstockte Herzen

Das Wort *verstockt* bedeutet abgestumpft oder schwielig. Es bedeutet, dass sich eine dicke, harte Schwiele auf der zarten Haut gebildet hat. Deshalb versucht man, Kinder in jungen Jahren für Jesus zu gewinnen, bevor die Sünde sie verhärtet und man durch all diese Schwielen schneiden muss, um sie zu erreichen.

Die Bibel sagt unzweideutig, dass die Ungläubigen nicht nur so geboren wurden. Sie entschieden sich auch dafür, ein verstocktes Herz zu bekommen.

Haben Sie starrköpfige Kinder? Was bedeutet es, hart oder verstockt zu sein? Es ist die Weigerung, das zu tun, was man für richtig erkannt hat. Der Schauspieler Bill Cosby sagt: »Ich denke, Kinder haben einen Hirnschaden, denn wenn man ihnen sagt, sie sollen etwas tun, tun sie es nicht. Wenn man sie dann fragt, warum sie es nicht taten, sagen sie: ›Ich weiß nicht.‹ Das klingt für mich nach Geisteskrankheit.«

Genauso wurden die Menschen in geistlicher Hinsicht. Der klassische biblische Fall eines verstockten Herzens ist der Pharao, der sich nach all den Wundern, die Mose getan hatte, weigerte, die Israeliten aus Ägypten ziehen zu lassen. Wahrscheinlich haben viele Menschen damit Probleme, weil Paulus in Römer 9, 17 - 18 sagt, dass Gott das Herz Pharaos verstockte.

Wenn man den Bericht in 2. Mose 4-14 liest, findet man etwas sehr Interessantes. Zehnmal liest man, dass Gott das Herz Pharaos verstockte, und zehnmal liest man, dass der Pharao sein Herz selbst verstockte.

An der ersten Stelle, an der wir vom Verstocken lesen (2. Mose 4, 21), sehen wir in der Tat, dass Gott sagt, er werde das Herz Pharaos verstocken. Das hat mit dem souveränen Willen Gottes zu tun, über den Paulus in Römer 9 schreibt.

Aber vergessen Sie nicht, dass Pharao sein Herz selbst verstockte und dafür Rechenschaft ablegen musste. Tatsächlich begann Pharao etwa siebenmal mit der Verstockung, bevor Gott sie schließlich vollendete.

Gott sagte zu Pharao: »Da du beschlossen hast, ein verstocktes Herz zu haben, sage ich dir, was ich tun werde. Ich werde das vollenden, was du begonnen hast. Da du ein hartes, verstocktes Herz willst, werde ich es so hart wie Granit machen. Ich werde es so hart wie möglich machen, damit du erfährst, wer in Ägypten Gott ist.«

Auch wenn die Menschen oft unwissend geboren werden, beruht das verstockte Herz auf ihrer eigenen Entscheidung. Sie beschließen, ohne Gott zu leben, und werden ihm gegenüber abgestumpft.

Wenn also Sie und ich das Denken von Nichtchristen nachahmen, ahmen wir nicht nur ihre Lebensweise nach. Wir ahmen dann auch ihre Entscheidung nach, zu Gott zu sagen: »Lass mich in Ruhe!«

Deshalb ist die Hölle die Antwort auf die Wünsche des Sünders. Der Sünder sagt: »Gott, lass mich in Ruhe. Ich will dein Leben nicht. Ich will deinen Sohn nicht. Ich will deinen Himmel nicht. Ich will meine Zukunft selbst bestimmen. Ich will mein Leben selbst bestimmen. Ich will der Kapitän meines Lebensschiffes sein. Ich will Herr meines Schicksals sein.«

Und was Gott in alle Ewigkeit tut, ist, Sündern genau das zu geben, was sie wollen. Er lässt sie für immer in Ruhe.

Deshalb wird die Lebensweise, die Ungläubige entwickelt haben, so beschrieben: »Sie sind abgestumpft und haben sich der Ausschweifung ergeben« (Eph 4, 19a). Das heißt, sie widmen sich der

Befriedigung des Fleisches anstatt der Ehre Gottes. Eine Möglichkeit zu erfahren, ob man wie die Heiden wandelt, ist, zu fragen, ob es einem wichtiger ist, sein Fleisch zu befriedigen, als Gott zu preisen.

Christus kennen lernen

Nachdem Paulus dieses düstere Bild von der ungläubigen Welt gezeichnet hat, ist er bereit, den Kontrast aufzuzeigen: »Ihr aber habt Christus nicht so kennen gelernt« (Eph 4, 20). Er hat über die Heiden gesprochen. Sie leben unabhängig von Gott. »Ihr aber« – die Gläubigen in Ephesus und Sie und ich – habt etwas anderes kennen gelernt.

Wo findet dieses Kennenlernen statt? In der Gesinnung, in den Gedanken. So spricht Paulus hier wieder von den Gedanken und der Gesinnung. Er sagt, wenn man dem Fleisch anstatt Gott gefallen will, führt man ein Leben, das im Widerspruch zu dem steht, was man über Christus gelernt hat.

Die Gesinnung Christi

Wenn Paulus die Epheser daran erinnert, dass sie die Wahrheit über Christus gelernt haben, bezieht er sich auf zwei Dinge: erstens, dass sie bei ihrer Bekehrung die Gesinnung Christi erhalten haben, und zweitens, dass Paulus sie zwei Jahre lang gelehrt hat. Nichts von dem, was sie gelernt hatten, beinhaltete, wie die Heiden zu wandeln.

Jeder Gläubige, der versucht, wie ein Ungläubiger zu leben, wird geistlich schizophren. Er versucht, die Gesinnung Christi im Rahmen der Welt zur Anwendung zu bringen, und das Ergebnis ist eine gespaltene Persönlichkeit, weil die Gesinnung Christi uns lehrt, jetzt so zu leben, wie es ihm gefällt.

Einmal erklärte mir jemand, wie ich zu einem bestimmten Ort fahren sollte, aber ich verfuhr mich und brauste die falsche Straße entlang. Schließlich fand ich mich irgendwo in der »Pampa«, weit vom Ziel entfernt, wieder. Als ich schließlich den Mann anrief, der mir den Weg erklärt hatte und ihm sagte, wo ich war, antwortete er: »Nun, was habe ich dir erklärt?« Ich sagte es ihm.

Er wurde ein bisschen sauer. »Du hast mir nicht zugehört. Du bittest mich, dir zu erklären, wie du dorthin kommst, und dann hörst du dir meine Erklärungen an und machst doch, was du willst!« Haben Sie so etwas auch schon einmal getan? Jemand erklärt Ihnen etwas, und Sie sagen: »Oh, ich kann dabei ein bisschen Zeit einsparen.« Also versuchen Sie, selbst klarzukommen.

Das erinnert mich an den Tag, an dem ich ein Fahrrad zusammenbaute und keine Zeit mit der Gebrauchsanleitung verschwenden wollte. Ich dachte, ich könnte mit der Arbeit, die laut Gebrauchsanleitung sechs Stunden dauern sollte, in zwei Stunden fertig sein. Zehn Stunden später war ich immer noch nicht viel weiter als zu Beginn.

Paulus sagt: »Wenn ihr wie die Heiden lebt, werdet ihr da enden, wo die Heiden enden. Ihr endet verirrt, ziel- und planlos, wenn ihr nicht das befolgt, was ihr von Christus gelernt habt.«

Die Wahrheit Christi

In Vers 21 von Epheser 4 fährt Paulus fort: »Ihr habt doch von ihm gehört und seid in ihm unterwiesen, wie es Wahrheit in Jesus ist.« In Johannes 14, 6 sagt Jesus, dass er die Wahrheit *ist.* Das ist wichtig, weil es eine Aussage zum Sein und nicht nur zum Tun ist. Denn Sie und ich sagen vielleicht jetzt eben die Wahrheit, aber wenn wir nicht im Geist leben, ist das, was wir in einer Stunde sagen, vielleicht nicht wahr.

Warum? Weil wir im Fleisch sind und weil wir nicht die Wahrheit *sind.* Bei Jesus ist das anders. Er spricht nicht nur die Wahrheit, er *ist* die Wahrheit, also muss alles, was er sagt, Wahrheit sein. Der Grund, weshalb die Bibel, mit der wir uns befassen, die Wahrheit Gottes ist, gründet sich auf das, was Gott ist. Deshalb kann das, was wir aus der Bibel über Jesus lernen, »die Wahrheit« genannt werden.

In Johannes 14, 6 sagt Jesus, dass man sein Leben auf das setzen kann, was man von ihm lernt. Paulus wiederholt dasselbe hier in

Epheser 4, 21: »Ihr könnt euer Leben auf das setzen, was ihr von Christus lernt, damit ihr nicht wie die Heiden lebt und schließlich – wie sie – nirgendwo hinkommt.«

Ausziehen, anziehen

Aber wie macht man das? Die folgenden Verse beantworten diese Frage: »Legt von euch ab den alten Menschen mit seinem früheren Wandel [Leben], der sich durch trügerische Begierden zugrunde richtet. Erneuert euch aber in eurem Geist und Sinn und zieht den neuen Menschen an, der nach Gott geschaffen ist in wahrer Gerechtigkeit und Heiligkeit« (Eph 4, 22-24).

Wir sprachen bereits über das »alte Ich« und das »neue Ich«, deshalb möchte ich hier nur einen ganz kurzen Überblick geben. Wenn man gerettet wird, kommt Jesus, schneidet den Strick des »alten Menschen« durch und sagt: »Lass ihn fallen. Lass ihn gehen. Du bist frei!« Das geschieht bei der Errettung.

Aber viele von uns sind so sehr an das alte Leben gewöhnt, dass wir nicht völlig davon überzeugt sind, dass das Anziehen des neuen Ichs besser sein wird als das Festhalten am alten Ich. In Epheser 4, 22-24 benutzt Paulus ein Bild, das An- und Ausziehen von Kleidern. Früher bedeutete das viel mehr als heute, wo wir uns die ganze Zeit umziehen.

Aber zur Zeit des Paulus war es eine große Sache, neue Kleider zu bekommen. Der Durchschnittsrömer konnte sich nur wenige Kleider zum Wechseln leisten. Ein Sklave bekam in seinem ganzen Leben vielleicht nur zweimal neue Kleider.

Wenn also jemand im ersten Jahrhundert neue Kleidung bekam, riss er gerne die alten Kleider herunter und zog die neuen an. Warum? Weil die alten Kleider vom tagtäglichen Tragen und vielen Waschen abgetragen waren. Sie waren verschmutzt, zerrissen und zerfetzt. Aber die neuen Kleider waren sauber und rein.

Sehen Sie, alte Kleider erinnerten an die schweren, unbarmherzigen Jahre, in denen diese Menschen lebten. Die neuen Kleider waren wie ein Neubeginn. Als Jesus zu Ihnen kam, schenkte er Ihnen einen Neubeginn. Er zog Ihnen herrliche neue Kleider an, das neue Ich.

Den Kokon verlassen

Nehmen wir an, wir könnten zusehen, wie sich eine Raupe in einen Schmetterling verwandelt. Wir beobachten, wie die Raupe sich verpuppt, also ihren Kokon spinnt. Wir wissen, dass sich die Raupe in diesem Kokon in etwas Schönes, Wunderbares, Vielfarbiges verwandelt.

Wissen Sie, was daran so schön ist? Im Inneren dieses Kokons entwickelt sich etwas, das fliegen kann. Haben Sie jemals gesehen, wie eine Raupe versucht, vorwärts zu kommen? Sie hat so viele Beine, aber doch bewegt sie sich nur sehr langsam. Viele Menschen sind wie diese Raupe. Man fragt sie: »Wie geht es?«

»Ach weißt du, man versucht, sich durchzuschlagen.«

So waren wir. Wir waren Raupen, die versuchten, sich durchzuschlagen. Nun, eines Tages lernten wir Jesus kennen, und der Heilige Geist spann einen Kokon um uns herum und begann, uns mit herrlichen Farben zu bemalen. Er gab uns Flügel und sagte: »Flieg!«

Aber viele von uns sagten: »Aber was ist mit diesem Kokon?« Nun, dieser Kokon ist jetzt bedeutungslos, weil wir aus diesem Stadium heraus sind. Wir können fliegen!

Sie aber sagen: »Ich bin noch nie zuvor geflogen. Ich kann nicht fliegen.«

Dann muss ich Ihnen sagen: »Aber verstehst du nicht? Alles, was du tun musst, ist, den Kokon verlassen. Dann kannst du fliegen. Du musst nicht versuchen zu fliegen. Verlasse einfach den Kokon. Wenn du das tust, wirst du fliegen.« Warum? Weil Schmetterlinge zum Fliegen geschaffen wurden. Ein Schmetterling muss einfach nur ein Schmetterling sein.

Aber solange dieser Schmetterling an sein altes Leben im Kokon gebunden ist, solange er die Denkweise einer Raupe hat, wird er nie fliegen, auch wenn er alles hat, was er zum Fliegen braucht.

Wenn Sie in Ihrem Christenleben nicht fliegen, dann liegt es vielleicht daran, dass Sie an Ihren alten Kokon gewöhnt sind. Sie haben es sich in diesem Kokon gemütlich gemacht und sagen: »Ich kann nicht fliegen. Ich kann mit diesen Gewohnheiten nicht brechen. Ich höre, was Sie mir sagen, aber ich kann das alles nicht auf mein Leben anwenden.«

Der Grund dafür liegt darin, dass Sie auf das schauen, was Sie vor dem Kokon waren, und nicht auf das, was Sie jetzt in Christus sind. Wenn Sie sich für eine Raupe halten, können Sie nicht fliegen. Schauen Sie in den Spiegel. Dann sehen Sie Flügel. Gläubige sollten niemals sagen: »Ich kann nicht«, wenn Gott gesagt hat: »Du kannst!«

Biblisches Denken

Nun, das klingt in Ihren Ohren vielleicht nach nicht mehr als der Kraft des positiven Denkens. Dem ist aber nicht so. Es ist die Kraft biblischen Denkens. Wie wir bereits sahen, besagt die Kraft biblischen Denkens: »Ich vermag alles durch den, der mich mächtig macht« (Phil 4, 13). Beachten Sie, es heißt nicht alles, und dann steht da ein Punkt. Nein – es ist »alles durch Christus«.

Was hat Christus damit zu tun? Er verleiht meinen Flügeln Auftrieb. Er stärkt mich. Christus befähigt mich, aus diesem Kokon herauszubrechen. Wenn ich diesen Kokon verlassen habe, kann ich fliegen.

Wie immer auch Ihre Gewohnheit, wie immer der Kampf, wie immer Ihr Problem geartet ist, Sie können sagen: »In Christus kann ich damit fertig werden«, wenn Gott Ihnen gesagt hat, dass Sie das können. Wenn wir also zu unserer ersten Liebe zurückkehren und Christus wieder den Platz einräumen, der ihm zusteht, müssen wir mit der neuen Gesinnung denken, die er uns bereits gegeben hat.

Angeschlossen und programmiert

Es ist erstaunlich, wie Computer in Bruchteilen von Sekunden Informationen ausfindig machen können. Die »Gesinnung« oder »Intelligenz« des Computers wurde so programmiert, dass sie Informationsberge ordnen und genau das, was gebraucht wird, auswählen können.

Sie und ich haben die Gesinnung Christi. Gott hat uns seine Denkprozesse zugänglich gemacht, damit wir seine Ansichten zu unserer Situation auf Erden ausfindig machen können. Deshalb können wir tatsächlich in der Zeit das denken, was Gott in der Ewigkeit beschlossen hat.

Aber ein Computer funktioniert nur dann richtig, wenn er sowohl an Strom angeschlossen als auch programmiert ist. Ein Computer, der zwar programmiert, aber nicht angeschlossen ist, funktioniert nicht – genauso wenig ein Computer, der angeschlossen, aber nicht programmiert ist.

Manche Christen sind jedes Mal in der Kirche, sobald die Kirchentore geöffnet sind. Sie können Bibelstellen zitieren, sie schreiben die Predigten mit, und ihre Bibel ist voller Anmerkungen. Aber irgendwie »wandeln sie, wie die Heiden wandeln«. Ihr Problem ist das Anschließen. Sie müssen an die Kraftquelle angeschlossen werden.

Andere Gläubige rufen dauernd: »Preis den Herrn! Danke Jesus!« Sie scheinen voll angeschlossen, aber nicht richtig programmiert zu sein, denn immer, wenn ein Problem auftaucht, geben sie klein bei und fragen: »Was soll ich nur tun?«

Die Antwort ist, man muss angeschlossen und programmiert sein. Programmieren bedeutet, das Wort Gottes lernen, damit man die göttlichen Daten gespeichert und im Bedarfsfall abrufbereit hat. Angeschlossen sein bedeutet, in Abhängigkeit vom Heiligen Geist leben, damit die Kraftleitung zwischen einem selbst und dem Himmel bestehen bleibt.

Wenn Sie sowohl programmiert als auch angeschlossen sind, dann stehen Ihnen alle Daten zur Verfügung, die Sie brauchen, um in dieser Welt ein Leben als Christ zu führen. Dann arbeitet die Gesinnung Christi für Sie. Leben Sie aus ihr. Denken Sie mit ihr.

Wir müssen die Gesinnung Christi zur Anwendung bringen, indem wir das alte Leben ablegen, Nein zu ihm sagen und das neue Leben anziehen, zu ihm Ja sagen und uns dabei bewusst machen, wer wir in Christus sind: funkelnagelneue Geschöpfe. Wenn Sie vor der Entscheidung stehen, »zu wandeln, wie die Heiden wandeln« oder nicht, denken Sie daran, wer Sie sind, und handeln Sie dementsprechend. Die folgenden Gedanken wollen Ihnen dabei helfen:

1. Wenn Sie die Gesinnung Christi pflegen und mit ihr denken wollen, müssen Sie zu vielem, auch Harmlosem, Nein sagen, damit Sie zu Ihrem neuen Leben Ja sagen können. Um in Übung zu bleiben, sagen Sie zu mindestens einer Sache Nein, die an sich vielleicht in Ordnung ist, Ihnen aber in Ihrem geistlichen Reifwerden nicht weiterhilft.

2. Da Ihr Geist alles aufnimmt, mit dem Sie ihn füttern, müssen Sie sich auch mit allen negativen Einflüssen auseinander setzen, die Ihre Gesinnung beeinflussen können. Das ist nicht schwierig: Schalten Sie den Fernseher ab, legen Sie die Zeitschrift weg, gehen Sie nicht mehr dahin oder dorthin. Menschen meiden, die einen herunterziehen, ist vielleicht etwas schwieriger, aber wenn Sie wissen, dass Gott Sie aus ihrem schlechten geistlichen Einflussbereich herausholen möchte, bitten Sie ihn, Ihnen zu zeigen, wie Sie in jedem konkreten Fall »ein Ende« machen können (1. Kor 10, 13).

3. Viele Menschen haben Angst vor dem Alleinsein oder der Stille, weil sie nie gelernt haben, über die wichtigen Dinge des Lebens nachzudenken und nachzusinnen. Zur Entwicklung Ihrer neuen Gesinnung gehört es, eine gewisse Zeit alleine mit dem Herrn zu verbringen, damit er Ihnen seine Gesinnung und sein Herz mitteilen kann. Versuchen Sie, sobald wie möglich etwas Zeit zu finden, in der Sie alleine vor dem Herrn stille werden. Hören Sie auf das »leise, sanfte Reden« des Heiligen Geistes.

Suchen Sie als sichtbare Erinnerung dafür, dass Sie das alte Leben aus- und das neue Leben angezogen haben, Ihr ältestes, fadenscheinigstes, zerlumptestes Kleidungsstück heraus und legen es eine Zeit lang so hin, dass Sie es jeden Tag sehen. Danken Sie Gott jedes Mal für Ihr neues Ich, wenn Sie das alte Kleidungsstück sehen!

2. Gottes Reich an erster Stelle

Es versteht sich von selbst, dass Sie herausfinden möchten, was für Ihre erste Liebe am meisten zählt, und dass das für Sie dann auch am wichtigsten ist.

Nun, für Jesus zählt das Reich Gottes am meisten, deshalb sollten wir uns damit befassen, es sollte uns wichtig sein. Das Reich Gottes hat für Jesus höchste Priorität. Während seines Erdenlebens verfolgte er ein Programm, das vom Himmel erstellt wurde und nicht einfach eine zeitweilige Betätigung war, die für die Ewigkeit keinen Zweck hatte.

Jesu Dienst auf Erden war auf den Bau des Reiches Gottes ausgerichtet. Daraus folgt, dass für uns als Christen der Bau des Reiches Gottes höchste Priorität in unserem Leben haben sollte. Ja, wenn Gottes Reich für Sie nicht Vorrang hat, dann ist Ihr Leben nicht so, wie Gott es plante.

Jesus war eine sehr praktische Person. Er lebte in der wirklichen Welt mit wirklichen Menschen zusammen. Wenn er etwas deutlich machen wollte, gebrauchte er Bilder. Als er unsere Prioritäten erklären wollte, gebrauchte Jesus unter anderem das Bild, wie wir mit unserem Besitz umgehen.

Der Grund liegt nicht darin, dass Geld oder Reichtum Jesu Hauptanliegen waren, sondern weil die Haltung der Menschen zu ihrem Besitz ein zuverlässiger Maßstab für ihren geistlichen Zustand ist. Und Jesus wusste, dass er mit Finanzen am besten erklären kann, was er unter Prioritäten versteht. Öffnen wir unseren Verstand und unser Herz, damit er uns lehren kann.

Investitionen ins Reich Gottes

Jesus sagt: »Ihr sollt euch nicht Schätze sammeln auf Erden« (Mt 6, 19). Die Worte *sammeln* und *Schätze* haben im Urtext dieselbe Wurzel. Jesus sagt also: »Hortet nicht für euch selbst Schätze.« Was meint er damit? Sollten wir uns kein Sparkonto zulegen? Sagt er, dass wir nicht in Aktien investieren und kein Geld für eventuelle schwierige Zeiten beiseite legen sollen?

Das kann Jesus nicht gesagt haben, weil die Bibel Sparen lobt. Das Buch der Sprüche enthält viele Verse, die betonen, wie weise es ist, für die Zukunft etwas auf die Seite zu legen (siehe Spr 6, 6-11).

Die falsche Priorität

Worauf Jesus hinauswill, ist in der Wendung »auf Erden« ausgedrückt. Er sorgt sich nicht so sehr um das, was Sie sammeln, sondern warum Sie es sammeln. Seine Sorge gilt der Vorratswirtschaft für die Erde anstatt der Vorratswirtschaft für den Himmel. Seine Sorge ist, dass sogar Christen ihre Prioritäten so sehr durcheinander bringen, dass sie die ganze Zeit Dinge für sich selbst anhäufen und nichts für die Ehre Gottes tun.

Viele von uns haben herrliche Bankkonten, aber unser geistliches Konto weist Schecks wegen ungenügender Deckung zurück, weil wir das, was wir angesammelt haben, für uns selbst angehäuft haben. Es hat also wenig Ewigkeitswert.

Die Frage, wie Sie mit Ihrem Geld oder Besitz umgehen, lautet, inwieweit das Reich Gottes daraus Nutzen zieht. Wenn Ihr Einkommen, Ihre Investitionen, Ihr Haus oder was Sie auch immer besitzen, dem Reich Gottes nichts nützt, dann sammeln Sie Schätze für sich selbst.

Jesus sagt, dass diese Art Besitzanhäufung ein grundlegendes Problem mit sich bringt. Man will doch seine Dinge nicht da aufbewahren, »wo sie die Motten und der Rost fressen und wo die Diebe einbrechen und stehlen« (Mt 6, 19b). Wenn Gottes Reich nicht Ihre Priorität ist, dann investieren Sie in etwas sehr Kurzlebiges.

Zu Jesu Erdenleben waren Motten und Rost ein echtes Problem, weil es damals noch nicht die Lagerungsmöglichkeiten und Schutzvorrichtungen wie heute gab. Erinnern Sie sich an die Kleiderfrage, über die wir in Kapitel 15 sprachen? Zu jener Zeit hatte ein Mensch in seinem ganzen Leben vielleicht nur drei oder vier Kleidungsstücke zum Wechseln.

Wohlhabende Bürger der damaligen Zeit kauften wollene Kleider. Das einzige Problem war, dass diese Kleidungsstücke sehr anfällig für Motten waren. Und da es keine Mottenkugeln und mit Zedernholz ausgekleidete Schränke gab, fraßen die Motten Löcher in diese Kleider.

Verstehen Sie das Bild? Auch wenn ein Mensch viel Geld für ein Kleidungsstück ausgab, hatte es doch keinen dauerhaften Wert, weil es früher oder später zerfressen wurde. Das gilt auch für den geistlichen Bereich. Alles, was Sie tun, das nicht mit dem Maßstab der Ewigkeit gemessen werden kann, ist verloren. Alles, was für das Ich angehäuft wurde, hat keinen bleibenden Wert.

Die richtige Priorität

Wenn es die falsche Priorität ist, Reichtümer für uns selbst anzuhäufen, worin besteht dann die richtige Priorität? Jesus zeigt sie uns in den Versen 20 und 21: »Sammelt euch aber Schätze im Himmel, wo sie weder Motten noch Rost fressen und wo die Diebe nicht einbrechen und stehlen. Denn wo dein Schatz ist, da ist auch dein Herz.«

Jesus sagt, dass unser Herz hinter unserem Schatz hereilt. Wenn Sie zum Beispiel in Aktien investieren, lesen Sie wahrscheinlich die Börsenberichte der Zeitung mit peinlicher Sorgfalt, denn wo Sie Ihr Geld investiert haben, da ist Ihr Herz.

Deshalb möchte Jesus, dass wir viel Zeit in ihn investieren. Wenn Sie das tun, haben Sie keine Schwierigkeiten damit, ihn zu Ihrer ersten Liebe zu machen, weil Ihr Herz einfach folgen wird.

Ich möchte damit nicht sagen, dass es falsch ist, zu investieren oder den Börsenbericht der Zeitung zu lesen. Es geht hier vielmehr um Ihre Prioritäten.

Das ist der entscheidende Punkt. Jesus erklärt, dass es nicht in erster Linie um Geld geht, wenn Sie für sich selbst leben. Geld veranschaulicht nur, worum es geht. Es geht um Prioritäten. Wenn Sie für sich selbst leben, wenn Ihre Gedanken sich nur um Ihr Reich und Ihren Terminkalender drehen und nicht um Gottes Reich und Gottes Terminkalender, dann sind Ihre Investitionen kurzlebig.

Jetzt muss ich noch etwas anderes klarstellen. Jesus geht es hier nicht nur um Zeit. Es geht ihm auch um den rechten Ort. Lassen Sie mich erklären, was ich damit meine. Jesus sagt nicht: »Sammelt Schätze im Himmel, damit ihr sie später habt, wenn ihr dorthin kommt.« Hier steht die Zeit im Mittelpunkt: Lebe jetzt, und gehe später in den Himmel.«

Jesus geht es vielmehr darum, *wo* Ihr Schatz liegt, nicht nur, *wann* Sie ihn bekommen. Manche Christen sagen: »Ich lebe jetzt für mich und in der Ewigkeit für den Himmel.« Nein, Jesus geht es darum, dass Sie jetzt für den Himmel leben. Gott geht es darum, dass jetzt sein Reich Ihre Priorität ist, damit Sie Ihre Zeit, Ihre Gaben oder Ihre Schätze nach ihrem Ewigkeitswert messen.

Gehorsam

Lassen Sie mich jetzt ein paar Worte über den Gehorsam sagen. Wenn Jesus uns gebietet zu beten, dass Gottes Wille geschehe im Himmel so auf Erden, dann sollten wir genau das beten und danach trachten. Gott macht keine Vorschläge, er gibt Gebote. Deshalb gibt es für uns keine Alternative zum Gehorsam.

Gott hat uns viele gute Gründe gegeben, ihm zu gehorchen. Er war unglaublich gut zu uns. Darüber spricht das sechste Kapitel des Matthäusevangeliums, über seine Gnade und die Dinge, die wir brauchen und die er uns gibt, wenn wir ihm unsere erste Liebe schenken und ihn an erste Stelle setzen.

Wir sollten auch gehorchen, weil Gottes Gebote keine drückende Last sind. Wenn Gott uns etwas gebietet, dann tut er das, um uns zu helfen, nicht um uns wehzutun. Das bedeutet, dass Gehorsam Glauben voraussetzt. Sie müssen glauben, dass Gott Ihr Wohl am

Herzen liegt, wenn er Ihnen befiehlt, etwas zu tun, besonders, wenn es Ihnen nicht gefällt.

Manchmal fällt es meinen Kindern schwer zu verstehen, dass mir ihr Wohl am Herzen liegt, wenn ich ihnen sage, was sie tun sollen. Von ihrem Standpunkt aus denken sie eher, ich würde sie nie bitten, dies oder das zu tun, wenn mir wirklich an ihnen gelegen wäre. Also sage ich ihnen: »Vertraut mir doch einfach. Später werdet ihr erkennen, wie meine guten Absichten sich in eurem Leben auswirken.«

Das ist das Ziel des Gehorsams: erkennen, wie Gottes Plan sich in Ihrem Leben auswirkt. Man kann das nicht erkennen, wenn man seinen eigenen Willen tut. Jesus sagt, dass er gekommen ist, um den Willen seines Vaters zu tun (Joh 6, 38). Bringen Sie diese Aussage mit Johannes 8, 29 in Verbindung, wo Jesus sagt, dass sein Vater immer bei ihm ist, weil er allezeit tut, was seinem Vater gefällt, dann können Sie interessante Schlussfolgerungen ziehen.

Durch Gehorsam kommen wir Gott nahe. Nicht der Kirchgang (obwohl er zum Gehorsam gehört), nicht die kleinen religiösen Dinge, die wir jede Woche verrichten, sondern Gehorsam bringt uns in die Nähe Gottes. Wenn Sie also hinter den materiellen Dingen, über die Jesus hier in Matthäus 6 spricht, herjagen, kommt Sie das teuer zu stehen. Es kostet Sie die innige Nähe Gottes.

Dinge vom Standpunkt des Reiches Gottes aus betrachten

Da ich annehme, dass Sie nicht wollen, dass sich etwas zwischen Sie und Ihre erste Liebe zu Jesus Christus stellt, müssen Sie sich fragen, ob Sie all das, was Gott Ihnen gegeben hat, dazu gebrauchen, Ewigkeitswerte aufzubauen.

Das ist wichtig, denn wenn Sie Christ sind, gab Gott Ihnen all diese Dinge nicht nur zu Ihrem persönlichen Vergnügen. Sie sind nicht Ihre »Privatsache«.

Ihre materiellen Güter

Verstehen Sie mich bitte nicht falsch. Wenn Gott Ihnen ein Haus gegeben hat, dann will er, dass Sie sich daran freuen. Wenn er Ihnen schöne Kleider gegeben hat, will er, dass Sie sich an ihnen freuen. Wenn er Ihnen ein Bankkonto gegeben hat, will er, dass Sie sich daran freuen. Wenn Sie auf rechtmäßigem Wege Erfolg errungen haben, dann will ich Ihnen keine Schuldgefühle einreden.

Ich möchte Sie hier vielmehr dazu aufrufen, Ihren Erfolg vom Standpunkt des Reiches Gottes aus zu betrachten. Paulus sagt in 1. Timotheus 6, 17: »Den Reichen in dieser Welt gebiete, dass sie nicht stolz seien, auch nicht hoffen auf den unsicheren Reichtum, sondern auf Gott, der uns alles reichlich darbietet, es zu genießen.«

Paulus verurteilt nicht die Menschen, die Besitz haben. Er verurteilt diejenigen, die das, was sie haben, für sich selbst behalten und keinen Gedanken an das Reich Gottes verschwenden. Paulus geht es darum, dass Sie Ihr Leben auf das Reich Gottes und nicht auf selbstsüchtige Ziele ausrichten.

Sonst sprechen Sie immer nur über das, was Sie wollen, was Sie brauchen und was Sie möchten, anstatt davon, was Gott will, was Gott braucht und was für seine Ehre erforderlich ist. Für selbstsüchtige Menschen sind Gottes Anliegen kein Thema.

Eine Veranschaulichung

Jesus veranschaulicht, was er meint, mit dem Beispiel des menschlichen Auges: »Das Auge ist das Licht des Leibes. Wenn dein Auge lauter ist, so wird dein ganzer Leib licht sein. Wenn aber dein Auge böse ist, so wird dein ganzer Leib finster sein. Wenn nun das Licht, das in dir ist, Finsternis ist, wie groß wird dann die Finsternis sein!« (Mt 6, 22-23)

Wenn Licht in das Auge dringt, konzentriert sich das Auge darauf, und das Ergebnis ist, dass Sie sehen. Deshalb kann sich Ihr ganzer Körper richtig verhalten, denn, wenn Sie sehen, können Sie ohne besondere Hilfe dahin gehen, wo Sie wollen, und tun, was Sie zu tun haben.

Aber wenn Ihr Auge nichts mehr sieht, bekommen Sie Schwierigkeiten. Ich erinnere mich, dass ich einmal unter der Dusche Seife in die Augen bekam. Ich suchte nach dem Handtuch, aber es war nicht da. Ich konnte nicht schauen, wo es war. So beugte ich mich nach hinten, um es dort zu finden, aber ich stieß mit der Lippe an die Seifenschale. Blut lief mir aus dem Mund.

Ich versuchte, mich auf der anderen Seite hinunterzubeugen, schätzte aber den Abstand zur Seifenschale falsch ein und stieß mir die Stirn an. Also versuchte ich, wieder einen Schritt zurück zu machen. Nun rutschte ich auf der Seife aus und fiel hin. Ich war wirklich in einer misslichen Lage.

Jesu Kernaussage hier ist, dass alles vermurkst ist, wenn die Augen nicht richtig funktionieren. Wenn man die Dinge nicht mehr vom Blickwinkel des Reiches Gottes aus betrachtet, hat man das geistliche Sehvermögen verloren. Das Ergebnis ist nicht nur, dass man dann geistliche Dinge nicht mehr erkennt. Der Rest des Lebens ist auch verkorkst, sodass man nicht mehr fähig ist, irgendetwas richtig zu machen.

Wenn Ihr geistliches Sehvermögen dahin ist, ist der Rest Ihres Wesens sehr finster. Und viele Christen leben in der Finsternis, weil sie das Leben nicht vom Blickwinkel des Reiches Gottes aus betrachten.

Die Entscheidung

Viele Menschen haben keine Zeit für Gottes Programm. Sie können sich am Telefon unterhalten, aber sie können nicht über ihren Glauben sprechen. Sie können fernsehen, aber nicht die Bibel lesen. Sie befassen sich nicht mit dem Reich Gottes, sondern verwenden ihre Zeit für ihr eigenes Reich. Deshalb schließt Jesus diesen Abschnitt mit Matthäus 6, 24 ab: »Niemand kann zwei Herren dienen: Entweder er wird den einen hassen und den andern lieben, oder er wird an dem einen hängen und den andern verachten. Ihr könnt nicht Gott dienen und dem Mammon.«

Das Wort *Herr* bedeutet hier Sklavenhalter. *Mammon* bedeutet Eigentum und wurde im Allgemeinen für Geld oder materiellen

Besitz verwendet. Niemand kann zwei Sklavenhaltern dienen. Entweder ist der eine »Massa« oder der andere. Aber nicht beide. Man kann auch nicht zwei Herren lieben.

Man muss sich entscheiden. Jesus sagte nicht, man dürfe kein Geld haben. Er sagte, man darf ihm nicht dienen. Was bedeutet es, dem Geld zu dienen? Dem Geld dienen bedeutet, dass es Ihr Tun bestimmt. Sie richten sich völlig nach ihm.

Sagt Gott Ihnen, was Sie mit den Dingen tun sollen, die Sie haben, oder treffen Sie Ihre Entscheidungen unabhängig von ihm? Lenkt Gott Ihr Leben, oder lenken Sie es selbst? Darum geht es ihm. Es geht ihm um Ihre Prioritäten.

Wenn das geistliche Licht aus ist, können Entscheidungen nur im Dunkeln getroffen werden. Darüber klagte Gott in Maleachi 1. Das Volk Israel gab Gott Minderwertiges. Sie gaben ihm nicht die Priorität, die ihm gebührte.

Das erinnert mich an die Geschichte von dem Bauern, der zwei prämiierte Kälber hatte. Er freute sich so sehr darüber, dass er zu seiner Frau sagte: »Schatz, ich zeige dem Herrn, dass ich weiß, dass diese Kälber ein Geschenk von ihm sind. Wir werden ein Kalb dem Herrn geben und das andere behalten.«

Ein paar Wochen später kam er betrübt ins Haus. Seine Frau fragte: »Was ist los?«

»Schatz, das Kalb des Herrn ist eben verendet.«

Es ist immer das Kalb des Herrn, das verendet, nicht wahr? Wenn wir eine Entscheidung treffen müssen, verliert immer der Herr, weil wir seinem Reich und seiner Ehre nicht die höchste Priorität einräumen.

Der wirkliche Lohn

Christen, die im Glauben wachsen, sind bestrebt, in das Reich Gottes zu investieren. Jetzt möchte ich Ihnen etwas sagen. Investitionen ins Reich Gottes tragen mehr Zinsen als irdische Investitionen. Investitionen ins Reich Gottes steigen im Wert. Irdische Investitionen dagegen sinken.

Viele Menschen investieren in Erfolg, aber sie finden keinen Frieden. Viele investieren in Häuser, aber sie haben keine Familie. Das sind schlechte Zinsen.

Wenn Sie ein Haus haben und es Ihnen allein bei dem Gedanken, es zu betreten, elend zumute wird, dann halte ich das für eine schlechte Anlagerendite. Wenn Sie zwar Generaldirektor sind, aber nachts nicht schlafen können, dann ist der Zinssatz für Ihre Investitionen ziemlich schlecht.

Wenn Sie aber Ihr Leben im Sinne des Reiches Gottes führen, erhalten Sie einen hohen Zins. Gott sagt, dass er uns alles geben wird, was wir brauchen (Phil 4, 19). Er zeigt uns seinen Willen und gibt uns Anleitungen für unser Leben (Röm 12, 2). Er gibt uns Weisheit, wenn wir Entscheidungen zu treffen haben (Jak 1, 5). Das ist eine hohe Rendite, die man nur für Investitionen ins Reich Gottes erhält.

Sorgen überwinden

Sind Sie ein Mensch, der sich chronisch Sorgen macht? Dann lesen Sie weiter, denn Matthäus 6, 25 ist genau für Sie bestimmt. Jesus sagt: »Sorgt nicht.« Er wiederholt es sogar zweimal (V. 31 und 34). Das bedeutet: »Mach dir keine Sorgen. Hör auf damit!«

So sehr Sie auch versuchen, es im übertragenen Sinne zu deuten: Sorge ist eine Sünde. Wenn Sie ein sorgenvoller Christ sind, dann sind Sie ein sündiger Christ. Es ist nicht sehr glaubwürdig, wenn Sie zu Jesus sagen, dass er Ihre erste Liebe ist, und dann handeln, als könnten Sie nicht darauf trauen, dass er sich um Sie kümmert.

Keine Nachsicht

Sorgen gegenüber lässt die Bibel keine Nachsicht, keine Entschuldigung gelten. Warum sorgen wir also? Weil wir nicht in den Bahnen des Reiches Gottes denken. Unsere Denkweise ist nicht vom Reich Gottes bestimmt, und das führt zu Angst und Sorge.

Denken Sie daran, dass wir eben lasen, wie Jesus sagte: »Man kann nicht zwei Herren dienen. Entweder gibst du dich völlig mir hin, oder du gibst dich deinem anderen Herrn hin.«

Zwei Herren dienen ist wie der Versuch, zwei Geliebte zu haben. Wenn Sie wissen möchten, wohin dieser Kuddelmuddel führt, lesen Sie noch einmal Kapitel 14. Aber die Jünger hören das alles und sagen: »Hör auf, Jesus. Es ist ein Risiko, sich dir völlig hinzugeben.« Sie machten sich um das Risiko Sorgen, und Sie tun das vielleicht auch.

Das Risiko

Möglicherweise sagen Sie: »Ich bin nicht sicher, ob ich das tun kann, was Jesus von mir verlangt. Ich bin nicht sicher, ob ich vorankomme, wenn ich meine Gesinnung vom Reich Gottes bestimmen lasse. In dieser Welt kämpft jeder gegen jeden. Man muss Winkelzüge machen und klug taktieren, um etwas zuwege zu bringen. Man bekommt nichts geschenkt. Wenn ich mich auf das Reich Gottes ausrichte und voll und ganz Gott diene, könnte ich ins Hintertreffen geraten. Am Sonntag bin ich für Gott da, das reicht.«

Aber denken Sie daran, die Entscheidung liegt nicht darin, ob Sie einen Herrn haben oder Ihr eigener Herr sein wollen. Bob Dylan sang einmal: »Man muss jemandem dienen.« Und jeder, der sich mit Sklaverei auskennt, weiß, dass man seinem Herrn nicht nur an einem Tag in der Woche dient. Man hat schon Glück, wenn man einen Tag in der Woche frei bekommt.

Jesus wusste, dass sich seine Jünger über diese vorbehaltlose Verpflichtung Sorgen machten, genau wie viele Christen heute. Aber der Grund, weshalb es vielen Menschen nicht gelingt, ihr Leben zu meistern, liegt genau darin, dass sie nicht wirklich verbindlich mit Jesus leben. Jesus sagt: »Sorgt nicht um euer Leben, was ihr essen und trinken werdet; auch nicht um euren Leib, war ihr anziehen werdet. Ist nicht das Leben mehr als die Nahrung und der Leib mehr als die Kleidung?« (Mt 6, 25)

Gott anklagen

Sorge ist für Gott eine abscheuliche Sünde, weil sie eine Anklage gegen ihn, eine Beleidigung für seine Liebe bedeutet. Wenn meine Kinder sich Sorgen machen würden, ob ich ihnen auch etwas zu essen und zum Anziehen gebe, wäre ich recht traurig darüber, wie sie über mich als Vater denken. Sie klagen mich an, wenn sie sich Sorgen machen.

Wenn Sie sich Sorgen machen, sagen Sie: »Gott, ich weiß nicht so recht Bescheid über dich. Ich bin nicht sicher, ob du dich um mich kümmerst. Ich bin nicht sicher, ob du für mich sorgst. Du bist gut für die Kirche am Sonntag, aber ich bin mir deiner nicht ganz sicher. Deshalb muss ich für mich selber sorgen.«

Jesus aber sagt: »Wenn du dir Sorgen machst, dann mach sie dir doch wenigstens über etwas Wichtiges.« Wir machen uns Sorgen, ob wir genug zu essen bekommen. Jesus sagt, wir sollten uns lieber darüber Sorgen machen, ob wir am Leben bleiben, um das Essen genießen zu können.

»Ist das Leben nicht mehr als Essen?«, fragt Jesus. Mit anderen Worten: »Wenn ich dich morgen aufwecke, werde ich dir auch zu essen geben. Was ist leichter? Einen Menschen aufzuwecken oder einem Menschen zu essen zu geben?

»Mach dir keine Sorgen darüber, was du morgen zum Frühstück bekommst. Mach dir darüber Sorgen, ob dein Herz heute Nacht stillsteht. Mach dir Sorgen darüber, ob ich dein Gehirn und dein Herz weiter arbeiten lasse. Wenn du dir unbedingt Sorgen machen willst, dann mach dir darüber Sorgen.«

Die meisten von uns machen sich über solche Dinge keine Sorgen. Wenn wir abends ins Bett gehen, nehmen wir an, dass wir am folgenden Tag wieder aufwachen.

Aber Jesus ist noch nicht mit uns fertig. »Ist der Leib nicht mehr als Kleidung?«, ist seine nächste Frage. Wir legen viel Wert auf Kleidung. Wir wissen in Modefragen Bescheid und stehen auf die gängigen Markennamen und Markenjeans. Wir wollen gut aussehen. »Ich kann heute nicht in die Kirche gehen. Ich habe keinen neuen Anzug. Ich habe kein anständiges Kleid.«

Sehen Sie, Sie machen sich um die falschen Dinge Sorgen. Machen Sie sich lieber darum Sorgen, ob sie immer noch Ihren Arm heben und in den Ärmel stecken können. Ist Ihr Körper nicht wichtiger als das, was Sie anziehen? Weshalb machen Sie sich dann mehr Sorgen über das, was Sie anziehen sollen, als darüber, ob Ihr Körper weiter so funktioniert, dass Sie überhaupt etwas anziehen können? Es geht um Prioritäten.

Die Zwecklosigkeit von Sorgen

Jesus führt das etwas weiter aus: »Seht die Vögel unter dem Himmel an: Sie säen nicht, sie ernten nicht, sie sammeln nicht in die Scheunen; und euer himmlischer Vater ernährt sie doch. Seid ihr denn nicht viel mehr als sie? Wer ist unter euch, der seines Lebens Länge eine Spanne zusetzen könnte, wie sehr er sich auch darum sorgt?« (Mt 6, 26-27)

Jesus sagt: »Sorgen können eurem Leben nichts Positives hinzufügen.« Das ist so praktisch, und wir kennen es so gut, dass wir das, was er eigentlich sagt, gar nicht recht erfassen. Diese Verse sind vielen unter uns so vertraut, dass wir folgendermaßen reagieren, wenn wir nicht aufpassen: »Ja, ich weiß das alles schon. Sag mir etwas Neues.«

Schaut die Vögel an

Dieser Gleichgültigkeit kann abgeholfen werden, wenn man tut, was Jesus in Matthäus 6, 26 und 28 sagt: »Seht. Beobachtet.« Wenn wir die Natur beobachten würden, würden wir mehr über Gott lernen, als wir im Allgemeinen wissen, und möglicherweise würden wir uns weniger Sorgen machen.

Aber die meisten von uns betrachten das Leben nicht vom theologischen Standpunkt aus. Das heißt, wir betrachten die Welt um uns herum nicht im Zusammenhang mit der Wahrheit Gottes. Nehmt die Vögel, sagt Jesus. Vögel machen sich keine Sorgen darüber, was sie morgen essen werden. Wenn sie morgens aufwachen, nehmen sie an, dass auch ein Wurm für sie da sein wird. Deshalb jagen Rotkehlchen nach Würmern und machen sich keine Sekunde lang darüber Sorgen, ob Gott nicht vielleicht die Würmer ausgegangen sind.

Wir sprachen darüber, wie unsere Sorgen Gott anklagen. Beachten Sie, wie Jesus in Vers 26 unseren Mangel an Glauben anklagt. Der Vater, der die Vögel ernährt, ist *unser* himmlischer Vater, nicht der himmlische Vater der Vögel.

Wenn wir uns darüber Sorgen machen, ob Gott uns ernährt, dann ist es genauso, als würden meine Kinder sich Sorgen machen, ob ich sie ernähre, wenn ich den Hund füttere. Wenn ich den Hund füttere, habe ich doch mindestens ein paar Frolics für sie übrig. Wenn ich mich um den Hund kümmere, dann kümmere ich mich doch noch viel mehr um meine Kinder.

Sehen Sie, Vögel wissen instinktiv, dass Gott die Erde gehört, in der die Würmer sind, und dass er sie zur rechten Zeit an die Oberfläche bringt. Die Vögel wissen, wie sie dahin kommen, wo die Würmer herausschauen, weil Gott alles in der Hand hat und ihnen die Instinkte gibt, damit sie zur rechten Zeit am rechten Ort sind.

Ein Mensch, der das Leben vom theologischen Standpunkt aus betrachtet, der die Souveränität und die Fülle Gottes kennt, sagt: »Herr, wirtschaftlich gesehen sieht es schlecht aus. Aber ich weiß, dass du mein himmlischer Vater bist. Und du hast mir gesagt, dass du für mich sorgen wirst, solange du mich auf Erden haben willst. Ich weiß nicht, wie du das tun wirst, aber ich danke dir im Voraus für das Essen, das ich demnächst bekomme.«

Schaut die Blumen an

Jesus gibt uns in Matthäus 6, 28-29 eine weitere Lektion aus der Natur: »Und warum sorgt ihr euch um die Kleidung? Schaut die Lilien auf dem Feld an, wie sie wachsen: Sie arbeiten nicht, auch spinnen sie nicht. Ich sage euch aber, dass auch Salomo in aller seiner Herrlichkeit nicht gekleidet gewesen ist wie eine von ihnen.«

Wenn Sie sehen möchten, mit welcher Schönheit und mit welcher Farbenpracht Gott die Blumen kleidet, dann kommen Sie nach

Texas, wenn die wilden Blumen blühen. Jesus sagt, dass sogar die prächtige Kleidung Salomos, der nach heutigem Maßstab ein Multimillionär war, es nicht mit Gottes Blumengarten aufnehmen kann.

Wie sorgt Gott nun für die Blumen? Sie kommen schon fertig gekleidet aus der Erde. Die Vögel müssen aus ihrem Nest heraus und Würmer fangen. Aber die Blumen gehen bereits fertig gekleidet auf.

Jesus sagt, dass Gott manchmal für uns sorgt, indem er uns dahin führt, wo die Vorräte liegen, indem er uns die Fähigkeit gibt, zu arbeiten und ein Einkommen zu verdienen, damit wir das, was zum Leben notwendig ist, auf den Tisch stellen können. Aber zu anderen Zeiten tut er für uns, was er für die Blumen tut. Er bringt uns, was wir brauchen, wenn wir einfach dasitzen und nichts tun.

Wie auch immer: Gott sorgt für uns. Worüber machen Sie sich also Sorgen? Petrus, der einiges von Sorgen wusste, sagt uns: »Alle eure Sorge werft auf ihn; denn er sorgt für euch« (1. Petr 5, 7). Wenn Sie Ihre Sorgen auf Jesus werfen, dann lassen Sie sie auch dort. Holen Sie sie nicht zurück. Sagen Sie: »Jesus, das ist dein Problem.«

Wenn meine Kinder mich um etwas bitten und ich sage: »Ich kümmere mich darum«, wissen Sie, was das heißt? Es heißt, dass sie sich darüber keine Gedanken mehr machen müssen. Jesus sagt uns: »Warum machst du dir immer noch Sorgen? Ich sagte dir doch, dass ich mich darum kümmern werde.«

Wenn unsere Kinder uns immer wieder mit derselben Bitte auf die Nerven gehen, sagen wir oft: »Habe ich dir nicht gesagt, dass ich mich darum kümmere?« Das bedeutet, dass die Sache erledigt ist. Gott sagt, dass er sich um Sie kümmern wird, wenn Sie sein Reich zu Ihrer Priorität machen.

Die himmlische Sichtweise widerspiegeln

Jesus zeigt die Folgen seiner Sorge für uns und wie wir darauf reagieren sollen: »Wenn nun Gott das Gras auf dem Feld so kleidet, das doch heute steht und morgen in den Ofen geworfen wird: sollte er das nicht viel mehr für euch tun, ihr Kleingläubigen? Darum sollt ihr nicht sorgen und sagen: Was werden wir essen? Was werden wir trinken? Womit werden wir uns kleiden? ... Denn euer himmlischer Vater weiß, dass ihr all dessen bedürft« (Mt 6, 30-32).

Das ist sehr wichtig. Es ist eine Sünde, Gott Vater zu nennen und infrage zu stellen, dass er für unsere Bedürfnisse sorgt. Das bedeutet »kleingläubig« sein, und dies ist ein ernstes Problem. Jetzt fragen Sie: »Wie kann ich wissen, ob ich kleingläubig bin?«

Die falschen Fragen

Denken Sie über die Fragen nach, die Sie stellen. Übertragen wir doch Vers 31 in unsere Zeit. Heute fragen wir so: »Wie werden wir es schaffen? Wie werden wir uns da durchlavieren? Woher kommt die nächste Lohnzahlung? Und wenn die Kinder krank werden? Und wenn das Auto eine Panne hat?«

Wir zermürben uns und plagen uns ab und regen uns auf, und Gott schaut vom Himmel herunter und sagt: »Oh, ihr Kleingläubigen.«

Haben Sie schon einmal darüber nachgedacht, dass der einzige Grund, weshalb Sie fragen können: »Wie werden wir es schaffen?« ist, dass Sie es bis hierher geschafft haben. Wenn Sie es nicht bis hierher geschafft hätten, wären Sie nicht einmal hier, um die Frage zu stellen.

Es tut Gott weh, wenn wir so wenig Sinn für sein Reich haben, dass wir vergessen, dass der König dieses Reiches auch unser »Vater«, unser »Papa« ist. Er möchte, dass wir eine Sichtweise haben, die das widerspiegelt. Stattdessen machen wir uns Sorgen. Aber sich Sorgen machen ist wie Rauch schaufeln. Hinterher ist man nicht weiter als vorher. Wie ein Schaukelstuhl führen Sorgen zu Betriebsamkeit, aber man kommt damit nirgendwohin.

Nennen wir die Dinge doch beim Namen. Wir machen uns nicht einfach Sorgen. Wir sündigen. Satan kann uns Sorgen schaffen, aber wir sind diejenigen, die daran festhalten.

Das falsche Beispiel

Wenn wir einen weiteren Grund brauchen, weshalb wir uns keine Sorgen um Essen und Kleidung und Obdach machen sollen, so gibt Jesus ihn in Vers 32: »Nach dem allen trachten die Heiden.«

Wir wissen aus dem vorhergehenden Kapitel, dass »Heiden« die nicht geretteten Menschen sind. Wir erfuhren in Kapitel 15, dass Gott nicht will, dass wir wie sie denken. Hier sagt Jesus, dass wir auch nicht wie sie handeln sollen.

Das Wort *trachten* bedeutet, sich um einer Sache willen überanstrengen. Die Heiden schuften wie verrückt, um Dinge zu bekommen. Sie schmieden Komplotte. Sie hecken Pläne aus. Sie arbeiten doppelt und dreifach Überstunden, während die von uns, die Gott kennen, sich zurücklehnen und sagen können: »Herr, ich habe alles getan, was ich an einem Tag tun kann. Es liegt jetzt in deiner Hand. Mache du meinen Mangel wett.«

Welch entspannte Haltung. Die Heiden können das nicht. Warum? Weil sie keinen Vater im Himmel haben, der sich um sie kümmert. Sie müssen sich um sich selbst kümmern. Sie haben keinen Gott, der für ihre Bedürfnisse aufkommt, deshalb müssen sie selbst für ihre Bedürfnisse aufkommen. Niemand sorgt für sie, deshalb müssen sie sich selber Sorgen machen.

Die richtige Einstellung

Christen machen sich Sorgen, weil sie es so wollen, nicht weil sie es so müssen. Wenn Sie die Dinge vom Blickwinkel des Reiches Gottes aus betrachten, dann wird alles anders. Wenn Sie Jesus wirklich Ihre erste Liebe entgegenbringen, bekommen die Dinge ein ganz anderes Gesicht.

Mindestens viermal in den Evangelien tadelt Jesus Menschen wegen ihres Kleinglaubens. Jedes Mal jammerten die Jünger oder ein anderer Mensch darüber, dass die Dinge so schlecht standen.

Einmal war Jesus mit seinen Jüngern am See Genezareth, und sie wollten auf die andere Seite des Sees hinüberfahren (Mk 4,35-41).

Ein Sturm brach los, und Jesus schlief im Boot. Die Jünger kamen und sagten: »Meister, fragst du nichts danach, dass wir umkommen?« (V. 38) Sie sagten: »Wir sind am Ertrinken, und du schnarchst? Wir gehen bald unter, und du schläfst?«

Jesus stand auf, bedrohte den Wind und sagte: »Was seid ihr so furchtsam? Habt ihr noch keinen Glauben?« (V. 40) Mit anderen Worten: »Wie oft muss ich euch das noch sagen? Da ich weiß, dass wir auf die andere Seite kommen, ist es nicht wichtig, was in der Mitte des Sees geschieht. Ich gehe schlafen. Ihr könnt aufbleiben und euch Sorgen machen, wenn ihr wollt.«

Es gibt Leute, die ärgerlich werden, wenn man sich keine Sorgen mit ihnen macht. Sie sagen: »Ich mache mir solche Sorgen!«

Sie geben ihnen zur Antwort: »Sagte Jesus nicht, dass Gott dich mehr liebt als die Vögel und die Lilien? Sagte er nicht, dass er für alle unsere Bedürfnisse aufkommt, wenn wir seinem Reich die höchste Priorität einräumen? Worüber machst du dir Sorgen? Geh heim und schlafe.«

Sie kommen wieder: »Ich bin dieser geistlichen Antworten überdrüssig.«

Und die Leute liegen im Bett und wälzen sich von einer Seite auf die andere, nehmen Schlaftabletten und machen das alles durch, weil sie kleingläubig sind. Gott sagt: »Mach dir keine Sorgen, ich bin da. Vertraue mir und geh schlafen.«

Für unsere Bedürfnisse wird gesorgt

Darüber sprachen wir bereits, als wir das Thema der Belohnungen behandelten. Deshalb möchte ich hier wieder nur kurz zusammenfassen. Jesus sagt in Matthäus 6, 33: »Trachtet zuerst nach dem Reich Gottes und nach seiner Gerechtigkeit, so wird euch das alles zufallen.«

Die Reihenfolge ist hier entscheidend. Aber wir kehren sie oft um. Wir sagen: »Herr, ich bin hinter all diesen Dingen her, und wenn mir dabei etwas übrig bleibt, gebrauche ich es, um nach deinem Reich und nach deiner Gerechtigkeit zu trachten.«

Gott an erste Stelle setzen

Aber Gott sagt: »Nein! Trachte erst nach meinem Reich. Setze mich an die erste Stelle. Räume mir den ersten Platz bei der Verwendung deines Besitzes ein. Räume mir den ersten Platz in deiner Zeiteinteilung ein. Räume mir in allen Dingen den ersten Platz ein. Mache mich zu deiner ersten Liebe.«

Mit anderen Worten, stellen Sie bei allem, was Sie tun, diese Frage: »Was würde Gott in dieser Situation gefallen?« Das bedeutet, Gott an die erste Stelle zu setzen. Wenn Sie das tun, sagt Gott: »Ich werde das belohnen und für alle deine Bedürfnisse sorgen.«

Es gibt etwas, das Ihrem Herzen Ruhe schenkt. Es gibt etwas, das Ihnen Frieden gibt. Es gibt etwas, das Ihnen Entspannung gewährt. Ihr Vater im Himmel, der Herr des Universums, sagt: »Wenn du mich an die erste Stelle setzt, kannst du den Rest mir überlassen.«

Jesus schließt seine Lehren in Matthäus 6 mit dem Satz ab: »Darum sorgt nicht für morgen, denn der morgige Tag wird für das Seine sorgen. Es ist genug, dass jeder Tag seine eigene Plage hat.«

Sein Angebot der Gnade

Das Problem mit dem Sorgen für morgen ist, dass es immer wieder ein neues Morgen gibt. Wie kann man sich Sorgen für den morgigen Tag machen, wenn man heute das Durcheinander in seinem Leben nicht geordnet hat?

Wir müssen lernen, im Heute zu leben. Gott gibt uns nur die Hilfe, die wir für heute brauchen. Er gibt uns nicht schon heute die Hilfe für morgen. Also machen Sie sich keine Sorgen darüber, was Sie morgen tun werden, denn wenn der morgige Tag da ist, wird Gottes Gnade für Sie da sein und Ihnen alles geben, was Sie brauchen.

Wir machen uns heute darüber Sorgen, wie wir es morgen, nächste Woche, nächstes Jahr schaffen werden. Jesus sagt: »Wenn der morgige Tag da ist, wird meine Gnade für dich da sein. Wenn die nächste Woche kommt, wird meine Gnade auf dich warten. Wenn das nächste Jahr kommt, wirst du sehen, dass meine Gnade immer noch da ist. Ich möchte dich nur durch diesen Tag bringen.« Gottes Angebot der Gnade ist unerschöpflich. Das verstehe ich unter hohen Zinsen!

Wie ist es möglich, einen Retter nicht zu lieben, der uns so sehr liebt und so für uns sorgt? Wie ist es möglich, sich nichts aus dem zu machen, was ihm wichtig ist? Wie wagen wir es, sein Reich nicht zu unserer ersten Priorität zu machen? Wenn wir nur zu unserer ersten Liebe zurückkehren und die »ersten Werke« tun, wie Gott uns geboten hat, dann wird er den Rest besorgen.

Zurück zur ersten Liebe

Der Schlüssel zu all dem ist einfach: Man bekommt dies nur, wenn man Gottes Reich die Priorität einräumt. Wenn Sie seinem Reich nicht die Priorität geben, werden sie wie die Heiden sein und sich mühen und kämpfen und sorgen und schuften wie sie. Aber wenn Sie Gottes Reich an erste Stelle setzen, wird er Ihnen helfen, die Prioritäten in Ihrem Leben richtig zu setzen. Hier einige Anregungen, die Ihnen beim Einstieg helfen:

1. Da die Zugkraft der Welt noch wirksam ist, wie kann man dann wissen, ob das, was man will, im Sinne des Reiches Gottes gut für einen ist? Stellen Sie sich folgende Fragen zu Ihrem Wunsch:

a) Wie viel Geld, Zeit usw. wird es in Anspruch nehmen?

b) Wie werden Sie möglicherweise verändert, wenn Sie es bekommen?

c) Welche Auswirkungen wird es auf Ihr Leben mit Christus haben?

Wenn Ihr Wunsch diesen Test nicht besteht, geben Sie ihn auf und tun etwas anderes.

2. Hier ist ein weiterer Test, mit dem Sie herausfinden können, ob Sie auf das Reich Gottes oder auf die Welt ausgerichtet sind. Schreiben Sie Ihre drei wertvollsten, wichtigsten und am wenigsten ersetzbaren Besitzgegenstände auf. Betrachten Sie Ihre Liste, und fragen Sie, was geschehen würde, wenn Gott Ihnen einen oder alle wegnehmen würde. Würden Sie böse auf ihn oder verbittert? Denken Sie darüber nach – und stellen Sie sicher, dass Sie Ihren irdischen Besitz in einer offenen Hand haben, für den Fall, dass Gott beschließt, dass er ihn Ihnen wegnehmen muss.

3. Verbringen Sie die nächsten fünf Minuten damit, alles aufzuschreiben, was Sie zur Zeit beunruhigt. Wenn Ihre Liste fertig ist, geben Sie sie Jesus hin, und danken Sie ihm, dass er versprochen hat, sich für Sie darum zu kümmern, wenn Sie sich auf ihn konzentrieren.

Wenn alles gesagt und getan ist, ist die letzte Frage, ob Jesus den *zweiten* Platz in Ihrem Leben einnimmt ... und was Sie dann gegebenenfalls tun.

3. Fürsorge um Gottes Volk

Wir alle müssen persönlich wieder geboren werden. Das steht außer Frage. Mit der Wiedergeburt werden wir Teil der christlichen Gemeinde, der Kirche, Glieder am Leib Christi. Die Kirche wird in der Bibel auch die Familie Gottes und der Haushalt des Glaubens genannt. Die Mitglieder dieser Familie nennen einander Brüder und Schwestern. Gott ist unser Vater, Christus unser älterer Bruder.

Die Bibel benutzt dieses Bild von der Familie, wenn sie von der Kirche oder der christlichen Gemeinde spricht, aus einem sehr guten Grund. Wir sollen nämlich wie die Mitglieder einer Familie füreinander Sorge tragen. Wir sollen aufeinander Acht haben und einander helfen, wie liebevolle Familienangehörige dies tun. Und wenn nötig, müssen wir auf dieselbe Disziplin zurückgreifen, die auch in einer gesunden, gut funktionierenden Familie angewandt wird.

Die meisten Gebote des Neuen Testaments, die sich darauf beziehen, wie Gläubige sich verhalten sollen, werden in der Tat in Zusammenhang mit dem Leib gegeben. Das passt auch zu unserem Haupttext aus Offenbarung 2, den Jesus zu der ganzen Gemeinde in Ephesus sprach.

Wir sahen bereits im Fall der Gemeinde von Korinth, dass eine ganze Gemeinde ihre erste Liebe verlieren kann, genau wie ein einzelner Gläubiger. Wenn wir also zu unserer ersten Liebe zurückkehren, wollen wir andere Gläubige mit uns in den Leib Christi einbringen.

Vor diesem Hintergrund möchte ich in diesem letzten Kapitel unser Blickfeld erweitern und über die Kirche oder christliche Gemeinde als Familie sprechen. Wir werden uns mit dem Dienst des Füreinander-Sorgens befassen, ein weiteres der »ersten Werke«, zu denen wir aufgerufen werden, wenn wir Gott wieder den Platz in unserem Leben und in der Kirche einräumen, der ihm zusteht. Wir werden dieses Thema unter sechs Hauptpunkten betrachten.

Genug Fürsorge, um zu trösten

Der erste dieser Dienste des Füreinander-Sorgens, zu dem wir aufgerufen werden, ist, genug Sorge füreinander zu tragen, um trösten zu können, da zu sein, wenn ein Bruder oder eine Schwester eine Schulter braucht, an die er oder sie sich anlehnen kann. Paulus sagt in 2. Korinther 1: »Gelobt sei Gott, der Vater unseres Herrn Jesus Christus, der Vater der Barmherzigkeit und Gott allen Trostes, der uns tröstet in aller unserer Trübsal, damit wir auch trösten können, die in allerlei Trübsal sind, mit dem Trost, mit dem wir selber getröstet werden von Gott« (V. 3-4).

Die Quelle des Trostes

Wir müssen verstehen, dass Trost bei Gott beginnt. Da fängt Paulus an. Er sagt, dass Gott Mitleid mit uns hat. Das ist die Bedeutung des Wortes *Barmherzigkeit.* Es bedeutet, dass es einen innerlich schmerzt, weil man fühlt, was andere Menschen durchmachen. Der Schmerz anderer Menschen wird zu Ihrem Schmerz, und die Trübsal der anderen wird zu Ihrer Trübsal.

Aber wenn Gott Geist ist, wie kann er dann fühlen, was wir fühlen? Ein Geist kann nicht das fühlen, was ein Mensch fühlt. Deshalb ist der erste Teil von Vers 3 so wichtig. Gott ist »der Vater unseres Herrn Jesus Christus«. Und Jesus weiß, wie es ist, abgelehnt, herumgestoßen, missverstanden und versucht zu werden. Er weiß, wie es ist, in den Kämpfen des Lebens zu stehen.

Wie versteht also der Vater, der Geist ist, wie wir fühlen? Der Sohn erklärt es ihm. In diesem Augenblick steht Jesus vor dem Vater und handelt als unser Fürsprecher. Er gibt dem Vater all die Erfahrungsdaten, die dieser braucht, um zu verstehen, was es bedeutet, ein Mensch zu sein.

Die Bibel sagt in Römer 8, 26, dass der Heilige Geist auch am Trösten beteiligt ist. Manchmal sind wir so bekümmert, dass wir kein Wort herausbringen, wenn wir den Kopf senken, um zu beten.

Aber die Bibel sagt, dass das in Ordnung ist, weil der Heilige Geist die Verwirrung unseres Schmerzes nimmt, ordnet und zurechtlegt und alles dem Sohn übergibt. Der Sohn tritt in unseren Schmerz ein, weil er der Hohepriester ist, der »mit unserer Schwachheit« mitleiden kann (Hebr 4, 15).

Der Heilige Geist übergibt den Sachverhalt. Jesus übergibt Empfindungen. Er versteht Gefühle. Er sagt: »So fühlt man das«, und der Vater antwortet: »Wir müssen etwas unternehmen.«

So ist Gott nicht nur der Vater der Barmherzigkeit, Er ist auch der »Gott allen Trostes«. Er weiß, wie man den Schmerz lindert. Er weiß, wie man eingreift und einem in seiner Trübsal hilft. Er weiß, wie man mitgeht und in der Not Unterstützung gewährt.

So haben wir einen Gott, der nicht nur fühlt, was wir fühlen, sondern der auch das Problem angehen kann. Das ist wichtig, denn, wie diese Verse sagen, ist die Quelle, aus der wir schöpfen, um andere zu trösten, der Trost, den wir selbst aus Gott geschöpft haben.

Wenn Sie also in irgendeiner Weise leiden, weil Sie Gott an die erste Stelle setzen und sein Reich zu Ihrer Priorität machen, dann habe ich eine gute Nachricht für Sie. Trost ist unterwegs, weil Paulus sagt, dass Gott uns in all unserer Trübsal tröstet.

Weitergeben

Dies bedeutet, dass Gott in Ihrer Not auf Sie zugeht, dass er Ihnen seine Barmherzigkeit zeigt und Sie tröstet, damit Sie sich umdrehen und einen anderen Bruder oder eine andere Schwester im Leid trösten können. Wenn Sie einen Mitgläubigen leiden sehen, sollen Sie daran denken, wie Sie einmal der »Getröstete« waren, und dann Tröster für einen neuen Getrösteten werden.

Gott bereitet sich eine Gruppe von Menschen vor, die so eng mit ihm und miteinander verbunden sind, dass Trost fast automatisch geschieht. Gott kann entweder einen leidenden Heiligen direkt trösten, oder er kann einen der Tröster seiner Gemeinde als Vertreter rufen, durch den sein Trost übermittelt wird.

Geschieht das nicht auch in einer Familie? Sollten nicht Familien genauso handeln? Wenn Sie Mitglied der Familie Christi sind, sollten Sie jetzt dabei sein, andere Familienmitglieder zu trösten.

Da Christen einander in ihrem Schmerz helfen, sagt Paulus in 2. Korinther 1, 6, dass der Trost, den wir einander bringen, »sich wirksam erweist, wenn ihr mit Geduld dieselben Leiden ertragt, die auch wir leiden«. Er nimmt an, dass alle Gläubigen leiden. Das steht nicht einmal zur Debatte. Die Frage ist, ob wir genug Sorge füreinander tragen, um uns gegenseitig zu trösten.

Nicht jeder wird Ihnen sagen, dass Christen leiden werden und Trost brauchen. Manche stellen das Evangelium folgendermaßen vor: Wenn Sie Jesus als Ihren Retter annehmen, werden alle Ihre Probleme gelöst sein. Sie werden Geld auf der Bank haben. Sie werden nicht mehr einsam sein, Sie werden keine Angst mehr haben, Sie werden nicht mehr kämpfen müssen, Sie werden sich nicht mehr abgelehnt vorkommen.

Diese Menschen beschreiben, wie es im Himmel sein wird. Aber hier auf der Erde ist es nicht so. Paulus sagt, wir werden leiden, und wir müssen das Leiden geduldig ertragen. Wann bekommen Sie Trost? Sie bekommen Trost, wenn Sie geduldig mitleiden.

Das will Paulus hier sagen. Sie sind Kandidat für Gottes Trost, wenn Sie aus dem Leiden die Lektion lernen, die er Ihnen durch das Leiden beibringen will.

Und wenn Sie geduldig mitleiden und Gottes Trost erfahren, sind Sie bereit, sich anderen Gläubigen, die durch Trübsal gehen, an die Seite zu stellen und sie zu trösten, damit Gottes Werk in ihnen ein vollkommenes Ergebnis erzielt (Jak 1, 2-4). Dazu ist Fürsorge erforderlich.

Genug Fürsorge, um anzureizen

Die moderne Welt ist sehr unpersönlich, und Menschen haben die Kunst des Füreinander-Sorgens und -Daseins verloren. Wie oft ertappten Sie sich schon dabei, als Sie sagten: »Was kümmert das mich?«

Wie anders soll es in Gottes liebevoller Gemeinde, der Kirche, zugehen. Betrachten wir Hebräer 10, 24-25: »Lasst uns aufeinander Acht haben und uns anreizen zur Liebe und zu guten Werken und nicht verlassen unsre Versammlungen, wie einige zu tun pflegen, sondern einander ermahnen, und das umso mehr, als ihr seht, dass sich der Tag naht.«

Menschen, die sich nicht füreinander sorgen, reizen einander nicht an. Aber für uns als Christen gehört das zur göttlichen Strategie.

Ich sage das, weil der Ausdruck *lasst uns Acht haben* an Pläne und Strategien denken lässt. Welche Strategien sollen wir ausarbeiten? Wie wir einander »zur Liebe und zu guten Werken anreizen« können. *Anreizen* ist ein starkes Wort. Es bedeutet herausfordern und provozieren. Wurden Sie schon einmal von Menschen in Ihrer Umgebung provoziert?

Normalerweise verstehen wir das Wort negativ, aber so wird es hier nicht gebraucht. Sehen Sie, Gott ist unsichtbar, doch dieser Gott hat uns sichtbare Anweisungen gegeben. Die Frage ist, wie dieser unsichtbare Gott uns die Kraft verleiht, uns daran erinnert und uns dazu provoziert weiterzumachen. Eine Möglichkeit ist, dass dies durch andere Menschen geschieht.

Gottes Provokateure

Sie und ich sind Gottes Provokateure. Wir nehmen die göttlichen Daten und füllen sie mit Provokation, damit wir tun, was wir für das Reich Gottes tun sollen. Wir müssen Strategien ausarbeiten, um uns gegenseitig zu provozieren. Das ist unsere Aufgabe.

Der Schreiber des Hebräerbriefes sagt, wir sollen einander zur Liebe anreizen. Biblische Liebe ist natürlich die Liebe, die das Beste des anderen sucht, auch wenn es für einen selbst unbequem ist. War es für Jesus unbequem, am Kreuz auf Golgatha zu sterben? Darauf brauche ich gar keine Antwort geben. Wissen Sie, was es bewirkt, andere Gläubige anzureizen? Außer ihnen zu helfen, auf dem rechten Weg zu bleiben, hilft es auch dem Provokateur, indem es ihn zwingt, von sich selbst wegzusehen und sich einem anderen Menschen zuzuwenden. Deshalb müssen wir fragen, wie wir andere Gläubige zur Liebe und zu guten Taten anreizen können.

Sich versammeln

Der Schreiber beantwortet diese Frage zumindest teilweise in Vers 25, einem sehr bekannten Abschnitt, auf den wir bereits früher in unserer Untersuchung gestoßen sind. Seine Aussage ist so eindringlich wie einleuchtend: Menschen können sich nur dann gegenseitig anreizen, wenn sie sich regelmäßig treffen.

In einer Gruppe liegt eine Kraft, die man als Einzelner nicht bekommt. Deshalb ist das Neue Testament darauf aus, dass die Gruppe, die Kirche oder christliche Gemeinde als einheitliches Ganzes handelt. Einerseits liegt in der Gruppe Kraft, andererseits reizen die fürsorglichen und verantwortungsbewussten Mitglieder einer Gruppe, die regelmäßig zusammenkommen, einander so an, wie kein einzelnes Mitglied, das zu Hause vor dem Fernseher sitzt, je angereizt werden kann.

Deshalb ist es falsch, wenn wir als Leib Christi, als Familie Gottes, unsere Versammlungen versäumen. Der Schreiber sagt, dass es sich bereits damals einige angewöhnt hatten, nicht zu den Versammlungen zu kommen. Das hat sich zwischenzeitlich nicht sehr geändert, nicht wahr?

Wenn Sie sich von Gottes Familie entfernen, wenn sie die fürsorgliche Umgebung Ihrer Kirchengemeinde verlassen, laufen Sie Gefahr, die dynamische Gegenwart Gottes in Ihrem Leben zu verlieren. Wenn Sie Gott dann wirklich brauchen, fragen Sie sich, wo er hingegangen ist. Er ging nirgendwohin. Sie sind derjenige, der wegging.

Sehen Sie, wir verstehen nicht, was die Kirche wirklich ist. Die Kirche ist nicht der Ort, an den Sie kommen, weil alles in Ordnung ist. Die Kirche ist der Ort, an den Sie kommen, wenn etwas schief gelaufen ist und Sie eine Familie brauchen, die Sie versteht. Die Kirche ist der Ort, an den Sie kommen, wenn Sie eine Gruppe fürsorglicher Menschen brauchen, die Sie nicht verächtlich behandeln, sondern die Sie anreizen, am Glauben festzuhalten, und die ein ermutigendes Wort für Sie haben.

Und das Tolle ist, dass es in beiden Richtungen funktioniert. Es gibt Zeiten, in denen Sie andere anreizen und ermutigen, und das richtet auch Sie selbst auf. Aber Sie können niemandem helfen, wenn Sie irgendwo alleine stecken. Wie wir bereits in einem der vorhergehenden Kapitel sahen, gehen Sie nicht nur um Ihrer selbst willen zur Kirche.

Nein, sie kommen auch um Ihrer Brüder und Schwestern willen zur Kirche. Sie bitten Gott, dass er Sie gebraucht, die anderen anzureizen, auch wenn Sie selbst manchmal angereizt werden müssen. Wir müssen in der Kirche Gottes Arbeit verrichten, denn wenn die Welt Sie in Stücke reißt, dreht sie sich nicht um, um Ihnen zu helfen. Und die Welt wird nicht besser, je weiter »der Tag« sich naht.

Ist es Ihnen auch schon so gegangen, dass Sie am Sonntag aufstehen und Lust haben, den Kirchgang ausfallen zu lassen? Aber trotzdem ziehen Sie sich an und schleppen sich hin. Sie wissen schon: »Ich bin da. Mehr kann ich nicht sagen.« Aber plötzlich hat der Pfarrer an diesem Tag ein Wort Gottes für Sie. Es klingt, als käme es direkt vom Himmel. Dann wird das Wort erklärt, und jeder Vers scheint genau für Sie geschrieben zu sein. Wenn Sie die Kirche verlassen, sind Sie frohgemut und voll neuer Kraft.

Warum? Weil Sie sich mit anderen Gläubigen versammelt haben und weil die Kraft des Heiligen Geistes wie elektrischer Strom durch die Gemeinde ging und sie anreizte. Genau dazu ist die Kirche da!

Genug Fürsorge, um zu teilen

Zur gegenseitigen Fürsorge für Gottes Volk gehören auch die Freude und die Verantwortung des Teilens.

In der Apostelgeschichte finden wir ein wunderbares Vorbild für dieses Teilen. Vielleicht erinnern Sie sich daran, dass zu Beginn der Apostelgeschichte der auferstandene Herr Jesus seine Apostel beauftragt und anschließend in den Himmel auffährt. Dann lesen wir in Apostelgeschichte 2-3, wie am Pfingsttag in Jerusalem eine dynamische Kirche entsteht, die schnell wächst, da in kurzer Zeit Tausende neu dazukommen.

Alles gemeinsam

Diese Gläubigen trafen sich einmütig und einträchtig und hatten alles gemeinsam. Das wird in Apostelgeschichte 4, 32 genauer erklärt, wo wir auf eine interessante Regelung stoßen: »Die Menge der Gläubigen aber war ein Herz und eine Seele; auch nicht einer sagte von seinen Gütern, dass sie sein wären, sondern es war ihnen alles gemeinsam.«

Nun bin ich sicher, dass vielen modernen Christen dieser Vers gegen den Strich geht. Man könnte den Eindruck bekommen, dies könnte bedeuten, dass mein Haus »unser« Haus, mein Auto »unser« Auto und meine Kleider »unsere« Kleider werden. Wir sehen vor unserem inneren Auge, wie irgendjemand zu jeder Zeit in unser Haus kommen und sagen kann: »Ich denke, heute ziehe ich das an.«

Nun, ganz so war es nicht. Es war viel stärker. Diejenigen, die Häuser besaßen, verkauften sie und gaben das Geld den Aposteln (V. 34-35). Was diese Gläubigen besaßen, stand der Gemeinde, dem Leib Christi, zur Verfügung. Sie waren zu einer solch engen Gemeinschaft von Christen geworden, dass das, was Gott ihnen schenkte, verantwortungsbewusst der Kirche zur Verfügung gestellt wurde. Sie waren bereit zu teilen.

Ich sagte bereits, dass die moderne Welt sehr unpersönlich ist. Die moderne Welt ist auch sehr selbstsüchtig. Die Menschen brauchen eine Oase der Fürsorge, einen Ort, an den sie gehen können und wo sie wissen, dass sich jemand genügend für sie interessiert, um mit ihnen zu teilen. Einen Ort, wo Menschen bereit sind, den Preis des Teilens zu zahlen, denn Teilen erfordert die Investition von Zeit, Kraft und Geld.

Die Bereitschaft der Heiligen von Jerusalem zum Teilen hatte eine gewaltige Wirkung auf die Kirche. Die Einmütigkeit in den Kirchenbänken führte zu Kraft auf der Kanzel. Die Apostel hatten große Kraft in der Verkündigung des Wortes, weil die Gemeinde einmütig war (V. 33).

Dieser Dienst des Teilens führte auch zu Gaben vom Himmel: »Es war auch keiner unter ihnen, der Mangel hatte« (V. 34). Diese Gläubigen redeten nicht nur, ihren Worten folgten Taten.

Teilen heute

Wenn wir das heute lesen, stellt sich die Frage: »Wie kann ich heute allen Bedürfnissen in meiner Umgebung nachkommen?« Die Antwort ist, dass man das nicht kann.

Also fragen Sie: »Welchen Bedürfnissen soll ich dann nachkommen?« Die Antwort der Bibel lautet: den Bedürfnissen, die Ihnen begegnen. Zwei Dinge sollten Sie sicherstellen: erstens, dass Ihre Familie versorgt ist, und zweitens, dass Ihre örtliche Kirchengemeinde versorgt ist. Wenn Ihre Mittel es erlauben, dass Sie darüber hinaus Bedürfnissen nachkommen, dann sollten Sie das natürlich tun. Aber diese beiden kommen zuerst.

Die Bibel sagt, dass wir nur Verwalter von Gottes Eigentum sind. Eigentlich gehört uns gar nichts, und der Beweis dafür ist, dass wir eines Tages alles zurücklassen. Das heißt, dass das, was wir haben, dem Reich Gottes zur Verfügung steht.

Ein gutes Beispiel für diese Einstellung finden wir in Apostelgeschichte 4, 36-37. Hier begegnet uns zum ersten Mal Barnabas, der »Sohn des Trostes«. Barnabas besaß einen Acker, den er zugunsten der Gemeinde verkaufte. Er brachte den Kauferlös den Aposteln, genau wie die anderen Gläubigen.

Barnabas muss zumindest wohlhabend gewesen sein. Wir wissen nicht, wie viel er besaß, aber augenscheinlich lebte er in guten Verhältnissen. Aber dann sah er, dass es in der Gemeinde Bedürfnisse gab. Zu jener Zeit müssen in Jerusalem etwa zehntausend Gläubige gelebt haben (siehe Apg 3, 42; 4, 4). Sie hatten alle möglichen Bedürfnisse, deshalb teilte Barnabas das, was er hatte.

Warum teilen wir? Weil wir erkennen, dass Gott bisher treu zu uns war und dass das der einzige Grund ist, weshalb wir etwas geben können. Niemand wird einen Acker, den er besitzt, verkaufen und das ganze Geld dem Reich Gottes zur Verfügung stellen, wenn er nicht erkennt und glaubt, dass der Acker eigentlich Gott gehört und er nur Haushalter ist.

Der Grund, weshalb ich mein Haus einer Arbeitsgruppe oder jungen Leuten aus der Kirche öffnen kann, ist, dass Gott mir gegenüber treu war. Sie können Ihr Auto benutzen, um anderen zu helfen, weil Gott treu zu Ihnen war.

Als Familie Gottes müssen wir genug Fürsorge zeigen, um das zu teilen, was er uns gegeben hat. Einige haben mehr von diesem, andere mehr von jenem. Wenn wir das teilen, was wir haben und unsere Mittel zusammenlegen, werden Bedürfnisse befriedigt und Gott geehrt. Eine Möglichkeit festzustellen, ob Ihre Liebe zu Christus den Platz einnimmt, der ihr gebührt, ist, sich die Frage zu stellen, ob Sie bereit sind, mit seinem Volk zu teilen.

Genug Fürsorge, um andere zur Rede zu stellen

Über die ersten drei Kategorien der Fürsorge lässt sich leicht reden. Wer möchte nicht andere trösten, anreizen oder mit ihnen teilen?

Aber wenn Ihre Familie eine wirkliche Familie sein soll, muss jeder seinen Teil dazu beitragen. Wenn der Mann und die Frau jeweils ihre eigenen Ziele verfolgen und die Kinder ihre eigenen Terminkalender haben, bekommen Sie Schwierigkeiten.

Oft hört man: »Ich will, dass er er selbst bleibt«, oder »Ich will, dass sie sie selbst bleibt.« Wir verstehen nicht, dass Fürsorge in einer

Familie darin besteht, dafür zu sorgen, dass keiner die Einheit der Familie zerstört. Die Fürsorge besteht darin, sicherzustellen, dass jedes Familienmitglied im Interesse der Gemeinschaft handelt.

In der Familie Gottes sind wir als Gläubige für das verantwortlich, was aus der ganzen Familie wird. Wenn wir unsere Aufgabe nicht richtig erfüllen, schaden wir der Familie. Das darf nicht ungehindert so weitergehen. Deshalb müssen wir manchmal Fürsorge genug zeigen, um einen sündigen Christen zur Rede zu stellen.

Eine ernste Angelegenheit

Jetzt möchte ich Ihnen anhand der Bibel zeigen, wie ernst diese Angelegenheit ist. In Matthäus 5, 23-24 sagt Jesus, wenn du in der Kirche sitzt und dir einfällt, dass dein Bruder etwas gegen dich hat – wohlgemerkt nicht, dass du etwas gegen ihn hast –, dann opfere deine Gabe nicht und bete nicht weiter, sondern gehe erst zu deinem Bruder und bereinige das Problem mit ihm.

Warum ist das so wichtig? Gott befasst sich nicht mit dir, wenn du dich nicht mit deinem Bruder befasst, weil es hier um Familienangelegenheiten geht.

In Matthäus 18, 15-17 sagt Jesus, wenn dein Bruder sündigt, dann weise ihn unter vier Augen zurecht. Wenn er auf dich hört, hast du deinen Bruder gewonnen. Wenn er nicht hört, »so nimm noch einen oder zwei zu dir, damit jede Sache durch den Mund von zwei oder drei Zeugen bestätigt werde« (V. 16).

In 1. Thessalonicher 5, 14 ermahnt uns Paulus, die Unordentlichen zurechtzuweisen. In 2. Thessalonicher 3 wird er konkreter, wenn er sagt, wir sollen uns von jedem Bruder, der unordentlich lebt, »zurückziehen« (V. 6) und ihn uns merken, »damit er schamrot werde« (V. 14).

Möglicherweise haben Sie noch nicht bemerkt, dass die Kirche so weit gehen kann. Vielleicht dachten Sie, dass Kirche nur bedeutet, sich sonntags ordentlich anzuziehen und in der Kirchenbank zu sitzen. Das ist es nicht, was eine Kirche ausmacht. Wenn wir zu unserer ersten Liebe zurückkehren wollen, müssen wir dem, was falsch ist, entgegentreten und es richtig stellen.

Vorlieben

Wenn wir einander zur Rede stellen müssen, sollten wir zunächst feststellen, welche Dinge ein solches Eingreifen erforderlich machen.

Hier ist es vor allem wichtig, zwischen Vorlieben und absoluten Grundsätzen zu unterscheiden. Regel Nummer eins ist, dass Sie oder ich nicht das Recht haben, einem anderen unsere Vorlieben aufzuzwingen. In Gottes Kirche besteht Freiheit für persönliche Vorlieben in Dingen wie Kleidung, Frisur, Musik oder anderen Dingen, die kein Prüfstein für christliche Einheit sind.

Das Problem liegt nicht darin, dass Gottes Leute Vorlieben haben. Das Problem entsteht, wenn wir versuchen, alle anderen nach unseren Vorstellungen umzuformen. Den Vorlieben anderer sind wir nicht verpflichtet (Röm 14, 5).

Absolute Grundsätze

Während wir hinsichtlich unserer Vorlieben Freiheit haben, haben wir keine Freiheit gegenüber Gottes absoluten Grundsätzen. Regel Nummer zwei ist, dass dann, wenn Gott gesprochen hat, unsere Vorlieben, unsere Gedanken und unsere Neigungen nicht zählen.

Wir müssen einander zur Rede stellen, wenn jemand der göttlichen Wahrheit zuwiderhandelt. Sie können jemanden hinsichtlich Ihrer Vorlieben ermutigen, aber Sie können fordern, wenn es um Gottes absolute Grundsätze geht. Gott bittet nicht, er gebietet.

Wenn Sie versuchen, jeden zufrieden zu stellen, werden Sie Gottes Arbeit nie zustande bringen. Als Pastor musste ich das lernen. Ich versuchte, diesen und jenen zufrieden zu stellen, und was dieser wollte, war genau das Gegenteil von dem, was jener wollte.

Ich war so weit, dass ich zum Herrn sagte: »Ich möchte kein Magengeschwür bekommen, Herr, also werde ich dich zufrieden stellen und darauf vertrauen, dass du den Rest zuwege bringst.« Immer, wenn Sie sich bei dem, was Sie tun, in erster Linie nach Menschen richten, werden Sie letztendlich versuchen, Menschen zufrieden zu stellen, während Gott immer noch darauf wartet, dass Sie sich ihm zuwenden.

Warum sollten wir Fürsorge genug zeigen, um einander zur Rede zu stellen? Weil die Wahrheit nicht nur auf uns einwirkt, sondern auch auf die Menschen, auf die wir einwirken. Ich sagte bereits, dass außer uns andere Menschen zur Familie gehören, auf die wir achten müssen.

Wie stellt man zur Rede?

Wie stellt man jemanden zur Rede? Jesus sagt uns in Matthäus 18, wie wir dabei vorgehen sollen. Dadurch wird verhindert, dass jemand aufgrund eines Gerüchts beschuldigt wird oder weil ein anderer ihm übel will.

Paulus zeigt uns, in welchem Geist wir einen anderen zur Rede stellen sollen. Wir sollen dabei »wahrhaftig sein in der Liebe« (Eph 4, 15). Wenn Sie einem anderen Menschen gegenüber Fürsorge empfinden, dann müssen Sie ihn gegebenenfalls zur Rede stellen, und wenn Sie jemanden zur Rede stellen, dann zeigen Sie ihm, dass Sie es aus Fürsorge tun. Sie weichen dabei der Wahrheit nicht aus, aber Sie übermitteln die Wahrheit auch nicht mit der Holzhammermethode. Wie wir weiter unten noch sehen, ist es unser Ziel, wenn wir jemanden zur Rede stellen, dem anderen zu helfen, nicht, ihn zu zerstören.

Und wenn der Mensch, den Sie zur Rede stellen, antwortet: »Kümmere dich um deine eigenen Angelegenheiten«? Wenn er Sie zurückweist oder böse auf Sie wird? Die Bibel sagt, dass das nicht Ihr Problem ist. Auch wenn Sie Ihren Bruder oder Ihre Schwester nicht zurückgewinnen, gewinnen Sie doch Gottes Anerkennung.

Genug Fürsorge, um sich zurückzuziehen

Einen sündigen Gläubigen zur Rede zu stellen ist nicht unbedingt leicht. Der nächste Schritt der Fürsorge ist noch etwas härter. Aber vergessen Sie unseren Zusammenhang nicht. Wir sprechen über die Rückkehr zu unserer ersten Liebe, darüber, Gott den Platz in unserem Leben und in unserer Kirche einzuräumen, der ihm gebührt. Das ist nicht möglich, wenn man seine Augen vor Unrecht verschließt.

Gott ruft uns vielmehr dazu auf, geistlich eine klare Linie zu ziehen. Wenn wir das nicht tun, wird der Gläubige, der nicht im Einklang mit der Wahrheit lebt, andere Familienmitglieder verführen, es ihm gleichzutun. Wenn sich herausstellt, dass ein Mitglied mit Sünde ungestraft davonkommt, denkt ein anderer: »Wenn Hans ungestraft davonkommen kann, dann kann ich das auch.«

Aber ein sündiger Christ verleitet nicht nur andere Gläubige zur Sünde, er liefert auch denen, die außerhalb des Glaubens stehen, einen Vorwand, mit Gott nicht ernst zu machen. Es gibt immer Leute, die sagen: »Ich gehe nicht in die Kirche, weil sie voller Heuchler ist.«

Wir wissen, dass dadurch der Ungläubige nicht gerechtfertigt wird. Heuchelei beweist nur, dass irgendwo doch etwas Wahres daran ist. Ungläubige sind immer noch vor Gott verantwortlich für das, was sie tun, aber wenn wir uns mit den Problemen innerhalb der Kirche nicht befassen, so trägt das sicherlich nicht dazu bei, Verlorene zu Christus zu rufen.

Wann muss man sich zurückziehen?

Für die Besprechung dieser Kategorie der Fürsorge möchte ich auf eine Bibelstelle verweisen, die wir bereits weiter oben erwähnt haben, nämlich 2. Thessalonicher 3, 6: »Wir gebieten euch aber, liebe Brüder, im Namen unseres Herrn Jesus Christus, dass ihr euch zurückzieht von jedem Bruder, der unordentlich lebt und nicht nach der Lehre, die ihr von uns empfangen habt.«

Wir wissen, dass Paulus die Gemeinde bereits ermahnte, die Unordentlichen zurechtzuweisen, aber offenbar schlugen einige diese Mahnungen in den Wind. Sie lebten nicht ihr neues Leben.

Paulus befolgte die Anweisungen Jesu aus Matthäus 18. Er machte die unordentlichen Gläubigen auf diese Angelegenheit aufmerksam, indem er den Thessalonichern auftrug, zu denen zu gehen, die es nötig haben, und sie zur Rede zu stellen. Aber wenn das nichts fruchtet, ist der nächste Schritt, die Angelegenheit vor die Gemeinde zu bringen.

Das tut Paulus hier. Beachten Sie, dass dies ein apostolisches Gebot ist. Er stützt sich auf seine Autorität, wenn er der Gemeinde befiehlt, den nächsten Schritt zu tun. Aus 1. Thessalonicher 5, 14 erfahren wir, dass er die Angelegenheit vor die ganze Gemeinde bringt, weil er sagt, sie sollen sich die Unordentlichen für den nächsten disziplinarischen Schritt, das Zurückziehen, merken.

Bitte deuten Sie das nicht falsch. Paulus sagt nicht, man solle sich von jemandem zurückziehen, der einmal etwas falsch macht. Er spricht hier von jemandem, der Ungehorsam zum Lebensstil gemacht hat, der bewusst und ohne Reue in Sünde lebt. Paulus befiehlt, man soll sich von einem Bruder, der unordentlich lebt, zurückziehen. Warum? Erstens, damit Sie nicht in seine Sünde hineingezogen werden, damit sein Lebensstil nicht auf Sie abfärbt. Zweitens, damit die Leute Sie und den unordentlichen Gläubigen nicht als beste Freunde in Verbindung bringen, damit die Leute nicht auf den Gedanken kommen, Sie würden seinen Lebensstil gutheißen.

Sich von einem sündigen Christen zurückziehen bedeutet nicht, dass man mit diesem Menschen nicht mehr spricht. Paulus sagt nur, dass man zu einem sündigen Bruder oder einer sündigen Schwester einen gewissen Abstand halten soll.

Unordentliches Leben

Was ist unordentliches Leben? Es ist jede gewohnheitsmäßige Lebensweise, die nicht im Einklang mit den Lehren der Heiligen Schrift ist. Unordentliches Leben bedeutet, dass Sie beschließen, zu tun, was Sie wollen, ohne Rücksicht auf das, was das Wort Gottes sagt. Es ist der Entschluss, nicht nach der Ehre Gottes, sondern nach der Befriedigung des Fleisches zu trachten.

Wir haben bereits mehrere Gründe genannt, weshalb es wichtig ist, zu tun, was die Bibel sagt und diese Menschen zu identifizieren. Ich möchte Ihnen aus 2. Thessalonicher 3, 13 einen weiteren Grund nennen: »Ihr aber, liebe Brüder, lasst's euch nicht verdrießen, Gutes zu tun.«

Was will Paulus damit sagen? Er erkennt, dass die Gläubigen in Thessalonich, die recht handeln, entmutigt werden können, wenn diejenigen, die Unrecht tun, nach Belieben so weitermachen können und dabei auch noch ungestraft davonkommen. Diejenigen, die arbeiten und für ihre Familien sorgen, könnten sagen: »Ich kann auch mit der Arbeit aufhören, wenn die anderen einfach nur herumsitzen und nichts tun.«

Paulus sagt Nein, ihr, die ihr ein diszipliniertes Leben führt und tut, was Gott von euch will, macht weiter so. Lasst euch nicht von Leuten, die ein unordentliches Leben führen, vom rechten Lebenswandel abbringen. Welch überzeugender Grund, sich mit den Unordentlichen auseinander zu setzen!

Vers 14 ist stärker als Vers 6, weil er eine förmliche Trennungserklärung enthält. Dieser Bruder oder diese Schwester kann nicht mehr zu den örtlichen Versammlungen kommen. Der Rückzug kann letztendlich dazu führen, dass der widerspenstige Bruder oder die Schwester von der Mitgliedschaft ausgeschlossen und dem Urteil Satans übergeben werden muss (1. Kor 5, 5).

Warum tut Gott das? Damit seine Familie wie eine Familie funktionieren kann und damit keine Verräter im Haus wohnen. Beachten sie jedoch, dass das Zurückziehen nicht im Zorn oder Hass geschieht (1. Thess 5, 15). Das Ziel ist, den Menschen zurückzugewinnen, was uns zu unserer letzten Kategorie der Fürsorge bringt.

Genug Fürsorge, um dem anderen wieder zurechtzuhelfen

In einer liebevollen Familie ist es das Ziel, einem Mitglied, das von einer Verfehlung ereilt wurde, wieder zurechtzuhelfen, und nicht, diese Person noch mehr zu verletzen. Betrachten wir dazu das 6. Kapitel des Galaterbriefes und beginnen mit Vers 1: »Liebe Brüder, wenn ein Mensch etwa von einer Verfehlung ereilt wird, so helft ihm wieder zurecht mit sanftmütigem Geist, ihr, die ihr geistlich seid; und sieh auf dich selbst, dass du nicht auch versucht werdest.«

Wir sind schon einmal auf diesen Vers gestoßen. Erinnern Sie sich daran, dass das Wort *zurechthelfen* im Urtext bedeutet, einen gebrochenen Knochen einzurichten, ihn wieder zusammenzufügen.

Das Problem

Betrachten wir einige wichtige Punkte aus diesem Abschnitt. Achten Sie darauf, dass der Bruder von einer Sünde »ereilt« wurde. Mit anderen Worten, dies bedeutet nicht, dass Sie denken, jemand tut etwas, oder dass Sie davon gehört haben oder dass es den Anschein hat, als würde er es tun, wenn er nur halbwegs die Gelegenheit dazu hätte. Nein, das ist nicht maßgebend.

Was ist eine »Verfehlung«? Der Gedanke ist, dass jemand auf dem rechten Weg ist, aber abdriftet. Wir sprechen hier also nicht von einem entschlossenen sündigen Lebensstil. Diese Person muss bestraft werden. Wir sprechen hier über jemanden, der auf dem rechten Weg ist, aber falsch abbiegt und etwas Falsches tut.

Wenn das geschieht, richtet man den gebrochenen Knochen ein. Man versucht, den Bruch zu schienen und nicht einen komplizierten Bruch daraus zu machen. Einer der Gründe, weshalb verletzte Menschen nicht in die Kirche kommen wollen, liegt darin, dass sie die Kirche nicht als den Ort betrachten, an dem sie Heilung erfahren, sondern als Ort, an dem andere auf ihren gebrochenen Knochen springen und ihn ein weiteres Mal brechen.

Das ist das Problem. Aber wo sind die Menschen, die anderen wieder zurechthelfen? »Ihr, die ihr geistlich gesinnt seid.« Da nicht jeder in der Kirche geistlich gesinnt ist, ist nicht jeder dazu geeignet, anderen zurechtzuhelfen. Deshalb müssen wir fragen, was es bedeutet, geistlich gesinnt zu sein.

In 1. Korinther 2, 15-16 definiert Paulus einen geistlichen Menschen als einen, der die Gesinnung Christi hat. Wenn Sie also wissen möchten, ob Sie geistlich sind, fragen Sie sich, ob Sie das Leben von der Sichtweise Gottes her betrachten.

Wenn es darum geht, einem Menschen zurechtzuhelfen, geben Sie ihm dann die Sichtweise Gottes oder sagen Sie ihm: »*Ich* denke ...«? Sehen Sie, ein auf Abwege geratener Bruder braucht nicht noch mehr Gedanken. Es waren Gedanken, die ihn überhaupt erst in Schwierigkeiten gebracht haben. Er braucht Antworten aus Gottes Wort.

Wie hilft man jemandem zurecht? »Mit sanftmütigem Geist.« Man massiert die Wunde sanft, reibt aber kein Salz hinein. Sanftmut ist eine Frucht des Heiligen Geistes (Gal 5, 23). Sanftmut ist zarte, liebevolle Fürsorge. Wer weist die Frucht des Geistes auf? Die, die geistlich gesinnt sind.

Geistliche Menschen können anderen in diesem Geist zurechthelfen, weil sie wissen, dass auch sie versucht werden und fallen können. Sehen Sie, nur unreife Gläubige denken, dass sie über der Sünde stehen. Dies ist eine Haltung des Stolzes, die zu dem sündigen Christen sagt: »Wie in aller Welt konntest du das tun? Auf so etwas würde ich nie hereinfallen.« Der geistlich gesinnte Mensch, der anderen zurechthilft, sagt so etwas nicht.

Lasten und Tornister

Beachten Sie, dass Paulus in Galater 6, 2 den Blickwinkel erweitert und über den Dienst spricht, den wir uns gegenseitig tun sollen. Ich möchte mit einer Betrachtung der Verse 2-5 schließen und Ihnen zum Abschluss ein Wort der Herausforderung und Ermutigung sagen.

Was ist eine Last? Eine Last ist etwas, das Sie tragen und das für Sie alleine zu schwer ist. Helfen Sie, die Last eines anderen zu tragen? Sie können nicht immer einem anderen seine Last *abnehmen*, aber Sie können ihm helfen, sie zu tragen. Einem Mitgläubigen zurechtzuhelfen bedeutet nicht, dass Sie die Konsequenzen seines Verhaltens für ihn tragen, aber Sie können ihm helfen, die Konsequenzen zu tragen, die mit seinem Zurechtbringen zusammenhängen.

Warum sollte man die Last eines anderen tragen? »Denn wenn jemand meint, er sei etwas, obwohl er doch nichts ist, der betrügt sich selbst« (Gal 6, 3). Betreiben Sie ein bisschen Selbstanalyse. Sobald Sie beginnen zu denken, Sie seien wirklich etwas, hat Gott Ihnen etwas über Sie zu sagen. Sie sind gar nicht so toll. Es ist, wie ich vorhin über den unreifen Christen sagte, der denkt, er schaffe es und könne unmöglich straucheln. Seien Sie auf der Hut! Betrügen Sie sich nicht selbst. Prüfen Sie lieber Ihr »eigenes Werk« (V. 4), bevor Sie anfangen zu prahlen.

Paulus schließt diesen Abschnitt aus Galater 6 so: »Denn ein jeder wird seine eigene Last tragen« (V. 5). Steht das im Widerspruch zu Vers 2? Nein, denn im griechischen Urtext haben wir hier zwei verschiedene Wörter.

Wie wir bereits sagten, ist in Vers 2 von einer schweren Last die Rede, einer Last, die für eine Person allein zu schwer ist. Das Wort in Vers 5 bedeutet im Wesentlichen *Tornister*, wie die Soldaten ihn bei Märschen benutzten, um ihre Kleidung zu transportieren. Paulus sagt: Bitte deinen Bruder oder deine Schwester nicht, deinen Tornister für dich zu tragen.

Das bedeutet: Erwarte nicht, dass ein anderer dir deine Verantwortung abnimmt. Du musst deinen Tornister schon selber tragen. Folglich stellt sich die Frage, ob Sie Ihren Tornister selber tragen. Tragen Sie Ihre Verantwortung vor dem Herrn in Ihrem persönlichen Leben, Ihrem Familienleben und Ihrem Leben in der Kirche? Wir müssen das faule Christentum überwinden und beginnen, einander in Fürsorge zu begegnen!

Zurück zur ersten Liebe

Es bleibt nicht mehr viel zu sagen, außer dass wir uns daranmachen sollen, einander in Fürsorge zu begegnen, füreinander Sorge zu tragen. Für jede der genannten Kategorien möchte ich Ihnen eine praxisnahe Anregung geben:

1. Kennen Sie einen Menschen in Ihrer Gemeinschaft, der leidet und jemanden braucht, an den er sich anlehnen kann? Wir neigen dazu, uns von solchen Menschen zurückzuziehen, weil wir Angst haben, dass wir alles schlimmer machen und etwas Falsches sagen oder tun. Machen Sie das nicht. Strecken Sie Ihre tröstende Hand aus, und vertrauen Sie darauf, dass Gott diesen Freund durch Sie anrührt.

2. Wenn Sie ein Christ sein möchten, der andere zur Liebe und zu guten Werken anreizt, dann betreiben Sie ein bisschen Selbstanalyse. Betrachten Sie Ihre Stärken. Setzen Sie sie voll für den Leib Christi ein? Und wie steht es mit Ihren Schwächen? Haben Sie einen Plan, sie zu verbessern? Setzen Sie diese Dinge in Gang, dann werden Sie einen andern Menschen anregen.

3. Teilen beginnt mit der Einstellung. Ist zum Beispiel auf Ihrem Terminkalender Zeit für andere vorgesehen oder muss Gott rigoros in Ihren Tagesablauf eingreifen, um Sie dazu zu bringen, Ihre Zeit mit anderen zu teilen? Stellen Sie dieselbe Frage hinsichtlich Ihrer Finanzen, Ihrer Wohnung und all der anderen Dinge, die Gott Ihnen so reichlich gegeben hat. Die Antworten müssten Ihnen zeigen, ob Sie eine Gesinnung des Teilens haben.

4. Wir sprachen bereits darüber, dass man manchmal Menschen zur Rede stellen muss, und das ist wirklich schwierig. Ich ermutige Sie zu beten, dass Gott Sie feinfühlig macht, wenn es nötig werden sollte, einen Mitgläubigen zur Rede zu stellen. Beten Sie, dass Sie erkennen können, ob es sich um eine Vorliebe oder um einen absoluten biblischen Grundsatz handelt.

5. Wenn es erforderlich ist, sich zurückzuziehen, können Sie, wenn Sie nicht die biblischen Richtlinien befolgen, unwissentlich dazu beitragen, dass ein sündiger Christ noch weiter auf die schiefe Bahn gerät. Wenn Sie einen Christen kennen, dessen Lebensführung

Gott nicht gefällt, dann stellen Sie sicher, dass Sie nichts machen, was dem Vorschub leistet, zum Beispiel indem Sie so tun, als sei alles in Ordnung, weiter mit dieser Person enge Gemeinschaft pflegen oder das Thema wechseln, wenn die Sprache darauf kommt.

6. Zurechthelfen ist ein guter Schlusspunkt für dieses Buch und diese Schritte. Als Vorbereitung für Ihre zukünftige Aufgabe als »Zurechthelfer« sollten Sie sich fragen, wie Sie behandelt werden möchten, wenn Sie von einer Verfehlung ereilt worden sind. Dann beschließen Sie, dass Sie, wenn dies nötig wird, einen Bruder oder eine Schwester, die auf Abwege geraten sind, genauso behandeln.

Nachwort

Ich bete, dass der Heilige Geist etwas von dem, was ich in diesem Buch sagte, benützt, um Sie dazu zu bewegen, zu Ihrer ersten Liebe zu Jesus Christus zurückzukehren und ihm treu zu dienen. Allein das Wissen darum, wie sehr er uns liebt, müsste genügen, um den Wunsch in uns zu wecken, ihn zu lieben und ihm nachzufolgen (siehe Röm 5, 8).

Und als ob das nicht genug wäre, hat Christus uns noch eine Belohnung vor seinem Richterstuhl versprochen, die davon abhängt, wie wir ihn liebten und ihm dienten. Paulus sagte: »Ich sehe die Goldmedaille, die am Ende des Laufes wartet, und ich möchte sie gewinnen.«

Was ist nötig, um die Goldmedaille zu gewinnen? Dazu ist die Haltung eines Siegers erforderlich: »Lauft so, dass ihr ihn [den Siegespreis] erlangt« (1. Kor 9, 24). Am Ende meines Lebens möchte ich über die Ziellinie laufen und sagen, dass ich gewonnen habe, und ich möchte, dass Sie dabei an meiner Seite sind!

Paulus stellt unmissverständlich klar, dass er im christlichen Rennen ist, um zu gewinnen. Wenn Sie und ich als Sieger enden, das heißt Gottes Anerkennung in Zeit und Ewigkeit gewinnen wollen, dann müssen wir zu den Dingen Nein sagen, die uns an der Erreichung dieses Zieles hindern.

Mir gefällt, was Paulus in 1. Korinther 9 sagt, weil er von der ganzen christlichen Gemeinde spricht. Er sagt: »Ihr seid alle im Rennen, also los, lauft!« (V. 24).

Dann sagt er in Vers 26: »Was die anderen machen, weiß ich nicht, aber ich laufe, um zu siegen!« Meine letzte Herausforderung an Sie ist, dass Sie die Liebe zu Jesus, den Dienst für ihn und das Bemühen um seine Anerkennung zum höchsten Ziel Ihres Lebens machen. Dass Sie nach der Goldmedaille streben, die er eines Tages all denen verleihen wird, die ihn über alles lieben.

Ich möchte Ihnen noch ein anderes Beispiel erzählen, um zu veranschaulichen, was ich meine. Eines Morgens machte sich ein Vater für die Arbeit fertig. Er war spät dran, aber er wusste, dass er den Zug um 8.05 Uhr erreichen musste, weil er an diesem Tag eine wichtige Vorstellung hatte. Es sollte sein großer Tag werden. Und jetzt war es bereits 7.45 Uhr, und er rannte immer noch durchs Haus und suchte seine Sachen zusammen. Sein kleiner Sohn war ihm ständig im Weg: Also sagte er zu ihm: »Geh in den Garten und spiel!«

Die Nacht zuvor hatte es geregnet, und der Boden war aufgeweicht. Als der Vater aus der Tür eilte, sah er, wie sein Sohn glücklich im Schlamm spielte. Er war von Kopf bis Fuß mit Dreck beschmiert. Der Vater rief seiner Frau zu: »Schatz, komm und hol ihn!« Aber die Frau hörte ihn nicht.

So sagte der Vater zu seinem Sohn: »Ich kann mich jetzt nicht mit dir abgeben. Ich muss gehen!« Aber als er über den Rasen rannte, rutschte er aus und fiel in den Morast. Sein frisch gereinigter Anzug war völlig verschmutzt. Aber er musste den Zug um 8.05 Uhr erreichen.

Also wischte er Hose und Aktentasche so gut es ging ab und machte sich davon. Er war voll Schmutz und Dreck, aber er musste den Zug um 8.05 Uhr bekommen. Und die ganze Zeit über saß sein Sohn dreckverschmiert im Morast und spielte überglücklich mit dem Schlamm, weil er nirgendwo hingehen musste.

Manche Christen sind wie dieser kleine Junge. Sie sitzen im Dreck und sind glücklich dabei. Sie bespritzen ihr Gesicht über und über mit Unrecht, beschmieren ihren Körper mit Sünde und vergnügen sich dabei köstlich. Aber andere Christen sitzen nur deshalb im Dreck, weil sie ausgerutscht sind. Sie wollen heraus. Sie wollen sauber werden.

Wenn Sie wissen möchten, zu welcher Gruppe von Christen Sie gehören, fragen Sie sich, ob Sie bereit sind, aufzustehen, den Dreck zurückzulassen und den Zug zu erreichen. Jesus Christus fordert Sie auf, in den Zug um 8.05 Uhr zu steigen.

Sie sagen: »Aber meine Knie sind schmutzig.«

Das ist nicht so schlimm. Steigen Sie notfalls mit schmutzigen Knien in den Zug, aber versäumen Sie ihn nicht.

Sie werfen ein: »Aber meine Ellbogen sind schmutzig.«

Kommen Sie mit schmutzigen Ellbogen, aber versäumen Sie den Zug um 8.05 Uhr nicht.

Sie sagen: »Aber meine Freunde spielen noch im Dreck.«

Ja, aber sie werden den Zug um 8.05 Uhr versäumen.

Sie sagen: »Meine Familie ist im Dreck.«

Sie werden den Zug um 8.05 Uhr nicht erreichen. Treiben Sie sich nicht mit Ihren Freunden herum, die sich im Dreck vergnügen, wenn Sie selbst – zwar dreckbeschmiert – den Zug um 8.05 Uhr erreichen können. Denn der Zug hat einen Waschraum mit Seife und Wasser. Sie können sich dort gründlich reinigen.

Wie der Verlorene Sohn können Sie aus dem Dreck aufstehen und den Zug um 8.05 Uhr bekommen. Kommen Sie doch nach Hause, zur völligen Hingabe an Jesus Christus. Was immer auch dazu nötig ist, stellen Sie Ihre Liebe zu ihm an den ersten Platz, an den Platz, der ihr gebührt. Wenn Sie das richtig hinkriegen, wird sich alles andere von allein regeln.

hänssler

Charles R. Swindoll

Das Geheimnis vom Leben, Lieben und Lachen

Ängste abbauen, Sorgen abgeben, inneren Frieden finden

Pb., 240 S.,
Nr. 58.091,
ISBN 3-7751-1979-5

Gewöhnen Sie sich das Sorgen ab, bevor es Sie auffrisst! Wie Sie einüben können, bewusst zu leben, zu lachen und innerlich auf der Höhe zu bleiben. Frisch aus dem Philipperbrief!

Bitte fragen Sie in Ihrer Buchhandlung nach diesem Buch! Oder schreiben Sie an den Hänssler-Verlag, Postfach 12 20, D-73762 Neuhausen.

hänssler

Siegfried Kettling

Unter Gottes Regenbogen

Zeichen Gottes für eine neue Welt

Tb., 176 S.,
Nr. 77.732,
ISBN 3-7751-2628-7

Jesus kommt uns mit seiner großen Liebe immer wieder entgegen und streckt seine Hände aus. Um diese und viele andere Themen geht es in den Artikeln von Siegfried Kettling:

- Alter und neuer Mensch
- Gnade und Gericht
- Auferstehung und Pfingsten
- Die Barmherzigkeit Gottes

Bitte fragen Sie in Ihrer Buchhandlung nach diesem Buch!
Oder schreiben Sie an den Hänssler-Verlag, Postfach 12 20, D-73762 Neuhausen.

hänssler

Konrad Eißler

Morgen geht die Sonne auf

Einblicke in die Offenbarung des Johannes

Tb., 64 S.,
Nr. 77.735,
ISBN 3-7751-2621-X

Konrad Eißler eröffnet uns in seinen Texten einen ganz neuen Blick auf die Offenbarung und das, was sie uns heute ganz konkret zu sagen hat:

- Rückkehr zur ersten Liebe
- Das Buch mit sieben Siegeln
- Einladung zum Hochzeitsfest
- Das neue Lied: Groß und wunderbar sind deine Werke, Herr …

Bitte fragen Sie in Ihrer Buchhandlung nach diesem Buch!
Oder schreiben Sie an den Hänssler-Verlag, Postfach 12 20,
D-73762 Neuhausen.

hänssler

Bruno Herm

Kraft, die verändert

Impulse für ein Leben mit Gott

Tb., 120 S.,
Nr. 77.685,
ISBN 3-7751-2270-2

Kennen Sie die größte Kraft der Erde? Es ist das Gebet! Die kurzen und prägnanten Artikel möchten ermutigen, diese Kraft nicht brachliegen zu lassen, sondern ihre Geheimnisse zu entdecken und ein erwartungsvolles Christsein zu leben.

Bitte fragen Sie in Ihrer Buchhandlung nach diesem Buch!
Oder schreiben Sie an den Hänssler-Verlag, Postfach 12 20,
D-73762 Neuhausen.

hänssler

Bill Hybels

Der neue Weg

Anders leben ist möglich

Pb., 208 S.,
Nr. 391.583,
ISBN 3-7751-1583-8

Gibt es echtes, erfülltes Leben? Trotz Frust, Hektik und gescheiterten Vorsätzen, verkrachten Ehen, kranken Körpern und ausgelaugten Seelen? Finden Sie es heraus mit diesem erfolgreichen Lebenshilfeprogramm für Christen.

Bitte fragen Sie in Ihrer Buchhandlung nach diesem Buch!
Oder schreiben Sie an den Hänssler-Verlag, Postfach 12 20,
D-73762 Neuhausen.